SIMONE MARTINI

ET

LES PEINTRES DE SON ÉCOLE

A

C. M. v. M.-B.

ÉTUDES SUR L'ART
DE TOUS LES PAYS ET DE TOUTES LES ÉPOQUES

1

SIMONE MARTINI

ET

LES PEINTRES DE SON ÉCOLE

PAR

RAIMOND van MARLE

DOCTEUR DE LA FACULTÉ DES LETTRES DE L'UNIVERSITÉ DE PARIS

AVEC 52 PLANCHES

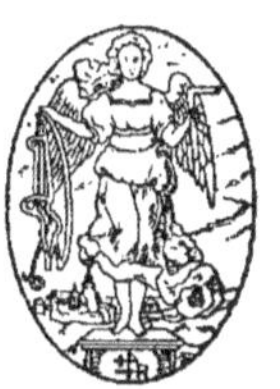

STRASBOURG — 1920 — J. H. ED. HEITZ

PRÉFACE.

Comme la préface d'un ouvrage sert généralement à en indiquer la raison d'être, un livre sur Simone Martini pourrait s'en passer, puisqu'il suffirait de dire que jamais grand artiste ne fut plus négligé par les historiens de l'art.

L'importance d'un artiste peut être conçue de deux manières, d'abord au point de vue de la valeur de ses créations, ensuite comme facteur dans l'évolution de l'art. A ces deux points de vue, Simone Martini doit être placé parmi les figures les plus significatives non seulement de l'art italien, mais du mouvement artistique européen.

Bien que Simone soit le peintre le plus charmant du Trecento, il ne peut rivaliser de talent avec Giotto; mais d'autre part il le dépasse de beaucoup comme source d'inspiration pour les peintres des générations suivantes.

L'importance du séduisant Siennois n'est un secret pour personne, mais comme les autres trécentistes — Giotto excepté — personne ne semblait le trouver digne d'une étude plus approfondie que le modeste petit volume de Mlle Dr. Agnès Gosche, pas mal fait, il est vrai, mais nullement en rapport avec la signification du maître ni au courant des recherches récentes, et qui présente une lacune importante: il n'explique pas la place que Simone occupe dans le développement de l'art.

En préparant ce volume, j'ai reçu de précieux témoignages de sympathie et je saisis avec joie l'occasion d'exprimer ici ma gratitude envers quelques uns de ceux dont la bienveillance a facilité ma tâche. Ce sont surtout le Docteur De Nicola, directeur du Musée National de Florence, M. Bernard Berenson, M. F. Mason Perkins, le Dr. Comte Umberto Gnoli, surintendant des Musées de l'Ombrie, et M. Raymond Kœchlin, président de la Société des amis du Louvre.

Perugia, en Janvier 1920.

R. v. M.

TABLE DES MATIÈRES.

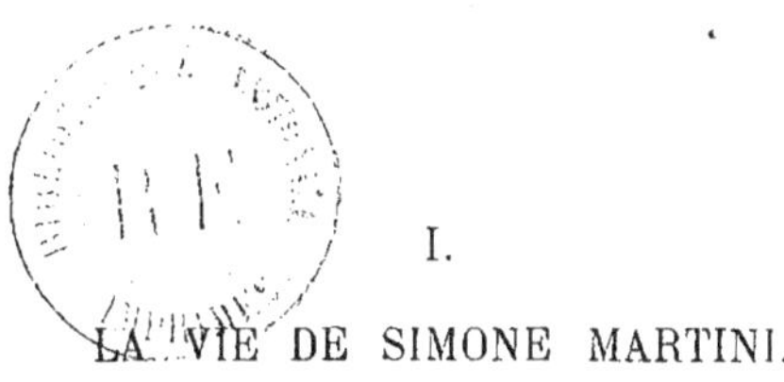

I.

LA VIE DE SIMONE MARTINI.

Comme c'est le cas pour tous les peintres italiens du commencement du 14e siècle, nous ignorons la date de la naissance de Simone Martini. Vasari[1] indique l'année 1284, mais considérant le peu de confiance que le biographe arétin mérite quand il parle des maîtres de cette époque, nous n'admettrons pas cette donnée comme certaine. D'autre part il n'y a rien d'impossible à ce que Simone soit né vers cette année, puisque nous le trouvons en 1315 artiste déjà réputé; dans ce cas il serait mort à l'âge de soixante-et-un ans.

Vasari se trompe quand il appelle notre peintre, Simone Memmi; Memmi fut le nom de Lippo, beau-frère et disciple de Simone[2]. Le père de Simone était un certain Martino qui habitait à Sienne le quartier de St. Egide, et avait encore un autre fils, Donato, sur lequel j'aurai l'occasion de revenir[3].

Quant à la jeunesse du peintre, nous en ignorons tous les détails. Vasari, qui faisait volontiers jouer un rôle important aux florentins, dit encore que Simone avait appris son art chez Giotto et l'avait suivi à Rome. Il est clair que sur ce point Vasari se trompe complètement. Je

---

[1] Vasari, Le Vite de' piu eccelente pittori, scultori etc. ed. Milanesi Firenze 1878. I, p. 546.

[2] Vasari, p. 549 raconte que Simone et Lippo étaient frères et que Simone signait des peintures «Simone Memmi».

[3] Lanzi, dans la première édition de sa Storia pittorica d'Italia (1815—17), croyait que Cecco di Martino, mentionné en 1380, pourrait avoir été un frère de Simone. Il ne l'admet plus dans une édition postérieure.

n'admets pas avec Milanesi, que ces deux artistes étaient trop contemporains pour que Simone ait pu être le disciple de Giotto, puisqu'en somme nous ne connaissons avec certitude la date de la naissance ni de l'un ni de l'autre [1]; mais l'origine de l'art de Simone est entièrement siennoise et montre une influence de Duccio, comme nous le verrons plus loin.

Je serais plutôt incliné à admettre, avec Miss Jean Carlyle Graham que ce fut le beau-père de Simone, Memmo di Filipuccio de Sienne, qui forma l'artiste [2]. Sur Memmo di Filipuccio. plusieurs documents nous sont parvenus qui le montrent travaillant surtout à San Gimignano. En 1303 on lui paye 4 sous pour des peintures faites dans cette ville, et quatre années plus tard, il est payé pour avoir peint un étendard et semble recevoir en 1310 une pension de 8 livres pour sa famille et pour lui-même. En 1317 il achève avec son fils Lippo une fresque dans la Salle du Conseil de San Gimignano et qui est probablement la même que celle signée de la même année par Lippo. Miss Graham admet que, Lippo travaillant entièrement dans la manière de Simone, il n'est pas improbable que ce dernier ait emprunté des éléments de son beau-père, mais l'auteur fait fausse route en voulant reconnaître dans le Jugement Dernier de la Cathédrale de San Gimignano une peinture qui pourrait être d'une main antérieure à Simone, tout en y trouvant des ressemblances avec ce peintre [3]. Il y a une fresque à San Gimignano qui combine les éléments italo-byzantins de la peinture de la fin du 13e siècle avec des détails qu'on retrouve dans les ouvrages de Simone. Cette fresque se trouve dans la petite église de St. Jacques et représente la Vierge tenant l'Enfant, assise sur un trône au-dessus duquel apparaissent quelques anges. Des deux côtés, on voit St. Jacques Majeur et St. Jean l'Evangéliste. Tandisque ces deux dernières figures gardent un peu du schématisme du 13e siècle, la Madonne présente une ressemblance assez frappante avec celle de la fresque de 1317 de la Salle du Conseil; les couleurs claires autant que les formes annoncent, d'une façon évidente, les fresques de Simone. Sans pouvoir arriver à une certitude, je pense que nous avons dans cette peinture une œuvre de Memmo Filipuccio qui, dans ce cas, fut très probablement le maître de Simone Martini. D'ailleurs les mariages entre les filles de maîtres d'atelier et leurs disciples ont toujours été très fréquents.

[1] Antonio Pucci dit dans son «Centiloquio» que Giotto mourut en 1336 à l'âge de 70 ans ce qui ferait du maître florentin l'aîné du siennois de presque 20 ans.

[2] J. Carlyle Graham, Una scuola d'arte a San Gimignano nel Trecento, Rassegna d'Arte Senese, 1909, p. 39. R. Davidsohn, Forschungen zur Geschichte von Florenz II, Berlin 1900, p. 311—12.

[3] Cette fresque est une œuvre assez médiocre de Taddeo di Bartolo qui a signé celles qui se trouvent à côté.

2

Memmo Filipuccio est en 1321 de retour à Sienne où il fait un emprunt d'argent ; il avait un fils Federigo dont nous retrouverons le nom.

En 1315 apparaît pour la première fois le nom de Simone qui signe alors la «Maesta» dans la Salle de la Mappemonde du Palais Publique de Sienne et sans doute il partit en 1317 pour Naples. Il est vrai que le panneau de St. Louis couronnant son frère Robert pourrait avoir été fait à Sienne [1], mais il me semble plus probable que Simone ait séjourné lui-même dans cette ville. Les rapports entre les rois de la maison d'Anjou et Sienne étaient très suivis ; Robert d'Anjou avait conclu une alliance avec les Guelfes de la Toscane et se trouvait en 1310 à Sienne où, en 1312, son frère Pietro de Gravina fut magnifiquement reçu. Trois ans plus tard Philippe de Tarente, second frère de Robert, allait en Toscane pour y mener une campagne contre les Gibelins [2]. Ces différentes visites donnaient l'occasion à ces princes, grands amateurs d'art, d'apprécier les œuvres siennoises qu'ils semblent avoir préférées de beaucoup aux produits de Florence, comme le remarque M. Bertaux. On prétend même que Robert fit faire son portrait par Simone [3], et il est certain que bien des artistes de cette ville ont pris, dans le premier quart du 14e siècle, le chemin de Naples.

Il n'est que naturel que le roi Robert, voulant faire peindre un tableau pour commémorer l'abdication de St. Louis en sa faveur, ce qui eut lieu en 1317, se soit adressé à Simone qui a d'ailleurs signé le panneau. Mais il y a plus : on connaît un document du 23 juillet 1317 par lequel le roi Robert donne l'ordre de payer un salaire annuel de 50 onces d'or — à prélever sur la taxe du sel du Principato et de la Terre de Labour — au chevalier Simone Martini [4]. C'est surtout l'influence persistante que l'art du maître a eue à Naples, qui rend sa présence dans cette ville extrêmement probable ; car il est à peine admissible qu'un seul panneau ait suffi à donner une direction unique à tous les peintres napolitains.

[1] Bertaux, Les Saints Louis dans l'art italien, Revue des Deux Mondes, Avril 1900 et Etudes d'Histoire et d'Art. Paris s. d. p. 70 est d'avis que rien ne prouve que Simone soit allé à Naples.

[2] Langton Douglas. Histoire de Sienne. trad. II, Paris 1904, p. 329.

[3] Crowe and Cavalcaselle, History of Painting in Italy, III. London 1908, p. 35.

[4] H. W. Schulz, Denkmäler der Kunst des Mittelalters in Unteritalien III, p 165. Pourtant Schulz ne pense pas qu'il s'agisse du peintre. Dans ses annotations sur le livre de Crowe and Cavalcaselle III, p. 35 n. 2, M. Langton Douglas est de l'avis contraire et pense qu'il faut identifier le chevalier et le peintre du même nom. Je suis de cette opinion, bien qu'il ait existé un autre Maestro Symone à Naples, celui-ci probablement napolitain. v. A. Gosche, Simone Martini, Leipzig 1899, p. 35 n. 1.

Les dates suivantes nous renseignent d'une façon assez régulière sur
l'activité artistique du peintre. En 1320 Simone peint un polyptyque pour
l'église de St. Catherine à Pise, œuvre qui existe encore[1] et la Madonne
et des saints pour le monastère des Dominicains à Orvieto, tableau signé
et daté qui se trouve maintenant au musée du Dôme et pour lequel Trasmondo Monaldeschi, évêque de Savone, lui a payé la somme de 100
florins[2]. A Pise comme à Orvieto nous trouverons de ses disciples ce
qui, semble-t-il, rend probable que Simone ait séjourné dans ces deux
villes. L'année suivante il est de retour à Sienne, où il restaure plusieurs
figures de la fresque qu'il avait peinte six ans auparavant dans la Grande
Salle; pour ce travail il reçoit avec ses élèves 26 livres. La même année,
il entreprend de faire, pour la somme de 40 florins, une Madonne et un
crucifix pour la chapelle du Conseil des Neufs[3]. Della Valle a vu des
fragments de cette Madonne[4], quant au crucifix, Simone chargea de ce
travail son élève Mino di Cino Ughi auquel il paya pour cette œuvre
20 florins d'or, somme qui lui avait été assurée par contrat[5]. Le 28
avril de l'année 1322 26 livres et 8 sous lui sont payés pour certaines
peintures faites dans la Loge du Palais Publique, le 17 juin il reçoit de
l'argent pour avoir achevé des travaux dans la chapelle du Conseil des
Neufs et le 20 juin on lui paye la somme de 20 livres, 3 sous pour une
peinture faite dans la Bicherna et représentant St. Christophe avec les
armes du Podestà.

En 1324 Simone épouse Giovanna, fille de Memmo di Filipuccio, qui
fut peut-être, comme je le disais, son maître.

L'année suivante, il reçoit 5 florins, de 3 livres, 7 sous, 8 deniers,
et plus tard encore 13 livres, 1 sou, 8 deniers pour l'exécution d'une
peinture, destinée au Palais du Capitaine du Peuple[6]. En septembre
1326, Simone rend à la commune de Sienne des services comme archi-
tecte pour quelques maisons, appartenant à la ville et se trouvant dans
les environs; on lui permet de louer un cheval et on met un soldat à
son service. La tournée dura sept jours et la ville lui paya 8 livres,
1 sou et 15 deniers[7]. De petits travaux que la commune lui paye en

[1] Bonaini, Memorie inedite intorno alla vita e ai dipinti di Francesco Traini.
Pisa 1846
[2] Crowe and Cavalcaselle III, p. 39 n. 1. Cette information se trouve dans une
vieille chronique de l'église.
[3] Milanesi, Documenti per la Storia del' arte Senese I. Siena 1854, p. 217.
[4] Della Valle, Lettere Senese II. Rome 1786, p. 88.
[5] Milanesi, idem.
[6] Milanesi, idem. C'est probablement le panneau mentionné par Vasari 1, p. 548.
[7] Milanesi, idem.

1328 prouvent, comme le remarque Cavalcaselle, que Simone tenait une boutique où on exécutait même des détails de décoration [1].

1328 est la date qu'on lit sous la fresque représentant Guido'riccio dei Fogliani, le condottiere qui a mené les Siennois aux victoires de Montemassi et Sassoforte. Cette œuvre, qui fait face à celle achevée en 1315, lui rapporta 16 florins [2].

L'année d'après, deux payements lui sont faits pour des travaux dont il ne nous est rien parvenu: le 11 août il reçoit 1 livre, 5 sous, pour deux anges destinés à l'autel de la chapelle du Conseil des Neufs [3], et le 3 octobre, 22 livres, 10 sous pour avoir orné, avec Neri Mancini, des maisons appartenant à la commune et se trouvant à Ansedonia, travail qui dura 15 jours et pour lequel il obtint 15 sous par jour [4].

Le 20 février 1330 la ville lui paye 4 livres, 5 sous pour une figure de Marcus Régulus dans le Consistoire des Neufs, l'année suivante il travaille à Arcidosso et Castel del Piano où il avait été pendant son voyage de 1326 et reçoit pour cela 22 livres, 8 sous [5]; en 1332 il obtient 3 florins d'or pour le piedestal d'une croix destinée à la chapelle des Neufs [6].

Dans l'année 1333 il signait avec son beau-frère Lippo la superbe Annonciation, maintenant aux Offices, mais faite pour l'autel de St. Ansano dans le Dôme de Sienne; de là cette œuvre fut transportée à l'église de St. Ansano dans le quartier de Castelvecchio où elle se trouvait à l'époque de Della Valle [7]. Simone toucha 316 livres, 17 sous pour cette peinture et de cette somme Lippo obtenait 70 florins d'or pour la dorure des colonettes et des nimbes [8]. Della Valle mentionne une Vierge assise sur un trône avec le Sauveur et entourée d'anges, au dessous desquels sont quatre saints dans des niches. Cette fresque, qui se trouvait sur la façade d'une maison faisant face au Dôme, serait une œuvre de Simone et portait la date de 1335, seulement les constatations de Della Valle sont loin d'être sûres [9], de sorte que nous n'avons pas d'informations

---

[1] Il reçoit 30 livres pour 720 lys doubles dorés à raison de 10 deniers chacun, 3 livres, 4 sous pour 16 lions doubles coûtant chacun 16 sous.

[2] Milanesi, idem p. 218.

[3] Milanesi, idem.

[4] Milanesi, idem.

[5] Milanesi, idem.

[6] Milanesi, idem.

[7] Lett. Sen. II, p. 83.

[8] Milanesi, Doc. Sen. I, p. 218. Mlle A. Gosche, op. cit., dit d'abord (p. 9) que la somme payée à Simone n'était que de 103 livres, 14 sous; puis, se contredisant, constate à la p. 33 note 2 (p. 34) que la feuille du registre étant déchirée il n'est pas possible de savoir à combien monte le total de ce que Simone a reçu pour cette peinture.

[9] Lett. Sen. II, p. 98. Cette œuvre que Della Valle place sur la façade du palais Pandolfo Petrucci serait selon Milanesi — annot. sur Vasari I, p. 549 — la même

certaines entre 1333 et 1339, année à laquelle Simone partit en février pour Avignon. Selon Vasari ce fut Pandolfo Malatesta qui l'y envoya, après qu'il eut travaillé à Rome avec Giotto pour faire le portrait de Pétrarque. Tizio, le chroniqueur de Sienne, au contraire, prétend que ce fut un cardinal qui, passant par Sienne, l'emmena à Avignon. Il n'y a rien de vrai dans tout cela: Simone partit, suivi de sa femme et de son frère Donato, non sans le consentement des autorités de la ville[1]. Evidemment il ne prévoyait pas ce voyage, puisqu'en 1340 il fait un payement sur une maison qu'il avait achetée à Castelvecchio, Sienne[2].

Les Dominicains se servirent de Simone et de Donato comme agents dans une certaine affaire juridique devant la cour d'Avignon. Les autorisations sont signées par André Marcovaldo, recteur de l'église de St. Ange, mais en 1344 l'affaire n'était pas encore réglée[3].

Nous ne savons presque rien de l'activité de Simone à Avignon; mais on est d'accord à lui attribuer une Madonne entre deux anges dans le portique de la Cathédrale. On sait cependant que Simone s'est occupé aussi d'autres travaux puisque le musée de Liverpool possède «le Retour du jeune Sauveur du Temple» qui porte sa signature et la date de 1342. Depuis quelque temps seulement on sait — grâce aux études de M. De Nicola — que le protecteur de Simone à Avignon ne fut pas le cardinal Annibale Da Ceccano, comme on l'a toujours cru, mais le prélat Jacopo Stefaneschi.

C'est probablement à Avignon qu'a commencé l'amitié de Simone avec Pétrarque, amitié dont nous sommes bien plus certains que de celle, toujours problématique, qui doit avoir existé entre Giotto et Dante. Dans une de ses «Epitres familiaires»[4], Pétrarque nous dit «avoir connu deux peintres de talent, l'un Giotto dont la renommée est grande parmi les modernes, l'autre Simone le Siennois». L'amitié que le poète avait pour Simone ne l'a donc pas empêché de reconnaître que Giotto fut le plus célèbre des deux artistes. Les deux sonnets bien connus, dans lesquels Pétrarque parle de Simone nous fournissent des ren-

qu'une Madonne avec l'Enfant entourée d'anges et de saints que Vasari décrit comme se trouvant sur la façade de l'Opera del Duomo. Le chroniqueur Tizio parle également d'une Madonne de Simone sur la façade d'une maison de la place dei Paparoni, que Ghiberti dans ses commentaires dit être un couronnement de la Vierge. Crowe and Cavalcaselle III, p. 49.

[1] Milanesi, Doc. Sen. I, p. 218.

[2] Crowe and Cavalcaselle III, p. 70. Annot. Douglas 5.

[3] Milanesi, Doc. Sen., p. 216—18.

[4] Epitre 84 commençant par ces mots : «Non sum nescius mirari te» etc.

seignements précieux sur leurs rapports[1]. Dans le premier, l'auteur parle d'«il mio Simon», ce qui me semble indiquer qu'une grande affection existait entre les deux artistes. D'ailleurs dans le même poème, ainsi que dans le suivant, Pétrarque parle du portrait que Simone avait dessiné avec «lo stilo» sur «carta», ce qui veut probablement dire avec la pointe d'argent sur parchemin[2]. Il est certain qu'une âme aussi fine que celle de Pétrarque n'aurait confié la tâche de faire le portrait de Laure qu'à un ami intime, auquel, sans doute, il avait fait des confidences sur son amour[3]. Le peintre semble avoir bien compris les sentiments du poète qui, dans son admiration pour l'œuvre, écrit que Simone doit avoir été au ciel, où était Laure[4], et l'aurait vue là-haut.

Des portraits de Laure de la main de Simone ont été découverts partout, Vasari en a trouvé un dans les fresques de la chapelle des Espagnols (dans le cloître de Ste Marie Nouvelle à Florence), qu'on sait maintenant avec certitude être l'œuvre d'Andrea da Firenze; d'autres croient la reconnaître dans la Maestà de Simone du Palais Publique, faite en 1315, quand Pétrarque n'avait que onze ans; un vieux dessin a été, pendant quelque temps, considéré comme étant le portrait de l'amante de Pétrarque. Le fait est que nous n'avons aucun portrait de Laure, si ce n'est dans une miniature du Codex de St. Georges au Vatican dont il sera question plus tard.

M. de Nolhac nous fait connaître encore un autre indice de l'amitié qui liait le poète et le peintre. Dans un exemplaire de Pline, qui faisait partie de la bibliothèque de Pétrarque, ce dernier écrit, non sans une certaine prétention, en marge du passage où Pline parle de ses rapports agréables avec Apelle: «haec fecit et Symone nostro Senenesi nuper jucundissima»[5].

Enfin nous avons encore la miniature que Simone a peinte dans le Virgile de Pétrarque[6], volume particulièrement cher au poète, auquel il fut volé en 1326 et qu'il ne retrouva que douze ans plus tard. Bien que

---

[1] Ce sont les sonnets 49 et 50; dans certaines vieilles éditions ils portent les numéros 58 et 59. Je suis de l'avis de Müntz, que dans le sonnet 56 où Pétrarque parle d'une image de Laure faite par un meilleur maître que Praxitèle ou Phidias, il faut penser à la nature ou à l'amour, mais non pas à Simone.

[2] Je ne vois pas de raisons pour croire qu'il est question ici d'une miniature; on a quelque fois interprété ces lignes dans ce sens.

[3] P. de Nolhac, Pétrarque et l'humanisme d'après un essai de restitution de sa bibliothèque. Paris 1892.

[4] Ceci ne veut pas dire qu'elle fut morte; Pétrarque, lui-même, nous dit qu'elle mourut en 1348.

[5] P. de Nolhac, op. cit., p. 276.

[6] Ce manuscrit se trouve maintenant à l'Ambrosienne, Milan.

quelques doutes aient été exprimés à son sujet, la miniature est indubitablement de la main de Simone, puisque M. de Nolhac a reconnu comme
un autographe de Pétrarque, l'inscription:

«Mantua Virgilium, qui talia carmina finxit,
Sena tulit Symonem, digito qui talia pinxit» [1].

L'amitié de Pétrarque pour Simone semble avoir été fondée autant sur
l'affection pour l'homme, que sur l'admiration pour l'artiste. Cela nous
fait considérer Simone Martini, de la vie duquel nous ne connaissons que
le côté extérieur, avec d'autres yeux. Sans doute le poète qui fut d'une
sensibilité extrême ne se liait qu'avec ceux dont l'âme vibrait en harmonie avec la sienne. Nous pouvons donc être certains que Simone, qui
vers l'âge de soixante ans devint le confident de Pétrarque, qui n'en avait
pas quarante, était un de ces êtres d'élite, auxquels l'âge n'enlève pas
la finesse des sentiments. L'amitié avec Pétrarque ne fait d'ailleurs que
confirmer ce que l'art de Simone nous fait deviner de la psychologie
du maître.

Simone est mort à Avignon en juillet 1344 [2]; sa mort fut enregistrée
à Sienne le 4 août [3]; le même jour des messes et des vigiles étaient cé-
lébrées pour le repos de son âme [4]. Par testament il laissait sa maison
à Sienne avec les meubles à sa femme et le restant de ces biens à ses
neveux et nièces, ce qui indique qu'il n'avait pas d'enfants [5].

[1] Müntz. Pétrarque et Simone Martini, à propos du Virgile de l'Ambrosienne.
Gazette archéologique 1887, p. 102.
[2] Milanesi. Doc. Sen., p. 244. Della Valle dit que ce fut en août, Vasari en 1345
[3] Milanesi, idem.
[4] Milanesi, idem. On avait dépensé 7 florins d'or pour ces cérémonies; il en restait
23 livres, 4 sous. qui furent donnés à Lippo Memmi.
[5] Milanesi, idem, p. 219. En 1355 un procès eut lieu entre les héritiers de Simone
et ceux de son frère Donato qui était mort en 1347. Milanesi, idem, p. 244.

II.

ŒUVRES DATÉES FAITES ENTRE 1315 et 1320.

La Maesta dans le Palais Publique.

Le premier ouvrage dont nous connaissons la date exacte est la Maesta qui se trouve dans la Salle de la Mappemonde du Palais Publique de Sienne[1]. Cette fresque est de l'année 1315 et, par conséquent, n'est pas une œuvre de jeunesse. Même si nous n'admettons pas que le peintre soit né en 1284, il est certain que la commune de Sienne n'aurait pas confié une peinture d'une telle importance à un artiste qui ne se serait pas encore distingué, surtout au moment où vivait encore Duccio qui, quatre ans auparavant, s'était couvert de gloire par sa superbe Maesta.

[1] D'anciens auteurs siennois, comme Benvoglienti, voulaient attribuer cette fresque à un Mino qui a travaillé dans une salle du palais en 1289. Della Valle a même confondu ce Mino avec Fra Jacopo Mino Torriti, et d'autres critiques se sont rangés à son opinion Gaye dans son «Carteggio inedito d'artisti» admet aussi que l'original a été peint par Mino, mais tellement repeint par Simone en 1321 que, sous son aspect actuel, la fresque serait l'œuvre de ce dernier, mais dans les têtes de la Madonne et de l'Enfant il croit pouvoir distinguer une préparation plus ancienne. Milanesi dans ses notes sur Vasari I. p. 565 discute ces différentes théories et en prouve l'impossibilité, puisque la fresque de Mino a certainement péri dans les transformations du Palais, dues à des agrandissements (v. aussi F. Donati, Il palazzo del comune di Siena, Arte Antica Senese I, Siena 1904, p. 311). D'ailleurs elle se trouvait dans «la salle où le Podesta prenait ses repas» et il est inadmissible que cela ait été la même salle où se réunissait le Conseil. Enfin la fresque est datée et signée dans une petite poésie qui se trouve en dessous et dont la dernière ligne est : «S. . . . a man di Symone» que Romagnoli lisait «Ser Mino di Simone» peintre qui n'a jamais existé.

Sienne se considérait, depuis la victoire de Montaperti (1260) comme étant sous la protection spéciale de la Vierge et le nombre de peintures représentant la Madonne y fut plus considérable que dans d'autres villes d'Italie.

La Maesta semble y avoir été introduite par Duccio ; Simone lui a succédé, mais a travaillé dans un esprit assez différent, comme nous le verrons tout à l'heure.

Dans la fresque de Simone, toutes les figures se trouvent sous un baldaquin qui est soutenu par huit piliers [1] (pl. I). Au centre, la Vierge couronnée, à laquelle une robe à larges plis donne des proportions monumentales, est assise sur un trône, dont le dossier consiste en cinq panneaux travaillés à jour, comme des fenêtres d'église gothiques. De ses deux mains la Madonne soutient le Divin Enfant qui se tient debout sur son genou gauche, faisant d'une main le geste de la bénédiction, tenant dans l'autre un petit rouleau ouvert. De chaque côté du trône se trouvent quinze figures, placées sur cinq rangs (pl. II). Mais le groupement n'a rien de rigide et de prime abord on ne s'aperçoit pas de cet ordre quelque peu archaïque, mais masqué par la liberté des attitudes.

Au premier rang s'agenouille, de chaque côté, un ange offrant des fleurs, suivi des quatre protecteurs de la ville, à gauche St. Victor et St. Crescent, à droite St. Ansanus et St. Savin. Puis suivent, à gauche, St. Jean l'Evangéliste, l'archange Gabriel et St. Paul, à droite St. Jean-Baptiste, l'archange Michel et St. Pierre dont les noms sont visibles, pour autant que les saints agenouillés de la première rangée ne les couvrent pas ; les quatre saints tiennent les supports du baldaquin. La rangée suivante ne contient que des figures féminines ; celles qui sont le plus rapprochées du trône sont couronnées, la plus éloignée à droite est un ange. Les dernières rangées sont formées par des saints, pour la plupart barbus, peut-être des apôtres.

L'ensemble est placé dans un cadre à dessin ornemental, dans lequel se trouvent vingt médaillons. Celui du centre, en haut, contient l'image du Sauveur ; les autres dans cette partie du cadre sont ornés des figures à mi-corps d'Isaac, de Moïse, de David et de Jacob ; chacun des côtés verticaux montre, de la même manière, trois prophètes ; dans les quatre angles on trouve les Evangélistes. La division horizontale inférieure contient au centre un médaillon où se trouvent deux figures à mi-corps, l'une blanche, l'autre noire, représentant le Nouveau et l'Ancien

[1] Une reproduction de l'ensemble et une autre donnant le détail de la Vierge et de l'Enfant se trouvent dans W. Rothes, Die Blütezeit der Sienesischen Malerei. Strasbourg, Heitz, 1904, pl. 1 et 8.

Testament ou l'Eglise et la Synagogue, la première tenant un rouleau où sont inscrits les sept Sacraments, l'autre le Décalogue. A droite et à gauche on voit la face et le revers d'une monnaie siennoise, l'une avec les paroles «Sena vetus civitas Virginis», l'autre portant ces mots: «Alfa et Ω principium et finis». Les quatre autres médaillons contiennent trois saints évêques — dont ceux de droite à peine visibles — et un saint docteur.

Enfin il y a une seconde bordure, au dessous de la première, où se trouve une inscription avec la date de 1315 et le nom de l'auteur[1], interrompue par deux médaillons dont l'un représente nettement la **Vierge et l'Enfant.**

Sur le marchepied du trône de la Ste. Vierge et au-dessous de toutes les figures se trouvent deux poésies d'une naïveté charmante. Dans la première la Madonne dit:

«Les fleurs angéliques, les roses et les lis
Dont sont ornés les champs célestes
Ne me réjouissent pas plus que les bons conseils,
Mais quelquefois j'observe qu'il y a des hommes qui par égoisme,
Me méprisent et trahissent ma terre[2],
Et plus leur parole est vile, plus ils sont loués
Ensemble avec ceux que ces lignes condamnent.»

Dans la seconde poésie la Madonne s'adresse aux saints qui l'entourent et dit:

«Mes bien aimés, pensez y bien
Que vos prières honnêtes et sincères
Seront exaucées par moi selon vos désirs;
Mais si des puissants molestent des faibles,
Les opprimant honteusement, leur infligeant des dommages,
Vos oraisons ne leur seront d'aucun profit
Ni à qui que ce soit qui trahit ma terre.»

La fresque, comme nous la voyons aujourd'hui, n'est une œuvre de Simone que dans la composition et le dessin des figures; le reste a entièrement disparu sous des repeints postérieurs. Nous savons que Simone lui-même a restauré la fresque, six ans après l'avoir achevée et Cavalcaselle croyait même pouvoir reconnaître les huit têtes que le maître

---

[1] La fin de cette inscription qui est très abîmée, montre la signature rapportée dans la note 1 de la page 9. Milanesi, Annot. sur Vasari I, p. 568 interprète le commencement de cette ligne: Se la man etc.

[2] **La ville de Sienne.**

aurait retouchées[1]. Il se peut qu'il ait été vraiment possible de faire
cette distinction, il y a une cinquantaine d'années ; mais depuis la fresque
ayant été détériorée d'avantage, les figures offrent en grande partie le
même aspect, de sorte que je n'oserais pas adopter l'opinion de Cavalcaselle.

Toute l'œuvre est remplie d'éléments décoratifs ; les nimbes montrent
pour la plupart des dessins en relief de fleurs ; les bordures des vêtements de la Madonne, du jeune Sauveur et de plusieurs saints sont
richements ornées, les jolis panneaux gothiques du trône sont traités avec
un soin extrême.

La partie inférieure de la figure de la Vierge pourrait sembler un
peu trop large pour la tête allongée et gracieusement drapée et les mains
qui sont, comme dans toutes les œuvres de Simone, d'une finesse admirable. La tête de l'Enfant nous paraît un peu grossière en comparaison avec l'aspect vraiment royal de celle de sa Mère ; on croirait que
Simone a pris ici comme modèle un bébé joufflu de paysan. On ne retrouve pas cette absence de délicatesse dans les autres figures du même
groupe ni dans d'autres images que Simone nous a laissées du Divin
Enfant, de sorte qu'on serait tenté de croire qu'ici le restaurateur est
responsable de cette faute de goût. Les deux anges et quatre saints agenouillés sont d'une grâce parfaite et expriment un profond sentiment religieux. D'autres belles figures, dont la majesté ne diminue en rien
l'élégance, sont les saintes femmes voilées qui se trouvent des deux
côtés dans la troisième rangée, et St. Pierre et l'archange Michel dans
la deuxième à droite ; cette dernière surtout est d'une majesté impressionnante.

En comparant la Maesta de Simone avec celle de Duccio, les différences me semblent plus significatives que les points de contact. Il ne
faut pas perdre de vue l'influence que Duccio a exercée à Sienne jusqu'au
milieu du 14e siècle, influence qui dominait entièrement des maîtres comme
Segna di Bonaventura, Ugolino da Siena et un nombre très considérable
de peintres dont nous connaissons les œuvres mais ignorons les noms.
Tous ces artistes adoptèrent les éléments byzantins de l'art de leur maître
et parfois même allèrent plus loin que lui dans cette voie ; il est, pour
cette raison, important de noter qu'au moment où l'influence émanant de
Duccio, se manifestait avec le plus de force, Simone s'est écarté en tant de
points de son exemple. Là où Duccio, dans son Maesta, n'essaye que de remplir le fond d'or de son panneau d'une façon harmonieuse, Simone crée un

[1] Crowe and Cavalcaselle III, p. 32.

espace auquel la perspective du baldaquin, vu d'en bas, donne de la
profondeur, élément totalement absent chez Duccio. Ce dernier n'a pas
songé à représenter un groupe réel, il n'a fait que montrer les figures
dans une symétrie parfaite, et ajoute même au haut de son tableau dix
figures à mi-corps de proportions beaucoup plus petites que les autres.
Evidemment Simone n'a pas oublié d'équilibrer les personnages de sa
composition ; pourtant il se rapproche infiniment plus d'un groupement
réaliste et naturel, il y a une variété bien plus grande dans les attitudes
ainsi que dans les types et les expressions. C'est surtout la liberté
des attitudes qui empêche la régularité de la composition de choquer
notre sens esthétique. La fresque de Simone nous fait penser, avant
tout, à une cour médiévale où la reine sous le baldaquin, entourée de
sa suite, assiste à quelque cérémonie, ou mieux encore à une fête, puisque
la peinture pleine de personnages élégants a une solennité quelque peu
mondaine, tandisque le panneau de Duccio ne nous rappelle que la majesté des hiérarchies célestes. Enfin le trône sur lequel la Madonne de
Duccio est assise ainsi que le voile, qui lui couvre la tête, sont des
détails caractéristiques de l'art byzantin, tandisque le siège de la Vierge
de Simone est du style gothique le plus pur, et la couronne que porte
la Reine des Cieux est un symbole appartenant au même art [1].

Il est évident qu'on pourrait trouver dans la fresque de Simone plusieurs détails empruntés à Duccio. D'abord l'idée fondamentale de la
composition : la Vierge, au centre, entourée de rangées de saints, dont
ceux du premier rang sont à genoux, un bon nombre de figures semblent
également être peintes sous l'inspiration du maître. Ce sont les quatre
personnages agenouillés qu'on retrouve chez Duccio, puis St. Jean Baptiste
et Jean l'Evangéliste, St. Paul, les deux saintes voilées au troisième plan
de la fresque, qu'on retrouve aux extrémités de la deuxième rangée du
panneau. Le saint barbu aussi qui, dans la quatrième rangée à gauche,
se trouve le plus près du trône, est une figure qui nous rappelle singu-
lièrement les Christs de Duccio.

Tout en reconnaissant combien Simone dépendait de Duccio, quand
il fit sa Maesta, il ne faut pas perdre de vue qu'à cette époque l'origi-
nalité chez un peintre n'était pas considérée comme une qualité; au contraire un artiste ne pouvait mieux faire que de suivre un modèle consacré par l'admiration universelle. Cette consécration, le grand panneau

---

[1] **M. Rothes**, op. cit., p. 44 mentionne la couronne parmi les éléments byzantins
de l'art de Simone. Ceci est contraire à la vérité; on ne trouve jamais de Madonnes
couronnées dans l'art byzantin avant l'infiltration occidentale.

de Duccio l'avait obtenue, et il est plus que probable que la ville de
Sienne, en commandant la fresque à Simone, lui avait prescrit de suivre
ce modèle. Cette ressemblance entre les deux peintures n'est donc que
le résultat logique de ces circonstances ; que cette ressemblance ne soit
pas plus grande, ce fait est dû à la forte personnalité artistique de Simone, dans l'œuvre duquel on reconnaît, sans effort, le souffle d'un esprit
nouveau, inconnu à Duccio et à sa véritable école.

Le rétable de St. Louis à Naples.

Dans l'ordre chronologique, il n'y a pas de doute que le rétable de
St. Louis à Naples suit la Maesta de Simone. Il est vrai que nous n'a-
vons pas de date précise, indiquant en quelle année ce tableau a été exécuté, mais il est plus que probable qu'il fut peint vers 1317, année de
la canonisation de St. Louis et dans laquelle, comme nous l'avons vu,
le roi Robert a attribué une pension à un chevalier Symon Martini.

M. Bertaux[1] fait des constatations intéressantes au sujet de cette
peinture. D'abord il répond à la question, pourquoi St. Louis a été une
figure si populaire en Italie où il n'avait séjourné que peu de temps. La
raison principale semble être que le saint incarnait le véritable type
du franciscain. Le mouvement, créé par St. François, avait une impor
tance énorme au début du 14e siècle et le fait qu'un prince royal
avait endossé la bure du «poverello» fut pour l'ordre un bienfait et un
encouragement extraordinaires. Aussi trouvera-t-on nombre d'églises fran-
ciscaines où le prince-moine est représenté plusieurs fois, tandis qu'aucune de ces images ne montre les miracles accomplis par lui en Italie.
Pourtant grâce à l'admiration générale, ces miracles augmentaient de jour
en jour, et on allait même jusqu'à déclarer que St. Louis était de naissance italienne.

De plus M. Bertaux explique la signification politique du tableau où
nous voyons que St. Louis pose la couronne sur la tête de son frère Robert. Cette œuvre d'art servait de réponse aux Gibelins qui contestaient
cette couronne à Robert en la revendiquant pour le jeune roi Carobert
de Hongrie, neveu du saint, qui y avait renoncé. D'ailleurs le roi Charles
II, père de St. Louis et de Robert, comme le pape Clement V, soutenait
la candidature de ce dernier au trône de Sicile dont il s'était du reste
emparé sans grandes difficultés. Le tableau de Simone avait pour but de

---

[1] Bertaux, op. cit.

14

mettre sous les yeux de tous que Robert en occupant la place, laissée
libre par St. Louis, avait l'approbation de ce dernier.

Il n'est pas douteux que le panneau fut fait pour commémorer la canonisation du saint évêque. Le roi Charles II avait fait les premières tenta-
tives auprès du Pape pour que cet acte fût accompli et Robert avait payé
400 florins d'or à son chapelain, pour l'enquête sur les miracles de son
frère[1]. Il est donc certain que Robert fut très sensible à ce surcroît de
gloire qui s'ajoutait à celle qui déjà entourait le nom d'Anjou,

Quant à l'histoire du tableau, on sait, par une vieille chronique,
qu'à l'origine il se trouvait à Ste. Claire et que la reine Marguerite le
fit transporter à la fin du 14e siècle à l'église de San Lorenzo où il se
trouve aujourd'hui. Le panneau principal nous montre St. Louis de grandeur naturelle, nimbé et assis sur un siège couvert d'une draperie. Par-
dessus l'habit de l'ordre de St. François, il porte un manteau magnifique
orné d'une riche bordure (pl. III). Sa tête est ceinte d'une mitre; d'une main il
tient la crosse. Deux anges, planant au-dessus du saint, lui posent une
couronne sur la tête. A sa gauche s'agenouille Robert, de proportions
un peu plus petites, les mains jointes et regardant en l'air vers le point
d'où descend la main tenant la couronne.

La figure du saint a une expression de rêve, son regard se perd dans
le lointain. On n'a pas l'impression que l'artiste ait voulu représenter un
personnage historique, mais plutôt un saint du paradis. La figure du roi
Robert, par contre, est sans doute un portrait et d'un réalisme qui n'a
rien de flatteur. Le prince est représenté comme un jeune homme à la
bouche dure et cruelle.

On serait tenté de croire que l'ornementation, qui est ici d'une
richesse extrême, fut abandonnée aux soins d'élèves. Tout le manteau de
l'évêque est orné d'un dessin décoratif, de même que le brocart qui couvre
son siège et les vêtements de Robert. Dans la bordure d'or du manteau
et dans celle de la mitre, les armoiries aux fleurs de lis des Anjou al-
ternent avec d'autres ornements et les habits du roi Robert ne sont pas
moins richement bordés. Les lis de France reviennent sur les manches
de l'habit du saint ainsi que dans un cadre qui entoure le fond d'or.

L'état de conservation du grand panneau est loin d'être parfait, mais
c'est surtout la prédelle qui a souffert. Elle consiste en cinq parties, dont
la première représente Louis, agenouillé devant le Pape assis entre deux
évêques, qui lui tend la mitre; mais Louis, au lieu de l'accepter, indique
d'une main des frères franciscains qui se trouvent derrière lui, geste qui

---

[1] Bertaux, op. cit., p. 53.

exprime son désir de faire partie de leur ordre[1]. Le panneau suivant est divisé en deux scènes, la première montre St. Louis, agenouillé devant deux frères franciscains, tandis qu'un troisième se trouve derrière lui : cette scène représente probablement sa réception dans l'ordre. Plus loin on le retrouve dans la même attitude, mais vêtu d'un manteau richement orné, devant le Pape, à côté duquel se tient un évêque. Le Pontife lui pose la mitre sur la tête. Puis nous voyons le saint servant des pauvres ; trois d'entre eux sont assis à table, un quatrième se trouve devant St. Louis qui lui verse de l'eau sur les mains.

Le quatrième panneau nous le montre sur son lit de mort, derrière lequel chantent deux moines, la bouche grande ouverte[2]. A gauche un groupe d'évêques et de moines et à droite quelques personnages laïques expriment leur douleur, plutôt par les traits de leur visage que par des gestes, dont ils s'abstiennent presque complètement. Au premier plan on distingue, non sans peine, deux estropiés et deux possédés, espérant obtenir la guérison, en touchant les vêtements du saint.

Enfin nous voyons la représentation d'un miracle : St. Louis ressuscitant un enfant. Le petit cadavre est entouré de femmes auxquelles le saint apparaît des cieux, composition qui manque vraiment de valeur narrative.

Les cinq panneaux sont cintrés ; dans les espaces laissés vides par les lignes courbes, on trouve six fois les armoiries d'Aragon et l'inscription interrompue «Simon de Senis me pinxit».

Dans les scènes de la prédelle, c'est surtout l'énergie de l'action qui nous frappe. Les gestes bien qu'expressifs restent dans la mesure du bon goût ; ils n'ont pas la grande puissance dramatique de ceux que Giotto nous met sous les yeux, mais ils sont peut-être plus finement nuancés.

Le saint servant les pauvres est un chef-d'œuvre qui dépasse de beaucoup les autres scènes. Il y a une grande profondeur de sentiment dans les deux figures des mendiants, l'un en prière, l'autre regardant St. Louis agir, et on ne trouve rien de primitif dans les attitudes réalistes et bien observées du pauvre, qui se lave les mains et du saint qui lui verse de l'eau.

[1] Ceci me semble, au moins, l'interprétation la plus probable. Tous les auteurs qui ont décrit ces panneaux les ont compris d'une façon différente et personne ne semble avoir remarqué que dans cette première scène le futur saint tient un oiseau dans la main. Il est possible que cela soit un faucon, oiseau de chasse et emblème des plaisirs des nobles. Sa présence ici indiquerait qu'à ce moment Louis d'Anjou était encore laïque.

[2] On rencontre souvent ce détail après que Giotto l'eut montré dans les fresques de la vie de St. François, à Assise.

16

Dans quatre des cinq panneaux, l'action a lieu dans un endroit déterminé et limité. Quand St. Louis refuse la mitre d'évêque, il se trouve dans une salle voûtée, d'une perspective qui n'est pas absolument correcte; les deux événements combinés dans le second panneau ont lieu sous un portique ouvert, divisé par des piliers. La troisième et la quatrième scène sont visibles grâce à la simple suppression d'un mur, ce qni nous permet de voir dans l'intérieur des maisons, comme dans un plan en coupe, procédé que Duccio n'a pas appliqué aussi souvent que Giotto. Duccio faisait, autant que possible, se rencontrer les extrémités des murs avec celles du panneau à dépeindre, de façon que le spectateur eût l'illusion de se trouver dans l'espace où l'événement a lieu; Giotto d'autre part n'indique, pour ses scènes d'intérieur, parfois aucune limite, ou bien il montre une maison, vue du dehors, mais dans laquelle nos yeux ont accès grâce à la suppression d'une paroi.

Simone a suivi cette dernière méthode dans la troisième scène de la prédelle, tandisque dans les autres il suivait la méthode supérieure de Duccio, mais sans avoir le sens de la perspective et du groupement en profondeur qu'avait celui-ci.

Cavalcaselle, ainsi que le Professeur Venturi[1], ont remarqué qu'entre les figures de la Maesta de Sienne et celles des panneaux de cette prédelle, il y a une certaine différence, ces dernières étant plus allongées et, comme l'observe M. Venturi, plus gothiques. Cette observation est tout à fait juste et nous y reviendrons en parlant du développement de l'art de Simone.

Le polyptyque de Pise.

De l'année 1320 nous avons le polyptyque de Pise et la Madonne et les saints d'Orviéto. Pour des œuvres à peu près contemporaines, elles montrent une différence intéressante à observer, puisque dans celle de Pise nous voyons le maître plus près de Duccio que dans les panneaux d'Orviéto ou dans la Maesta de Sienne.

Le polyptyque de Pise se divise en sept parties, chacune se composant d'une figure à mi-corps de proportions assez monumentales, audessus de laquelle se trouvent deux petites figures également à mi-corps, le tout couronné par un panneau de forme triangulaire dans lequel apparaît la figure à mi-corps, un peu plus grande, d'un prophète. Dans la prédelle de chaque division il y a de nouveau deux figures à mi-corps

---

[1] A. Venturi, Storia dell' Arte Italiana V, Milano 1907. p. 595.

de saints personnages, sauf celle du centre où est représenté le Christ mort entre la Vierge et St. Marc. L'encadrement qui se répète dans toutes ces divisions consiste en colonnettes supportant un arc gothique ; les espaces laissés libre entre les lignes cintrées, qui en forment les limites supérieures sont décorés d'ornements en relief. Malheureusement on ne voit pas l'œuvre dans son ensemble ; elle est répartie entre le musée municipal de Pise et le séminaire de cette même ville [1], le premier possède un des panneaux principaux et toutes les prédelles, le séminaire conserve les six autres parties [2].

Le panneau central montre la Madonne tenant sur ses genoux l'Enfant qui saisit d'une main le manteau de sa mère, tandisqu'il tient un petit livre dans l'autre main ; au-dessus se trouvent les Archanges Gabriel et Michel, l'un tenant une branche d'olivier, l'autre le glaive et tous les deux portant une inscription. Plus haut le Sauveur bénissant tient un livre ouvert où on lit «Ego sum A et Ω principium et finis.» Dans le cadre en bas le tableau est signé: «Symone de Senis M . . . . . pinxit.»

Les cinq panneaux latéraux du séminaire représentent:

1) St. Jean l'Evangéliste un livre entre-ouvert à la main, au-dessus duquel on voit St. André, tenant dans ses mains un livre ouvert également, et St. Pierre avec un livre fermé et les clefs. La figure du roi David jouant de la harpe couronne cette partie du polyptyque.

2) St. Dominique portant un livre et son emblème, une branche de lis. Dans les petits panneaux, l'apôtre S. Philippe qui écrit dans un livre qu'il tient en main et St. Jacques, tenant un livre fermé et élevant l'autre main. Tout en haut on trouve la figure d'un prophète tenant un philactère.

3) Ste. Catherine tenant la palme du martyre et un livre. Au-dessus de cette figure se trouvent St. Thomas lisant et l'apôtre St. Matthieu, une main élevée, tenant un livre dans l'autre, et au-dessus un prophète.

4) St. Pierre, Martyr, lui aussi un livre à la main. Au-dessus sont St. Matthieu écrivant et St. Barthélemy tenant livre et couteau; un prophète se trouve à la place habituelle.

5) Ste. Marie-Madeleine tenant le vase emblématique; au-dessus on trouve les Sts. Thadée et Simon, chacun avec un livre, au sommet le prophète.

---

[1] D. A. Manghi, La nuova Pinacoteca del Seminario di Pisa e un depinto di Simone Martini, Rassegna d'Arte Senese 1911, p. 94.

[2] La description la plus détaillée se trouve dans: C. Lupi, L'Arte Senese a Pisa. Arte Antica Senese I, Sienne 1904, p. 355 (403).

Le panneau du musée municipal représente St. Jean-Baptiste ayant
l'aspect sauvage traditionnel, bénissant et une petite croix à la main; au-
dessus sont représentés St. Paul et St Pierre; ce dernier un livre à la
main, mais St. Paul, outre son épée, présente quatre de ses épîtres sous
forme de quatre petits volumes, détail iconographique propre à Simone
et à ses disciples. Le prophète que l'on aperçoit au-dessus tient deux
inscriptions.

Quant aux sept panneaux qui forment la prédelle, on ne peut localiser avec certitude que celui qui montre le Sauveur mort, sortant à moitié
de son tombeau[1], entre la Vierge et St. Marc, et qui, sans aucun doute,
se rattache à la division centrale. Les autres comprennent chacun deux
figures, placées l'une et l'autre de la même façon que celles se trouvant
en haut. Ce sont St. Etienne, tenant des deux mains un livre, avec Ste.
Apolline qui a dans la même main un livre et des tenailles; St. Luc se
préparant à écrire avec St. Grégoire, la tiare sur la tête, tenant un livre
et bénissant; Ste. Ursule avec une bannière et St. Laurent, ressemblant
beaucoup à St. Etienne; Ste. Marie-Madeleine dont la tête est curieusement drapée et qui tient dans ses mains le vase à huile, avec St. Nicolas,
tenant la crosse d'évêque et un volume; St. Ambroise, très semblable à
ce dernier, mais portant la mitre, avec Ste. Agnès ayant dans une main
l'image de l'agneau triomphant; St. Augustin, figure presqu'identique à
celle de St. Ambroise, mais barbue, avec St. Thomas d'Aquin dans son
habit de moine, tenant dans ses deux mains le livre ouvert dout partent
des rayons de lumière[2] (pl. IV).

C'est surtout dans les petites figures que Simone rappelle Duccio;
les traits des visages, la forme des têtes et l'expression douce, mais quelque peu morbide du grand précurseur se retrouvent, en une certaine mesure, dans le grandiose polyptyque de Simone. Pourtant pour cette œuvre,
comme pour la Maesta de 1315, il faut bien se garder d'exagérer cette

[1] H. Thode, Franz von Assisi und die Anfänge der Kunst der Renaissance in
Italien, 2. Aufl. Berlin 1904, p. 494 dit, qu'avec la peinture d'Ugolino à Santa Croce
de Florence (dernièrement attribuée par M. Berenson à un disciple de Lorenzetti, qu'il
appelle Ugolino Lorenzetti) et quelques tombeaux de l'école des Pisano, cette peinture
est le plus ancien exemple de cette composition, plus tard si répandue.

[2] E. Forster, Gesch. der ital. Kunst II. Leipzig 1870, p. 293, fut le premier à reconnaître l'importance du polyptyque. Il mentionne une Ste. Barbe qui se trouvait autrefois dans la collection Rothpletz à Aarau (plus tard dans la collection Sommerhoff
à Francfort) qui selon lui a fait partie du polyptyque. Ceci est impossible, non seulement à cause des proportions différentes mais aussi pour la bonne raison qu'il ne
manque pas de panneau au polyptyque. Je ne connais pas cette peinture. Mlle Gosche,
op. cit., p. 21 l'attribue à Lippo Memmi.

influence[1], qui se borne à des ressemblances plutôt extérieures. Simone
montre dans cette peinture aussi qu'il n'a pas l'âme byzantine. Ce sont
surtout les plis des vêtements et le relief qu'ils produisent[2], qui séparent
l'art de notre peintre de toute tendance orientale.

La plus délicate de toutes ces figures de saints est Ste. Catherine
qui, par sa grâce, égale les œuvres que nous avons déjà examinées. Ce
même degré d'élégance ne se retrouve pas dans tous les autres panneaux
et je serais tenté de croire que cette grande entreprise avec ses quarante
trois figures de taille différente, toutes indépendantes les unes des autres,
n'a pas enthousiasmé outre mesure le peintre qui en était chargé.

Certes les personnages ne manquent pas de finesse dans l'exécution,
mais leur valeur artistique est très inégale. Les plus grandes intéressaient
l'artiste davantage; mais parmi les petites aussi, il y a des figures superbes, comme par exemple la Madonne, à côté du Sauveur mort, ou bien
St. Grégoire avec son regard sérieux et profond, la gracieuse Ste. Marie-
Madeleine, les Archanges qui ont ces formes gothiquement allongées que
nous remarquions à Naples. Mais à côté de ces figures on trouve
bien des saints et des prophètes quelque peu insignifiants, par exemple
St. Etienne, St. Laurent et sa compagne Ste. Ursule; les saints évêques
Augustin et Ambroise manquent vraiment de forme et d'expression. Le
peintre n'a pas essayé de varier les attitudes, le livre que tiennent presque tous ces personnages est reproduit jusqu'à satiété.

Si d'un côté le polyptyque nous montre des morceaux qui ont été
considérés comme les meilleurs que Simone ait jamais produits[3], il y en
a d'autres qu'on doit ranger parmi ses créations les plus faibles. Si nous
étions, tant soit peu, renseignés sur l'ordre dans lequel l'artiste a peint
les différents panneaux, nous pourrions peut-être constater que la monotonie du travail a eu comme résultat que peu à peu l'inspiration a abandonné l'artiste.

Le coloris de tout le polyptyque est de la même qualité superbe. Il est
vrai que le mauvais état de conservation des œuvres, que nous avons examinées jusqu'ici, ne nous a pas permis d'estimer Simone comme coloriste
à sa juste valeur, mais jamais il n'a surpassé le degré de lucidité et de
transparence qu'il avait atteint dans les panneaux de Pise. C'est dans
cette richesse des couleurs, chaudes et jamais criardes, que le maître se
rapproche le plus de Byzance, qui fut le berceau de cet art; mais la gra-

[1] Ce qu'a fait Mlle. Agnes Gosche, op. cit., p. 21—23.
[2] Crowe and Cavalcaselle III, p. 38 est d'avis que ce tableau nous rappelle, que
Simone rend d'une façon imparfaite le relief des objets.
[3] Crowe and Cavalcaselle, op. cit. III, p. 37.

20

dation des tons que le génľal Siennois a découverte sous le ciel d'Italie,
est plus délicate que celle, née quelques siècles auparavant sous les rayons
du soleil oriental.

La Madonne et les Saints au Musée du Dôme d'Orviéto.

Du rétable que l'évêque Trasmondo de Savone fit faire pour l'autel
de l'église de St. Dominique à Orvieto, nous n'avons que cinq panneaux
et comme Mlle. Agnès Gosche en fait très justement la remarque, il
est fort probable qu'à l'origine ils étaient au nombre de sept, puisque
trois des saints sont tournés dans la même direction et se trouvaient par
conséquent du même côté de la Vierge. On pourrait donc facilement admettre que le polyptyque d'Orviéto fut commandé, après que l'évêque de
Savoue eut vu celui de Pise, et qu'il avait une forme semblable à ce
dernier ou bien qu'il était d'une composition un peu plus simple, dans le
genre de celle du rétable que nous trouverons dans la collection Gardner.
Ni la prédelle ni les petites figures du haut n'ont été préservées, mais seulement la Madonne qui formait le panneau central, ayant à sa gauche Ste.
Marie-Madeleine, St. Dominique et St. Pierre, tandisque des figures de
droite il ne nous reste que St. Paul[1] (pl. V).

Le panneau qui représente la Madonne est plus grand que les autres;
la Ste. Vierge, dont la tête est légèrement inclinée, porte sur son bras
le Divin Enfant dont elle tient un pied. Le Sauveur enfant dont les
traits sont pleins de tristesse, a pris le bout du manteau de sa mère et
s'en est entouré l'épaule; il tient un petit rouleau sur lequel on lit:
«Ego sum lux mundi». Dans la partie inférieure du panneau on distingue
avec peine ces mots: « . . . . . .n de Senis me pinxit A.D. M.CCCXX»[2].

La Madeleine tient dans une main un vase de forme gracieuse, dé-
signant de l'autre main la minuscule image de l'évêque donateur agenouillé
en adoration, et dont la présence ici fournit la preuve que ce panneau
se trouvait à côté de celui de la Madonne.

St. Dominique, vêtu de l'habit de l'ordre, montre des proportions plus
allongées. Il pose une main sur un volume fermé, tenant la branche de
lis dans l'autre. Une main de St. Pierre tient également un livre, l'autre
les deux clefs emblématiques, il porte l'étole papale. Le manteau de
St. Paul se drape lourdement autour de sa large stature; il tient d'une

---

[1] Les quatre saints sont reproduits dans E. Jacobsen, Sienesische Meister des Trecento in der Gemäldegalerie zu Siena. Strasbourg 1907, pl. 12.

[2] Crowe and Cavalcaselle III, p. 39 note 3 pensent que, sous le cadre, on trouverait peut-être la suite de ce date et que la peinture pourrait être de 1321.

main son épée, de l'autre cinq de ses épîtres formant chacune un volume, détail que nous avons déjà remarqué dans le polyptyque de Pise.
Une autre particularité qu'on retrouve avec régularité dans les représentations que Simone nous a laissées de St. Paul est que le saint a la tête
chauve.

En comparant ces cinq figures avec les sept principales de Pise, nous
sommes aussitôt frappés par les formes plus plastiques et plus monumentales de celles que nous avons maintenant sous les yeux. Il y a même
quelques points où nous ne retrouvons pas l'extraordinaire finesse qui est
pourtant une des caractéristiques de l'art de Simone. Ainsi l'Enfant est
plutôt trapu, il a les mains et les pieds trop larges ; la main de St. Pierre
aussi n'est pas fine. Quant à la structure des personnages, elle ne manque
ni de grandeur ni de grâce ; on remarque ce trait surtout dans les deux
figures féminines et principalement dans la Madeleine qui est vue légèrement plus en profil, ce qui lui donne une silhouette plus mince, tandisque
la draperie de la Madonne est plus ample. Il n'y a que peu de différence dans les traits des deux saintes dont les doux visages ont un charme
infini.

Des trois saints, c'est St. Pierre qui est le plus beau. C'est bien ainsi,
bon et vigoureux, qu'on se représente ce disciple ; son regard est moins
rêveur que celui des autres. St. Paul est plus fin, comme type, et a
l'air plongé dans de profondes méditations. St. Dominique est la figure
la plus faible ; ses traits, ainsi que l'expression de ses yeux, sont insignifiants.

Bien qu'un peu plus ternes, ce qui est dû à un assez mauvais état
de conservation, les couleurs sont ici également d'une grande beauté.
Cavalcaselle louait avec raison la magnifique unité des tons de chair,
dont la fine gradation donne un relief parfait aux visages.

M. Jacobson [1] pense que cette œuvre, malgré la signature, a été
exécutée par Lippo Memmi et cela à cause de la ressemblance qui existe
entre la Madonne de ce polyptyque et celle de l'église dei Servi à Sienne
qui est de la main de ce dernier. Je ne suis pas de cet avis. Outre le fait
qu'il ne me semble pas probable qu'un artiste du 14e siècle ait signé
une œuvre, sans l'avoir faite au moins en grande partie, je ne trouve
pas, le fait étant établi que Lippo imitait servilement son beau-frère, que
la ressemblance entre les deux Madonnes soit assez grande pour nous faire
croire qu'elles soient de la même main. Évidemment la Vierge de l'église

[1] Jacobsen, op. cit., p. 32.

22

dei **Servi** est presqu'une copie de celle d'Orviéto, non sans quelques éléments empruntés à la figure de la Madeleine ; mais Lippo, même dans
ses meilleures productions, n'a jamais la force et la maîtrise de Simone.
Il reste toujours un peu sec et dur en comparaison de son maître; son
talent n'a jamais mûri assez pour qu'il pût rivaliser avec Simone. Si
Lippo a travaillé au polyptyque d'Orviéto, c'est le St. Dominique que nous
devons à son pinceau.

III.

ŒUVRES NON DATÉES, FAITES PAR SIMONE PENDANT LA PREMIÈRE PARTIE DE SA CARRIÈRE ARTISTIQUE.

Le nombre des peintures de Simone dont nous ignorons la date est plus considérable que celui des œuvres datées. Comme le premier ouvrage — la Maesta — est sans doute un travail dont le peintre fut chargé en âge presque mûr, il est naturel que nous cherchions des traces de son activité antérieure.

Je ne connais qu'une seule peinture que je pourrais, à la rigueur, considérer comme une œuvre de jeunesse : c'est un St. Jean l'Évangéliste qui fait partie ou a fait partie de la Collection Sterbini à Rome [1]. Il s'agit d'un panneau d'un polyptyque sans grande signification, mais pourtant assez différent de la manière de Lippo, pour ne pas pouvoir lui être attribué. La figure a des rapports avec la Maesta de 1315, mais est plus faible de dessin ; surtout les traits manquent d'expression et les plis de relief. C'est bien la manière de Simone, mais dans une forme assez primitive, ce qui, à mes yeux, semble un indice pour voir dans cette œuvre une création du peintre avant qu'il ait atteint la maîtrise; mais comme nous ne savons rien de ses débuts, il n'est pas impossible, non plus, que cette peinture soit le produit d'un disciple qui, dans ce cas, aurait imité Simone de très près. L'absence d'éléments empruntés à Duccio ferait plutôt admettre cette seconde hypothèse.

Une très belle Madonne que M. Venturi a jugée avec raison comme

[1] Venturi, La Galleria Sterbini, L'Arte 1904, p. 424.

étant de la période napolitaine de Simone, provenant d'ailleurs de Chieti,
se trouve maintenant au musée du Palais de Venise à Rome (pl. **V**)[1].
La Ste. Vierge est vue à mi-corps, elle a la tête legèrement inclinée, de sorte
qu'elle touche presque celle de son fils, assis sur son bras gauche, tandis qu'elle le tient tendrement de l'autre main. C'est une des plus jolies
représentations de l'Enfant Jésus que Simone nous ait laissées; il a une
tête adorable, son regard n'est pas triste ou rêveur, mais vif et spirituel,
sa bouche petite et bien formée. Des deux mains, il ouvre un rouleau
sur lequel se trouve une inscription. L'élégance gothique des formes
que nous connaissons par le rétable de St. Louis de Naples, caractérise
cette œuvre comme étant de la même période.

La Vierge est représentée ici plus jeune que dans aucune des autres
peintures de Simone. Ses formes si frêles et sa charmante tête ovale,
soutenue par un cou un peu grêle, lui donnent une grâce exquise et très
harmonieuse, ses vêtements ne montrent que très peu de plis, la riche
bordure de son manteau forme des contours assez précis, en accentuant
le style. Les mains de la Vierge sont très fines, mais les mains et les pieds
de l'Enfant par contre trop larges et ressemblent par là beaucoup à ceux
du panneau de 1320 du musée du Dôme à Orviéto, où ce trait est encore
plus prononcé. Les détails décoratifs des nimbes, des bordures et de la
robe d'or de la Madonne sont traités très minutieusement. Le tableau
ayant assez souffert, le dessin de la draperie qui couvre l'Enfant Jésus
a perdu de sa beauté.

De la même période sont, sans doute, deux très belles f i g u r e s
à m i - c o r p s d e l a c o l l e c t i o n d e M. B e r e n s o n à Settignano.
Ce sont Ste. Lucie et Ste. Catherine d'Alexandrie[2]. Pour déterminer la
manière dans laquelle Simone a exécuté ces deux gracieuses figures de
saintes, les mêmes remarques pourraient être faites que celles qui s'appliquent à St. Louis de Naples et à la Madonne du Palais de Venise.
La tendance à styliser se fait surtout sentir dans les attitudes des mains, mais
les contours sont moins fortement indiqués. Sans doute ces figures faisaient
partie d'un rétable d'autel dans le genre de ceux de Pise et Orviéto.

---

[1] Venturi, La Madonna de Simone Martini nella Galleria Borghese, L'Arte, 1904,
p. 309. — E. Modigliani, Un quadro sconosciuto di Simone Martini, L'Emporium 1904,
juillet. Sans doute une erreur a fait dire à M. Pératé, op. cit., p. 912 que ce tableau
pourrait être de Naddo Cichorelli, faible imitateur de Simone, dont il sera question plus
tard.

[2] F. Mason Perkins, Ancora dei dipinti sconosciuti della scuola Senese, Rassegna
d'Arte Senese 1908, p. 3. Langton Douglas dans ses remarques sur Crowe and Cavalcaselle III, p. 69 note 2, nous apprend que ces panneaux sont de provenance siennoise et appartenaient à M. E. Torrini.

Il faut croire que quand Simone retourna de Naples à Sienne — où
il ne fit qu'un séjour assez court — son admiration de l'art de Duccio
se réveilla, de sorte que le polyptyque de Pise se ressent plus fortement
de son influence.

Il nous semble que nous possédons encore une autre œuvre de cette
courte période «Ducciesque»; mais ce qu'il nous en reste, n'est probablement qu'un fragment. C'est une figure à mi-corps du Sauveur
dans la Galerie du Vatican (N⁰ 27)[1], revêtu d'un manteau rouge
sur une tunique verte et qui lève une main en signe de bénédiction,
tandisque l'autre s'appuye sur un objet dont on ne reconnaît pas la forme.
La draperie est simple, les plis donnent un beau relief à la figure, mais
ne trahissent aucune tendance vers le schématisme gothique et nous n'y
reconnaissons pas cette sveltesse qui, dans d'autres peintures, provient
de l'influence de Duccio. Le petit panneau étant assez repeint, il est
impossible de se prononcer sur les rapports qui pourraient exister dans
les détails, mais il est certain que pour le type du Sauveur, Simone a
suivi Duccio. Ce sont tout les mêmes traits que ceux que nous rencontrons dans les différents épisodes du grand rétable de ce dernier; d'ailleurs dans le médaillon où Simone a représenté le Christ, dans le cadre
de la Maesta, il s'était déjà inspiré de l'art de Duccio, mais d'une façon
plus libre. Comme je l'ai déjà remarqué, c'est surtout une des figures
du groupe qui, dans la Maesta, entoure la Vierge qui semble être imité
des images que Duccio a faites du Sauveur. Les mains fines, mais sans
élégance recherchée rappellent d'une façon particulièrement frappante surtout celles du polyptyque de Pise où on retrouve, dans la prédelle, St.
Georges faisant le geste de bénédiction. A côté de ce personnage, le
haut du vêtement de St. Luc a un pli qui forme un large revers, ce
qu'on retrouve dans le panneau du Vatican.

Il n'est pas impossible que la mort de Duccio, artiste si hautement
apprécié par ses concitoyens, ait, pendant quelque temps, mis son art
dans une faveur particulière et fait naître chez Simone une admiration
posthume, dont ses œuvres se sont ressenties.

Si le polyptyque de Pise et la Madonne et les saints du Musée d'Orviéto sont à peu près contemporains, il y a entre ces œuvres une certaine différence de style, puisque les panneaux commandés par l'évêque
de Savone présentent des figures de proportions plus monumentales, des

---

[1] Prof. Venturi, Stor. dell Arte V, p. 666 note. attribue cette œuvre, avec quelqu'hésitation, à Simone, de même que Cavalcaselle, op. cit., p. 50, qui, par erreur, dit
qu'elle a la forme d'un triangle. M. Douglas, p. 70 (note de p. 69), la croit de Simone.

formes plus rondes, des draperies plus larges et un idéal de beauté qu'on
pourrait déterminer comme étant plus régulière.

Entre ces deux manières plaçons un r é t a b l e d'a u t e l qui fait partie
d u M u s é e F i t z w i l l i a m à C a m b r i d g e, A n g l e t e r r e (N⁰ 552)[1]
(pl. VI). L'œuvre se divise en six panneaux représentant l'archange
Michel avec la gloire et la balance et pesant les âmes, entre St. Ambroise et St. Augustin ; chacun de ces panneaux est couronné par un
triangle dans lequel un ange est peint, tenant une petite croix. Tous ces
personnages sont représentés à mi-corps. L'archange est une figure
imposante. Selon l'iconographie byzantine, une large bande descend du
haut de sa robe, d'autres bandes ornées du même élégant dessin décoratif entourent son bras et le bout des manches. Un manteau tombe de
son épaule, formant des plis à relief mais sans style. Les deux saints
évêques sont mitrés et vêtus de riches manteaux ; ils tiennent tous les
deux la crosse et un volume. Les formes du corps ne sont qu'à peine
indiquées sous les lourdes étoffes et ils sont assez semblables aux évêques
de la prédelle de Pise. St. Ambroise manque d'individuatité. Les trois
anges en haut montrent quelques rapports avec l'art de Duccio, mais,
comme dans les autres cas, ces ressemblances sont extérieures. Deux des
trois sont drapés de la même façon que l'archange ; celui du milieu fait
d'une main le geste curieux d'indiquer, que j'ai signalé dans la Madeleine
d'Orviéto et que nous retrouverons dans la Madonne du panneau de Liverpool.

La peinture de Cambridge, bien que gracieuse, n'est pas une des
œuvres importantes et n'a pas une grande signification pour notre connaissance de l'art du maître ; mais il me semble qu'on peut la ranger
avec certitude parmi les œuvres de Simone.

Assez proche parente de la M a d o n n e e t d e s t r o i s s a i n t s,
maintenant au Musée du Dôme d'Orviéto, est une œuvre semblable qui
s'est trouvée pendant des années au même endroit, appartenant alors à
M. Mazzochi, mais qui a été depuis vendue et fait maintenant partie de
la C o l l e c t i o n d e M a d a m e G a r d n e r à Boston (pl. VII). Il y a cinq
panneaux ; dans celui du centre figure la Madonne avec l'Enfant, ceux
de gauche représentent Ste. Lucie et St. Paul, ceux de droite Ste. Catherine d'Alexandrie et St. Jean, et nous n'avons pas de raisons de croire
qu'il y en ait eu davantage, comme ce fut le cas pour le rétable de
l'évêque de Savone, qui se composait probablement de sept panneaux.
Au-dessus de chaque figure, il y en a une autre dans un triangle. Celle

du milieu représente le Christ, d'un type assez semblable à celui du
Vatican. Il lève une main, tandis que de l'autre il indique la terre, geste
qu'on retrouve sur les vieilles représentations du Jugement Dernier; mais
le Sauveur présente la paume des deux mains, ce qui n'est pas conforme
aux traditions iconographiques. Pourtant, sans nul doute, le peintre a
voulu représenter le Sauveur comme la figure centrale d'un Jugement
Dernier, puisque les quatre anges qui se trouvent dans les autres triangles
font partie de cette composition. Ceux qui sont le plus près du Christ
tiennent les instruments de la Passion, à droite la lance. l'éponge, la
croix. la couronne d'épines et les clous, à gauche la colonne de la Flagellation, le fouet et le sceptre qui fut mis dans les mains du Sauveur
quand il fut vêtu de pourpre. Les deux autres anges, se détournant du
centre, soufflent dans leurs trompettes, signal par lequel les morts sont
appelés hors de leurs tombeaux. Toutes ces figures, les artistes italiens
les avaient reçues de Byzance.

La Madonne tient son fils sur le bras gauche, tandis que de sa main
elle touche le pied de l'enfant; dans l'autre main elle tient trois fleurs.
L'Enfant prend d'un gentil geste le menton de sa mère. Ste. Lucie, la
tête encadrée d'un voile blanc, porte d'une main couverte le vase emblématique. St. Paul tient un volume et l'épée. Ste. Catherine est couronnée; dans sa main droite elle tient la palme, l'autre appuie un volume sur la roue de son martyre. St. Jean avec l'aspect sauvage
qui lui est propre lève une main comme en gesticulant et tient une
croix de l'autre.

Je crois que M. Perkins a raison quand il suppose ici une collaboration
de Simone avec Lippo Memmi[1], dont la présence à Orviéto est rendu
probable par un tableau signé. mais la composition appartient sans aucun
doute au premier. Quand nous regardons les traits de la Madonne, en les
comparant avec ceux du rétable, maintenant au Musée du Dôme à Orviéto,
nous constatons dans une certaine mesure ce que Mlle. Agnes Gosche appelait — en parlant des figures latérales de l'Annonciation de 1333 —
judicieusement la «petitesse». L'Enfant aussi, bien que charmant, manque
de la profondeur, qu'on trouve dans l'autre peinture, sa petite main est
ici moins large, sans être gracieuse. Je croirais aisément que Ste. Lucie,

<hr>

[1] F. Mason Perkins, Pitture Senese negli Stati Uniti, Rassegna d'Arte Senese 1905.
p. 74. M. Perkins et moi, il me semble, nous sommes les seuls qui nous soyons
jusqu'à présent prononcés pour cette hypothèse, tandis que personne n'a encore attribué
à Lippo la Madonne de l'église des Jésuites, maintenant également au Musée du Dôme,
et que le lecteur, qui pourrait s'étonner de ne pas la voir nommée ici, trouvera parmi
les œuvres que j'attribue à ce dernier.

28

dans son beau manteau, orné de dessins en or, est, au moins en grande
partie, de Simone et de même St. Paul, bien que celui-ci soit à un temps
à peine visible[1]. Ste. Catherine est vêtue d'un manteau semblable à celui
de Ste. Lucie, son visage est d'un type plus rond que celui que nous
voyons souvent chez Simone; pourtant il me semble que cette figure est
également de sa main; St. Jean peut être en grande partie de Lippo.

Le rétable qui se trouve en Amérique montre plus de recherche dans
l'exécution que celui qui est resté à Orviéto. Les plis sont plus nettement
dessinés et moulent davantage les figures. L'effort fait par l'artiste pour
obtenir des effets plus gracieux, peut être observé dans des détails comme
le petit voile que tient Ste. Lucie, la façon dont Ste. Catherine tient la
palme qui passe entre l'annulaire et le petit doigt et plus encore dans les
draperies flottantes des anges qui sonnent de leurs trompettes. Les mains
de toutes les figures sont extrêmement fines et bien dessinées. Mais bien
qu'exécuté d'une manière un peu plus minutieuse, il n'y a pas de doute
que ce rétable a été peint environ à l'époque où Simone a exécuté celui
de l'évêque de Savone; pourtant il se pourrait qu'il ait été peint un peu
plus tard.

Nous retrouvons la manière du polyptyque de la collection Gardner,
dans une figure de St. Jean-Baptiste du Musée Lindenau d'Altenburg (No.
42). L'attribution, qui a été faite pour la première fois par le Professeur
Schmarzow[2], a été approuvée par tous les autres qui se sont occupés de
cette œuvre. Chose curieuse et extrêmement rare dans l'art italien, le
Baptiste est assis sur un trône. Comme on le constate dans les figures
à mi-corps de Pise et de Boston, il fait un geste de la main droite, tenant une croix dans l'autre. Les traits et les vêtements qui consistent en
une peau de bête couverte d'un manteau, sont également identiques à ce
que nous trouvons dans les autres tableaux. Le Baptiste d'Altenburg ressemble surtout à celui de la collection Gardner, dont l'attitude des bras
et l'aspect des mains charmantes semblent avoir être copiés; mais l'exécution des détails est encore plus achevée.

La partie inférieure qui manque dans les autres tableaux, n'est pas
ce que cette œuvre offre de meilleur. Les jambes sont raides et manquent
totalement de naturel, le même défaut qu'on peut observer dans le St.

---

[1] Crowe and Cavalcaselle III, p. 40 note 5.
[2] Schmarzow, Festschrift zu Ehren des kunsthistorischen Instituts zu Florenz
1897, p. 146. Gosche, op. cit., p. 26. Douglas, note 2 de p. 69 de Crowe and Cavalcaselle (avec quelque hésitation). B. Berenson. op. cit. Reprod. dans Berlin. kunsthist.
Gesellschaft für photogr. Publikation 1897.

Jean-Baptiste de la Maesta — les pieds ont cette largeur exagérée que nous avons déjà remarquée dans l'Enfant Jésus de plusieurs images de la Madonne. Ces défauts de dessin, Simone a su les éviter dans les créations de sa meilleure période que nous trouverons à Assise.

Dans les collections Lehmann et Blumenthal à New-York sont répartis trois panneaux formant un ensemble dont je connais les photographies, grâce à la bienveillance de M. Perkins. Ce sont des figures à mi-corps de saints, mais à cause de la forme presque carrée de ces tableaux, il faut exclure l'hypothèse que nous avons ici les fragments d'un polyptyque comme celui d'Orviéto, surtout puisque les jolis cadres anciens nous garantissent que leur forme n'a pas changé. Pourtant l'aspect des trois figures à mi-corps nous engage à les rapprocher du polyptyque de 1320 ; mais ils semblent légèrement postérieurs à cause de leur relief et des draperies plus libres que nous trouvons surtout dans l'image de St. Pierre (coll. Lehmann), qui à part cela ressemble assez à celui d'Orviéto. Un autre panneau représente St. Ansano (coll. Lehmann), un des protecteurs de Sienne, qui a des ressemblances extérieures avec un des jeunes saints laïques dans l'encadrement d'une des fenêtres d'Assise, ou avec celui qui tient le lis dans le transept droit de l'église inférieure de St. François ; comme eux, il tourne les yeux vers le ciel. Le troisième panneau représente St. Jean-Baptiste selon l'antique tradition iconographique. C'est une belle figure profonde et mystique, mais qui ne se distingue guère de celle de la collection Gardner. Les trois figures sont exécutées avec un grand souci du dessin et expriment le pieux sentiment qui caractérise les images des saints de Simone[1].

Un trait d'union entre la manière d'Orviéto et celle d'Assise est formé, me semble-t-il, par le Crucifix de San Casciano, une œuvre découverte il y a quelques années par le savant Dr. De Nicola[2], à la science duquel ceux qui étudient l'art siennois doivent tant de précieux renseignements.

Outre le Sauveur cloué sur la croix, les figures à mi-corps de la Madonne et de St. Jean sont représentées sur les panneaux aux deux bouts de la barre horizontale. C'est une belle peinture, d'un profond sentiment religieux et même dramatique. Ce qui distingue cette œuvre des précédentes, c'est l'importance que Simone donne dorénavant au dessin ou plus exactement aux lignes et aux contours, changement qui est dû à

[1] M. Perkins me disait de n'attribuer à Simone que la figure de St. Pierre, les deux autres à Lippo Memmi.

[2] G. de Nicola, Ugolino e Simone a San Casciano Val de Pesa. L'Arte 1915, p. 13.

30

une recrudescence de l'élément linéaire dans son art. Dans la croix de San
Casciano, ce trait n'est pas encore trop accentué ; ce n'est que le commencement d'une tendance qui, à Assise, se montre dans une juste proportion
avec l'élément pictural, mais qui a dominé dans l'Annonciation des Offices
et qui fut probablement la cause d'une certaine décadence que nous constatons dans l'art de Simone vers la fin de sa vie.

Le Crucifix de San Casciano est important, parcequ'il forme le point
de départ de cette voie nouvelle dans laquelle Simone allait se lancer.

IV

SIMONE ET LE PSEUDO-DONATO A ASSISI.

La Chapelle de St. Martin à Assise.

Comme Giotto et comme Duccio, Simone Martini nous a laissé son «testament artistique» dans une série de peintures qui certainement est une des œuvres les plus importantes qu'il ait créées pendant sa vie entière.

Quand Ruskin dans sa première «Matinée florentine» nous dit que la chapelle de Sta. Croce à Florence, où Giotto a illustré la vie de St. François, est «la petite chapelle gothique la plus parfaite de toute l'Italie», il en a oublié une autre que je trouve bien plus parfaite et infiniment plus gothique: c'est la première chapelle à gauche en entrant dans l'église inférieure de St. François d'Assise, où Simone Martini a peint la vie de St. Martin de Tours.

Voyons d'abord l'histoire de cette chapelle.

Elle fut construite par le cardinal Gentile da Montefiore qui avait reçu le chapeau en 1298, fut employé dans des missions diplomatiques par les papes Clément II et Benoît XI et tâcha comme légat de Hongrie de régler, en faveur de la maison d'Anjou, les difficultés de la succession du royaume de Sicile à laquelle prétendait, comme nous avons vu, le jeune roi Carobert. Il est mort en 1312 à Avignon.

La chapelle n'a certainement pas été peinte avant 1317, puisque St. Louis de Toulouse, dont la canonisation a eu lieu dans cette année, y figure nimbé. On peut donc se demander qui a commandé les fresques

32

à Simone et Mlle. Agnès Gosche et M. Langton Douglas sont arrivés in-
dépendamment à la conclusion que cela a dû être Robert d'Anjou. Evidemment cela est possible, mais ne me semble pas très probable. Je ne
vois pas que le roi Robert, bien qu'un fervent ami des franciscains, se soit
intéressé d'une façon spéciale à l'église du saint à Assise. Nous avons des
indications intéressantes quant au degré de vénération que différents personnages ont porté à la basilique par un inventaire des parements d'église
de 1341 [1], puisque cet inventaire mentionne souvent les noms des donateurs.
Or le nom du roi Robert ne s'y trouve qu'une seule fois comme donateur
d'un drap «tartaresco», tandis qu'on y parle d'un autre drap orné à ses
armoiries et de celles de la reine Sancia; le nom de cette dernière figure
encore deux fois dans cette liste; le duc et la duchesse de Calabre font
chacun un don, et un autre ensemble; le prince Philippe de Tarente fait
également un don. Par contre le roi et la reine de France s'y trouvent
nommés cinq fois [2]; la reine de Hongrie, avec laquelle Robert avait des
difficultés au sujet de la couronne de Sicile, qu'il disputait au fils de cette
reine, est nommée six fois dans cette liste; c'est, sans doute, le cardinal
légat qui a su exciter sa dévotion pour l'église du saint. Enfin le nom
du cardinal fondateur de la chapelle y revient cinq fois, mais il ne semble
avoir fait qu'un seul don; dans les quatre autres cas l'inventaire dit que
des objets «furent» du cardinal, comme s'ils avaient passé dans la propriété de l'église après sa mort, de façon que la basilique héritait en
quelque sorte du prélat.

Cette hypothèse rend probable, que l'église a hérité aussi de la
somme nécessaire pour entreprendre le décor pictural des deux chapelles
et il serait même inconcevable que le fondateur n'eût pas pris des dis-
positions à ce sujet. Il est vrai qu'il y a aussi des arguments pour
l'hypothèse contraire; Mlle Agnes Gosche les a mis en lumière; mais
je ne puis admettre avec elle que le fait que le Cardinal Gentile fut
un fidèle serviteur de la maison d'Anjou ait suffi pour que le roi Robert
l'ait fait représenter au-dessus de l'entrée de la chapelle, et dans un des
vitraux, où toutes les autres figures sont des saints des plus importants.
En 1355 une petite restauration fut faite à la chapelle [3].

[1] Cet inventaire a été publié par G. Fratini (Storia della Basilica e del Convento
di S. Francesco in Assisi. Prato 1884, p. 167. v. aussi p. 161).

Dans cet inventaire il est fait mention d'une nappe d'autel rouge ornée de cercles
d'or et d'oiseaux, destinée à la chapelle de St. Martin.

[2] On trouve encore dans la sacristie un ivoire français. Venturi, Un avorio francese del Trecento nel tesoro della basilica di San Francesco d'Assisi. L'Arte 1906, p.
218 et le missel dit de St. Louis de même provenance.

[3] Thode, op. cit.. p. 292.

Le cardinal avait fait également construire la chapelle à peu près
en face ; selon une vieille description, les murs de celle-ci étaient couverts
de fresques, représentant la vie de St. Louis, roi de France [1].

Un missel avec de belles miniatures, sans doute d'origine française,
conservé maintenant à la sacristie, appelé «Missel de St. Louis» appartenait à l'autel de cette même chapelle [2], autre raison qui rend probable
qu'il y avait là des peintures ayant trait à un saint de ce nom. L'architecture de cette seconde chapelle montre de grandes analogies avec celle
de St. Martin et la disposition des fresques était probablement semblable.
Sans doute ces peintures furent faites à la suite des autres et par le
même artiste.

Il y a plusieurs opinions quant à la période pendant laquelle Simone
a fait ces peintures. Cavalcaselle les croyait à peu près contemporaines
du panneau de Naples — vers 1317 [3]. Mlle Agnes Gosche [4], MM. Langton
Douglas [5] et Pératé [6] par contre, les placent à la fin de sa carrière, c'est-
à-dire entre 1333 et 39 [7] et semblent fonder cette assertion surtout sur
le manque d'autres mentions de Simone pendant ces années. Certes nous
aurions là une bonne occasion de remplir une lacune dans la vie du
maître ; mais il m'est impossible de croire que les peintures d'Assise aient
été peintes entre l'Annonciation de 1333 et le panneau de Liverpool, le
second étant le résultat final du développement d'un style, qui semble
avoir commencé avec le rétable des Offices, développement dans lequel
il n'y a pas de place pour les peintures de cette chapelle, qui par contre
se placent logiquement entre les panneaux d'Orviéto et le portrait de
Guidoriccio ; elles marquent la transition entre ces deux œuvres. Déjà
à Assise Simone fait prédominer l'importance du dessin et de l'élément
linéaire, trait caractéristique de sa deuxième manière.

[1] Bertaux, op. cit, p. 80, nous informe — comme l'a fait d'ailleurs Thode aussi
— que ces fresques illustraient la vie de St. Louis de Toulouse, et il nomme par erreur
comme source A. Venturi, La Basilica di Assisi. Rome 1908, p. 133. Il n'y est question
de cette deuxième chapelle que tout en passant à la page 134 sans aucun détail nouveau. Venturi, Storia dell' Arte V, p. 604 mentionne, que cette chapelle fut dédiée au
roi St. Louis. v. aussi P. M. Giusto, Le Vetrate di S. Francesco in Assisi. Milan (1912),
p. 287 note 2.

[2] Fratini, op. cit, p. 97, le même missel qui a été mentionné dans la note 2 de
la page précédente.

[3] Crowe and Cavalcaselle III, p. 36.

[4] Gosche, op. cit., p. 44.

[5] Annotations sur Crowe and Cavalcaselle, p. 41.

[6] Pératé, La peinture italienne au 14e siècle, en, A. Michel, Histoire de l'Art II[2].
Paris 1906, p. 777 p. (848).

[7] Encore y-a-t-il une inscription — quelque peu apocryphe — de 1335 rapportée
par Della Valle.

34

Je suis heureux de me rencontrer ici avec le Professeur Venturi qui pense que Simone a peint ces fresques entre 1322 et 26, années pendant lesquelles on ne trouve pas de mentions qui exige la présence de l'artiste autre part, puisque les documents de ces années le concernant ne parlent que de payement d'œuvres peut-être faites antérieurement. M. Venturi semble oublier que Simone s'est marié en 1324 à Sienne ; mais il n'y a aucune difficulté à admettre qu'il ait fait, pendant son séjour à Assise, un voyage dans sa ville natale. Bien que nous n'ayons pas de documents, qui nous permettent d'attribuer avec certitude à Simone les fresques de la chapelle de St. Martin — que Vasari attribuait à Puccio Cappana [1] — personne n'a jamais douté de leur authenticité depuis que Féa les a attribué à Simone Martini [2]. Cet auteur se trompait pourtant en disant que le Cardinal Gentile avait connu Simone à Avignon.

Après le porche d'entrée, la chapelle est comme divisée en deux parties, dont une assez étroite, formant une espèce d'arche. On y voit six fresques, trois de chaque côté, disposées l'une au-dessus de l'autre, de façon que la plus haute de droite et de gauche, qui se trouvent déjà dans la courbe de l'arc, se touchent.

La deuxième partie de la chapelle a un plafond voûté, que des nervures gothiques, ornées de dessins géometriques et appuyées sur de minces piliers à chapiteaux, partagent en six divisions [3]. De ces divisions l'une est placée devant la série de peintures déjà mentionnée ; à droite et à gauche de celle-ci, les nervures et les piliers encadrent de chaque côté deux fresques, l'une au-dessus l'autre. En dessous des trois autres divisions se trouvent des fenêtres ; la voûte même est bleu d'outremer et semée d'étoiles d'or.

L'histoire de St. Martin commence avec la première fresque à gauche où on voit le moment le plus connu de sa légende, c'est-à-dire le partage de son manteau avec un pauvre. La composition est très simple ; en dehors de la porte, haute et étroite d'une ville dont quelques tours sont visibles au-dessus du mur, se tient le mendiant nu-pieds et couvert de haillons. Il a déjà saisi un coin du manteau dont St. Martin, assis sur un cheval blanc, tient l'autre bout. Le bienfaiteur se tourne à moitié et avec son épée coupe le vêtement. Le cheval aussi a tourné la tête comme pour voir cet acte de charité.

[1] Vasari ed. Milanesi I, p. 404.
[2] C. Fea, Descrizione ragionata della Basilica etc. di S. Francesco d'Assisi, Roma 1820, p. 11, col. 2.
[3] L'architecture de la chapelle à côté de celle-ci — dédiée à St. Pierre d'Alcantare — est presqu'identique.

En comparant cette fresque avec les œuvres que j'ai cru devoir désigner comme la précédant, l'augmentation de l'importance donnée au dessin et à la ligne est évidente, malgré le mauvais état dans lequel se trouve la peinture. Ceci apparaît clairement surtout dans le relief des plis du manteau où la lumière et l'ombre sont fortement opposées, et dans la précision avec laquelle les formes se détachent sur le fond. Le dessin, il est vrai, comme l'a remarqué M*lle* Agnes Gosche, n'est pas irréprochable ; surtout le haut de la figure du saint est très-large et le bras droit d'une mauvaise perspective. L'attitude du cheval trahit une certaine tendance à la stylisation mais offre pourtant une expression de grâce et de force. Les éléments les plus importants de cette composition sont les deux têtes dont l'expression est si harmonieusement soutenue par les attitudes et les gestes.

La deuxième fresque se trouve à côté de la première et représente le rêve que St. Martin a eu après cette action méritoire (pl. VIII). La légende nous dit qu'il a vu «le Christ lui-même vêtu de cette moitié de manteau ; et il entendit que Notre Seigneur disait aux anges qui l'entouraient: «Ce manteau Martin me l'a donné quand il n'était encore que catéchumène»[1].

Le peintre nous montre ici l'intérieur de la chambre où St. Martin est couché; à travers la couverture, à dessin carré, on divine les formes du dormeur. Un coffre est placé devant son lit. Du côté de la tête un rideau est suspendu à une tringle ; cette partie du plafond de la pièce, plus basse que le reste, montre une petite voûte. L'architecture se limite à une espèce de coupe de la pièce qui forme à peu près le cadre de la fresque.

La tête du saint qui porte un bonnet, a un charme particulier; les traits sont d'une régularité parfaite et l'expression montre le calme du profond sommeil; une main sort à peine de la couverture. Le Christ se trouve derrière le lit, entouré de huit anges, dont deux seulement sont bien visibles, ainsi que les têtes des deux autres. Le Rédempteur s'est drapé

---

[1] Jacques de Voragine, La Légende Dorée trad. par Th. de Wyzewa. Paris 1913, p. 619. Les fresques de Simone correspondent pourtant plutôt à la biographie de St. Martin par Semplicius Severus, son contemporain, qui est plus détaillée.

Mlle Agnes Gosche est d'avis que Simone a connu les sculptures illustrant la vie du Saint se trouvant sur la façade de la cathédrale de Lucques et cela — malgré que le choix des sujets soit en grande partie différent — à cause du fait que dans les deux représentations St. Martin est vu nu-tête quand il partage son manteau, événement qui a eu lieu en hiver. Cet argument me semble sans valeur puisque dans d'autres images anciennes on trouve ce même détail v. p. ex. la sculpture de la fin du XIIIe siècle de la façade du Dôme de Pise. M. Reymond, La sculpture florentine I. Florence 1897, p. 53. Je ne suis pas de l'avis de l'auteur que les fresques de Simone narrant la vie du saint, trahissent une inspiration venant des sculptures.

dans la moitié du manteau et en tient le bout d'une main, indiquant de l'autre, par un geste curieux, le saint ; les deux anges à côté de lui ont les bras croisés, de deux autres on voit les mains jointes.

Malgré les imperfections de la perspective du lit qui forme un faux angle avec le coffre, la première partie du tableau est belle et impressionnante par le sentiment de béatitude qui émane du saint. Quant au groupe derrière lui, je serais enclin à admettre ici la main d'un aide qui, selon M. Venturi, pourrait avoir été Donato, frère de Simone, avec lequel nous savons qu'il travaillait, mais dont nous ne connaissons aucune œuvre. Il me semble que cette hypothèse est suffisamment plausible pour que nous appelions cet aide anonyme du nom de Donato [1].

Le petit groupe qui se trouve derrière le lit de St. Martin montre, au point de vue de la composition, une certaine divergence avec ce que nous avons vu chez Simone ; la structure des corps n'est pas la même, le type des figures est plus long et plus frêle, de même que les têtes ; les traits sont plus durement indiqués et ne correspondent pas avec la conception esthétique de Simone, enfin le visage du Christ, bien que beau, est assez différent de ceux de la Maesta ou des panneaux de Pise, d'Orviéto ou du Vatican, seulement les plis du manteau ressemblent assez à ceux de la fresque précédente.

La troisième scène qu'on trouve en entrant à droite représente comment St. Martin fut armé chevalier par l'empereur (pls. IX et X). Simone doit avoir eu une raison spéciale pour choisir ce moment dans la vie du saint, puisque cet événement n'y joue aucun rôle ; on pourrait même dire qu'il y a ici une certaine contradiction avec le récit de la Légende dorée, puisque ce texte dit que «lorsque les empereurs résolurent que les fils des vétérans eussent à servir avec leurs pères, force fut au jeune Martin de s'enrôler» [2]. Le texte mentionne ce détail avant le partage du manteau et sans parler de chevalerie [3]. Il est donc intéressant de constater que Simone dédie une des dix fresques, par lesquelles il illustre l'histoire du saint, à un événement qui y occupe si peu de place. Si nous laissons libre cours à notre imagination, nous serions tentés de croire que la cérémonie à laquelle Simone avait assisté, quand il fut fait chevalier à Naples, lui a fait une si vive impression qu'il a saisi l'occasion qui s'offrit à peu près sept ans plus tard, pour la représenter.

[1] Plusieurs auteurs se sont opposés à l'hypothèse de cette collaboration. v. p. ex. Thode, op. cit., p. 294.

[2] op. cit., p. 618

[3] Dans la version allemande de la Légende dorée intitulée: «Der Heiligen Leben und Leiden anders genannt das Passional» nouvelle édit. Leipzig 1913, p. 86, on appelle St. Martin «chevalier ainsi que son père».

Mlle Agnes Gosche a déjà relevé la fidélité avec laquelle le maître reproduit ici les détails de cette cérémonie comme on la célébrait en France ou bien à la cour des Anjou de Naples.

C'est le prince en personne qui lui ceint l'épée, un honneur très recherché au moyen-âge, derrière celui-ci se trouvent deux courtisans, l'un tenant un faucon sur le poing, symbole des plaisirs de la chasse, propres aux chevaliers, l'autre portant, sur une épée, le casque qui devait être mis sur la tête du chevalier, moment de la cérémonie qui cependant précède généralement celui de la remise de l'épée. Attacher l'éperon du pied droit fait également partie de la consécration ; Simone est donc tout à fait exact quand il montre que ce n'est qu'un serviteur qui attache celui du pied gauche. Cinq musiciens se trouvent dans le coin droit ; ce sont un joueur de flûte, un joueur de luth et trois chanteurs ; ici encore le peintre se montre familier avec les usages, puisque la musique jouait un rôle important dans ces occasions.

Cette fresque est la plus belle de toutes. D'abord la façon dont le maître a représenté l'ambiance est très heureuse. Il est vrai que nous sommes toujours encore réduits à la coupe d'une construction, nous voyons même par derrière la façade crénelée qui se trouve au-dessus du toit à gauche, mais cette impression est adoucie par la perspective exacte du plafond ainsi que des autres parties de la salle dont les voûtes sont soutenus par des colonnes ainsi que le corridor qui s'ouvre à gauche.

Tous les personnages représentés dans la scène sont jeunes et, sauf quelques exceptions, beaux. Le saint lui-même est une figure charmante. Bien que l'événement qui a lieu n'ait aucun rapport avec la religion, il semble invoquer la bénédiction du ciel, ses traits expriment la prière ; il est jeune, svelte et éthéré, une mince couronne de fleurs dans ses cheveux n'a rien d'efféminé. Le peintre a réussi dans la tâche difficile de donner à l'empereur une attitude qui est en même temps fidèle à la réalité et gracieuse. Sa tête, vue de profil, est couronnée de lauriers [1], il regarde fixement le nouveau chevalier, l'ampleur des vêtements lui donne un port majestueux. Des deux personnages qui le suivent, l'un est jeune et beau, l'autre qui lui a posé une main sur l'épaule est plus vieux et semble être un portrait. L'attitude du serviteur qui attache l'éperon est parfaitement étudiée, l'expression du visage montre qu'il concentre toute son

---

[1] Mlle. Agnès Gosche pense que le maître doit avoir suivi un relief antique, en représentant la tête de l'empereur. Je n'en vois pas la raison puisqu'à part la couronne de lauriers, — que Simone a posé également sur la tête de Virgile dans sa miniature de l'Ambrosienne comme nous le verrons plus tard — cette tête ne se distingue pas des autres têtes peintes par Simone. M. Venturi est également d'avis contraire.

38

attention sur sa besogne. Les plis au bas de son vêtement sont d'un
excellent relief. En représentant le joueur de flûte, dans son costume
bizarre, et les chanteurs, le peintre a sacrifié son goût pour les beaux
visages au réalisme ; la première de ces figures regarde au loin d'un air
un peu rêveur comme son voisin le joueur de luth, tandisque les chanteurs semblent mettre toute leur âme dans leur occupation ; la recherche
des attitudes naturelles peut être observée même dans ces trois figures
à peine visibles, dont l'une a mis la main sur l'épaule de l'autre.

Ce qui frappe dans ce beau tableau c'est la combinaison de l'idéalisme dans la conception avec le réalisme dans l'exécution. Tandisque
plusieurs figures — surtout les deux au centre — ont des expressions
angéliques et des gestes beaux et harmonieux, il y a des études d'après
nature qui font de leur auteur un artiste moderne. A part le serviteur
agenouillé ce trait est surtout remarquable chez les musiciens. Regardons
par exemple les traits du flûtiste ou des chanteurs et les mains du joueur
de luth. Je crois que parmi les dessinateurs des siècles postérieurs il y
en a peu, qui les aient observés avec autant d'exactitude. Quand à la
différence des visages des ténors et des basses, cette œuvre marque un
progrès sur la fresque du miracle de Greccio, probablement de Giotto,
dans l'église supérieure, et a été répété nombre de fois jusqu'à ce que
nous le trouvions dans le grand rétable gantois de van Eyck.

L'impression que produit cette fresque n'est pas affaiblie par un soin
éxagéré des éléments décoratifs. Ceux-ci ne sont pourtant pas négligés,
les vêtements et les chaussures sont minutieusement ornés; quelques
mosaiques décoratives sont appliquées au-dessus des colonnes et sur le
luth, et plusieurs fois nous voyons des vêtements avec ce dessin carré que
Simone semble avoir préféré.

La fresque qui se trouve à côté de celle-ci, représente le passage
suivant de la Légende Dorée : «Comme les barbares envahissaient la
Gaule, l'empereur Julien distribua de l'argent entre les soldats chargés
de les repousser. Mais Martin refusa de prendre sa part, disant : «Je
suis soldat du Christ et n'ai pas le droit de combattre». Julien indigné,
lui dit que ce n'était pas par pitié, mais par peur qu'il renonçait au service. Et l'intrépide jeune homme lui répondit: «Puisque tu mets ma
conduite sur le compte de la lâcheté, je me présenterai demain sans armes
en face de l'ennemi et je braverai ses coups avec le signe de la croix.»
(pl. XI et XII).

La scène nous montre l'empereur dont la tête est ceinte de la couronne de lauriers tenant le globe et le sceptre. Il est assis sur une chaise

pliante ornée de têtes de lions. Derrière lui se tient un guerrier et on distingue les casques de plusieurs autres. Un personnage est en train de distribuer de l'argent à un soldat, près duquel se trouve un deuxième, portant un chapeau, son casque suspendu à sa ceinture. Le fond de cette partie de la peinture est formé par des tentes à côté desquelles on aperçoit les têtes de deux chevaux et un rocher qui descend à pic ; plus à droite commence une autre scène et entre les deux on voit encore des tentes et un groupe de guerriers tenant lance et bouclier. Un petit fleuve coule entre les deux élévations. Au centre de la composition le jeune saint se trouve devant l'empereur ; il est sans armes, mais tient d'une main une croix, faisant un geste de l'autre. Il s'est à moitié détourné et semble sur le point de s'éloigner.

L'intérêt psychologique de cette peinture, qui comme valeur artistique suit de près la précédente, consiste dans les différents éléments dont elle est composée. Le moment principal est la conversation entre l'empereur et St. Martin qui se regardent avec des expressions très différentes, tandisque le guerrier derrière le premier semble les écouter. Les autres personnages de la fresque servent à éclaircir la situation, mais n'appartiennent pas à ce groupe. Ainsi il est évident que Simone a essayé de faire du soldat qui suit St. Martin un personnage grossier. Il est jeune et bien fait mais ses traits n'ont rien de l'idéalisme du saint ou de la noblesse de l'empereur, son regard est dur, presqu'inintelligent, ses cheveux tombent droit, tandisque les deux autres ont des cheveux bouclés ; et il a une barbe de plusieurs jours. C'est un curieux exemple de la façon dont le peintre a tâché d'indiquer par de petits indices extérieurs, les différences dans la valeur des personnages. Le soldat qui reçoit l'argent et l'homme qui le paye concentrent leur attention sur leur occupation, le groupe à droite ne sert qu'à renforcer l'impression guerrière de l'ensemble. Les rochers séparent les figures principales des autres qu'on pourrait considérer comme des figurants, de même que plus tard, quand Simone a peint le portrait de Guidoriccio il nous fait comprendre la présence des armées par la vue des lances, tenues par des soldats que des collines soustraient à nos regards.

Les différents personnages sont dessinés avec une admirable utilisation de la lumière et de l'ombre ; à ce point de vue cette fresque surpasse encore la précédente. Surtout la figure de St. Martin est splendide, harmonieuse et sobre dans ses gestes ; l'attention tendue de l'empereur et du soldat le plus proche de lui donne une signification dramatique au moment représenté.

En continuant l'histoire du saint, nous retournons au mur à gauche,

où au-dessus de la première fresque nous trouvons celle de la résurrection d'un enfant, peinture qui a malheureusement beaucoup souffert.
C'est à peine si l'on distingue le saint agenouillé devant l'enfant qui se
lève, soutenu par sa mère également à genoux. A droite, près d'une
tour, se tient un groupe, à moitié caché par une colline dont un côté
descend au centre de la composition et qui sert de fond à d'autres figures,
composition semblable à celle de la fresque précédente.

Pour autant que l'état délabré de la peinture nous permet d'en juger,
la composition manque d'unité. Dans la dernière fresque ce défaut s'explique jusqu'à un certain point, par le fait que les soldats qui sont séparés des autres figures, ne prennent pas part à l'action. Ici, au contraire, tous les assistants auraient dù être concentrés autour du miracle,
puisqu'ils se trouvent trop près de l'événement pour ne servir que de
figurants. On se demande s'il n'aurait pas mieux valu pour l'effet dramatique de la scène, que le peintre se fût contenté de n'y placer que
quelques figures, comme l'aurait fait Giotto, au lieu du groupe nombreux
dans lequel ceux qui jouent un rôle dans l'événement font ressortir davantage l'inaction des autres. Dans le caractère artificiel de la composition
apparaît déjà, bien que dans une faible mesure, ce fléchissement du sens
dramatique, défaut propre à la peinture siennoise, mais dont les artistes
florentins de la deuxième moitié du XIVᵉ siècle furent également atteints.

La fresque à côté de celle-ci présente par contre une composition
aussi fortement concentrée que celles des premiers florentins; seulement
les gestes et les attitudes sont plus harmonieux. La scène représente
St. Martin, tellement perdu dans la méditation, qu'il ne se rend pas compte
que c'est l'heure de la messe et que deux jeunes clercs, peut-être ses
disciples Sévère et Gallus, doivent le rappeler à la réalité (pl. XIII).
St. Martin, mitré et en habit sacerdotal, est assis sur une petite chaise
pliante — habitude modeste mentionnée dans le texte — se soutenant
la tête de la main. Devant lui, un des deux jeunes hommes, tenant
un missel, plie un genou, tandisque l'autre, derrière le saint, lui
touche doucement l'épaule afin de le réveiller. Le saint évêque et cette
dernière figure se trouvent dans une petite chambre, peut-être une
sacristie, bien que la place de l'autel visible à gauche soit alors incom-
préhensible.

L'espace est mieux rendu dans cette fresque que dans celles que
nous avons étudiées jusqu'à présent, et Mˡˡᵉ Agnes Gosche a raison de
dire que par cette qualité celle-ci se rapproche des compositions de Duccio.
L'artiste a réussi à entourer les figures d'espace, elles se trouvent com-

prises dans le tableau, tandisque dans les fresques précédentes les personnages tenaient tous à la surface de la composition.

Il serait difficile d'exprimer le sentiment profond, qui anime les trois figures, d'une façon plus noble et plus harmonieuse. Ici rien de théâtral, même les traces d'affectation qu'on pourrait découvrir dans quelques attitudes d'autres fresques, manquent ici complètement. Avec quelle finesse Simone a su marquer la différence entre le sommeil dans la deuxième fresque et la méditation dans celle-ci ! Quelle douce sollicitude expriment les deux jeunes prêtres qui, tout en regrettant d'interrompre leur maître, croient pourtant en le faisant remplir un devoir.

Il me semble que c'est la première fois que nous trouvons dans cette série de fresques de légères traces de gothicisme. Elles se trouvent dans les plis des robes des figures l'une agenouillée et l'autre assise et bien qu'elles soient à peine plus manifestes que dans les panneaux des collections Lehmann et Blumenthal, ce détail mérite d'être observé, puisqu'il confirme mon hypothèse que les fresques de cette chapelle doivent être placées entre les œuvres où les éléments gothiques font complètement défaut et celles où ils ont pris une place prépondérante. Serait-ce à Assise que Simone s'est initié à la manière gothique? Cela ne me paraît pas improbable.

Nous nous retournons maintenant vers le mur de droite où continue le récit. L'empereur Valentin s'est d'abord refusé, à l'instigation de sa femme, à recevoir le saint ; puis quand celui-ci a enfin obtenu accès, le prince au lieu d'aller à sa rencontre, est resté assis sur son trône. Mais tout à coup des flammes l'obligent à se lever et, convaincu par ce miracle de l'importance exceptionnelle de son visiteur; il se jette à ses pieds. L'évêque suivi d'un ecclésiastique, entre par la gauche et fait le signe de la bénédiction sur l'empereur qui, agenouillé devant lui, la tête renversée, le regarde fixement. Une colonne sépare cette partie de la fresque de l'autre, où se trouve le trône qui n'est qu'à peine visible.

Au point de vue du rendu de l'espace et de la perspective, cette fresque montre des rapports étroits avec celle qui la précède ; les figures se trouvent bien placées sous la voûte de la pièce et non pas à la surface du tableau, l'emplacement de l'ouverture à gauche, par laquelle entre le prêtre qui suit St. Martin, a été employé adroitement par l'artiste pour augmenter l'impression de profondeur, de même que les piliers de l'architecture. Malgré ces perfectionnements, le peintre se conforme toujours encore à la façon plus ou moins primitive de montrer simultanément l'intérieur et l'extérieur de la maison, comme le démontre le toit orné de tours crenelées, visible au-dessus des voûtes de la salle. Le point de vue

42

du spectateur se trouve donc toujours encore hors de la composition et
la vision qu'il obtient manque foncièrement de réalité.

L'état piteux, dans lequel se trouve la peinture, ne nous permet
pas de l'apprécier comme celle de St. Martin en méditation ; pourtant il
n'y a pas de raison pour la croire inférieure ; la tête de l'empereur est
même très belle [1]. Un léger souvenir de gothicisme peut être observé
dans les vêtements des deux personnages principaux, mais moins clairement que dans la fresque précédente.

A côté de cette scène, un autre événement de la vie de St. Martin est
représenté de façon à rattacher cette fresque aux deux précédentes. L'évêque
ayant donné son manteau à un pauvre est obligé de se couvrir d'un
vêtement qui est trop court et laisse ses avant-bras découverts. Au moment le plus solennel de la célébration de la messe, deux anges descendent
et lui enveloppent les bras nus de pierres précieuses, tandisqu'une boule
de feu paraît au-dessus du saint. La composition nous montre une petite
chapelle voûtée et à nervures. L'autel, bien que des plus simples, est
minutieusement pourvu de tout ce qui convient à la cérémonie de la messe,
on y trouve même une nappe brodée, d'un genre encore assez commun
en Ombrie. Le saint se trouve sur une petite estrade, il lève l'hostie,
pendant que deux anges de proportions bien plus petites, semblent couvrir
ses avant-bras d'une étoffe étincelante ; derrière lui un diacre agenouillé,
tenant un long cierge, touche le vêtement du saint pour attirer son
attention.

Malgré la perspective fausse de l'autel et de l'estrade, nous avons
l'impression de profondeur et cela surtout grâce au dessin de la voûte.
Nous voyons la chapelle de l'extérieur, les angles entre les lignes courbes du plafond et la ligne droite du toit sont ornés de mosaïques.
Le fait que l'artiste ne ressentait pas la profondeur comme une réalité
est rendu très manifeste dans cette œuvre par les rayons lumineux qui
descendent de la boule de feu au-dessus du toit sur la tête de St.
Martin, debout au milieu de la chapelle, et qui néanmoins passent devant
la façade.

Les figures de l'évêque et du diacre sont belles et d'une grande force
expressive, les attitudes observées avec fidélité. Les yeux du saint qui
pleins d'ardeur mystique contemplent le sacrement, ceux du diacre non
moins inspirés mais d'une expression plus terrestre, manifestent l'éton-
nement et l'inquiétude. Les deux personnages sont parfaitement moulés
dans les plis de leurs robes, mais il manque ici ces indices de l'éclosion

[1] Mlle. Agnes Gosche croit de nouveau qu'elle est copiée d'un modèle antique.

du gothicisme dans l'art de Simone, que nous avons pu observer dans les deux autres fresques qui, entre elles, ont des rapports plus étroits.

La mort du saint et ses obsèques sont représentées dans les deux fresques qui occupent les places les plus hautes dans la première partie de la chapelle. La première de ces deux scènes représente le mort, couché sur le pavé d'une église (pl. XIV). A droite — là où se trouvent ses pieds — se dresse un ciborium. Quatre ecclésiastiques, dont deux sont agenouillés, se trouvent de ce côté. Un groupe de onze autres se tient, par contre, du côté de la tête; deux sont également agenouillés. Au centre un moine, la tête couverte de son capuchon, s'incline vers le mort. Cette partie de l'église a le plafond droit, mais plus loin commencent les voûtes. Au-dessus du toit le ciborium est couronné par une tour basse et large. A gauche de cette scène, l'âme du saint est portée au ciel par quatre anges, dont deux tiennent des sceptres et les deux autres chantent. L'image réelle du saint est remplacée par une figure à mi-corps, idéalisée, qui n'a aucune ressemblance avec celle qui est étendue en bas.

Si l'artiste n'a pas réussi, dans ce tableau, aussi bien que dans les scènes que nous venons de voir, à placer le groupe bien à l'intérieur de l'architecture, un pilier du ciborium passant devant le corps du saint diminue toutefois un peu l'effet de ce défaut. Les pieds de la figure agenouillée qui nous tourne le dos, devraient dépasser la surface de la fresque; celle qui fait face à cette dernière est mal dessinée et informe, mais la tête penchée est une tentative intéressante bien que mal réussie de peinture en raccourci; le nimbe descend jusque sur les épaules d'une manière assez curieuse. Par contre le moine incliné derrière celui-ci est une excellente étude réaliste. Le groupe à gauche est assez bien composé, les expressions peut-être trop sereines pour la circonstance. Un moine, placé un peu plus à droite, semble écouter; ici le peintre s'est peut-être inspiré de la phrase de la Légende Dorée «les assistants entendirent le chœur des anges l'accompagnant au ciel». Les quatre personnages placés auprès des pieds expriment un sentiment plus vif, une des figures agenouillées regarde vers en haut, là où se trouve l'âme du saint.

Cette figure et les quatre anges qui l'entourent ont le visage plus long et les lèvres épaisses qui les distinguent assez nettement du type des personnages au bas de la même fresque ou de ceux que nous trouvons autre part dans la même chapelle. Ils ressemblent plutôt au Rédempteur et aux anges qui apparaissent à St. Martin endormi, et si nous devons admettre que Donato a travaillé avec Simone, c'est dans cette fresque que nous serions le plus disposés à reconnaître la facture de ce peintre.

44

Les obsèques de St. Martin sont représentées dans une chapelle gothique, qu'on pourrait peut-être identifier avec la construction voûtée que
l'on aperçoit derrière le lieu où il est mort.

Cette fresque a des rapports très étroits avec la précédente. De nouveau des piliers — ici c'en sont deux — aident à donner l'impression
que le corps, couché sur une bière, se trouve à l'intérieur de la chapelle,
impression que ne produit pas le groupement des choses mêmes. Le drap,
qui couvre la bière, non seulement touche par terre mais y forme des
plis, ce dont nous ne nous apercevrions pas, si à droite un enfant de
chœur n'avait pas posé le pied dessus, et il me semble que l'artiste lui-
même, remarquant qu'il n'obtenait pas l'effet désiré, a ajouté dans ce but
cette figure épisodique. Les voûtes, bien que d'une perspective correcte,
si on les considère isolées du reste de la composition, ne donnent pas
un sentiment de profondeur correspondant à la distance qu'on suppose
exister entre les piliers les plus rapprochés et les plus éloignés.

La peinture est sans grand effet dramatique ni valeur narrative. La
composition souffre un peu de la rigidité de la ligne, formée par la plus
grande partie des assistants, qui à la tête et aux pieds du mort forment
de petits groupes. La légende raconte que St. Ambroise qui était à ce
moment à Milan assista dans une vision aux obsèques de St. Martin, et
c'est lui, sans doute, que nous voyons officier en costume d'évêque et la
tête nimbée[1]. Simone ayant reproduit très fidèlement plusieurs personnages, qui figuraient dans la fresque précédente, on reconnaît le vieillard
qui lisait la messe des morts, celui qui écoutait les voix angéliques —
de venu un des chantres —, un enfant de chœur qui semble un nain,
et les deux clercs qui se trouvaient debout près des pieds, ici vus à
la même place, habillés de noir.

Bien que dans cette fresque le dessin des figures ne se ressente pas
de l'influence gothique, les trois fenêtres montrent que Simone n'a nullement abandonné ce style. Les trois ouvertures ogivales sont d'une forme
très pure; chacune est à trois divisions avec en haut des rosaces à quatre
lobes, assez communes dans les fenêtres françaises et qu'on trouve d'ailleurs dans celles de la chapelle de St. Martin même, bien que moins élan_
cées. Des panneaux du trône de la Maesta au Palais Publique de Sienne
montrent des motifs semblables; mais en les comparant on constate qu'à
Assise Simone s'est mieux pénétré de l'esprit des formes gothiques.

Toutes les fresques dont il a été question jusqu'ici sont entourées de

---

[1] Peut-être le personnage nimbé de la fresque précédente représentait-il également
le saint évêque de Milan, ce qui cependant ne serait pas en accord avec le récit.

plusieurs encadrements, dont l'un — celui qui tient directement à la peinture — montre un dessin décoratif. Au centre de l'encadrement de chaque peinture il y a des losanges et aux angles des étoiles à huit pointes, dans lesquels sont peints des anges et des saints en bustes. Ces jolies figures montrent une grande ressemblance avec celles, dans la facture desquelles j'ai cru pouvoir reconnaître la main du pseudo-Donato.

Toutes ces têtes sont longues avec les lèvres épaisses et une expression qui pousse la douce mélancolie des figures de Simone presque jusqu'à la morbidesse.

Toutes les autres peintures de la chapelle ont des encadrements gothiques, qui démontrent qu'à partir de ce moment Simone donne à ce style une place de plus en plus importante dans son art.

Au-dessus de l'arc d'entrée se trouve l'image du fondateur de la chapelle, Gentile di Montefiore agenouillé devant St. Martin. La composition est très simple, mais pleine de sentiment noblement exprimé. L'évêque légèrement incliné prend le cardinal par la main comme pour le soulever. Ce dernier est sans doute un portrait très ressemblant. Le peintre n'a pas dissimulé que Gentile était un vieillard de peu d'attrait physique; mais il ne se borne pas à reproduire fidèlement l'aspect réel du personnage et a su transfigurer le gros cardinal, en exprimant surtout sa dévotion à son saint protecteur; et grâce à la profondeur du sentiment de cette image du saint qui reçoit sous sa protection le pieux vieillard nous reconnaissons que c'est, de toutes ces fresques, la plus humaine, la plus idéaliste et la plus profondément sentie.

Les deux figures se trouvent sous un ciborium gothique, orné de quatre tourelles, entouré sur deux côtés d'une balustrade percée de rosaces.

Derrière le cardinal, le chapeau indiquant son rang est posé sur cette balustrade, détail réaliste étrangement combiné avec cette ornementation qui semble au contraire détacher toute la composition de la vie terrestre.

Sur le même mur, on trouve encore huit médaillons d'anges comme ceux dans les cadres des fresques; mais primitivement il doit y en avoir eu neuf.

Des ciboriums comme celui qui se trouve au-dessus de St. Martin et du cardinal, mais petits et tous pourvus d'un socle orné, encadrent les figures à mi-corps dans les corniches saillantes des fenêtres[1]. On en trouve six dans chaque fenêtre, séparés par des dessins décoratifs et les armoiries des Montefiore.

Comme les noms ont disparu, il est impossible d'identifier les personnages. Des trois fenêtres, celle du centre est entourée de figures de

---

[1] J. Cristofani, Dipinti inediti di Simone Martini, L'Arte 1913, p. 131.

46

saints évêques peints en buste ; celle de droite est ornée de figures de moines, celle de gauche montre des saints laïques (pls. XVIII et XIX).

Ce sont des têtes superbes que Cavalcaselle rangeait parmi les meilleures productions du maître. Il y a dans ces figures un merveilleux ensemble de sentiment esthétique et d'individualité. Les moines forment le groupe le plus impressionnant ; leurs regards expriment une gravité parfois sombre, parfois douce. A l'excellent relief des traits — qui est rendu, dans toutes ces figures d'une façon supérieure à n'importe quelle autre œuvre de Simone — l'artiste a ajouté, d'un dessin juste et ferme, mais sans dureté, les rides de la vieillesse.

Les saints évêques ont des expressions plus suaves ; leurs visages sont moins fortement marqués et dans la formation des traits l'effet d'ombre et de lumière est d'une importance plus considérable que dans les figures de moines.

Quant aux saints laïques, ils sont presque tous jeunes ; le dessin des visages est très peu linéaire et en comparaison avec les deux autres séries, même un peu faible. Il se peut cependant que cela soit en quelque mesure la suite des ravages du temps ; grâce à leur place, juste à côté des fenêtres, leur état de conservation dépendant beaucoup de la solidité des vitraux.

On est tenté de croire que pour tous, ou presque tous les saints personnages qu'on voit ici représentés, le peintre s'est servi de modèles, au moins il est difficile d'admettre qu'il ait inventé toutes ces têtes qui moutrent tant de personnalités différentes. Parmi les saints laïques il y a par exemple un Maure, aux lèvres charnues, la chevelure crépue, reproduisant tout à fait le type de l'indigène africain. Bien plus idéalisée est l'image d'un jeune saint, qui, les mains jointes lève les yeux en adoration vers le ciel.

Parmi les évêques, les figures les plus frappantes sont celles d'un saint vieillard dont le visage est encadré par une barbe blanche et qui est désigné sous le nom de St. Vitorin, et un autre, jeune et glabre, qui tient, outre la crosse, la palme, emblème des martyrs.

Les têtes d'un vieux moine à capuchon, avec une longue barbe blanche (St. Benoit?), et d'un autre, un peu plus jeune et à la barbe plus courte (St. Antoine abbé?) sont les plus belles de toutes. Un autre, portant une calotte orientale, a une figure étrange avec une expression à la fois rêveuse et pénétrante.

Dans l'arc d'entrée de la chapelle sont peintes encore huit figures groupées deux par deux, dont quatre se trouvent de chaque côté en deux

rangée. Les figures en entrant à droite sont, en haut, St. François et
St. Antoine de Padoue, au-dessous desquels se trouvent Ste. Catherine et
Ste. Marie Madeleine. En face, ce sont les deux Sts. Louis, Ste. Elisabeth
de Hongrie et Ste. Claire, chacune de ces figures dans un cadre à arceau
trilobé et séparée de sa voisine par une mince colonne à spirale. Ce
sont des figures irréelles qui n'avaient pas besoin de cet encadrement
pour les enlever de l'ambiance terrestre. Elles ne sont que des personnifications de leur propre sainteté.

Les quatre figures masculines qui se trouvent dans la courbe de l'arc
sont inférieures à celles des saintes femmes. Ceci ne résulte pas du fait
que Simone sut toujours mieux faire les figures féminines — effet naturel
de la nature de son art — mais je crois reconnaître ici aussi la main
de celui que nous appelons Donato.

L'évolution gothique de Simone Martini à Assise se montre clairement dans les quatre figures féminines et surtout dans celle de Ste. Marie
Madeleine. Les contours de cette figure ayant été, il est vrai, rehaussés
par des copistes, qui voulaient rendre les formes encore plus nettes, il
faut donc atténuer quelque peu l'impression linéaire que nous produit maintenant cette fresque; pourtant le jeu des plis est resté le même et c'est
ce trait surtout qui est significatif pour cette période de l'art du maître.
La sainte porte dans une main le vase emblématique, tenant avec trois
doigts de l'autre main, d'un geste infiniment élégant, un pli de sa robe.
Son visage, bien qu'idéalisé et sans grande personnalité, est beau et régulier,
et a cette douce mélancolie que Simone aimait à donner surtout à des
figures isolées de saints personnages. Les mains, belles dans toutes ses
œuvres, ont ici une finesse qu'il n'a jamais surpassée, le raccourci des
doigts et du poignet qui tient le récipient est merveilleusement rendu.
Quant aux plis de la robe, ils n'appartiennent pas seulement à l'art gothique mais semblent empruntés à une sculpture française de la fin du
13ᵉ siècle, à laquelle s'ajoute pourtant la liberté plus grande du peintre
dans l'interprétation de son idéal; mais les motifs restent les mêmes.
Pour donner au lecteur une idée plus nette de ces points de rapport, je
l'invite à comparer la reproduction de la peinture de Simone avec celle
de la jolie statue en marbre qui se trouve au Louvre (don Doistau), à
peu près contemporaine de la peinture de Simone[1] (pl. XII) et j'appelle
son attention particulièrement sur l'importance donnée à l'élément hori-

---

[1] A. Michel, La sculpture en France etc. jusqu'au dernier quart du 14ᵉ siècle. A.
Michel, Histoire de l'art II², Paris 1906, p. 681 (717). P. Vitry et G. Brière. Documents
de sculpture française du Moyen-Age, Paris s. d., pl. 94³.

48

zontal qu'on remarque dans les deux œuvres d'art[1]. Je ne vais pas jusqu'à dire que Simone a copié à ce moment des sculptures, mais il me semble certain qu'il en a vu et étudié.

Dans la figure de Ste. Catherine (pl. XVI), qui tient la branche de palmier et la roue de son martyre, l'emprunt à la statuaire gothique est beaucoup moins sensible, mais non entièrement absent. Les deux saintes sont des figures délicieuses. L'expression de la première est plus douce et plus avenante tandis qu'une réserve quelque peu hautaine émane de l'autre. Ste. Elisabeth, qui est vue en profil, est une figure majestueuse qui tient de ses deux mains les coins du manteau qui lui pend du dos et forme une traîne derrière elle. Elle aurait produit une impression d'une plus grande noblesse, si Simone ne lui avait pas fait incliner légèrement la tête, ce qui adoucit beaucoup cet image. Ses robes forment des plis amples et larges, mais sans manifester de fortes influences de l'art gothique.

L'artiste a bien senti que pour la représentation de Ste. Claire il fallait une forme plus simple; pourtant le geste dont une main tient le manteau ressemble à celui de la sainte reine de Hongrie; de l'autre main elle tient une branche de lis. Ste. Claire a la tête légèrement tournée, le regard est bien celui d'une religieuse. Les plis de la robe sont simples, mais parfaitement dessinés, le relief en est excellent.

Dans toutes les quatre figures Simone a magistralement exprimé les valeurs plastiques. Plus que jamais il a soigné le dessin des mains dont les attitudes sont d'une grâce charmante, mais légèrement maniérée.

Les quatre saints, quoique peints d'après les mêmes principes, ne sont pas sans montrer quelques différences dans l'exécution.

St. François une main levée, ouvre de l'autre sa tunique, afin de montrer la blessure dans son côté, ses yeux sont largement ouverts et n'ont que peu d'expression. C'est aussi le cas de St. Antoine qui tient un livre; cette figure — à part la tête — est en très mauvais état de conservation. Les deux Sts. Louis (pl. XVII) sont plus animés et en même temps conçus dans le style caractéristique de celui que nous appelons Donato. Le saint roi est couronné, il tient dans une main le sceptre, dans l'autre le globe; les cheveux sont longs et bouclés, l'expression triste comme d'ailleurs celle de l'évêque de Toulouse, représenté dans l'habit de l'ordre, chaussé de sandales et tenant un bâton à la main.

En comparant ces quatre figures avec celles qui se trouvent au-dessous, nous trouvons un peu moins de relief et des plis plus durs.

[1] J'aurai à revenir sur l'origine de cette tendance.

L'élément horizontal ne se manifeste que dans la figure du saint roi Louis, qui soulève un peu son manteau. La robe du saint évêque de Toulouse par contre présente des lignes plus droites. Les huit personnages forment un décor trop harmonieux pour qu'il soit permis de douter que Simone les ait conçus dans leur ensemble ; c'est seulement en les étudiant de près qu'on constate quelques différences dans l'exécution.

L'esprit dans lequel sont créées les figures de cet arc, les sépare d'une façon frappante du reste des peintures de la chapelle. Tandis que les têtes ne manquent pas de vie, les corps ne produisent pas une impression de réalité. Ce ne sont pas des reproductions de corps vivants comme l'artiste nous les a fait voir jusqu'ici. En les créant, le peintre ne s'est pas inspiré de modèles vivants, mais d'une œuvre d'art qui déjà reproduisait ces formes selon une formule établie. Simone quitte ici, pour un instant, la nature, pour suivre un modèle qui, quelque beau qu'il soit, lui fit peindre des personnages manquant d'unité, et la formule, qui a eu l'honneur de cette préférence, il me semble que ce fut celle de la statuaire gothique française.

La chapelle de St. Martin conserve encore d'autres produits de l'art du maître ; Simone fit, sans aucun doute, les dessins pour les figures qu'on trouve dans les trois fenêtres ; elles sont au nombre de dix-huit, chaque moitié des fenêtres en contient trois, l'une sous l'autre [1]. Il va sans dire que nous ne devons pas espérer trouver soit la finesse des lignes, soit le sentiment du maître dans l'œuvre des verriers qui l'ont pourtant suivi assez fidèlement pour que nous reconnaissions des éléments de l'art de Simone dans le dessin des visages — surtout des yeux — les proportions et la draperie des figures. Le grand vitrail de la chapelle de St. Louis est de la même main [2].

[1] Dans la fenêtre gauche, côté gauche, on voit en commençant par le haut, St. Jérôme, en costume de cardinal, St. Damien martyr, St. Antoine de Padoue, côté droit, St. Paul avec son glaive, St Martin évêque, et St. Laurent martyr comme ecclésiastique. La fenêtre centrale montre à gauche N. S Jésus Christ, St. Louis, roi de France, et le cardinal Gentile, fondateur de la chapelle, seule figure agenouillée ; à droite la Madonne, St. Pierre et St. Louis de Toulouse La fenêtre à droite est ornée à gauche des images du Pape St. Grégoire, de St. François, St. Rufin, l'évêque protecteur de la ville d'Assise, et à droite, de St. Augustin, St. Nicolas évêque, de St. Etienne martyr ; au-dessus de chaque moitiée des fenêtres, il y a des figures d'anges à mi-corps. v. J. Cristofani, La vitrate del' 300 nella Basilica inferiore di Assisi, Rassegna d'Arte 1909, p. 153 (157). P. M. Giusto, op. cit., p. 292.

[2] Ici sont représentés dans la partie gauche en haut St. Louis de Toulouse et le Rédempteur, en bas, St. Louis de France agenouillé et St. François, à droite, en haut, la Vierge et de nouveau le roi St. Louis, en bas St. Antoine et le cardinal Gentile à genoux. Au haut des quatre divisions on voit les symboles des Evangélistes, au milieu de chaque division un buste d'ange. Quatre figures se trouvent dans des cibioriums gothiques.

En comparant le portrait du Cardinal Gentile, au-dessus de la porte,
avec celui que nous voyons dans le vitrail central, il nous paraît évident que le maître verrier n'a pas pris trop de liberté en reproduisant
son dessin ; les images de St. Jérôme, St. Paul, St. Martin, St. Augustin
et St. François sont parmi les plus remarquables.

Il est certain que Simone pour peindre ses fresques à Assise, s'était
familiarisé avec celles, généralement attribuées à Giotto, qui dans l'Eglise
Supérieure racontent la vie de St. François. Il y a même quelqu'analogie
dans la vie des deux saints ; tous les deux ont d'abord été guerriers et
se sont convertis après à la pratique fervente de la religion. Les premières actions méritoires sont presque les mêmes dans les deux récits ;
St. Martin partage son manteau, St. François donne le sien ; ensuite les
deux saints voient le Rédempteur dans un rêve.

Simone n'a cependant rien emprunté à son prédécesseur florentin ;
ses compositions, sa façon de narrer, la formation de ses figures sont
tout différentes de celles de Giotto.

La composition chez notre peintre est plus compliquée ; souvent il divise
la scène en différents plans, selon l'importance des personnages ; les figurants, comme un chœur antique, ne prennent pas part à l'action, dont
ils sont quelque peu éloignés, mais servent à éclaircir la situation. Cette
façon irréelle de grouper est inconnue à l'art de Giotto, où chaque personne a son importance dans l'événement. L'effet dramatique des peintures de Simone est affaibli par cette composition, légèrement artificielle,
qui, d'autre part, n'a pas atteint le point de parfait équilibre qui aurait
fait pardonner ce manque de naturel.

Les fresques de Simone ont malgré tout une assez grande valeur
narrative, mais à ce point de vue de nouveau Giotto lui est bien supé·
rieur. L'expression des figures et les attitudes sont soumises à des principes esthétiques qui forment une entrave au réalisme. C'est par là que
les deux courants dont dérivent Simone et Giotto se distinguent le plus ;
dans l'art siennois la clarté du récit est sacrifiée à l'harmonie, ce qui s'explique par le fait que Duccio a formé le lien avec l'art de Byzance qui
ne tendait qu'à l'effet artistique, en négligeant complètement la narration.
La tradition, à laquelle se rattache Giotto, est celle de Rome où depuis
le neuvième siècle la clarté de la représentation d'un événement est le
seul facteur qui compte, facteur auquel le florentin a sacrifié, au besoin,
tout le côté esthétique d'une peinture [1].

[1] J'ai touché à cette question dans la «Rassegna d'Arte» 1919, mars-avril (Bibliographie), en réponse à un article de M. L. Venturi, sur la date de l'activité romaine de Giotto.

Bien que, chez Simone, la beauté soit toujours la considération première, dans ses illustrations de la vie de St. Martin le désir de narrer est assez évident, mais il est réalisé d'une autre manière : les personnages miment l'action. De cette tendance, la scène qui représente St. Martin quittant l'armée, nous en fournit l'exemple le plus frappant. Le saint ne réalise pas cette intention, de la façon dont Giotto l'aurait représentée, mais ces gestes indiquent au spectateur son désir de le faire. L'effet est moins direct, moins dramatique et plus théâtral. Puis l'amour que Simone avait pour les beaux visages, l'a empêché de les rendre par trop expressifs, ou tout au moins de leur faire manifester les grandes passions humaines, soit par les traits, soit par les attitudes. D'autre part son observation de la réalité, dans les détails des attitudes qui n'expriment pas des passions, est d'une exactitude que Giotto n'a pas surpassée. Ses figures sont toujours pleines de sentiment et de distinction ; jamais on n'en trouvera une qui soit indifférente, laide ou grossière. Il est évident que l'artiste s'était familiarisé avec cet entourage de la cour et de la chevalerie du quatorzième siècle ; mais il comprenait aussi le sentiment religieux et il n'aurait pu être chargé d'un sujet qui convînt mieux à ses aptitudes que celui de la vie de St. Martin.

Simone n'était pas un maniériste mais un styliste ; le style peut nous sembler au premier abord être composé d'éléments purement personnels, mais il n'en est pas ainsi. Bien que nous ayons encore à revenir sur cette question, je rappellerai que l'influence de l'art français me semble ici certaine. M. Pératé a remarqué «cette grâce toute française», visible dans les fresques de la chapelle, et Mlle Agnes Gosche croit l'art de ces peintures un produit du milieu français de Naples. Je suis de leur avis, mais je crois qu'on pourrait aller plus loin et dire que c'est à Assise que les tendances gothiques de Simone atteignent leur point culminant, puisque c'est là que nous voyons le peintre passer des petits détails gothiques, qui se manifestaient déjà à Orviéto dans les plis des manteaux de St. Pierre et St. Paul, à cette figure de Ste. Marie Madeleine qui semble entièrement inspirée — si non copiée — d'une sculpture française [1].

---

[1] Récemment quelques auteurs ont transporté les questions d'influence et de prééminence en matière d'art dans le domaine du patriotisme. Qu'il me soit permis de dire que ces pratiques me semblent mesquines et nuisibles à nos études. Pour ce qui concerne notre sujet il est évident que le fait d'avoir inspiré certaines formes à Simone Martini n'ajoute rien à la gloire de la sculpture gothique française et que d'autre part la valeur du peintre n'est pas diminuée par quelques emprunts qu'il a fait à cette forme d'art.

On a parfois critiqué le dessin de Simone dans les fresques de la
chapelle de St. Martin, mais sans se rendre compte que dans aucune
autre peinture de la première partie de sa carrière le dessin ne joue un
rôle aussi important. Ce fait saute aux yeux, lorsque nous comparons
les figures de ces fresques avec celles des œuvres mentionnées auparavant. Non seulement les sujets y prêtent d'avantage, mais la conception
est autre. Une comparaison des têtes par exemple nous en fournit la
preuve. Simone a aussi su tirer meilleur partie des oppositions de lumière et d'ombre et a commencé à donner de l'importance au dessin qui
sera la note dominante de l'Annonciation de 1333. Si les formes dessinées par Simone à Assise manquent parfois un peu de naturel, défaut
critiqué sévèrement par Cavalcaselle, la ligne y a atteint un degré de
grâce et de charme qui font du maître un des précurseurs de Botticelli
qui fut peut-être le seul à l'égaler sur ce point[1]. La valeur extraordinaire de Simone comme dessinateur a été reconnue et décrite d'une façon
lumineuse par M. Berenson[2]. Comme il y a dans les fresques, représentant des événements, presque toujours des inégalités, qu'on y trouve
des morceaux sublimes qui font pâlir d'autres de moindre mérite, on
admirera peut-être plus facilement les figures isolées, p. ex. les saints
superbes à côté des fenêtres. Mais en étudiant les scènes de la vie de
St. Martin on découvrira pourtant qu'elles contiennent des trésors cachés
qui leur font mériter une considération encore plus grande.

Les figures à mi-corps dans le transept droit
de l'Eglise Inférieure de St. François.

Dans la même église où Simone a décoré la chapelle de St. Martin,
il y a encore une série de figures en buste qui bien que je ne les considère pas comme étant de la main du maître lui-même, pourraient être
désignées comme des produits de son art. Vasari attribuait ces fresques
à Lippo Memmi tandis que Cavalcaselle, tout en admettant que le maître
fut peut-être aidé en les exécutant, déclare impossible d'y découvrir
une autre main que celle de Simone. Il existe pourtant un doute à cet
égard depuis la description de la basilique faite par Fea, il y a cent ans
environ qui attribuait les figures de la Madonne et de Ste. Elisabeth à Lippo,

<hr>

[1] Comme le remarque judicieusement M. Langton Douglas, Annotations sur Crowe
and Cavalcaselle III. p. 45 note 4.
[2] B. Berenson, The central Italian Painters of the Renaissance, 2e ed. New-York
and London (1906), p. 42 etc.

le reste à Simone[1]. Mlle Agnes Gosche admet cette aide seulement
pour l'exécution des peintures, par contre M. Venturi y voit des œuvres
du pseudo-Donato et il me semble qu'il a raison.

Les huit figures en buste occupent un angle, cinq se trouvent d'un
côté, trois de l'autre. Le premier groupe est composé de St. François,
de St. Louis de Toulouse, de Ste. Elisabeth de Hongrie, de Ste. Claire (?)
et d'un jeune saint, probablement St. Louis, roi de France; à droite nous
trouvons la Ste. Vierge avec l'Enfant, entre deux saints personnages
couronnés. De minces colonnes en spirale séparent les premiers cinq
l'un de l'autre. Ils se détachent sur un fond gris, leur coloris jaune-
rose est extrêmement tendre et presque monochrome.

L'image de St. François ressemble assez à celle que nous avons
trouvée dans l'entrée de la chapelle de St. Martin, mais ici l'artiste l'a
représentée avec une élégance recherchée qui ne sied pas à l'image du
petit Pauvre d'Assise. En comparant cette figure avec celle de l'autre
fresque, nous trouvons des proportions assez allongées, mais c'est surtout
l'expression subtile du visage et le geste de la main gauche, dont le
saint se touche la poitrine, qui ne conviennent pas à la personnalité du
saint. On devine encore l'élégance de la draperie que les plis doivent
avoir formé mais que le mauvais état de conservation ne nous permet
plus d'apprécier. Le nimbe est plus simple que ceux qui entourent les
têtes d'autres figures, de petites lignes en forment l'unique ornement.
La forme de la tête, longue et maigre, montre des ressemblances avec
celles du Christ et des anges du rêve de St. Martin que j'attribuais,
d'accord avec M. A. Venturi, à Donato.

St. Louis de Toulouse (pl. XX) est mitré et tient la croisse de la main
droite, ayant l'autre main posée sur un objet dont on ne distingue plus la
forme. St. Louis et St. François semblent se regarder, le saint évêque tour-
nant dans ce but légèrement la tête. Son regard est moins doux et moins
rêveur que celui du saint d'Assise, son visage est assez long mais moins
maigre, ses lèvres plus épaisses. Le dessin du relief a presque disparu,
mais l'ombre qui obscurcit le côté droit de son manteau et de sa robe
conserve à cette figure une partie de la valeur plastique qu'elle doit avoir
eue autrefois. Une recherche d'effets gracieux est visible dans les attitudes des deux mains. Dans la chapelle de St. Martin Simone avait représenté Ste. Elizabeth de Hongrie, pleine de majesté, mais pourtant
avenante, le pseudo-Donato nous la fait voir sous un aspect tellement
sérieux, que son regard frise la dureté. La forme de la tête est sem-

<hr>

[1] Fea, op. cit., p. 11.

blable à celle de St. Louis de Toulouse et ces traits, bien que beaux et réguliers, n'ont que peu de grâce féminine. La sainte reine porte une couronne sur ses tresses couvertes d'un voile, sa robe est ornée d'un dessin à fleurs: elle tient la main gauche ouverte et prend avec deux doigts de l'autre main une chaîne qu'elle porte autour du cou, qu'elle a long et un peu incliné, ce qui donne de la légereté à ses formes un peu massives.

En opposition avec l'aspect énergique de cette dernière figure une douceur infinie émane de la suivante, qu'on croit généralement être Ste. Claire (pl. **XX**). Le visage a la forme d'un ovale régulier, encadré des plis légers formés par le voile qui lui couvre la tête. On distingue ici plus clairement la draperie simple, mais bien dessinée du manteau que la sainte tient d'une main. Des yeux demi clos sort un regard quelque peu triste. Le dessin du nez, fortement indiqué dans les autres têtes, a ici malheureusement disparu, ce qui gâte un peu ce délicieux visage qui est orné d'une bouche petite, finement dessinée. En proportion avec la longueur de la tête, les épaules nous semblent larges, impression qui est encore renforcée par le dessin à moitié effacé de la robe.

La figure qui représente probablement le roi St. Louis ressemble à un des jeunes saints qui entourent la fenêtre gauche de la chapelle. Comme celui-ci, il est vu de face, le regard levé vers le ciel, de longs cheveux lui tombent sur les épaules. Il a posé la main droite sur le bord qui encadre la fresque, tenant de l'autre une branche de lis. Son manteau, qui passe au-dessus de cette dernière, forme un long pli descendant de son épaule comme celui du manteau de Ste. Claire. Une couronne d'une forme simple, composée de pierreries, flotte au-dessus de son nimbe, il me semble que des traces d'une couronne semblable sont visible au-dessus de la figure précédente.

Avec l'image de St. Louis de France, nous arrivons à l'angle du transept. La Vierge et les deux personnages à côté d'elle se trouvent sur le mur à droite. Le fond représente ici un tapis tissé de fils d'or et orné de fleurs stylisées, dessinées en relief. Bien que les trois figures soient moins belles que les autres, je ne crois pas qu'il y ait un doute sur leur attribution à la même main. La Vierge porte une couronne sur le voile plié. L'Enfant est plus grand qu'on ne le voit d'habitude dans les représentations de la Madonne, et d'un type différent de celui adopté par Simone. Mlle Agnes Gosche trouve, avec raison, cette image de Jésus inspirée par celles de Duccio.

Les figures centrales sont lourdement drapées, le relief rehaussé de

blanc leur donnant un effet fortement sculptural. L'expression de la
Madonne est insignifiante, celle de l'Enfant peu plaisante et aucunement
enfantine ; il a posé la main droite sur l'épaule de sa Mère, touchant de
l'autre le lis du sceptre d'un des personnages royaux qui l'escortent. Il
est impossible de dire qui sont les personnages représentés sous leurs
traits [1], qui manquent d'individualité et de force, le dessin des figures
ayant disparu en grande partie. Cette fresque a conservé des couleurs
plus fraîches que l'autre ; mais je crois probable que les cinq saints sur
le mur à gauche ont toujours eu l'aspect monochrome qu'ils présentent
aujourd'hui.

L'exécution de toutes ces fresques montre un soin assez minutieux
des détails. Tous les nimbes sont ornés en relief. Exception faite pour
ceux de St. François et du personnage à gauche de la Madonne, ils sont
ornés de deux motifs différents ; une fleur stylisée avec deux feuilles, et
un cercle dans lequel sont dessinés les traits d'un visage entre quatre
feuilles de chêne. On rencontre le premier de ces dessins décoratifs,
dans le fond d'or derrière la Madonne, l'autre dans le cadre et il est clair
qu'on s'est servi d'un fer à empreinte. Les mêmes motifs sont répétés
un grand nombre de fois dans la chapelle de St. Martin ce qui indique
que les fresques du transept et celles dans cette chapelle ont été exécutées à la même occasion [2].

Tandis que l'ornamentation des vêtements se limite à quelques bordures, le traitement des mains trahit une recherche d'effets gracieux.
Presque toutes sont mises en évidence dans des attitudes plus élégantes
que naturelles. Le peintre aimait à faire voir des doigts, même un peu
tordus, comme par exemple ceux du saint évêque ou des deux figures
couronnées à côté de la Vierge. Le raccourci de la main de celle à
gauche est copié de la main de Madeleine portant le vase à parfums
dans le porche de la chapelle.

Dans les études récentes d'histoire de l'art, il y a une tendance à
inventer un peintre différent pour chaque diversité de forme picturale.
Je ne suis pas partisan de cette méthode, étant d'avis qu'il faut admettre
certaines variations dans l'œuvre d'un même artiste, mais ici la question
est autre. Quelques peintures de la chapelle de St. Martin — le Sauveur
et ses anges apparaissant à St. Martin, l'âme de St. Martin et les anges
qui la portent, les figures dans les losanges des cadres, les saints dans

1 Mlle. Agnes Gosche croit qu'un des deux pourrait être Robert d'Anjou ce qui
me semble impossible à cause du nimbe indiquant que le personnage fut canonisé.

2 Les mêmes empreintes se retrouvent dans la Maesta de 1315.

le porche de la chapelle — et les huit figures dans le transept sont
l'œuvre d'un artiste de l'école de Simone, mais qui s'était pourtant moins
adapté à la manière du maître que son beau-frère Lippo Memmi. Que
cet artiste soit Donato, le frère de Simone, comme le croit M. Venturi,
est une hypothèse qui me semble avoir toutes les chances d'être juste.

Ce qui distingue Donato de Simone, c'est un dessin plus faible, des
formes plus longues, un peu vagues, ayant moins de relief; des têtes
très allongées, les fronts particulièrement hauts, les nez grands et fortement indiqués. les bouches petites, les lèvres généralement épaisses. Je
considère la forme humaine dans l'œuvre de Donato comme assez différente de celle établie par Simone, pour oser affirmer que le miniaturiste.
connu sous le nom de «Maître du Codex de St. Georges», s'est, dans
le choix de ses types, surtout inspiré des figures de Donato. Ce fut un
artiste fort habile et d'un profond sens artistique — la figure de Ste.
Claire serait tout à fait digne du pinceau de Simone.

De la vie de Donato nous ne savons que peu de chose. En 1339
il a accompagné son frère à Avignon, qu'il a quitté en 1344, après la
mort de celui-ci, avec la femme du défunt. Lui-même est mort en 1347 [1].
Ses enfants à qui Simone avait laissé une partie de ses biens, furent
cités en justice à cause de cet héritage [2].

[1] Milanesi, Doc. Sen. I, p. 216.
[2] Idem. p. 244.

V.

ŒUVRES DATÉES FAITES ENTRE 1328 ET 1344.

Le Portrait de Guidoriccio[1].

Treize années s'écoulèrent entre le polyptique d'Orviéto et l'œuvre datée qui le suit dans l'ordre chronologique ; c'est la fresque qui, dans la Salle de la Mappemonde du Palais Publique de Sienne, fait face à la Maesta de 1315. Cette peinture représente Guidoriccio Ricci dei Fogliani da Reggio, commandant des troupes siennoises (pl, XXI). Guidoriccio avait été élu chef d'armée en 1326 pour la durée de six mois, mais on l'avait maintenu dans cette fonction pendant sept années. En 1328 il avait mené ses soldats victorieusement contre ceux du terrible Castruccio Castracane qui avait envahi la Toscane, et pris la ville de Montemassi, malgré les efforts que fit son adversaire pour l'en empêcher. L'année après, il mettait fin, par la force des armes, à des troubles, causés par le manque de pain, en 1331 il battait les Pisans près de Massa et rentrait en grand triomphe à Sienne où il est mort en 1352[2].

Guidoriccio était probablement la figure la plus en faveur auprès d'une partie des habitants de Sienne ; non seulement il avait gagné des batailles importantes, mais ses victoires venaient à un moment où le moral des Siennois avait le plus grand besoin d'être remonté par quelque exploit héroïque.

---

[1] Reprod. dans Rothes, op. cit., pl. 48.

[2] E. G. Gardner. The History of Siena and San Gimignano. London 1902, p. 136 à 137. Les faits sont rapportés par O. Malavolti, Historia de Fatti e Guerre dei Senesi etc. Venice 1599, p. 77.

58

Depuis des années, on avait oublié cet enthousiasme patriotique qui,
en 1260, animait les guerriers de Monteaperti, et une chasse à la richesse
qui exigeait la paix à tout prix s'était emparé des citoyens de cette ville,
qui maintenant sacrifiait son orgueil à son commerce[1]. Ce fut ce bien
être matériel qu'Ambrogio Lorenzetti symbolisa dans les fresques du Bon
et du Mauvais Gouvernement au Palais Publique.

Guidoriccio incarne la réaction contre cette tendance et si son portrait fut placé tout près de la Madonne protectrice de la ville, c'est qu'à
Sienne on trouvait, au moment de la domination de l'esprit mercantile,
encore assez de bons citoyens qui honoraient la vieille tradition guerrière. Aussi voyons-nous dans le fond du portrait de Guidoriccio des
souvenirs de sa grande campagne, qu'on tenait à commémorer, en même
temps que le condottiere[2]. Il n'est pas juste de dire que le peintre n'a
pas eu l'intention de faire un portrait, mais qu'il voulait seulement faire
une image symbolique de l'esprit militaire de Sienne[3]. Les habitants de
la ville avaient certainement chargé le peintre de leur conserver les traits
du héros; on n'a d'ailleurs qu'à contempler cette image pour comprendre
que Simone n'aurait jamais inventé ces traits, s'il n'avait voulu créer
qu'une figure idéale. Au contraire nous avons l'impression que l'artiste
a su faire taire son goût personnel, pour mieux reproduire son modèle.
Cet homme trapu et gros, à l'œil dur, aux joues grasses, à la bouche
petite et au menton saillant n'a rien des figures que produisait Simone,
quand il était libre dans le choix de ses types. Au lieu de formes élégantes, nous trouvons ici des formes carrées, au lieu de mains fines,
des poings redoutables; même la façon dont le condottiere est assis sur
sa monture exprime le poids et la force et non pas la grâce, si caractéristique du peintre. Le cheval de bataille est dans une juste proportion avec son cavalier. Guidoriccio qui tient le bâton de commande-
ment, porte une toque de fourrure, il est protégé par une cuirasse visible aux jambes et au cou. Par dessus, il porte un manteau jaune, orné
de carreaux noires et de guirlandes. Son cheval est couvert d'une draperie au même dessin décoratif.

Le fond du portrait raconte les hauts faits du général; sur une colline, à droite, on voit quelques tentes et au pied de cette même hau-

---

[1] Langton Douglas, Hist. de Sienne I, p. 127 et seq.

[2] J. Guthmann, Die Landschaftsmalerei der toskanischen und umbrischen Kunst
von Giotto bis Rafael. Leipzig 1902, p. 70, n'a pas compris l'esprit de cette œuvre,
quand il l'appelle une énumération quelque peu enfantine des détails des campagnes
de Guidoriccio.

[3] Autre opinion de J. Guthmann.

teur, deux autres camps plus importants dont un à peine visible ; les tentes sont décorées d'étendards siennois et d'écussons héraldiques. Plus vers le centre, se trouve la ville de Montemassi, fortement défendue par des fossés et de hauts murs, au-dessus desquels se dresse une catapulte ; mais sur les tours flottent les bannières de Sienne et de Guidoriccio, cette dernière à carreaux et guirlandes, comme le manteau du condottiere et la couverture de son cheval. La partie gauche du fond, est occupée par une autre colline sur laquelle se trouve un bourg important, mais moins bien défendu ; une petite route mène vers la porte ouverte. Autour des deux places fortes s'étend une clôture en bois, qui fait partie du système par lequel le grand guerrier avait assiégé la ville et grâce auquel il avait réussi à l'isoler entièrement. Des soldats passent près de cette enceinte, mais le terrain est tellement accidenté qu'on ne voit que le haut de leurs lances et des drapeaux. De cette façon ingénieuse le peintre a indiqué que Guidoriccio se trouve ici parmi ses troupes, tout en ne montrant que le général.

Le côté irréel de cette scène consiste dans le fait que Simone a isolé cette figure de son entourage ; elle ne se trouve pas dans le paysage, mais le paysage lui sert de fond et on ne saisit même pas où l'artiste place exactement le cavalier dont le cheval se trouve avec les pieds de derrière dans le tableau tandis qu'un des pieds de devant touche le cadre. L'impression d'espace ou de distance entre la figure et les architectures est entièrement effacée par la disproportion des dimensions entre l'une et l'autre, la première étant trop grande. Pour rehausser l'effet, Simone a placé le haut du personnage devant le ciel, de façon que le profil se détache avec une grande netteté ; par ce détail il devient de nouveau évident que Simone a fait un portrait, ce qui n'empêche d'ailleurs que cette fresque ne soit un des documents les plus précieux pour notre connaissance de l'esprit militaire de cette époque, rendant hommage à la vertu chevaleresque, aussi bien qu'à la force et au génie stratégique.

Comme exécution, l'œuvre est d'une grande finesse et offre plus de détails décoratifs que les polyptyques de Pise ou d'Orviéto, mais la fresque a subi plusieurs restaurations — moins pourtant que la Maesta — qui lui ont sans doute ôté son aspect original. Ainsi tout le fond et particulièrement les hauteurs, manquent du relief qui à l'origine s'y trouvait, au moins en quelque mesure, bien que cela ne fut jamais la spécialité de Simone, comme nous l'avons vu en étudiant les fresques d'Assise. Le ciel est d'un bleu grisâtre que nous retrouvons identique dans la Maesta. Il ne me semble pas probable que Simone ait

60

employé la même couleur spéciale dans deux compositions aussi différentes
et je pense que, dans les deux fresques, il a employé pour les fonds cet
admirable bleu d'outremer qui, à Assise, s'est en grande partie conservé.
Quoique dans son ensemble la fresque de Giudoriccio soit un portrait,
c'est-à-dire une œuvre réaliste, le sentiment gothique grandissant dans
l'art de Simone lui a donné son cachet. Bien qu'à un moindre degré que
quand il peignit la Madeleine que nous trouvions à l'entrée de la chapelle de St. Martin, Simone a dans cette œuvre également voulu observer la formule gothique. Le sujet s'y prêtait mal et n'a laissé que peu
de liberté au pinceau du maître, mais les plis au bas de la draperie qui
couvre le cheval, ainsi que ceux du manteau du cavalier, sont des indices
qui ne laissent aucun doute sur la direction, dans laquelle Simone allait
consciemment développer son talent.

L'Annonciation des Offices.

L'Annonciation que Simone a signée avec Lippo en 1333 (pl. XXII),
fut d'abord transportée du Dôme de Sienne à l'église de St. Ansano
d'où elle est entrée aux Offices. Malgré les restaurations nombreuses, ce
rétable restera toujours un des plus beaux morceaux que le Trecento
nous ait laissés.

Au centre est représenté le Message Angélique ; à gauche l'ange,
jeune et frêle, s'agenouille ; il porte une branche d'olivier, une petite
couronne des même feuilles est posée sur sa tête. Un vase gracieux avec
des lis à longues tiges, le sépare de la Vierge, assise sur un joli trône
incrusté de mosaïques et dont le dossier est couvert d'une étoffe. La Ste.
Vierge a fermé le livre dans lequel elle lisait tenant un doigt entre les
pages, pour marquer l'endroit[1]. D'en haut, entouré d'une auréole de
chérubins, descend le Saint Esprit sous l'aspect de la colombe.

Dans les panneaux latéraux se trouvent, à gauche St. Ansanus et à
droite Ste. Julite ; chacune de ces deux figures est placée sur un petit
piédestal. Le jeune protecteur de la ville est vêtu d'une robe dont la
bordure dorée lui vient jusqu'à la cheville ; par-dessus ce vêtement, il en
a un' autre qui, comme forme, tient de la chasuble, et qui est également
bordée. Dans une main, le saint tient la bannière blanche et noire de
Sienne, dans l'autre une branche de palmier dont pendent quelques fruits.

Ste. Julite a l'aspect d'une femme d'âge mûr, elle porte une croix

---

[1] Détail que l'artiste a répété. Un fragment d'un très beau tableau siennois des
premières années du 14e siècle dans la collection de M. Perkins, semble être le proto-
type de l'Annonciation de Simone, qui n'a, par conséquent, pas inventé ce modèle.

et la palme. Sa tête est encadrée dans le voile blanc habituel, une draperie à plis profonds et lourds couvre presque toute sa personne. En
haut, dans le cadre, il y a quatre médaillons — peut-être y en eut-il à
l'origine cinq — qui représentent des figures en buste de prophètes, tenant des philactères, où on lit des prophéties ayant trait à la Vierge.

Simone n'a jamais dépassé la grâce qu'il a mise dans les deux figures
centrales. L'ange agenouillé a la tête légèrement penchée et les ailes
dressées ; il fait un geste de la main. Il est vêtu d'une robe de brocard,
bordée d'inscriptions, qui moule discrètement ses formes, derrière lui flotte
une draperie qui semble mue par le vent[1]. C'est une figure d'un charme
indescriptible, dû en grande partie à l'harmonie des lignes et à la finesse
du dessin ; la belle tête du messager céleste n'est que le couronnement
de cette superbe et savante construction linéaire. La Madonne ne lui
est pas inférieure ; l'artiste a voulu exprimer en elle l'inquiétude provoquée
par l'apparition angélique, et la jeune Vierge semble vouloir se cacher
dans ses draperies.

Bien que d'une conception différente, cette figure est aussi gracieuse
mais moins linéaire que celle de l'ange. Elle est surtout remarquable
comme silhouette et les bordures d'or de son manteau accentuent l'impression de sveltesse qu'elle produit et qui pourtant n'est pas exagérée.
L'expression est plutôt celle d'une douce tristesse que de frayeur. Le
côté décoratif est traité très en détail, le brocard surtout dont est vêtu
l'ange avec dessin à fleurs légèrement en relief a exigé un travail long
et méticuleux.

L'Annonciation — l'œuvre la plus parfaitement gothique que nous
connaissions du maître — est le produit d'une combinaison harmonieuse
de sentiment, de goût, d'art et de connaissances techniques, et suffisait
à elle seule à assurer à Simone le renom du peintre de la grâce par
excellence. A cause de la double signature, on a assez discuté la question
de savoir quelle partie du rétable est due à Simone et laquelle à son
beau-frère. Cavalcaselle croyait qu'on n'y pouvait reconnaître qu'une
même main, qui serait celle de Simone ; dans ce cas Lippo n'aurait fait
que la dorure des nimbes et des colonnettes, pour laquelle il toucha
70 florins d'or, que l'on trouve mentionnés dans le document qui concerne ce tableau ; mais bien que nous ne connaissions pas le cadre original[2] il est à peine croyable que, d'un total de 316 livres, une partie

<hr>

[1] Nous retrouvons dans d'autres peintures de Simone le dessin à carrés dont est
ornée cette draperie.

[2] M. Langton Douglas dans son Histoire de Sienne II, p. 336, nous dit, que «quand
le rétable fut transporté à l'église de St. Ansano non seulement l'on détruisit son cadre

aussi importante y ait été consacrée. Et même si cela était, il n'est pas
dit que tout le restant de la somme était réservé à Simone. De plus je
ne crois pas probable que si le travail de Lippo s'était borné à la dorure
— occupation d'un simple aide ou disciple débutant — les deux peintres
auraient signé ensemble le rétable d'une façon qui ne peut faire croire
qu'à une collaboration plus intime; du reste, l'inscription dit clairement
que Simone et Lippo p e i g n i r e n t le tableau [1].

Je suis de l'avis de Mlle Agnes Gosche [2] et de M. Pératé [3] qui attribuent les deux saints latéraux à Lippo. Mlle Gosche remarque très
justement que nous trouvons une certaine petitesse dans les têtes de
Ste. Julite et de St. Ansanus qui se retrouvent dans d'autres œuvres
de Lippo, mais qui sont absentes dans les peintures de Simone. Je dirais
encore que la structure des corps aussi me semble confirmer ces attributions. Certes les deux figures ne sont pas inélégantes, mais à côté de
celles de l'Annonciation nous les trouvons plus massives ; ce défaut de
légereté nous frappe surtout dans les plis de la sainte martyre. D'autre
part, le peintre a cherché d'une façon quelque peu forcée à produire des
effets gracieux, comme par exemple le cou trop allongé de St. Ansanus.
L'effet linéaire, tellement important et mis en évidence par Simone, a
donné lieu ici à une certaine dureté, les traits manquent surtout d'animation ; l'expression de vie déjà si atténuée chez le maître, a presque
disparu dans les figures du disciple.

Les quatre médaillons sont manifestement dus au même artiste.

Les fresques de Simone à Avignon.

Nous savons que Simone est parti en 1339 pour Avignon et qu'il y
est mort en 1344; dans ces cinq années il prit part à la grande activité
artistique que la cour papale fit naître dans cette ville et pour laquelle
on fit appel aux artistes italiens à partir de 1334 [4].

De ce que Simone a produit, pendant son séjour dans la jolie ville
provençale, presque rien ne nous est parvenu sauf des fragments dé-

primitif, mais l'on modifia sa forme pour l'adapter au goût régnant. C'est seulement
de mémoire d'homme qu'on l'a judicieusement restauré et remis dans un cadre gothique,
sous la direction discrète de M. Ridolfi». Mlle Agnes Gosche, p 32, semble admettre
que le cadre actuel est l'original.

[1] Symon Martini et Lippus Memmi de Senis me pinxerunt Anno Domini M.CCC
XXXIII.

[2] Gosche, op. cit., p. 33—34,

[3] A. Pératé, op. cit., p. 848. Forster, op. cit. II, p. 305 est du même avis, et
ajoute que les quatre médaillons sont de la main de Lippo. Della Valle, op. cit. II,
p 112, croit que Lippo a peint la Vierge et St. Ansanus.

[4] Gosche, op. cit., p. 96. Duhamel, Congrès Archéologique de France 1882, p. 185.

labrés de deux peintures murales, le dessin d'une troisième, le panneau
à Liverpool et la miniature de l'Ambrosienne.

Examinons d'abord les fresques[1].

Dans le portique de Notre Dame des Doms on reconnaît non sans
peine la Madonne, dont on voit un peu plus que le buste, assise sur un
trône et inclinant légèrement la tête vers l'Enfant, dont les petites boucles
rudes et caractéristiques sont assez visibles; par contre des deux anges
on ne distingue avec certitude que les contours. Celui de droite, avec des
longues ailes, soulève un rideau qui doit avoir caché le groupe central.

Malgré l'état détérioré de la peinture, on devine les jolies gestes de
deux mains. L'ange, à droite, entoure d'un bras la figure qui est agenouillée en prière devant la Ste. Vierge. Enfin dans la profondeur de
cette lunette on aperçoit encore six têtes d'anges, séparées les unes des
autres par des dessins décoratifs[2].

On a pensé avec raison que la figure agenouillée est celle du donateur, seulement on s'est trompé en croyant que c'était le cardinal Annibale Da Ceccano. Ce renseignement erroné, Della Valle l'a obtenu d'un
correspondant — Stefano Borgia, secrétaire de la propagande à Avignon
— et on le trouvait confirmé dans une vieille description qu'a faite de
cette œuvre Valladier dans son «Labyrinthe Royal de l'Hercule Gaulois»[3]
de 1600, description qui a peut être servi de source à Stefano Borgia.
Dans le volume de Valladier on lit: «Or il est vray d'ailleurs que la
peinture dont est question, laquelle se trouve à l'entrée de Notre Dame
des Dons, a esté faicte sans doubte du temps du pontificat de Jean 22, car
les armoyries de la maison d'Annibal de Cecano y sont, qui fut faict
cardinal par Jean 22 à Avignon, l'an 1327 et mourut l'an 1350, etc.
Valladier ajoute encore que Simone a exécuté la peinture, commandée
par Pétrarque et payée par le cardinal de Ceccano[4]. Depuis on a répété
la communication faite à Della Valle qui est d'accord avec ce texte plus
ancien, jusqu'à ce que récemment M. Giacomo De Nicola eût prouvé d'une
façon ingénieuse et certaine que le donateur qu'on voit, pieusement agenouillé, ne peut être que le cardinal Jacopo Stefaneschi[5]. Voici ses raisons:

[1] E. Mason Perkins, Spigolatura. Gli affreschi di Simone ad Avignone, Rassegna
d'Arte Senese 1908, p. 87.

[2] E. Müntz, Les peintures de Simone Martini à Avignon. Mémoire de la soc. nat.
des antiquaires de France 1884, rapporte que dans le temps on lisait sous cette fresque:
Pictor meraris (mirare) manus celeberrimus arte / Memmius hoc magni munere duxit
opus / Scilicet Annibalis fuit (sunt) haec pia dona Secani / Vinis (hujus) sex lunae cor-
nua stemma docent.

[3] Volume fait à l'occasion de la visite d'Henri IV et de Marie de Medicis à Avignon.

[4] E. Müntz, Gazette Archéologique 1887, p. 104.

[5] G. De Nicola, L'affresco di S. Martini ad Avignone. L'Arte 1906, p. 336.

64

il a existé dans le portique de Notre Dame des Dons encore une autre
fresque de Simone, représentant St. Georges à cheval tuant le dragon et
sauvant la jeune demoiselle que l'on voyait agenouillée à côté. Della Valle
la décrit d'après des renseignements obtenus d'un abbé Devexas. Valladier en a fait autant dans son ouvrage déjà mentionné[1]. Au-dessous de
la fresque se trouvait cette poésie latine :

> Miles in arma ferox bello captare triumphum
> Et solitus vastos pilo transfigere fauces
> Serpentis tetrum spirantis pectore fumum
> Occultas extingue faces in bella, Georgi.

Naturellement on a cherché le portrait de Laure dans la figure agenouillée
et attribué le quatrain à Pétrarque. Or M. De Nicola a découvert dans
la Bibliothèque Barberini un vieux dessin de cette fresque, et non seulement la composition est identique à une miniature du fameux manuscrit de
St. Georges des archives de St. Pierre à Rome, dont il sera question
plus tard, mais dans ce même manuscrit on retrouve la poésie attribuée
à tort à Pétrarque, puisqu'en vérité elle est de l'auteur des œuvres contenues dans le manuscrit, c'est à dire du cardinal Jacopo Stefaneschi.
C'est donc lui, sans doute, qui fut le protecteur de Simone à Avignon,
qui commanda les fresques dans le portique de ¡Notre Dame des Dons
et qu'on voit adorant la Vierge, comme on le trouve d'ailleurs dans le
polyptyque, qu'on croyait être de Giotto, dans la sacristie de St. Pierre
à Rome.

Au-dessus de la fresque de la Madonne il y en a encore une autre ;
c'est une figure à mi-corps du Sauveur qui bénit d'une main, tenant de
l'autre le globe terrestre[2], autour de lui volent six anges en adoration.
Cette fresque est aussi endommagée que celle de la Madonne et souvent
nous sommes forcés de faire appel à notre imagination pour en compléter
les figures effacées.

Au-dessus du support d'un architrave, on distingue encore vaguement
un vase contenant des lis et quelques fragments d'un ange, probablement
les restes d'une Annonciation.

L'important est de constater qu'il n'y a pas de doute possible que
Simone est l'auteur de la fresque de la Madonne et du Sauveur. Ces
tristes restes suffisent pour nous montrer que la Madonne et l'Enfant

---

[1] Müntz, op. cit. La fresque encore visible en 1818 était complètement détruite
dix ans plus tard. v. Gosche, op. cit., p. 92.

[2] Reprod. dans G. Didot et H. Laffilée, La peinture décorative en France. Paris
1889, pl. 58.

sont identiques à ceux que nous connaissons déjà du peintre ; les anges
vus en profil dans les deux peintures ressemblent aux deux anges qui,
dans la Maesta, offrent des fleurs à la Madonne, la figure du Sauveur
ne diffère que peu de celle qui se trouve au haut du cadre de cette
même fresque, et d'autres que nous verrons plus loin ; enfin dans plusieurs
cas les belles mains si caractéristiques pour l'artiste ont été préservées.

Il est certain que l'activité de Simone à Avignon n'en est pas restée
là, mais aucune autre fresque de la vieille ville des Papes ne peut lui
être attribuée.

«L e S a u v e u r e n f a n t r e n t r a n t d u T e m p l e»

Une petite œuvre caractéristique pour la manière que Simone a observée pendant qu'il travaillait à Avignon, est la scène de Jésus à l'âge
de douze ans, retrouvé par ses parents, après avoir enseigné au Temple
au musée de Liverpool (pl. XXIII). Elle est signée «Simone de Senis me
pinxit sub AD. M.CCCXLII».

A gauche, la Ste. Vierge est assise sur un siège bas; tranquillement,
elle lève les yeux du petit volume qu'elle était en train de lire et désigne
d'une main son fils que St. Joseph semble ramener du Temple. Le saint
barbu a posé une main sur l'épaule du jeune Sauveur, tandis que le geste
de l'autre va vers la Madonne. Son attitude, comme l'expression de sa
tête inclinée, font croire qu'il reproche à son Fils son absence qui a
causé tant d'angoisse à la Mère. Jésus, chaussé de sandales, serre un
volume entre ses bras qu'il tient croisés sur sa poitrine, immobile il
regarde la Ste. Vierge. Les trois figures se trouvent sous un arc gothique, les deux angles du panneau sont ornés de chérubins.

Cette petite peinture présente plusieurs éléments curieux. D'abord
la composition. Depuis l'art byzantin on représente cette rencontre entre
le Fils et ses Parents de deux façons différentes, l'une où le jeune Jésus
embrasse sa sainte Mère, l'autre où la Vierge et St. Joseph entrant dans
le Temple y trouvent le jeune Sauveur, assis parmi les prêtres et leur
expliquant les écritures. Tandis que la première manière de rendre cette
scène ne semble pas être sortie de Byzance, la deuxième était très répandue en Italie ; Giotto à Padoue, Duccio dans sa Maesta nous la font
voir de cette façon, de même que tous les autres peintres du Trecento.

Sachant combien ces artistes étaient fidèles aux traditions iconographiques, nous sommes étonnés que Simone s'en sépare si complètement. De
plus, la joie qu'on ne manquait jamais d'exprimer chez les parents, élément qui remonte aux plus vieilles figurations de cette scène, a ici fait

66

place au calme le plus parfait. C'est comme si Simone n'avait jamais
vu d'autres peintures de cette scène et toutes ces différences me paraissent
tellement extraordinaires que je croirais facilement qu'il s'agit ici d'un
autre événement de la vie du Rédempteur, si j'avais pu trouver un moment qui se rapproche de cette scène.

Une autre bizarrerie du peintre, c'est d'avoir placé cette composition
sur un fond d'or, ce qui est encore une hérésie au point de vue iconographique. Je n'irais pas avec Mlle Agnes Gosche jusqu'à prétendre que
les seules représentations, où les Siennois manquaient parfois d'indiquer
le lieu, soient la Madonne comme Reine des Cieux et la Crucifixion ;
mais cette coutume se bornait généralement aux peintures de la Vierge et
aux scènes de la Passion. Simone ne se conforme pas à cette règle ; à
part le siège de la Madonne qui est de proportions vraiment des plus
modestes, il n'y a pas de meubles ou d'architecture qui nous aident à
localiser la scène ; il n'y a que le fond d'or.

Quant aux figures elles-mêmes, elles n'ont pas la grâce à laquelle
le maître nous a habitués ; l'attitude dans laquelle nous voyons la Madonne ne se prête pas aisément à produire des formes élégantes, mais
le haut du corps aussi n'a pas le charme des œuvres plus anciennes, la
tête est un peu ronde, le geste rigide[1], la main de St. Joseph n'est pas
levée de façon très heureuse au-dessus de celle de la Madonne qui avance
la sienne dans le sens contraire. La figure de St. Joseph se perd dans
des draperies et bien que les plis soient légers et harmonieux, donnant
un joli relief, la partie horizontale descend trop bas pour en faire une
figure élancée. La tête de Jésus est charmante, pleine de douce jeunesse,
son cou long et mince, et la façon dont son vêtement est échancré, est
une trouvaille heureuse ; pourtant le corps semble bien petit. La draperie en
est assez libre et sans lourdeur ; mais je n'aime pas beaucoup l'attitude ;
les bras croisés donnent une impression d'effronterie[2]. La peinture est
finie avec un soin extrême. Les trois nimbes montrent des dessins décoratifs différents, les vêtements sont finement bordés.

Si l'étude du panneau de Liverpool nous suggère quelques remarques
critiques, elles ne nous viennent qu'en comparant l'œuvre à des créations
plus belles, surtout à la magnifique Annonciation des Offices, puisque les
points faibles ne l'empêchent pas d'être une très gracieuse peinture. Pour-

---

[1] Il y a une curieuse ressemblance entre cette main. dans cette attitude peu naturelle, et celle de la Ste. Madeleine du polyptyque d'Orviéto.

[2] Ce n'est pas là la façon de croiser les bras qui, surtout dans des représentations
d'anges, indique parfois l'adoration.

tant c'est une œuvre de vieillesse. Le peintre a combiné des éléments
qui lui avaient probablement déjà servi bien des fois et en a fait ce petit
tableau qui forcément devait être charmant, Simone ne sachant pas faire
autrement, mais qui manque un peu d'unité, d'harmonie et d'inspiration.
C'est dans la couleur que Simone n'a rien perdu ; mais, dans l'art du
coloris, la technique pure et simple est une chose des plus importantes
et ce n'est pas la technique qu'un grand maître abandonne à la fin de
sa vie [1].

La Miniature du Virgile de l'Ambrosienne.

Il est certain que si Pétrarque lui-même ne nous garantissait pas l'authenticité de la miniature qui orne le frontispice de son Virgile (pl. XXIV),
je l'aurais classée parmi les œuvres d'école et le nombre de ceux qui —
malgré les lignes du poète reconnues par M. de Nolhac comme écrites
de sa propre main — ne la considèrent pas comme étant du peintre lui-
même, est assez grand [2]. Ce scepticisme me paraît excessif. Une fois
le fait établi que Pétrarque possédait cette miniature, faite à Avignon,
et qu'elle révèle la manière de Simone, il est probable que le maître a
tenu à orner le volume, cher à son ami, de ses propres mains. Puis

[1] M. L. Gielley, Les Trécentistes Siennois, Simone Martini et Lippo Memmi, Revue
de l'Art Ancien et Moderne 1913, p. 253, range le panneau de Liverpool parmi les
meilleures productions de Simone, jugement qui me semble trahir une incompréhension
des vraies qualités de son art. Mlle Agnes Gosche parle des draperies des figures de
Jésus et de St. Joseph comme étant des toges antiques, et la figure de Jésus nous
ferait penser, selon elle, à un bas-relief romain. Ces remarques me sont incompréhen-
sibles.

[2] Les auteurs plus anciens comme Della Valle, op. cit. II, p. 101—102. Lanzi,
Storia pittorica d'Italia et Rossini, Storia della Pittura italiana II, Pisa 1841, p. 105,
attribuent la miniature à Simone ; Della Valle et Lanzi donnaient l'explication de cette
allégorie, répétée par Rossini qui l'a reproduite en gravure (pl. XVI). Schnaaze, Geschichte der bildenden Kunst VII, p. 430, trouvait la miniature trop grossièrement
exécutée pour être de la main du maître. Förster, Beiträge zur Italien. Kunstgesch.,
p. 162, était d'avis que les vers attribués à Pétrarque ne sont pas dignes de lui (Gosche, op. cit., p. 100). Kugler-Layard, The Italian Schools of Painting 6e ed. I, London
1907, p. 194, paraissent douter également. Müntz, Pétrarque et Simone Martini, A propos
du Virgile de l'Ambrosienne, Gazette Archéologique 1887, p. 102, croyait la miniature
une œuvre de Simone ; il a changé d'avis dans D'Essling et Müntz, Pétrarque, Paris
1902, p. 9. Dans ces deux ouvrages la miniature est reproduite ainsi que dans l'intéressante étude de P. Rossi, Simone Martini e Petrarca, Arte antica Senese I, Siena 1904,
p. 160 etc. Ce dernier l'attribue à Simone, Langton Douglas dans ces annotations au
livre de Crowe and Cavalcaselle III, p. 58 note 2, croit par contre que la miniature
doit avoir été exécutée par quelque collaborateur, il trouve qu'elle rappelle les œuvres
de jeunesse de Bartolo di Fredi. Mlle A. Gosche, op. cit., p. 99, croit à la possibilité
d'une collaboration de Donato.

nous n'avons pas une seule autre miniature de Simone, qui nous permette
d'admettre que, même si la miniature a un aspect, en une certaine mesure, différent des autres œuvres de Simone, la cause en est dans les
différences techniques. Il me semble assez arbitraire d'établir jusqu'à
quel point les miniatures d'un artiste doivent ressembler à ses fresques
et à ses panneaux et pour l'authenticité de l'illustration du Virgile je crois
que nous devons nous fier plutôt à l'inscription de Pétrarque.

Sans doute le poète avait inspiré au peintre la composition de cette miniature. Au fond, à droite, Virgile appuyé contre un arbre, la tête ceinte
d'une couronne de lauriers, tient le volume sur ses genoux et la plume à
la main ; il regarde vers le ciel d'où il attend l'inspiration. Les trois sujets
principaux de ses œuvres se trouvent personnifiés sur la même page :
ce sont les «Bucoliques» représentées au premier plan à droite par un
paysan, assis par terre, qui trait une brebis, deux moutons avec un bélier
se trouvent dans le même coin. A côté de lui un autre campagnard
coupe les branches d'un arbuste, c'est l'image des «Géorgiques». Enfin
à gauche plus près du fond l'«Énéide» est représentée sous les traits
d'Enée, vêtu à peu près en soldat romain, légèrement penché et appuyé
sur sa lance. La dernière figure se trouve à côté de Virgile et soulève
un mince rideau à dessin carré, motif que nous retrouvons souvent dans
les œuvres du maître. Virgile est visible dans la partie découverte du
fond, deux arbres dépassent en haut la tringle du rideau qui est si trans-
parent que les troncs sont visibles à travers. La personne qui retire ce
voile est Servius, le commentateur de Virgile, dont les annotations sont
comprises dans le même manuscrit et qui ainsi découvre au lecteur la
signification des œuvres du grand poète ; seulement l'allégorie manque en
ce point un peu de logique, par le fait que Servius d'un geste désigne
Virgile à Énée, tandis qu'il aurait dû le faire au lecteur. Les trois figures
allégoriques regardent attentivement le poète, les deux du premier plan
tournent la tête dans sa direction. Les deux dernières figures sont en
quelque sorte séparées des autres par deux bandeaux qui se trouvent au
centre de la miniature. Sur le premier on lit :

> Itala praeclaros tellus alis alma poetas
> Sed tibi Graecorum dedit hic attingere metas.

Sur le second :

> Servius altiloqui retegens archana Maronis
> Ut pateant ducibus pastoribus atque poetis.

MM. Müntz et de Nolhac se sont accordés à attribuer à Pétrarque l'élément
antique de cette composition ; le premier va jusqu'à dire que le peintre

n'a probablement jamais vu une statue antique, mais devinait que les anciens portaient des tuniques et étaient barbus, et que la couronne de lauriers était une invention heureuse, le second pense que le poète doit avoir conseillé à Simone d'habiller ces personnages d'une façon différente de ceux du 14e siècle.

A ces remarques on peut répondre que, déjà à Assise, nous trouvons la couronne de lauriers sur la tête de l'Empereur, que Mlle Agnes Gosche croyait inspiré par un modèle antique. De plus, ce ne fut pas la première tentative de Simone de représenter des figures classiques, puisque nous avons déjà vu qu'en 1330 il reçut le payement d'une figure de Marcus Régulus qu'il avait peinte, enfin le soldat romain qui dans la miniature représente Enée n'est certainement pas le résultat de recherches archéologiques, mais d'autre part ne peut pas avoir été fait par quelqu'un qui n'avait jamais vu une image de guerrier antique. Après tout, comme le dit justement M. Rossi, il n'y a pas trace d'une inspiration nouvelle dans cette miniature qui montre plutôt des signes de décadence. Simone ayant conçu la miniature comme une image allégorique et comme le décor d'un frontispice, nous comprenons qu'il n'ait pas essayé de produire par le groupement un effet de réalité, qui serait en contradiction avec l'esprit même de cette peinture. Pourtant il aurait pu arriver à une composition plus régulière et plus harmonieuse.

Il y a dans les figures quelques éléments du grand art de Simone, ainsi les draperies de Virgile nous rapellent vaguement celles du bel ange de l'Annonciation des Offices. Les traits des figures sont vivants, les yeux pleins d'expression, quelques mains gardent la beauté qu'avaient les mains de la bonne époque, mais à côté de ces qualités combien de faiblesses!

Déjà dans le panneau de Liverpool nous remarquions des disproportions dans les différentes parties des corps, qui se manifestaient fortement dans la figure de St. Joseph par une distribution fausse des plis. On ne peut pas faire cette critique à la figure de Virgile, le seul personnage de toute la miniature qui soit beau et élégant. Le bras de Servius est raide; dans d'autres temps, Simone aurait profité de l'inclination du corps pour en faire un joli ensemble linéaire; ici au contraire l'opposition que Servius fait avec Enée penché de l'autre côté est presque choquante. Le mouvement de ce dernier est disgracieux, il est déhanché et la partie inférieure de son corps trop courte. Le campagnard taillant les branches, le paysan qui trait la brebis sont des figures quelconques, la première est une forme trapue qui a jusqu'à l'excès, les défauts du St. Joseph du panneau de Liverpool.

VI.

ŒUVRES NON DATÉES, EXÉCUTÉES APRÈS 1328.

La façon déterminée dont Simone a accentué les éléments gothiques du portrait de Guidoriccio, s'affirme bien plus clairement encore dans l'Annonciation de 1333.

Je crois que nous devons placer entre ces deux peintures et assez près de la première, le panneau qui dans l'église de St. Augustin à Sienne nous montre le bienheureux Augustin Novello (pl. XXV—VI).

Cette pièce importante qu'aucun auteur n'a omis de mentionner, a été souvent attribuée à une autre main que celle de Simone et on la donne parfois à Lippo[1]. Pourtant je ne doute pas que le tableau ne soit en entier l'œuvre de Simone.

Le panneau central représente le Bienheureux debout vêtu de l'habit monacal; de ses mains, il tient un volume, tandis que, la tête légèrement inclinée, il écoute un petit ange, délicieux de lignes, qui lui parle à l'oreille en faisant de la main un geste explicatif plein de charme. A droite et à gauche du Bienheureux se trouve un arbre plus petit que ce-

---

[1] Burckhardt dans son Cicerone 10° ed., Leipz. 1910, p. 667, l'attribue à Simone ainsi que Rothes, op. cit., et Berenson, op. cit., qui l'appelle même une œuvre caractéristique. Langton Douglas croit cette œuvre commencée par Simone et laissée inachevée à son départ pour Avignon, une autre main l'aurait terminée note sur Cavalcaselle, p. 48. et Histoire de Sienne. p. 331). L. Dami, Siena e le sue opere d'Arte. Florence 1915 p. 23, déclare la figure du saint peinte par Simone, les scènes par le même, avec aide. Cavalcaselle hésite entre Simone et Lippo, mais incline pour le premier. Pour Lippo, se sont prononcés Mucci dans son Guide de Sienne de 1822 : Venturi, op. cit. V, p. 666 : Pératé, op. cit. II², p. 848; Guthmann, op. cit., p. 73. Mlle. Agnes Gosche ne le croit pas de Simone, mais ne semble pas penser à Lippo.

71

lui-ci, juste visible à l'intérieur du cadre. Quelques oiseaux sont perchés sur ses branches, et d'autres sautillent par terre.

En haut de chaque côté du panneau principal un médaillon contient les visages de deux moines barbus et finement dessinés, tenant chacun un bâton et un livre. Ils ressemblent à deux des saints moines qui entourent la fenêtre droite de la chapelle de St. Martin.

Il y a de chaque côté deux panneaux, l'un plus haut et cintré, placé au-dessus de l'autre qui est à peu près de forme carrée ; une mince bordure ornée les sépare.

Pour ceux, qui, comme moi, ignorent les miracles accomplis par le Bienheureux Agostino, il est pourtant assez facile de les comprendre d'après les représentations que nous en avons sous les yeux ; le Bienheureux Novello empêche que des accidents aient les issues fatales qui déjà semblent inévitables ; dans trois des quatre cas, c'est un enfant qui est sauvé.

D'abord c'est un chien féroce qui attaque un enfant qu'on voit étendu par terre, couvert de sang. La mère se penche sur lui, tandis qu'une autre femme essaye, à coups de bâton, de chasser la bête furieuse. L'événement a lieu à l'intérieur d'une porte de la ville. Le Bienheureux apparaît à côté d'une tour qui couvre la moitié inférieure de son corps. Son geste de bénédiction fait revivre l'enfant qui est vu à droite, sain et sauf, assis sur les genoux de sa mère, tenu par l'autre femme. Deux hommes s'approchent du groupe et tous rendent grâce au ciel.

Puis c'est un autre enfant qui tombe du premier étage d'une maison à cause, me semble-t-il, d'une planche cassée de la galerie. Tandisque la mère voit, d'en haut, la chute de son fils, Augustin s'élance vers la terre, saisit d'une main la planche détachée et en même temps on voit l'enfant sauvé, entouré de quatre personnes.

La troisième scène montre un cavalier qui, voyageant dans un paysage rocheux, tombe avec son cheval dans un précipice ; mais le Bienheureux, visible en haut, intervient et nous voyons déjà le voyageur les mains jointes et, un genou plié, remercier son sauveur.

Enfin les cordes qui portent un baldaquin au-dessus d'un lit cassent et le poids écrase un enfant. Une femme assise sur le lit fait un geste de désespoir, une autre prie le protecteur qui apparaît en haut, tandis qu'une troisième saisit le bébé couché et ensanglanté. Plus bas dans le même tableau on voit le petit ressuscité, porté à l'église par une femme suivie de deux autres, la première et la troisième tenant un cierge.

Le tableau du «Beato Agostino» est parmi les œuvres les mieux

72

dessinées de Simone. Le visage de la figure principale est d'une finesse
extrême avec d'excellentes valeurs de lumière. Malgré la couleur sombre
de la robe, les plis y sont clairement visibles, le schéma du corps est
assez allongé et par sa faible inflexion, non sans un certain élément
gothique, plus franchement indiqué dans les plis des draperies de l'ange
qui lui parle à l'oreille.

Les architectures des deux premières scènes sont exécutées avec une
finesse extrême. Dans la première, les édifices placés dans le fond produisent l'impression de coulisses de théâtre, leur perspective fait paraître
le terrain comme formant une pente. Le dessin en est assez simple,
bien que soigné; la partie inférieure des murs est tout à fait unie.

L'architecture de la deuxième scène montre des études de construction curieuses. Nous voyons trois maisons sous des angles différents;
mais il est clair que nous nous trouvons au commencement d'une rue.
Toutes les maisons ont des galeries en encorbellement soutenues par des
supports recourbés en saillie sur les murs.

Dans ces scènes, l'action est plus vive que dans la plupart des œuvres
de Simone; un véritable sentiment dramatique apparaît dans la femme
qui se penche sur l'enfant blessé et dans celle qui s'arrache les cheveux,
en voyant la chute du sien. La femme qui frappe le chien avec un
bâton est, quand à l'attitude et l'expression, une excellente étude réaliste;
le recueillement de la seconde figure d'homme, qui vient contempler le
premier miracle, est exprimé avec une grande finesse de sentiment. Quant
à la deuxième scène, la chute de l'enfant et le mouvement des personnages qui semblent vouloir enlever le petit garçon de l'endroit où il risque
de recevoir une planche sur la tête, sont figurés avec un naturel parfait,
sans exagération des mouvements, montrant une observation très juste.

Aux rochers de la troisième scène aussi, Simone a donné plus de
relief qu'à ceux des fresques de la chapelle St. Martin[1]. Le peintre a
de nouveau suivi sa façon préférée de figurer deux rochers se rencontrant
vers le milieu. Trois châteaux et quelques arbres donnent de la variété
au paysage aride. Le cavalier sauvé porte, sur le dos, le chapeau de
chevalier d'une forme pareille à celui qu'a reçu St. Martin.

Le dernier événement est composé d'une façon curieuse. Il fallait
au peintre trois endroits séparés; il les a trouvés en nous montrant en
haut l'intérieur d'une chambre, qui donne sur une terrasse, et en bas
un autre espace, dont on ne comprend pas la nature; mais l'artiste indique ingénieusement qu'il se trouve au-dessous des deux autres, en

---

[1] Une des raisons pour laquelle M. Guthmann veut donner cette peinture à Lippo.

montrant le commencement d'un escalier, visible derrière une petite porte.
La profondeur de la chambre et la perspective du lit sont assez bien
rendues, la couverture montre le dessin carré si souvent répété et devant
la couche se trouve un coffre, semblable à celui que nous voyons dans
la seconde fresque de la chapelle de St. Martin. La femme qui saisit
l'enfant est gauchement dessinée ; par contre les deux autres et l'apparition du Bienheureux sont exécutées avec une grande finesse. On reconnaît aisément les trois femmes, dans la scène où elles portent l'enfant
à l'église. La première, celle qui était assise sur le lit, est franchement
laide, elle porte le bébé tout emmailloté qui saisit de sa petite main le
cierge, tenue par la bonne femme, geste qui la fait rire. Je crois que
Simone a, de nouveau, voulu faire la différence entre le peuple et la
classe plus élevée, la femme qui porte l'enfant n'est pas seulement laide,
elle est vulgaire. Par contre, les deux figures qui suivent donnent par
leurs traits, leurs attitudes et leurs gestes une impression indéniable de
noblesse et de distinction. Les proportions élancées et la draperie de
la dernière en font une image exquise.

Ce qui nous frappe, dans cette dernière partie de ce panneau, c'est
une ombre large et très fortement indiquée derrière cette belle figure ;
moins large près de celle qui la précède, elle n'est pas projeté par le premier
ni par aucun des autres personnages de ce tableau ou d'autres œuvres
de Simone.

Comme dans les scènes de la vie de St. Martin, il y a ici plus d'observation précise de détail que de scènes véritablement réalistes. Les
différents personnages sont excellents pris séparément, mais leur ensemble
ne forme que rarement un groupe naturel et les dimensions sont souvent
en contradiction l'une avec l'autre ; ainsi la belle figure qui termine la
dernière scène dépasse comme taille, de beaucoup, la porte par laquelle
elle vient de sortir ou même la hauteur du premier étage. Pourtant c'est
une œuvre exquise, d'un dessin raffiné et d'un coloris chaud, clair et
doux.

L'alourdissement du schéma gothique qui s'est produit entre l'Annonciation de 1333, qui en est libre, et le panneau de 1342 de Liverpool
où ce fait est très clair, se manifeste, à des degrés différents, dans les
autres œuvres de Simone qui nous sont parvenues.

Il est déjà assez visible dans une jolie Madonne d'une Annonciation,
appartenant à la collection Stroganoff de Rome, et qui a figuré à l'exposition d'art ouverte à Sienne en 1904[1]. Le petit panneau, assez res-

<hr>

[1] Jacobsen, op. cit., pl. 11.

auré, montre la Vierge assise par terre, sur un coussin, dans une attitude quelque peu orientale que nous avons déjà rencontrée dans la première petite scène du tableau précédent, et dont s'approche aussi celle
de la Vierge dans le tableau de Liverpool. Ici la Madonne a la tête
légèrement tournée et inclinée, elle ferme de la main droite son manteau
sur sa poitrine, tenant de la main gauche un petit livre d'heures. L'expression du charmant visage est un peu douloureuse, les coins de la
bouche tombent. La bordure du manteau, ornée d'arabesques, forme une
ligne d'inspiration gothique. La partie supérieure du corps a perdu le
dessin des plis et du relief; il n'est visible que dans le bas de la figure;
aussi les jolies mains ont perdu beaucoup de leur finesse. Dans le fond
d'or même se dessine un cadre en relief, le nimbe est orné d'une guirlande de feuilles.

Il y a de tels rapports entre le retour du Temple de 1342 et le petit
polyptyque signé, du musée d'Anvers (Nos 257—259)[1], qu'il me semble
que nous pouvons les considérer comme contemporains l'un de l'autre[2].
L'ensemble de l'œuvre contenait probablement encore le Calvaire du
Louvre et la Mise au Tombeau de Berlin; les tableaux d'Anvers représentent la Crucifixion, la Descente de Croix, et l'Annonciation en deux
panneaux.

La Vierge est assise sur un trône de marbre dont le dossier est
couvert d'une étoffe tandis que les extrémités des bras sont ornées chacune d'une fleur de lis; près d'elle, par terre, se trouve un vase avec
une longue branche de lis; d'en haut la colombe descend sur des rayons
de lumière. La Madonne a la tête inclinée et fait de la main droite,
dont elle soulève son manteau devant elle, un geste de protection; de
l'autre main, elle tient un livre d'heures ouvert sur ses genoux. L'excellent état de conservation nous permet d'apprécier les plis et le mouvement très gothiques de la bordure de son manteau. La tête de la Vierge
a cette forme ronde que nous avons déjà remarquée dans le panneau de
Liverpool. Ici le dessin des traits est plus fort ainsi que les ombres
autour du visage et du nez.

L'ange, agenouillé sur l'autre panneau a des éléments de la statuaire

[1] Les panneaux proviennent, comme beaucoup de tableaux du Musée d'Anvers, de
la collection van Ertborn; ils furent achetés à Dyon en 1826. On lit au bas de la
«Descente» le nom de «Simone», et, au dessous de la Crucifixion, le mot «pinxit».

[2] Mlle. Agnes Gosche croit le petit polyptyque antérieur au séjour de Simone à
Avignon. L. Douglas semble avoir été d'abord sous la même impression. Hist. de
Sienne II, p. 331; dans ses annotations sur Crowe and Cavalcaselle p. 68[2], et dans son
Catalogue de l'exposition d'art siennois au Burlington Club, il les croit de la période
d'Avignon, à cause des éléments empruntés à l'art gothique septentrional.

classiqne, surtout dans la forme et l'attitude de la tête. Il a pos un genou en terre et plie ses bras devant sa poitrine tenant la tige longue,
mince et raide d'un lis. Ses deux ailes se dressent en l'air, son corps
est drapé dans une étoffe qui semble être assez lourde et dont les plis ont
un aspect moins gothique que celles qui euveloppent la Vierge. Des motifs du cadre dessiné en relief dans le fond de ces panneaux se retrouvent
dans la Madonne de la collection Stroganoff.

Le Crucifiement est une adaption du type créé par Duccio et déjà
quelquefois répété par des élèves de celui-ci. C'est une scène dramatique
comme en avait conçu le grand prédécesseur de Simone; mais avec des
effets théâtrals qui lui furent étrangers. La composition est d'un genre
que nous n'avons pas rencontré jusqu'ici dans l'art de Simone. Deux
groupes s'entassent aux extrémités, laissant le centre vide, celui de
droite surtout manque d'harmonie: les têtes s'élèvent l'une au-dessus de
l'autre, formant un groupe confus sans que paraisse la moindre tentative
d'obtenir un effet d'espace entre elles. L'effet dramatique est cependant assez
bien rendu par les différentes expressions des personnages, qui semblent
très affectés par l'événement. Ce ne sout pas des soldats cruels et des
prêtres persécuteurs, mais tous ont plutôt l'air angoissés et comme prêts
à embrasser la foi du centurion converti, qui, couvert d'une magnifique
armure, la main levée montre aux autres le Sauveur sur la croix. Plusieurs font un geste de consternation, portant la main à la bouche. De
deux garçons, se trouvant, au premier plan, l'un semble adorer le Crucifié, tandis que l'autre indique de son doigt la Vierge, étendue évanouie
par terre et soutenue par deux femmes, devant le groupe à gauche. St.
Jean se courbe au-dessus d'elle et cette partie du tableau est une interprétation de celui de Duccio, qui, avec la réserve byzantine, montrait la
Madonne évanouie, mais encore soutenue debout. Derrière ces quatre personnes, sont placés trois soldats; l'un, dans un costume curieusement décoré de gros pois, tient d'une main la lance qui a fait la blessure dans
le côté droit du Crucifié; cette figure montre deux détails dont je ne
comprends pas bien le sens: sa main est guidée par celle d'un soldat qui
se trouve derrière lui, et il se couvre l'œil gauche de sa propre main;
il se pourrait que ce soit un geste de moquerie. A côté de ces deux
hommes, un troisième tient le bâton au bout duquel l'éponge est attachée.

Dans la partie inférieure du tableau la Madeleine agenouillée, embrassant le pied de la croix, est la figure centrale, qui, par le fait qu'elle
est isolée des deux groupes, attire le plus notre attention[1]. La croix se

---

[1] Détail qu'on rencontre également dans la fresque de Giotto à Padoue.

dresse haute, au-dessus des hommes, caractéristique des scènes de Crucifiement siennoises.

Le Sauveur, maigre, avec des bras et des jambes trop minces, pend
mort sur le gibet. A droite et à gauche un petit ange, faisant un geste
violent de désespoir [1] vole à côté de lui.

Dans la «Descente de la Croix» (pl. XXVII), deux échelles ont été dressées, trait iconocraphique qui, en principe, n'était pas inconnu à Byzance
mais ne figurant pas dans la composition de Duccio et de ses élèves, qui se
limitent à une échelle, permettant à Joseph d'Arimathie de détacher le Sauveur.
D'ailleurs ce n'est pas la seule variante que Simone a fait dans le simpel
schéma Ducciesque. En accord avec les textes, la tradition ancienne iconographique avait entouré la «Descente de Croix» de peu de figures;
Duccio avait augmenté leur nombre jusqu'à huit, tandisque Simone les
montre à peine moins nombreux que ceux qu'on voit au Crucifiement.

Deux hommes, nimbés, sur les échelles, dont le plus vieux est sans
doute Joseph d'Arimathie, soutiennent le corps du Rédempteur, tandisqu'en bas la Madonne et St. Jean derrière elle, tendent les bras pour recevoir le fardeau sacré; mais des sept autres figures qui forment ce groupe
il y en a plusieurs qui font le même geste et c'est là que se manifeste
la grande différence psychologique, puisque le privilège de toucher le
corps du Seigneur n'est plus limité à quelques élus. De l'autre côté se
trouve un groupe gesticulant et criant sans qu'on conçoive la raison de
cette exubérance. Parmi ces figures, on reconnaît Ste. Marie-Madeleine;
au premier plan on voit un jeune homme tenant une serviette et un récipient. Au pied de la croix, il y a deux personnages dont l'un nous
tourne le dos et tient de la main gauche les tenailles, mais frappe de la
main droite avec un marteau, détail illogique qui remonte pourtant à de
très vieilles images byzantines. Au-dessous de la croix on voit le crâne
d'Adam, détail iconographique bien connu, négligé par Duccio, mais
suivi par Giotto. Une petite figure d'évêque donateur est agenouillée au
bas du panneau. Schubring croyait que cela pourrait être le cardinal Giacomo Colonna qui est mort en 1341 à Avignon [2], mais le Dr. De Nicola
a démontré que c'est probablement le cardinal Stefaneschi [3].

Le Calvaire du Louvre (N° 1383) [4] est encore plus agité. Le fond
représente la ville de Jérusalem, montrant, comme architecture, quelques

[1] Autre détail giottesque.
[2] Schubring, Ein Passions-Altärchen aus Avignon. Jahrbuch der K. Preuß. Kunstsamml. 1902.
[3] De Nicola, op. cit.
[4] Provient de la collection du roi Louis Philippe et fut acheté par le Louvre pour
200 frs. Gosche, op. cit., p. 85. Cavalcaselle ne l'attribue pas à Simone lui-même.

rapports avec celle de la première scène du tableau du Bienheureux Augustin Novello, les murs, les portes, les tours, sont tous crénélés. Une foule sort de la porte de la ville, suivant le Sauveur qui porte la croix. Il est entouré de soldats qui le poussent et le tirent rudement, au second plan passe une file de guerriers et de prêtres. Des fidèles, parmi lesquels on reconnaît la Vierge, St. Jean et la Madeleine, tâchent de s'approcher du Seigneur, mais sont cruellement repoussés par le centurion qui n'a pas encore embrassé la foi qu'il va témoigner bientôt. Deux petits garçons marchent devant le Christ. Deux détails iconographiques assez importants méritent d'être remarqués; le premier consiste dans le fait que le bourreau tire le Sauveur par une corde qui lui passe autour du cou, détail qui remonte à une origine assez ancienne[1]. L'autre, dont l'origine m'est tout à fait inconnue, c'est qu'un homme aide le Rédempteur à porter la croix qu'il tient d'une main et qu'il supporte son épaule. Sans doute l'artiste a pensé à l'autre façon de représenter le Portement de la Croix où c'est Simon de Cyrène qui la traîne.

La Mise au Tombeau du Musée de Berlin (1070 A)[2] a comme fond un paysage un peu accidenté dans lequel on voit quatre arbres. C'est une scène aussi agitée que la précédente. Simone a suivi la même tradition que Duccio qui a représenté les fidèles au moment où ils commencent à déposer le corps du Sauveur dans le sarcophage mais le tiennent encore tout près de l'ouverture[3]. Chez les deux artistes, c'est la Vierge qui en embrassant son fils en soutient le plus grand poids. A droite et à gauche, des assistants baisent une main du Rédempteur; un homme, agenouillé aux pieds, semble en train de lui oindre le corps, prenant les aromates d'un vase que lui offre un autre personnage. De tous les côtés le sarcophage est entouré de fidèles. Un certain nombre de femmes descendent de gauche, beaucoup d'assistants manifestent leur désespoir par des gestes violents, que Duccio avait limités à un seul.

Comme le panneau de Liverpool, ce polyptyque est, lui aussi, une œuvre de vieillesse et la décadence du génie du maître s'y montre d'une

[1] Il semble d'origine orientale, mais on le rencontre dès la fin du XIIIe siècle en Italie, et bien que Duccio lui-même ne le présente pas, il y a des peintures siennoises du début du XIVe siècle où on trouve ce détail. v. G. Millet, Recherches sur l'Iconographie de l'Évangile etc. d'après les monuments de Mistra, de la Macédoine, et du Mont Athos. Paris 1916, p. 369.

[2] Acheté en 1901, provenant de la collection Pacully, probablement le même dont Mlle. Agnes Gosche, p. 87 note, annonce la publication par Müntz. Je ne sais pas s'il faut l'identifier avec celui que Rothes, p. 15, mentionne comme se trouvant dans la collection Reiset.

[3] C'est en quelque sorte une déformation de la vieille image byzantine qui montre le Sauveur couché sur une pierre. Millet, op. cit., p. 498.

78

façon plus manifeste. La grâce charmante et la finesse, que jusqu'ici
nous avons trouvées dans toutes les œuvres de l'artiste, n'y paraissent
que faiblement. Simone semble suivre une formule nouvelle, son art devient pathétique, théâtral, violent dans ses expressions et nous ne retrouvons
plus le peintre éclectique et aristocratique qui a fait les nobles figures
dans la chapelle de St. Martin et dans l'Annonciation de 1333.

Si l'on compare le Message Angélique d'Anvers (pl. XXVIII) avec
celui des Offices, ma pensée sera facilement comprise. Dans l'œuvre plus
ancienne la Vierge n'est que troublée par l'apparition de l'ange qui s'a-
genouille devant elle, et ne semble faire de sa main droite qu'involon-
tairement le geste de s'envelopper dans son manteau; le bras plié devant
le corps n'élargit pas l'élégante silhouette. et la Vierge de l'Annonciation
de la collection Stroganoff l'imite en ce détail. Par contre à Anvers la
Madonne a le coude levé comme si elle se protégeait physiquement, elle
est moins élancée, l'or des bordures court dans tous les sens, il n'y a
pas le charme des contours; la tête est plus ronde et s'incline davantage.
La Madonne ainsi que l'ange sont plus âgés. Le messager céleste n'a ici
rien de la légèreté qui à Florence le rendait si frêle et si éthéré; nous ne
retrouvons pas ce joli jeu des lignes, tout y est plus lourd et plus massif.

Quant aux scènes, nous y cherchons en vain le recueillement et les
gestes sobres de la bonne époque; l'artiste se laisse aller à un désir im-
modéré d'effets dramatiques. Les gestes sont violents, quelquefois vulgaires,
sans aucune préoccupation esthétique; le dessin est peu soigné et on
ne retrouve pas les belles mains qui une fois furent le trait caractéristique de l'art de Simone. On ne voit que peu de belles têtes et de
draperies harmonieuses. Les quatre peintures représentent des événements douloureux et on ne rencontre que des visages en pleurs ou angoissés, faisant des grimaces. Et non seulement le peintre a enlaidi là
où le réalisme l'exigeait, mais des figures des plus augustes sont représentées sans aucun attrait, par exemple la Madonne évanouie dans la
Crucifixion et les saintes femmes qui l'entourent, figures médiocres et
trappues Il me semble qu'à la fin de sa carrière Simone ait inauguré une manière nouvelle dont la source d'inspiration est Pietro Lorenzetti[1]. C'est surtout dans quelques ressemblances extérieures que
Simone imite parfois cet artiste; on dirait que les visages par trop réalistes que peignait son concitoyen frappèrent surtout son esprit. Il n'y

<hr>

[1] M. Pératé, op. cit., p. 856, avait déjà remarqué que ces morceaux montrent plus
d'influence de Lorenzetti que de Duccio. Mlle. Agnes Gosche y voit des éléments
florentins — surtout de Giotto —. M. Thode aussi rapproche l'élément dramatique de
ces deux maîtres; op. cit., p. 477.

à que quelques figures où on trouve une influence très directe de Lorenzetti, comme par exemple celles qui, à gauche dans la Crucifixion, ont la tête tournée en haut pour regarder le Crucifié, ou bien dans la Descente, l'homme au-dessous de la croix maniant son marteau, ou bien encore la figure du Rédempteur portant la croix. Une erreur de dessin fâcheuse défigure le Calvaire: les figures plus éloignées sont plus grandes que celles plus rapprochées, les premières sont placées sur le pont et dans la porte de la ville, sans que l'artiste se soit préoccupé de la disproportion qui existe entre la taille des personnages et l'architecture qui est infiniment trop petite. Il faut reculer de plusieurs siècles avant l'époque de Simone, pour rencontrer de semblables archaïsmes.

Pourtant l'artiste a atteint un haut degré de force dans le dessin et de puissant réalisme dans l'action; si dans ces peintures il a cherché à produire de grands effets dramatiques, il faut lui rendre cette justice qu'il les a obtenus grâce à une verve et une diversité d'expressions et d'attitudes qui provoquent notre admiration. Mais son art ne se prêtait pas à ce genre où Giotto était passé maître. Le Florentin avait su reconnaître la valeur artistique des grandes émotions humaines, et à ce point de vue Simone a échoué.

Que le lecteur ne pense pas pourtant que le polyptyque soit une œuvre laide; loin de là, il montre même des qualités nouvelles, mais ce ne sont pas celles qui nous font aimer le maître et ce sont d'autres œuvres qui nous conservent les vrais trésors de son génie[1].

Simone a fait une réplique de la figure centrale de la Crucifixion. L'artiste y a peint le Sauveur attaché sur la croix, sans aucun autre personnage. D'après la photographie l'exécution semble moins soignée que dans le panneau d'Anvers, mais le type n'a subi aucun changement. Le petit tableau qui provient de la collection Bonnat appartient au Fogg Museum de Harvard University (Etats-Unis).

[1] Je ne partage donc pas l'opinion de M. Douglas qui range ces peintures (Annot.[2] sur Crowe and Cavalcaselle III, p. 68) parmi les exemples les plus exquis de l'art du maître, mais suis d'accord avec M. Gielley quand celui-ci constate qu'elles sont parmi les œuvres de Simone qui ne donnent pas une entière satisfaction au spectateur.

ADDITIONS.

Dans le Jarves Collection, appartenant à l'Université de Yale, à New Haven il se trouve un panneau représentant St. Martin partageant son manteau avec le mendiant (N⁰ 11). Je dois avouer que d'après la reproduction, je n'aurais jamais cru que ce fût une œuvre du grand maître, mais plutôt celle d'un élève de second ordre, ce qui s'accorde d'ailleurs avec la vieille attribution de M. Perkins[1]; seulement celui-ci me disait avoir changé d'avis et donne maintenant ce tableau à Simone, d'accord avec MM. Berenson[2] et Sirèn[3]. Comme leurs attributions ont l'avantage d'être faites d'après l'original, que je n'ai jamais vu, je ne la discute pas, bien que je continue à m'en étonner.

La composition est assez différente de celle que nous voyons à Assise. Le saint couvert d'une armure richement ornée et portant un chapeau sur la tête, est assis sur son cheval; légèrement incliné vers le mendiant qui tient un bout du manteau, il coupe ce vêtement de son épée. Le pauvre est presque nu, et ne porte qu'un lambeau d'étoffe autour des reins; il s'approche d'un air misérable. C'est une figure exécutée non sans un certain sentiment qui fait défaut au saint, raide, sévère et anguleux sans aucune beauté, tandis que le cheval semble être fait en bois. La scène se passe à l'entrée d'une porte; à gauche on voit ce qui me

[1] M. Perkins a attribué cette œuvre à un élève de Bartolo de Fredi. Pitture senesi negli Stati Uniti. Rassegna d'Arte Senese 1905, p. 74 (76).

[2] Berenson, op. cit.

[3] O. Sirèn, A descriptive catalogue of the Pictures in the Jarves Collection, belonging to Yale University. New-Haven 1916, p. 35.

paraît être le mur d'une église avec d'étroites fenêtres. Le coloris est selon la description, chaud et doux. et M. Sirèn croit le petit panneau un produit de la période Avignonaise[1].

Fausses attributions et œuvres perdues.

Il convient de mentionner ici quelques œuvres faussement attribuées à Simone.

Dans la Galerie de Strasbourg, on lui donne deux figures en buste de Saintes — Ste. Catherine et Ste. Agnès — qui sont en réalité plutôt dans la manière de Daddi[2].

Au Vatican se trouvent quatre figures de saints, réunies en deux panneaux, attribuées dans le temps par M. Perkins au maître[3]; il est maintenant revenu de cette opinion et les peintures ne sont certainement pas dues à cet artiste[4].

Dans le musée de l'université d'Oxford, Cavalcaselle a trouvé une Crucifixion avec des saints, et la Mise au Tombeau, avec une signature fausse de Simone. Il croyait que l'auteur pourrait être Barna[5].

Enfin dans le catalogue du «Gallery of Art» du «New York Historical Society» je trouve encore une Madonne avec l'Enfant (B 6) et un Jugement Dernier (B 7) attribués à «Simone Memmi». Aucun des connaisseurs américains ne les mentionnant comme tels et les autres données du catalogue, pour autant que les reproductions permettent d'en juger, étant sans aucune valeur, je suppose que ces attributions sont erronées.

Parmi les œuvres que Vasari donne faussement à Simone, il faut mentionner la Crucifixion dans l'église de San Spirito à Florence, probablement celle dont il reste encore des traces dans une salle capitulaire[6], l'Assomption au «Campo Santo» de Pise qui passe quelquefois encore pour être une œuvre de Simone ou de Lippo Memmi, comme nous

[1] Dans la collection de M. Bonnat se trouve un triptyque — Madonne et anges entre des groupes de saints — que le propriétaire attribue, à ce qu'on m'a dit, à Simone. D'après la photographie que j'en ai vue. je serais d'avis que le triptyque n'est même pas un produit de l'école siennoise, mais plutôt de celle des Marches. Le Baron Grüneisen possède dans sa collection de Florence une petite Crucifixion qu'il attribue à Simone. Je ne connais pas cette peinture.

[2] O. Sirèn, Depinti del Trecento in alcuni musei tedeschi di provincia. Rassegna d'Arte 1906, p. 81.

[3] F. M. Perkins, Note su alcuni quadri del Museo cristiano del Vaticano. Rassegna d'Arte 1906, p. 186.

[4] M. Berenson les attribue à Paolo di Giovanni Fei, op. cit., p. 166.

[5] Crowe and Cavalcaselle III, p. 68 note 1.

[6] Attribué par M. Sirèn à Giottino. v. Sirèn, Giottino und seine Stellung in der gleichzeitigen Florentinischen Malerei. Leipz. 1908, p. 31 etc.

82

le verrons plus loin, et les scènes de la vie de St. Régnier sur les mêmes
murs, œuvre d'Andrea da Firenze et d'Antonio Veneziano; Vasari lui
donne aussi quelques fresques de la Chapelle Espagnole dans le cloître
de Sta. Maria Novella à Florence, où il place des portraits de Pétrarque,
Laure, Cimabue etc. fresques que nous savons maintenant être également
faites par Andrea da Firenze[1]. Rosini confirme cette attribution
en précisant que Simone avait travaillé avec Taddeo Gaddi; le même
raconte encore que Simone est l'auteur de la fresque représentant la prise
de Monterosi dans la salle de la Mappemonde à Sienne[2].

Quant aux œuvres perdues, il y a d'abord celles mentionnées dans
les documents dont il est question dans la biographie du maître et nous
n'y reviendrons plus ici. Puis il y a un bon nombre de peintures qui
lui ont été attribuées par différents auteurs, surtout par Vasari dont les
attributions ne méritent pas trop de foi.

Vasari nous dit que quand à Rome Simone collabora avec Giotto, il
exécuta une Madonne dans le portique de St. Pierre, des figures de
St. Pierre et St. Paul près du «pina» de bronze[3], tandis que dans une
arcade il peignit le portrait du sacristain, dans la manière de Giotto.
A Assise, dans le réfectoire principal du monastère de St. François,
Vasari a vu des restes de fresques, représentant différentes histoires et
l'arbre de la croix, décrit par St. Bonaventure, qu'il croyait être l'œuvre
de Simone. La même source mentionne encore un panneau que Simone
fit pour le Palazzo Pubblico de Sienne et que Milanesi constatait être perdu
depuis longtemps ; peut-être s'agit-il de celui, qui se trouvait dans la
chapelle et qui fut remplacé par une œuvre de Sodoma. L'«Anonimo
Gaddiano»[4] mentionne déjà cette peinture ainsi que les deux panneaux
que Simone fit, selon Vasari, pour la Cathédrale de Sienne : l'un est
l'Annonciation des Offices, tandis que Della Valle a vu des fragments de
l'autre à Rome dans le «Musée» de l'avocat Mariotti. Le peintre-biographe
cite la Madonne que Simone peignit en 1335 sur la façade d'une maison,
dont il a été question dans le chapitre traitant de la vie du maître;
seulement cet auteur la place sur la façade du Dôme[5]. Il a été en plus
chargé de faire un Couronnement avec beaucoup de figures au-dessus de

[1] J. Taurisano, Il capitolo di Sta Maria Novella, Il Rosario 1916, p. 217 etc.

[2] Rosini, Storia della pittura Italiana II, Pisa 1840, p. 99 et 36.

[3] D'après la note de Milanesi, il me paraît qu'on n'était pas très sûr où se trouvait ce «pina» ou même ce que ce mot signifiait.

[4] Fabricsy, Il codice del anonimo Gaddiano. Archivio storico Italiano 1893, p.
15 (70).

[5] Tizio, Della Valle, op. cit. II, p. 83 et 98. Milanesi, Doc. Sen. I, p. 259.

la «porta da Camollia» par où l'on va à Rome[1]. Ghiberti dans ses «Commentari»[2] et l'anonyme Gaddiano mentionnent cette même peinture.

Vasari nous dit qu'une Madonne avec St. Luc et d'autres saints — œuvre signée par Simone — se trouvait dans la Chapelle Gondi de Sta. Maria Novella de Florence, et que le maître a travaillé dans la même ville dans l'église de Sta. Croce, aidé par Lippo.

A Ancône un rétable d'autel «dans la manière de la peinture du San Spirito de Florence, montrant des scènes de la Passion» fut commencé par Simone et fini par Lippo Memmi; à Pise, Simone fit avec l'aide de Lippo des tableaux d'autel pour les Frères Prêcheurs à Ste. Catherine et dans l'église de St. Paul à Ripa d'Arno des fresques et un rétable représentant la Madonne avec St. Pierre, St. Paul, St. Jean-Baptiste et d'autres saints, signé par Lippo. La première de ces peintures est sans doute celle qui est maintenant répartie entre le Musée de la Ville et le Séminaire; de l'autre Lanzi paraît avoir trouvé mention dans une vieille description de Pise[3]. Il y a une certaine confusion, quant à la peinture qui se trouverait sur la façade d'une maison, le Dôme ou «l'opera del duome». L'anonyme Gaddiano nous dit encore qu'il y avait des fresques de Simone sur la façade de l'hôpital et nomme comme sujet le mariage de la Vierge, et «la Vierge visitée par beaucoup de dames». Lanzi raconte qu'à Sienne il y a plusieurs tableaux de l'Assomption de la Vierge par Simone, dont un à l'église de St. Jean.

Les lignes de Pétrarque ne laissent pas de doute quant au fait qu'un portrait de Laure fait par Simone a existé; mais c'est là encore une œuvre disparue. D'après ce que nous savons du voyage de Simone à Avignon, le récit de Vasari selon lequel Pandolfo Malatesta l'y envoya pour faire le portrait de Pétrarque qui, à son tour, le chargea de faire celui de Laure, n'est qu'une fable.

Pour les raisons exposées à l'occasion de l'activité de Simone à Avignon, il n'est pas très probable que Laure ait figuré dans la fresque de St. Georges tuant le dragon; aussi ne faut-il ajouter aucune croyance

---

[1] Milanesi, note 4 sur Vasari p. 556, nous dit que Simone a dessiné ce couronnement qui a fait le sujet de délibérations en 1346 et en 60, et était achevé en 1361. Cavalcaselle, par contre prétend qu'en copiant Ghiberti, Vasari l'a mal compris, Ghiberti ayant dit que les peintures se trouvent au-dessus de la porte romaine, que Vasari a identifiée avec la porte Camollia, et que les peintures qu'on trouve au-dessus de cette dernière ne sont pas celles dont il s'agit.

[2] Ghiberti, J., Commentari, herausg. von J. von Schlosser, Berlin 1912. I, p. 42, II, p. 150,

[3] Il n'en donne pas le nom mais je ne le trouve pas en celui de Da Morona. Des traces des fresques étaient visibles au temps de Milanesi.

au renseignement rapporté par Cavalcaselle, que Pietro Bembo avait dans
sa maison à Padoue une copie faite par un inconnu de la partie de la
fresque où Laure est représentée sous les traits de Marguerite[1].

Cavalcaselle ainsi que Richa, dans son ouvrage sur les églises de
Florence, mentionnent un Calvaire par Simone dans le monastère des
«Murati» de cette ville[2].

[1] Crowe and Cavalcaselle III, p. 59.
[2] Richa II, p. 110.

VII

L'ART DE SIMONE MARTINI.

Il n'est pas aisé de résumer en quelques pages la personnalité artistique d'un peintre de l'importance de Simone Martini. Pour se rendre compte de ce qu'on doit à son génie, il est essentiel de savoir en quoi et en quelle mesure il fut dépendant de ses prédécesseurs.

Le peintre dont les œuvres doivent avoir entouré Simone pendant son enfance, fut naturellement Duccio di Buoninsegna, et il serait injuste d'en nier l'influence sur la formation de son art. Mais, comme j'ai déjà eu l'occasion de le remarquer, il ne faut pas exagérer cette influence, ce que me semblent avoir fait plusieurs auteurs, et particulièrement Mlle Agnes Gosche[1]. La peinture de Simone montre une connaissance des figures de Duccio, mais lui-même n'appartient pas à proprement parler à son école, dont il n'a ni toutes les qualités ni tous les archaïsmes.

Je crois que malgré les éléments gothiques des dernières œuvres de Duccio et un bon nombre de progrès dans la technique et la composition, on ne contestera pas que la base de son art fut byzantine, autant par l'esprit de ses peintures que par les détails d'exécution.

Or, l'œuvre de Simone Martini est, dans la plénitude de son développement, en quelque sorte, l'antithèse du Byzantinisme, mais représente par contre une adaptation individuelle de l'art gothique. Peu importe

---

[1] Mais aussi M. Berenson, op. cit., p. 44, qui est d'avis que le tempérament individuel de Simone n'a pu se manifester qu'en faisant des variations sur les formes Ducciesques. Sir Martin Conway, Early Tuscan Art, London 1902, p. 149, pense que Simone a donné un développement nouveau aux vieilles traditions.

que dans la «Maesta» il y ait quelques têtes qui nous rappellent Duccio ou que dans le polyptyque de Pise on découvre des personnages qui semblent être créés sous cette influence. Le rétable de Duccio à Sienne et les fresques de Simone à Assise ne sont pas des produits d'un même courant artistique; s'il y a des points qui montrent chez le deuxième une connaissance de l'art de son prédécesseur, il y a, par contre, entre eux des différences qui ont leur racine dans le plus profond de leurs individualités artistiques.

Ces points de rapports, existant entre Duccio et Simone, ne sont que le résultat de cette manière d'étudier la peinture qui consistait pour un jeune peintre à imiter autant que possible l'artiste en vogue, sans égard pour ce que pouvait produire son propre génie. Que, dans ces circonstances, les ressemblances entre Simone et son prédécesseur se bornent à quelques détails extérieurs, cela ne prouve que mieux l'indépendance du maître.

Mlle Agnes Gosche croit que Simone doit à Duccio son goût pour l'architecture dans les fonds des tableaux; cela est possible, bien que je ne voie pas que Simone en ait abusé; toujours est-il que nous ne rencontrons pas de détails de construction qui semblent copiés de Duccio, ou même qui rappellent celui-ci, plutôt qu'un autre peintre du commencement du 14e siècle. Nous l'avons déjà remarqué pour l'iconographie des quatre scènes de la Passion où plusieurs détails, manquant chez Duccio, se retrouvent chez Giotto ou d'autres. Que la Vierge de l'Annonciation soit debout chez Duccio et assise dans les panneaux de Simone marque deux traditions iconographiques indépendantes.

Il est vrai que dans ses compositions Simone a de nouveau des points de contact avec Duccio, moins pour la formation des groupes que pour la façon de placer dans les scènes d'intérieur les figures au centre de ses compositions en les éloignant de la surface, et je pense que nous pouvons admettre une influence du maître plus ancien pour la façon dont Simone a envisagé les problèmes de perspective et d'espace, si difficiles à résoudre pour les peintres du commencement du 14e siècle; Simone se trouve sur ce point infiniment plus près de Duccio que de Giotto. Jamais il ne s'est borné aux indications naïves de lieu, meubles ou morceaux d'architecture, qu'on trouve assez souvent chez le florentin. L'entourage d'un événement est toujours représenté en détail.

Chez Simone l'action n'occupe pas toute la largeur du champ à remplir et il ne montre pas en profil tous les personnages qui y prennent part, deux autres points par lesquels ce maître se rapproche de son concitoyen et s'éloigne du génie qui dominait, en ce moment, à Florence.

Dans ses compositions de groupes Simone n'a réussi que rarement. Les figures s'entassent jusqu'à former des monceaux et à s'écraser, défaut qu'on retrouve quelque fois chez Giotto, bien que dans une moindre mesure, mais qui est absent chez Duccio. La division entre personnages agissants et figurants est un trait primitif ainsi que l'oubli des lois les plus élémentaires de la perspective, comme par exemple le fait de représenter les figures plus éloignées aussi grandes que celles plus proches, tout en rapetissant l'architecture avec la distance. Les compositions manquent souvent d'équilibre ou d'ensemble. Surtout les paysages forment plutôt le fond des figures que leur entourage, trait que nous voyons par exemple dans la fresque de Guidoriccio; cela s'explique d'ailleurs assez facilement d'un peintre qui se bornait souvent encore aux fonds d'or[1].

Mlle Agnes Gosche admet aussi que Simone et Duccio avaient le même sens du réalisme; sur ce point je ne suis nullement de son avis. Il est vrai que l'un et l'autre possèdent ce sens, mais ils l'ont d'une manière différente. Duccio semble s'être bien pénétré de l'aspect qu'avaient selon toute probabilité certains événements et reproduisait fidèlement son impression. Il le faisait avec moins de force dramatique que Giotto e sans cette disposition qu'avait le Florentin à sacrifier l'esthétique au réalisme, mais pourtant avec un grand sens du vrai et du naturel, qu'il démontre autant dans la composition que dans les gestes et les expressions, légèrement mitigé par la réserve caractéristique des byzantins et leur peur de la violence.

Simone dépeint les événements d'une tout autre manière. Avant tout il pense à la valeur artistique de ce qu'il va peindre ; il cherche des gestes harmonieux, des expressions suaves, des attitudes élégantes, et une fois qu'il a obtenu ces effets par ses personnages principaux, il ne dédaigne pas de montrer son don d'observation de la réalité en quelques détails qui, comme précision et comme fidélité, dépassent ceux de Duccio ou de Giotto.

Son réalisme ne s'étend jamais aux expressions ou aux gestes violents, sauf dans les panneaux d'Avignon que je crois être des produits de la décadence de son art. Il ne tient pas non plus à la représentation naturelle d'une action; nous avons déjà vu qu'une mimique conventionelle remplace en bien des occasions des gestes plus réels, probablement parce

---

[1] Je ne comprends pas comment M. Guthmann, op. cit., p. 71, peut dire que Simone est le premier peintre dont les paysages produisent des impressions d'infini.

88

que cela s'accordait mieux avec la conception artistique de l'ensemble. Tout cela donne à ses scènes l'apparence d'une vision d'un autre monde ou de rêve, que l'art de Duccio ne produit jamais.

L'aspect des figures de Simone diffère presque toujours considérablement de celles de Duccio, sauf pour quelques types, comme celui du Sauveur où il a manifestement suivi l'exemple de son prédécesseur; dans l'ensemble organique de chaque figure cette ressemblance ne se retrouve plus.

Il est vrai que l'art de Duccio sort des archaïsmes et des formules byzantins, mais il s'y tient de très près et semble y trouver une source permanente d'inspiration qui se reflète encore assez clairement dans les dernières productions de son pinceau. Les attitudes ne sont pas affranchies de ces influences et dans les scènes où l'élément réaliste domine on découvre des traces de schématisme byzantin qui parfois même gâtent l'effet général [1].

La forme humaine dans l'œuvre de Simone est indépendante de l'art byzantin; elle est avant tout la création de son propre sens esthétique qui constitue l'élément dominant de son art. L'image humaine qui chez Giotto et Duccio était un moyen, est devenue chez Simone le but de l'artiste. Dans son œuvre principale, la chapelle de St. Martin, on voit que tout est sacrifié à la production de belles figures humaines.

Cavalcaselle, Mlle Agnes Gosche et M. Rossi [2] ont cru à l'influence de l'art classique sur la peinture de Simone. Cela ne me semble pas probable et de toute façon cette influence n'a eu que peu d'importance pour l'ensemble de l'art de Simone; s'il y a une formule, qu'il semble avoir trouvée digne d'être suivie, c'est celle de la statuaire gothique française et le lecteur a déjà eu l'occasion de comparer la Madeleine de la chapelle de St. Martin avec une sculpture française du 14e siècle au Louvre.

L'idée que Simone ait pu influencer la sculpture française doit être complètement écartée, puisque cette grâce spéciale, qui est commune à ces deux œuvres, est isolée en Italie, tandis qu'en France elle est le résultat d'une longue évolution. La caractéristique de cette élégance gothique de la fin du 13e et du 14e siècle consiste surtout dans l'importance donnée à l'élément horizontal dans la draperie, la courbe décrite par cette dra-

---

[1] Quelques exemples frappants d'un schématisme semblable dans l'œuvre de Duccio, on les trouvera parmi les figures de la Guérison de l'aveugle, du Lavement des pieds, du Seigneur descendant aux Limbes, de la mort de la Vierge et bien d'autres.

[2] Rossi, Simone Martini e Petrarca, p. 477 etc. L'auteur croit fermement à une renaissance du classicisme à Sienne après la prédominance byzantine. Cette renaissance aurait inspiré Nicolo Pisano, Duccio, Ambrogio Lorenzetti et Simone.

perie, quand les plis tombants et assez larges passent dans le sens horizontal, l'effet d'élégance qui en résulte et la façon de mouler les formes. Ce jeu spécial des plis, on le trouve déjà, pour n'en citer qu'un exemple, dans les miniatures du Psautier de St. Louis de la Bibliothèque Nationale de Paris[1], mais dans la statuaire gothique du 13e siècle aussi ce trait n'est pas rare[2]. Bien que la forme, la plus rigide de ce genre persiste après l'année 1300[3], on trouve, dès le début du 14e siècle, une certaine légèreté dans ces draperies[4] les plus voisines des conceptions gothiques que nous rencontrons dans l'œuvre de Simone. Des plis se rapprochant spécialement de ceux de la Madeleine de la chapelle de St. Martin, on en retrouve dans le sud-est de la France[5].

En analysant l'art de Simone, nous trouvons un autre élément qui rend une influence française fort probable, c'est la finesse dans l'exécution des mains et leurs formes qu'on ne voit antérieurement à l'époque de Simone que dans les ivoires français[6]; mais dans ces œuvres on retrouve des mains d'un dessin à peu près identique à celui que nous montre le peintre siennois, non seulement quant à la forme mais aussi quant aux attitudes; on ne trouve aucun prédécesseur italien, auquel Simone aurait pu les emprunter. Les occasions de connaître l'art français ne manquaient pas; à plusieurs reprises on a attiré l'attention sur les éléments de ce style qui se manifestent dans les sculptures de Nicolo Pisano à Sienne et qui distinguent ces dernières de celles que cet artiste a faites à Pise[7]. Mais pour autant que la Maesta de 1315 nous permet d'en juger, ce n'est pas à Sienne que Simone s'inspira le plus des vrais

[1] Psautier de St. Louis. Reproduction etc. du Manuscrit Latin 10525 de la Bibliothèque Nationale. Paris s. d. Je ne prétends aucunement que ceci soit l'exemple le plus ancien de cette forme de plis, très répandue dans l'art français; mais je le cite puisque c'est un spécimen assez exactement daté (1251—70) et dont la reproduction, grâce à l'édition faite par la Bibliothèque Nationale, est largement connue.

[2] Comme exemple on pourrait citer la sculpture en bois de la 1re moitié du 13e siècle représentant un roi mage (?) au Louvre. Vitry et Brière, op. cit., pl. 52[3], les sculptures de la deuxième moitié du 13e siècle au portail occidental de la cathédrale de Reims, id., pl. 64[1—2], surtout la deuxième figure de gauche de l'ébrasement droit de la porte gauche. un vieillard tenant un volume.

[3] Statue de St. Jacques de la chapelle St. Jacques 1319—24 au Musée de Cluny. A. Michel, op. cit., p. 697.

[4] Par exemple les Madonnes au Louvre et à Magny en Vexin. Vitry et Brière, op. cit, pl. 94[5 et 7].

[5] Par exemple St. Pierre et St. Paul de l'église de St. Nazaire. Carcassonne, 1er tiers du 14e siècle, apôtre provenant de la chapelle du collège de Rieux à Toulouse, Musée des Augustins Toulouse, 2e quart du 14e siècle. Vitry et Brière, op. cit., pl 91[2, 3 et 8].

[6] Dont un nombre assez considérable fut importé en Italie.

[7] Marcel Raymond, La sculpture florentine l, Florence s. d., exagère même cette influence. Langton Douglas, Histoire de Sienne I, p. 277.

90

formes gothiques, bien que quelques éléments de cet art s'y fassent déjà
sentir comme je l'ai remarqué en son lieu.

Un changement du schéma humain, dans lequel la connaissance des
œuvres gothiques a joué un rôle important, se produisit entre la Maesta
et le panneau de St. Louis de Toulouse à Naples, probablement fait deux
années plus tard, et il me semble évident que c'est à la cour toute française des Anjou de Naples que Simone s'est réellement familiarisé avec
le style gothique. Ce trait ne se manifeste pas encore très nettement
dans les œuvres de Pise et d'Orviéto, mais à Assise, se trouvant devant
un sujet qui le menait dans le monde des chevaliers et où il était entouré
d'un certain nombre d'objets français, Simone s'est acquitté de sa tâche
dans la manière gothique, que dorénavant il n'abandonnera plus.

En exécutant le portrait de Guidoriccio, Simone réussit encore à faire
une scène de chevalerie et, dans l'Annonciation de 1333, il s'est servi
des lignes gothiques avec une grâce et un sentiment qui font de ce
tableau un chef-d'œuvre. Mais une tendance dramatique forcée qui se
fait jour à la fin de sa vie, probablement sous l'influence de Pietro Lorenzetti, créa un désaccord avec les formules idéalistes du peintre et
produisit cet alourdissement des formes que nous rencontrons à Anvers,
Paris et Berlin et qui me semblent marquer la décadence de l'art du
maître. Il est vrai qu'à ce moment le peintre était déjà âgé et qu'une
certaine décadence n'a donc rien d'étonnant.

A côté de Giotto le psychologue, Duccio le religieux, Pietro Lorenzetti le pathétique et Ambrogio Lorenzetti le philosophe, Simone pourrait
être surnommé l'idéaliste. Comme nous avons déjà eu l'occasion de le
remarquer, ses œuvres nous transportent toujours dans le monde de
l'idéal, de l'irréel et des illusions. Pourtant je ne pense pas que cette
tendance soit le résultat d'un vrai sentiment mystique[1], mais plutôt d'un
goût très prononcé pour tout ce qui est beau, gracieux et élégant. C'est
justement ce goût qui empêche son art d'être profondément religieux,
bien qu'il le soit toujours plus ou moins.

Cette élégance et cette grâce sont le résultat de la vie qui a entouré Simone dans sa jeunesse à Sienne et un peu plus tard à Naples.
Cette vie était d'un raffinement achevé et d'un luxe sans bornes. Quant
à Sienne, nous sommes assez bien renseignés à ce sujet[2]. Les relations

---

[1] Mlle. Agnes Gosche, p. 103, croit par contre que l'art de Simone est un produit
des tendances mystiques, représentées par Jacopo de Todi qui prêchait l'abandon de
tout ce qui est matériel en glorifiant l'âme.

[2] v. l'intéressante étude de Zdekauer, La vita pubblica dei Senesi nel dugento.
Sienne 1897, aussi Langton Douglas, Histoire de Sienne I, p. 116 etc.

commerciales avec la France introduisirent déjà au 13ᵉ siècle les modes
de ce pays à Sienne. On abusait des fards, des poudres et des cosmétiques et en 1262 des citoyens demandaient aux autorités de la cité
de prendre des mesures pour mettre fin à ces abus.

Le niveau moral ne s'est pas seulement abaissé grâce aux habitudes
de luxe, mais la ville, entraînée par son goût du commerce abandonnait
ses vieilles traditions guerrières, tout en se livrant à des querelles internes
qui furent la cause de troubles sans nombre. Cependant la richesse
augmentait et Sienne, au lieu de se défendre par les armes, payait des
tributs à des maraudeurs, pour qu'ils épargnassent la ville. Pourtant
les institutions religieuses recevaient de riches présents soit en espèce
soit en trésors artistiques[1], bien que l'on dépensât infiniment plus pour
des plaisirs et des fêtes, ce qui fit naître la célèbre «Brigate spendericcio»,
dont le faste ne connaissait pas de limites. La banqueroute d'une banque
florentine causa la ruine d'un grand nombre de Siennois, sans que cela
mît fin aux habitudes une fois prises et environ en 1400 le frère Filippo
de Leccelo et, plus tard, St. Bernardin de Sienne prêchaient toujours
encore contre les mêmes vices. La vie à Sienne était gaie et fastueuse
et Dante la critique en demandant:

> Fut-il jamais des gens plus vains que les Siennois?
> Certainement ils surpassent de beaucoup les Français[2].

Après Sienne, Naples est la ville où l'élégance française pénétra le
plus tôt, on y adopta les chausses collantes, les justaucorps, ainsi que la
barbe en pointe et en 1316 on trouve un texte où l'expression «fatto alla
Napolitana» veut dire «très élégant». Le luxe de la cour angevine était
tel qu'en 1327 Charles de Calabre, visitant Florence, en imposa aux
habitants de cette ville[3]. C'est dans ces milieux de faste, de luxe et
d'élégance que nous trouvons les débuts artistiques de Simone et bien que
l'artiste ait dû avoir des qualités de cœur et une finesse de sentiments,
qui le mettaient à l'abri de la frivolité, il n'y a pas de doute que tout
son art ne se soit ressenti de ces influences. L'œuvre de Simone exprime toute la grâce de cette vie splendide, mais en lui donnant une
valeur spirituelle.

Il manquait certainement de cette vision directe qui a révélé au
grand Florentin la rude vérité de la figure humaine. Il transpose tout

---

[1] Selon Romagnoli, il y avait plus que soixante quinze peintres à Sienne dans le
demi-siècle qui s'est écoulé entre 1281 et 1331. Rossini, op. cit. II, p. 432 note 2.

[2] Enfer, chant XXIX, vers 121—23.

[3] Bertaux, op. cit., p. 108—9.

dans un monde un peu éloigné du nôtre où tout est plus beau, plus suave, où rien ne choque où tout est créé selon une certaine formule qui aurait mené un autre, moins grand que Simone, à un maniérisme dont celui-ci est resté toujours libre. Que dans ce monde la figure féminine soit plus à sa place et plus en faveur que celle de l'homme, cela n'est que naturel, et comme il convient aux gens bien nés de ne pas s'agiter et de ne pas trahir de grandes émotions soit par les traits du visage, soit par les gestes, ainsi les saints aristocratiques de Simone ne s'agitent point, mais font des gestes harmonieux, accompagnant des visages sereins. Ces règles ne sont enfreintes qu'en une seule œuvre de Simone, c'est le polyptyque d'Anvers avec les panneaux de Paris et Berlin.

A commencer par Vasari, on s'est acharné à critiquer le dessin de Simone, mais en partant d'un point de vue faux et en oubliant que l'artiste avait ses idées propres, plus ou moins préconçues, sur les formes qu'il voulait donner à ses personnages. Cavalcaselle critique le manque de relief dans les figures de Pise, Mlle Agnes Gosche l'absence d'anatomie dans le St. Jean d'Altenburg; mais la question est plutôt de savoir si les formes produites ne sont pas celles qui s'accordent le mieux avec la conception du maître. On rencontre parfois de vraies erreurs de dessin dans les figures de Simone mais pour juger de la beauté de ses effets linéaires, il ne faut certainement pas prendre comme criterium la fidélité à la nature. Le charme du dessin de Simone se trouve pour une part dans la domaine de l'irréel, il est idéal, comme le sont ses figures elles-mêmes [1].

La technique des peintures de Simone semble avoir été aussi soignée que l'exécution. Vasari nous dit qu'en peignant des fresques Simone indiquait les contours et les ombres de ses esquisses sur le mur même, d'après un petit dessin, qu'il tenait à la main, et que la peinture définitive était faite après que les pierres fussent couvertes d'un enduit. Comme le remarque Cavalcaselle la fresque délabrée d'Avignon prouve la vérité de la première partie de cette affirmation. Là où le mur même est visible, nous voyons l'esquisse et l'ombre des figures qui forment le complément de la fresque; ce dessin préparatoire est fait en rouge. Simone ne semble pas avoir fait des fonds verts pour les chairs de ses peintures murales, comme il l'a fait, suivant la vieille tradition, pour ses panneaux. Dans ses fresques les chairs semblent être peintes directement sur le blanc de la chaux. C'est ce qui produit ce coloris de miniature que Cavalcaselle

[1] Comme je l'ai déjà dit, M. Berenson a rendu justice au dessin de Simone.

remarquait dans les fresques de Simone. Ayant l'habitude des couleurs plus intenses dans les peintures murales, celles du maître peuvent nous paraître, d'abord, un peu pâles, mais il n'en est pas ainsi. Les nuances sont très fines, les couches de couleurs très minces et les reliefs blancs semblent généralement être la chaux même que l'artiste fait paraître à travers les couleurs. Le coloris des fresques de Simone ne manque pas de chaleur, mais il est plus frais et plus lumineux que celui d'aucun de ses contemporains. Les panneaux, bien que toujours d'un ton très clair, sont d'un coloris légèrement plus obscur, à cause d'une préparation plus foncée. Les roses pâles et les jaunes rappellent pourtant encore les miniatures, mais l'ensemble ne diffère pas autant de l'œuvre d'autres maîtres du début du 14e siècle que celui des fresques. C'est surtout dans celles-ci que le coloris s'accorde avec les formes idéales et l'esprit éthéré de son art, formant cet ensemble harmonieux qui a fait de Simone Martini l'artiste le plus charmant que l'Italie ait jamais produit.

L'ÉCOLE DE SIMONE MARTINI.

Simone Martini est de tous les peintres du 14e siècle, y compris Giotto, celui qui a fait le plus école. Son prédécesseur Duccio avait formé un certain nombre de peintres qui travaillaient sous son influence directe, non seulement Segna di Bonaventura, Ugolino da Siena, et Nicolo di Segna mais sourtout un grand nombre d'anonymes que nous ne connaissons que par leurs œuvres qui permettent de distinguer un certain nombre de mains différentes. Pourtant cette influence ne dura pas et je ne pense pas qu'aucune de ces œuvres, vraiment Ducciesques, ait été peinte après la première moitié du 14e siècle, c'est-à dire une trentaine d'années après la mort du maître.

Giotto doit avoir eu un nombre énorme de disciples puisqu'un des auteurs contemporains les désigne de «sa brigade». Mais on a déjà remarqué que Giotto, tout en introduisant une révolution durable dans la peinture, ne fut pas un maître qui se prêtait beaucoup à influencer directement des disciples. C'est ce qu'a fait plutôt Taddeo Gaddi.

Mais déjà avec Bernardo Daddi et le pseudo-Giottino l'élément siennois a fait son entrée dans l'art florentin, encore avant la mort de Giotto même. Les Orcagna, Agnelo Gaddi et Lorenzo Monaco, avec leurs nombreux élèves, ne furent déjà plus de vrais Giottesques ; les peintres, qu'on peut citer comme tels, ne sont pas nombreux et de peu de mérite, comme les Pacino da Buonaguida, les Jacopo del Casentino et un certain nombre d'anonymes d'une valeur très inégale et souvent médiocre.

Bien que je ne conteste nullement que l'honneur d'avoir introduit cet ensemble de changements radicaux, qu'on pourrait appeler «les débuts de la Renaissance», ne revienne à Duccio, Giotto et aux prédécesseurs

95

immédiats de ce dernier à Rome, il est clair aussi que l'influence de
Simone Martini a été bien plus persistante que celle de ces deux maîtres,
à juste titre plus célèbres que lui. Tout le 15e siècle siennois est encore
rempli d'éléments de l'art de Simone ; Sano di Pietro (mort en 1481)
semble s'être surtout inspiré de ses figures, Giovanni di Paolo (mort en
1482) montre cette influence d'une façon moins régulière, mais parfois
encore plus évidente, comme par exemple dans son grand polyptyque des
Offices ; leurs contemporains Vecchietta, Matteo di Giovanni n'échappent
pas toujours à la grâce captivante de Simone dont on découvrira aussi
des reflets dans les jolies Madonnes du Nerocci di Landi. Si, dans la
génération précédente, Sassetta et surtout Paolo di Giovanni Fei se
trouvent sous son influence, ce n'est qu'à cause de la date tardive que
je ne fais pas entrer ce dernier artiste dans l'école immédiate de Simone,
dont il sera question ici.

Le lecteur verra que partout où nous pouvons suivre Simone, c'est-
à-dire à Sienne, Naples, Pise, Orviéto et Avignon[1], il a formé un noyau
de peintres, adoptant sa manière, ce qui est un hommage rendu au génie
de Simone, hommage dont la portée dépasse de beaucoup toutes nos louanges.

[1] En dehors de ces villes il semble encore avoir eu de l'influence sur Tomaso da
Modena et Andrea da Firenze, mais pas au point de faire comprendre, comment Vasari
a pu attribuer les œuvres de ce dernier à la main de Simone.

L'ÉCOLE DE SIENNE.

I. LES ÉLÈVES DE SIMONE.

1. Lippo Memmi.

Lippo Memmi, le beau-frère de Simone, fut plus que son élève, il fut son collaborateur et son imitateur.

De sa vie nous ne savons que peu de choses et, ce qui est connu de son père Memmo di Filipuccio, a déjà été dit dans la notice biogragraphique de Simone. Il résulte qu'en 1306 Memmo reçoit une pension pour lui et sa famille et qu'en 1317 il travaille dans la Salle du Conseil du Palais Publique de San Gemignano avec son fils Lippo et qu'ils y peignent des figures[1], par contre en 1321 ils semblent être à Sienne; au moins le père y contracte une dette. D'après ce renseignement on voit que, selon toute probabilité, onze années au moins de la jeunesse de Lippo, 1306—1317, se sont écoulées à San Gemignano, mais il semble être natif de Sienne, puisqu'il mentionne spécialement cette ville dans la signature de la Madonne de la Miséricorde de la Cathédrale d'Orvieto.

Son nom se trouve, ensemble avec celui de Simone, sous l'Annonciation de 1333 des Offices et plus tard nous ne le retrouvons dans des documents siennois de 1341 que quand il fut chargé de faire un dessin pour le couronnement de la Tour du Palais Publique de Sienne, dont il fit un modèle en bois[2]. Ce document prouve qu'il n'a pas accompagné Si-

---

[1] Le texte dit: «1317 Si depinsero le figure nel palazzo cioè nella sala del consiglio del popolo per Memmo pictore e Lippo suo figliolo». R. Davidsohn, Forschungen zur Geschichte von Florenz II, p. 311—12. Berlin 1900.

[2] Lansini, Chi fu l'architetto della Torre del Mangio. Misc. Stor. Sen. II, 1894, p. 131; F. Donati, Il Palazzo del Commune di Siena, Arte antica Senese I, Siena 1904, p. 341. Il n'y a pas de raison de croire que Lippo a dessiné la tour entière, comme le prétend Burckhardt dans son Cicerone, p. 101. La tour fut achevée en 1348.

mone à Avignon, où nous trouvons pourtant que «Lippus et Federicus de Senis Memmi» furent actifs en 1347 dans l'église de St. François. Si ces paroles s'appliquent à Lippo Memmi, elles démontreraient que celui-ci avait un frère également peintre.

Selon le biographe Arétin, Lippo aurait aidé Simone dans le polyptyque de Pise, dans ses fresques de la chapelle des Espagnols à Florence — comme je le disais auparavant, l'œuvre d'Andrea da Firence — et serait mort douze ans après son plus illustre beau-frère, c'est-à-dire en 1356.

Comme les seules œuvres datées de Lippo sont la Maesta de 1317 et les deux figures à côté de l'Annonciation de 1333, on peut dire avec certitude que l'influence de Simone s'est exercée sur Lippo surtout entre ces années, puisque la première œuvre en montre infiniment moins que la seconde où on ne distingue qu'avec peine les deux mains différentes.

La Maesta de San Gemignano[1] est une adaptation de celle de Simone à Sienne et c'est surtout ce qui me fait hésiter à l'identifier avec les fresques que Lippo a peintes d'après le document de 1317, ensemble avec son père; pourtant non seulement le lieu et la date de cette œuvre coïncident avec ceux mentionnés dans le régistre, mais aussi la fresque elle-même est d'un style archaïque et très différente de toutes les autres peintures de Lippo. A cette hypothèse s'opposent la signature de la fresque qui ne mentionne que Lippo et le fait qu'il est peu probable qu'un vieux peintre ait imité l'œuvre d'un autre considérablement plus jeune qui, nous l'avons vu, pourrait même avoir été son élève, en le suivant non seulement dans la composition, mais aussi dans les formes et le dessin. Ni l'une ni l'autre de ces considérations n'est décisive. On peut imaginer des motifs plausibles pour lesquels un père ayant travaillé en collaboration avec son fils, aurait permis à ce dernier de signer l'œuvre; ou encore la signature de Memmo se serait trouvée dans la partie repeinte par Benozzo Gozzoli qui a renouvelé la date, que Lippo Memmi y avait laissée. Quant à l'imitation de l'œuvre d'un artiste plus jeune, ce fait serait le résultat d'un ordre qui lui aurait été donné par les autorités, ou bien le peintre, plus modeste qu'on ne se l'imagine, aurait reconnu le génie de son élève. Nous nous trouvons donc ici dans le domaine des hypothèses et je serais enclin, à cause de l'aspect de la fresque, à admettre la première, à savoir que la Maesta est une œuvre de Lippo en collaboration avec son père.

[1] Reprod. Rothes, op. cit., pl. 11.

Sous un *large baldaquin*, reposant sur huit soutiens, la Vierge est
assise sur un trône, aussi gothique que celui que Simone avait représenté
à Sienne[1], mais seule la partie supérieure est visible, le reste étant caché
par une draperie. Comme à Sienne la Madonne porte une couronne sur
le voile qui lui couvre la tête. La figure, assez imposante et bien drapée,
est assise sur un coussin, les pieds posés sur deux coussins. L'Enfant
qu'elle supporte de ses deux mains, se tient debout sur son genou gauche,
il bénit d'une main, un rouleau ouvert dans l'autre. La robe de la Vierge
est ornée d'un petit dessin, les plis, ainsi que ceux du vêtement de Jésus
ont un mouvement assez gracieux. A droite et à gauche se tiennent les
deux vierges martyres Ste. Agnès et Ste. Agathe, les bras croisés sur
la poitrine, les cheveux ornés d'une mince chaîne, les robes bordées en
bas d'hermine. Elle regardent fixement la Vierge avec des expressions tristes
et peu agréables. Plus à droite (pl. XXIX) s'agenouille au premier rang le
podestà Nello De' Tolommei, vêtu d'une robe à rayures, les mains jointes
en adoration. La fine tête du vieillard, vue de profil, et parfaitement
individualisée est sans doute un excellent portrait. Immédiatement derrière lui se trouve saint évêque Nicolas, touchant d'une main l'épaule
du podestà, tenant de l'autre un philactère avec une longue inscription
commençant par ces mots: «Salus regina mundi mater dei»; puis suivent, sur le même rang, en allant à droite, St. Jean-Baptiste, St. Pierre,
un jeune saint chevalier tenant une épée et un des piliers du baldaquin
et qui a son pendant à gauche — ces deux figures pourraient être
St. Galgano et St. Ansano — un saint moine, peut-être St. Antoine de
Padoue et le saint roi Louis de France, couronné, tenant sceptre et globe.
Ces trois dernières figures se trouvent en dehors du baldaquin, sous lequel on voit un deuxième et un troisième rang, formés par sept anges,
dont quatre seulement son visibles. A gauche se suivent, derrière Ste.
Agathe, le saint évêque Géminien tenant un des supports du baldaquin,
St. Jean l'évangeliste, St. Paul, l'autre jeune chevalier d'un travail
semblable à son compagnon, une sainte (Fina?) et St. Antoine abbé avec
son pourceau. Sept anges sont visibles de la même manière que ceux
du côté opposé. La signature — «Lippus Memmo di Senis me pinsit»
— et les noms des saints se trouvent dans une bordure foncée en bas
de la fresque, celui du peintre juste au centre; au-dessous dans une
autre bordure on lit à droite la date de 1317, mais c'est, semble-t-il,
la fin d'une autre inscription, puisqu'à gauche on lit les mots «Al tempo
di» qui en forme le commencement. C'est Benozzo Gozzoli qui a de la

---

[1] Reprod. du détail, Rothes, op. cit., pl. 12.

sorte préservé ces mots de la destruction alors qu'ils risquaient de disparaître par suite du percement de deux portes. Une grande partie de l'inscription originale se trouve encore en place, elle donne: «Meser Nello Di Messer Mino de Talommei (sic) Di Siena Onorevole Podesta e Chapitano Del Chomune Del Popolo Della Terra di San Gimignano»[1].

Le percement de ces portes, avec leurs impostes assez larges, a considérablement endommagé la peinture, enlevant les pieds de trois saints à droite et à gauche, et coupant dans d'autres. Cela eut lieu, sans doute, en 1467, quand on appela Benozzo Gozzoli pour faire des restaurations. Un document d'archives confirme la signature que cet artiste a placé dans l'angle droit: «Benozius Florentinus Pictor Restauravit Anno Domini 1467»; puisque cet acte nous apprend que Benozzo Gozzoli s'engagea à «rafraîchir et repeindre toutes les figures de la salle et à donner une couleur bleue au fond», Milanesi et Cavalcaselle croient qu'il a ajouté deux figures à chaque extrémité. Je ne suis pas de leur avis bien que le roi St. Louis et le moine à côté de celui-ci semblent être presque entièrement de sa main; cependant par la structure des corps ils paraissent être plus anciens. Les deux figures à gauche, bien que fortement retouchées, ont gardé plus de leur aspect original, la tête de St. Nicolas semble aussi être une œuvre de Benozzo. Selon Cavalcaselle, celui-ci remplaça encore les jambes du Baptiste, de St. Pierre, et du chevalier, il retoucha la barbe de St. Jean et les mains de la Madonne.

Que la faute en soit aux archaïsmes du père Memmo, ou que le mélange des œuvres de Lippo avec les restaurations de Benozzo ait donné un mauvais résultat, toujours est-il que sous leur aspect actuel les figures sont assez médiocres, les visages surtout. Les traits sont très durs, et manquent de relief et de forme, les yeux sont sans expression. Plusieurs anges sont d'une laideur extrême, les visages formant des ovales sans autre indication des formes, les yeux à peine visibles entre les paupières closes, le nez long, la bouche infiniment trop petite[2].

Par contre les corps ont quelques qualités; ils sont bien drapés, sans rigidité ni monotonie, le relief bien rendu. Benozzo ne semble pas avoir trop changé ces parties de l'œuvre et, à part les deux figures à droite et à gauche, il n'y a que peu de traits qui rappellent sa manière.

---

[1] Cavalcaselle se trompe en disant que la date 1317 se trouve deux fois au-dessous de la fresque, d'abord copiée par Gozzoli et puis dans l'inscription du Podestà, op. cit., p. 73 note 2.

[2] Je ne vois aucune raison pour admettre avec M. Rothes (op. cit., p. 19 et 48) qu'en faisant la Maesta Lippo a été très influencé par Pietro Lorenzetti qui, dans ses premières œuvres, n'a rien de ces traits grimaçants qui dans ces peintures postérieures pourraient présenter une certaine ressemblance avec celles de la Maesta de Lippo.

Comme composition, la fresque de Lippo est une reproduction de
celle de Simone. Les deux figures centrales sont à peu près copiées de
la Maesta de Sienne, les autres sont toutes plus indépendantes.

Ce qui manque surtout dans la fresque de Lippo c'est le groupement
gracieux de la Maesta siennoise. La Madonne est à peine plus élevée
que les autres personnages qui forment une longue file à peu près droite,
avec une quantité de têtes l'une à côté de l'autre. Simone, plaçant la
première rangée à genoux et faisant une gradation pour les autres, obtient
un effet infiniment plus gracieux et plus aéré, aussi a-t-il une variété de types
et d'attitudes que Lippo n'a même pas songé à atteindre. Chez ce dernier,
tout est plus dur et plus raide, seul le dessin héraldique du baldaquin, dans
cette œuvre, est plus joli. Les couleurs qui rappellent fortement celles des
miniatures, et la douceur des ombres sont pourtant assez bien réussies.

Dernièrement, un des meilleurs connaisseurs de l'art siennois me
disait avoir des doutes au sujet de la Madonne de la Miséricorde, dans
la Cathédrale d'Orviéto, attribuée à Lippo Memmi[1].

Le fait est bien connu que la signature de ce panneau dit: «Lippus
de Sena nat. nos pinx amen», mais le nom de Lippo était très commun
dans la ville de Sienne et il n'y a rien là qui nous prouve qu'il s'agit
du beau-frère de Simone. Aussi si nous n'avions de lui que des œuvres
comme la Madonne dans l'église dei Servi, je partagerais le doute au
sujet de l'identification du Lippo, qui a signé le tableau, avec Lippo
Memmi, mais je conçois très bien la Madonne de la Miséricorde comme
lien entre la Maesta de 1317 et les œuvres que le maître a créées plus
tard. Les types s'accordent parfaitement avec ceux de la fresque de San
Gemignano, seulement le dessin et l'exécution sont bien supérieurs. Cela
me fait croire que Lippo doit avoir été assez jeune quand il peignit, ou
aida à peindre la Maesta, et que la Madonne de la Miséricorde fut peinte
peu après, probablement au moment où Simone travaillait à Orviéto,
c'est-à-dire, en 1320.

La Vierge se tient debout, une couronne posée sur son voile et elle
a les mains jointes en prière. Sa robe ne fait paraître aucune forme,
elle tombe droite jusqu'aux pieds, les traits n'ont pas d'expression. De
chaque côté huit anges, dont cinq seulement sont bien visibles, se trouvent
près d'elle, deux ouvrent son manteau, doublé d'hermine au-dessus des
personnages qui sont agenouillés en bas, implorant la protection de la
Vierge. Ceux-ci se divisent en deux groupes, les femmes à droite, les

---

[1] Cavalcaselle, p. 76, affirme que s'il n'y avait les signatures, on ne croirait pas
facilement que la Madonne de la Miséricorde et la Maesta, d'une part, et la Madonne
du peuple de l'église dei Servi, de l'autre, soient de la même main.

hommes à gauche; parmi ces derniers, il y a un vieillard plus grand
que les autres qui porte une calotte, probablement le donateur. Mais
tous les visages sont dessinés avec assez d'individualité, la plupart regardent la Madonne et, en soulevant la tête, quelques uns montrent chez
le peintre une recherche intéressante de raccourci. Le tableau cependant
n'est guère agréable, la grande figure de la Madonne surtout est mal
dessinée. Parmi les anges il y en a qui sont très jolis et très gracieux.
Le dessin de leurs têtes, la forme des yeux et de la bouche trahissent
déjà une forte influence de Simone et me décident à admettre que le nom
dans la signature est en effet celui de Lippo Memmi. Quelques-unes des
figures dans le bas sont repeintes.

Quand Lippo fit les Madonnes signées de l'église dei Servi de Sienne,
des musées de Berlin ou d'Altenburg il était aussi près de Simone que
quand il peignit les deux saints latéraux de l'Annonciation des Offices;
mais comme les œuvres datées se limitent à ces figures (1333) et à la
Maesta de San Gemignano (1317), il est très difficile d'établir l'ordre
chronologique des autres tableaux qui ne montrent tous qu'une seule
tendance, celle de ressembler à l'art de Simone. Nous pouvons cependant
conclure que la Madonne de la Miséricorde est l'œuvre qui s'éloigne le
moins de la fresque de San Gemignano. Quant aux dates des autres
peintures, il faut nous borner à les rapprocher des œuvres que Simone
a peintes, dans les différentes périodes de sa carrière, tandis qu'on peut
aussi trouver un indice dans les formes plus pleines et plus plastiques
des figures aux Offices.

Je serais tenté d'admettre que l'ascendant de Simone sur Lippo a
produit les figures à mi-corps de St. Louis de Toulouse et de St. François
dans la Galerie de Sienne (Nos 40 et 41)[1], puisqu'elles montrent cet
allongement gothique des formes que Simone a adopté dans le rétable
de St. Louis à Naples de 1317. Le dessin un peu dur confirmerait
l'hypothèse que nous avons là une œuvre de jeunesse. Ces deux panneaux forment un petit problème puisqu'ils ne sont certainement pas
une peinture très caractéristique de la manière de l'artiste[2].

Sans en faire la copie, il semble probable que le peintre qui a peint
la figure à mi-corps de St. Louis de Sienne a connu le rétable de Naples.

[1] Reprod. Jacobsen, pl. 13.

[2] M. Perkins les croyait, dans le temps, de la main de Segna di Bonavontura
quand cet artiste eut abandonné la manière Ducciesque et fut sous une forte influence
de Simone; Appunti sulla Gallerie delle Belli Arti di Siena, Rassegna d'Arte Senese 1906,
p. 48. Il est revenu de cette opinion et les croit maintenant probablement de la main
de Lippo d'une période que nous connaissons peu; Alcuni dipinti di scuola Senese,
Rassegna d'Arte 1917, p. 45 note 1.

La tête est idéalisée et n'a pas cette note individuelle que possède le
panneau de Simone; mais pourtant semble en être inspirée. Il y a aussi
des ressemblances dans la façon dont le saint évêque tient son manteau
ouvert, ainsi que dans la large bordure et le col ornementé, fermé sur la
poitrine par une boucle semblable. La mitre a une forme un peu plus
basse, mais est aussi richement ornée et les lis qui décorent le fond du
tableau de Naples se retrouvent ici sur le manteau même. Le saint tient
de la main droite un volume et la crosse de l'autre. On rencontre dans
plusieurs œuvres de Lippo, cette même façon de rendre la partie supérieure de cet emblème hiérarchique; c'est comme si les contours seulement étaient esquissés dans une couleur foncée, sans que la substance
soit rendue, le procédé donne l'impression que l'artiste n'a pas achevé
son œuvre. La figure de St. François rend très-bien l'esprit qui animait
le saint d'Assise. Il est mince et ses traits sont spiritualisés. Sa tête
étant inclinée, tandis que son corps est légèrement plié en arrière, donne
à la figure une ligne gothique. Son visage est d'un excellent dessin et
plein de relief. La bure montre un certain nombre de plis, donnant à
toute l'apparition une valeur plastique. Le saint lève une main, ouvrant
de l'autre son habit pour montrer la blessure dans son côté, mais ces
mains n'ont pas la finesse qu'avaient celles que nous montrent Simone
ou le pseudo-Donato. L'esprit et le sentiment qui émanent des deux
figures sont tout à fait ceux, avec lesquels Simone nous a familiarisés.

Plus belle, mais du même style, est un grand panneau de la collection de
M. Berenson (pl. XXVIII). La Madonne tenant debout sur ses genoux l'Enfant
Jésus, qui bénit et porte un rouleau ouvert, montre clairement le schéma du
St. Louis de Simone de Naples. A ses côtés on voit les archanges
Michel terrassant le dragon, Gabriel et deux anges; deux autres volent
en haut. Deux prophètes tenant des philactères sont visibles dans les
médaillons du cadre. Le tableau est exécuté avec un grand sens es-
thétique, l'Enfant Jésus est un des plus charmants que l'artiste ait faits.

Des œuvres, qui ne montrent pas encore la pleine maturité de l'art
de Lippo, se trouvent à Orviéto et à Pise, ou bien proviennent de cette
dernière ville; il semble donc probable qu'elles furent peintes pendant que
Simone y a travaillé, c'est-à-dire de 1319 à 21. Comme telles, on peut
citer d'abord une des figures en buste de Madonne de Lippo, au Musée
de Berlin, qui en possède deux; il s'agit de celle qui porte au bas du
cadre la large signature «Lippus Memmi de Senis» (1081 A)[1] et au dos

<hr>

[1] Dipinti Senesi nel Kaiser Friedrich-Museum di Berlino. Rassegna d'Arte Senese
1907, p. 67. Suida, Notizi su alcuni quadri primitivi italiani nel Kaiser-Friedrich-Museum di Berlino. Rivista d'Arte 1907, p. 41.

de laquelle on trouve l'inscription : «Insegni Campo Santo di Pisa». Les proportions de la Madonne rappellent celles des deux saints que je viens de décrire. La gracieuse figure de la Vierge soutient l'Enfant d'une main, tandis que de l'autre elle lui touche les pieds. La Madonne est très-jeune et frêle, ses formes sont presqu'aussi élancées que celles du St. Louis de Toulouse et de St. François, son cou, trop long, contribue surtout à produire cette impression. Les bordures ont ce mouvement discrètement gothique que montrent les œuvres contemporaines de Simone. La petite tête de la Vierge est jolie, mais sans grande expression ; elle l'incline légèrement, touchant avec sa joue celle de l'Enfant Jésus ; celui-ci, ni beau ni enfantin, tient une inscription dans la main gauche. Le panneau a une forme pointue et des cadres et bordures gothiques. Dans un médaillon en haut se trouve l'ange de l'Annonciation, ce qui prouve que le panneau est la moitié d'un diptyque. Il est plus que probable que cette peinture est inspirée par celle de Simone de la Galerie du Palais de Venise à Rome ; mais quelques détails dans la composition, comme la façon dont l'Enfant tient le rouleau ouvert et la Vierge lui touche le pied, sont plutôt empruntés à la Maesta de Sienne.

Dans le même esprit, Lippo a fait une Madonne qui se trouvait il n'y a que peu de temps au «R. Conservatorio» de Montepulciano[1]. La Vierge tient ici à peu près de la même façon l'Enfant qui joue avec son voile. En haut le Sauveur lève une main en un geste de bénédiction, il semble indiquer la terre avec l'autre. C'est une jolie peinture, mais conçue d'une façon encore très simple.

Près de ces Madonnes on peut placer celle du Musée du Dôme d'Orviéto provenant de l'église des Jésuites (pl. XXI). Bien que celle-ci ait des formes un peu plus robustes que les deux figures à mi-corps de Sienne, elle s'en rapproche pourtant par ce même style du dessin qui n'est pas sans une certaine dureté. L'Enfant est assis sur le bras de la Madonne qui couvre ses pieds de sa main droite ; il tient d'une main le rouleau ouvert avec l'inscription, de l'autre un bout du manteau de sa mère. Les formes sont un peu plus amples, la Vierge n'incline que légèrement la tête, sa bouche plus mince et plus large rend ses traits moins jolis que ceux de la Madonne de Berlin ; son regard n'est pas plus expressive, par contre la tête de Jésus est bien plus belle. En dehors de la corniche gothique qui entoure le fond d'or du tableau, se trouvent en haut, à droite et à gauche des médaillons contenant chacun un ange de la hiérarchie des «Trônes» qui, selon la vieille iconographie, tiennent chacun un petit

---

[1] Il paraît que ce tableau a été acquis par la Galerie de Sienne où cependant il n'est pas encore exposé. De Nicola, Arte inedita Senese. Vita d'Arte 1912, p. 12.

trône dans la main, ainsi qu'un sceptre et un globe. En haut une figure
à mi-corps assez grande du Sauveur bénissant et tenant un volume se
tient entre deux anges, un Chérubin et un Séraphim, l'un portant des
cierges, l'autre tenant un livre ouvert devant lui, les ailes se dressant
au-dessus de leurs têtes. Le dernier est une des plus jolies créations de
Lippo, et on serait tenté de croire à l'aide de Simone, auquel on a d'ailleurs toujours attribué ce tableau. Dans cette peinture les plis tombent
avec plus de liberté et de fantaisie gothique, montrant plus de plasticité.
Les détails décoratifs sont traités plus minutieusement que dans aucune
autre peinture de Lippo. Il se montre ici familier avec l'art de la miniature comme d'ailleurs le feraient croire les couleurs douces et brillantes,
qui sont aussi belles que celles que nous rencontrons dans les panneaux
de Simone.

A peu près de la même époque doivent dater les figures de St. Pierre
et de St. Paul de la collection du baron Chiaramonti Bordonaro à Palerme[1]
et un St. Jacques majeur dans la Galerie de Pise (pl. **XXX**), qui ont de
tels rapports qu'on croirait aisément qu'ils ont fait partie d'un même ensemble. Les trois figures sont assises avec leurs pieds nus posés sur une
plate-forme hexagonale; leurs sièges, ornés de têtes de lions identiques, dont
les contours sont seulement tracés [2], ont des couvertures d'étoffes ornées
de dessins à carreaux assez semblables; les bordures des manteaux
montrent à peu près les mêmes arabesques. St. Pierre tient deux énormes
clefs, St. Paul un glaive et St. Jacques une longue croix dans une
main et un volume dans l'autre. Les trois figures sont majestueuses et
impressionnantes et d'un grand effet plastique. Le dessin est très fin et
bien moins dur que dans les œuvres précédentes. Les draperies tombent
en plis amples, mais très gothiques. Lippo se montre ici pénétré des
principes esthétiques de Simone; les regards des trois saints sont pleins
de vie mystique.

Après les œuvres dont il a été question jusqu'ici, nous trouvons,
dans le développement du peintre, une période, où il se rapproche de la
manière de Simone au point de toucher à l'imitation; quand il a peint
les figures latérales de l'Annonciation de 1333, il en était arrivé à imiter
Simone.

Comme peintures marquant le début de cette tendance, qui forme la
transition entre la première et la deuxième manière de l'artiste, on pourrait citer la très belle Madonne «du Peuple» dans l'église dei Servi à

---

[1] M. Perkins mentionne la peinture représentant St. Pierre dans la Rassegna
d'Arte 1906, p. 31.

[2] De la même manière que la crosse d'évêque de St. Louis à Sienne.

Sienne signée dans le cadre «Lippus Memmi . . . . . . pinxit» [1]. C'est
une œuvre extrêmement gracieuse, proche parente de l'œuvre signée de
Berlin, mais ayant des formes un peu plus pleines. La Vierge supporte,
de sa main gauche, l'Enfant qui tient une inscription et un petit oiseau,
tandis qu'elle couvre ses pieds de la droite. La tête légèrement inclinée,
elle forme une délicieuse silhouette; ses traits mélancoliques et le maniérisme de la belle main sont empruntés à Simone ainsi que l'image de
l'Enfant avec sa bouche légèrement ouverte, ces cheveux bouclés et l'expression triste. L'effet gothique ne manque pas, mais est bien moins
mis en évidence que dans les peintures des trois apôtres.

Bien que la parenté plus accentuée avec l'art de Simone soit hors
de doute, la Madonne manque un peu de forme, le visage surtout n'a
pas de relief, ce qui produit l'illusion d'erreurs de dessin qui ne s'y
trouvent pas en réalité.

La suavité captivante de cette œuvre, on la rencontre également dans
un beau panneau de la collection de Sir Hubert Parry à Higham Court,
près de Gloucester, représentant St. Pierre personnifiant l'église catho-
lique. L'apôtre porte les vêtements pontificaux, la tiare sur la tête; il
tient deux clefs, une dans chaque main, auxquelles sont attachées des
inscriptions qui leur donnent une valeur symbolique; l'une est appelée
«Autoritas», l'autre «Descretio». Le saint tient un livre serré sous son
bras. La tête est très belle, d'un dessin supérieur à celui de la Madonne
du Peuple et traité avec une grande richesse de détails. L'étoffe lourde
du manteau ne montre que peu de plis et presque pas de relief; les
mains sont d'une exécution parfaite, et d'une forme particulièrement belle.
Toute l'œuvre montre une profusion de détails décoratifs; une multitude
de pierres précieuses ornent la large bordure du manteau, l'énorme boucle
qui le ferme, ainsi que la tiare. Le saint porte des bagues aux mains,
dont même les revers sont ornés de bijoux. Le panneau est également
richement orné en relief; en haut un petit médaillon montre un prophète
tenant un livre. Sans doute ce beau panneau faisait partie d'un ensemble
plus considérable.

Un peu plus tard, Lippo a peint le triptyque de l'Assomption à la
«Vieille Pinacothèque» de Munich (N° 986). La composition est celle

<hr>

[1] Jacobsen, op. cit., pl. 13. On a cru que cette peinture n'est qu'une replique d'une
autre œuvre de Lippo, mais cette hypothèse n'a aucun fondement: le tableau qui aurait été l'original est une œuvre de Lippo Vanni et il en sera question à l'occasion de
cet artiste. La Madonne du Peuple a été volée en '905, mais a été heureusement retrouvée. Rassegna d'Arte Senese 1905, p. 125. Plus tard elle s'est trouvée pendant quelque temps à la Galerie de Sienne, mais a été depuis restituée à l'église dei Servi.

alors en vogue depuis assez longtemps et que les peintres de l'école siennoise
ont répétée très souvent. La Vierge est portée au ciel par un groupe
d'anges, en haut le Sauveur entouré d'apôtres attend sa Sainte Mère.
Dans le gable du panneau on voit une petite scène isolée du Couronnement
de la Vierge. Les panneaux latéraux montrent des groupes de saints et
de saintes en couleurs monochromes et ternes, ressemblant à des grisailles ;
on voit en haut les deux figures de l'Annonciation, dont la composition
a des rapports avec celle du rétable de Florence, ce qui ferait croire que
ce tableau a été peint après 1333, hypothèse qui n'a rien d'impossible,
les formes, ainsi que les traits des visages ressemblant assez à celles de
St. Ansano et de Ste. Julitte ; pourtant il me semble possible que les panneaux latéraux du triptyque ne soient pas de la main de Lippo lui-même,
mais d'un élève, travaillant à une époque légèrement plus tardive. Les
fonds bleus ici, comme le fond d'or dans le panneau central ont été
refaits [1].

La dernière manière de Lippo dans laquelle il s'est rapproché des
formes plus lourdement gothiques que Simone a recherchées vers la fin
de sa vie, se montre dans une petite Madonne du Musée d'Altenburg
(N° 43), signée «Lippus de Senis me pinxit», œuvre fine, mais sans avoir
la grâce qui fait encore le charme des peintures exécutées avant 1333.
On peut rapprocher de cette peinture une Madonne avec l'Enfant, dont
les vêtements sont entièrement repeints, dans le monastère de St. Sigismond près de Montefollonico (dans les environs de Montepulciano) [2]. Cet
alourdissement des formes devient bien plus manifeste dans la très jolie
Madonne de la collection Benson à Londres, dans celle de Mme Gardener
à Boston et surtout dans une deuxième peinture du maître au musée de
Berlin.

La Madonne Benson est celle qui a gardé le plus de cette élégance
des œuvres précédentes [3]. La Vierge, le regard lointain et rêveur, tient
sur son bras l'Enfant Jésus, dont elle touche la poitrine de la main
droite. Le joli Enfant a pris de sa petite main les voiles qui enveloppent
la tête de la Madonne, touchant de l'autre main celle de sa Mère. Dans
l'angle gauche une petite figure de moine donateur se tient à genoux.
Le cou de la Vierge, bien qu'allongé, est pourtant moins long que dans

[1] M Venturi voit, à tort, dans tout le triptyque l'œuvre d'un faussaire, qui se serait
inspiré de Simone et de Fra Angelico. L'Arte 1904, p. 391.

[2] M. Perkins l'attribue avec quelque hésitation à Andrea Vanni, Depinti sconosciuti
della scuola Senese, Rassegna d'Arte Senese 1908, p. 9. Je suis d'accord avec M. Berenson, op. cit., à dire que c'est une œuvre de Lippo.

[3] Elle est reproduite dans le catalogue de l'exposition de peinture siennoise or
ganisée à Londres en 1904 (pl. XVI).

les peintures de la manière précédente; son visage a des formes plus pleines, ses épaules sont plus larges. Les éléments gothiques dans les plis ne sont pas évidents.

Plus arrondies encore sont les formes d'une Madonne avec l'Enfant dans la collection Gardener (pl. XXXI), montrant une composition assez semblable à celle de la Vierge de l'Eglise dei Servi de Sienne, sauf que l'Enfant a les pieds cachés sous les draperies. Il tient d'une main le voile de la Vierge, de l'autre le pouce de la main droite de celle-ci. Le panneau a un joli cadre dessiné en relief. En bas sous des arcatures gothiques et séparées par des colonnettes en spirale il y a les figures à mi-corps de Ste. Hélène (?), St. Paul, St. Antoine, St. Etienne et une religieuse agenouillée en prière, sans doute celle qui avait commandé le panneau. Malgré le mauvais état de conservation de la peinture, ce tableau est un des bons morceaux de cette période du maître [1].

L'unique différence dans la composition de la Madonne du Peuple à Sienne et de celle du Musée de Berlin (1067) consiste en ce que dans cette dernière peinture l'Enfant est assis un peu plus haut et tient de sa main droite le voile de sa Mère au lieu d'un rouleau. C'est, de toutes les œuvres de Lippo, celle qui avec le St. Ansano et Ste. Julitte se rapproche le plus de Simone, et au sujet de laquelle on n'est d'ailleurs pas toujours d'accord [2]. Ici les proportions de la Madonne sont si larges qu'elle manque de grâce, la tête est lourde, la distance d'un coude à l'autre énorme; mais l'Enfant est très joli; sa tête finement dessinée, avec d'excellents reliefs et la bouche légèrement ouverte, rappelle surtout celle du panneau de l'église dei Servi, sauf une tristesse angoissée dans l'expression qui rend cette figure plus vivante qu'aucune autre production de Lippo. Le corps de l'Enfant est aussi d'un dessin excellent.

D'autres œuvres qui montrent les mêmes draperies lourdes, bien que des formes moins arrondies que cette dernière Madonne, et que je crois pour cette raison de la même période, sont deux petits tableaux, parties d'un polyptyque, de la Galerie de Sienne, montrant St. Paul et St. Pierre (Nos 72 et 74) [3]. Les attitudes de ces figures, assises sur des sièges très bas, nous rappellent celles que Simone nous montre dans la Madonne de la Collection Stroganoff ou du panneau de Liverpool. On rencontre les mêmes lourdeurs dans les plis dans une figure de St. Paul au Metropo-

---

[1] M. Perkins, Pitture senesi negli Stati Uniti. Rassegna d'Arte Senese 1907, p. 75 mentionne une peinture que je serais disposé à croire la même, seulement les noms des saints de la prédelle ne correspondent pas.

[2] Le catalogue l'attribue à Lippo, ainsi que M. Berenson, op. cit. M. Suida, op. cit., doute que ce soit une œuvre de ce dernier.

[3] Perkins, Di Alcuni dipinti de Scuola Senese, Rassegna d'Arte 1917, p. 45.

litan Museum de New York [1], qui tient son glaive et, selon l'habitude
adoptée par Simone quatre de ses Epîtres sous forme de petits volumes
séparés dont le premier porte l'inscription «Ad Romano» et plus bas
«Paulus», On retrouve les proportions de la Madonne de Berlin dans
une figure de St. Pierre au Louvre (N° 1152) [2] qu'on croirait volontiers être le
pendant du St. Paul de New York et avoir fait partie d'un même polyptyque. Lippo est resté fidèle au type du St. Pierre de la collection
Chiaromonti Bordonaro de Palerme, mais le traitement des plis est entièrement différent. Une des rares compositions dramatiques que nous
possédions de Lippo a ces mêmes traits caractéristiques. C'est un petit panneau de la Crucifixion à la Galerie des Peintures du Vatican (N° 28), à l'authenticité duquel, comme peinture de Lippo, on a souvent douté (pl. XXX) [3].
Le Sauveur est attaché à une haute croix ; à gauche la Vierge évanouie
est étendue par terre entre plusieurs femmes ; derrière ce groupe, un
chevalier perce avec sa lance le côté du Crucifié. Près de la croix se
tiennent la Madeleine et St. Jean regardant la Madonne ; à droite plusieurs
cavaliers parlent avec des prêtres. De leur agitation émane cette même
inquiétude que nous remarquions dans la Crucifixion de Simone à Anvers.
Le premier cavalier de ce côté a les mêmes habits magnifiques que le
centurion dans cette œuvre. Deux anges volent sous les bras de la croix.
Dans le gable on voit les Evangélistes St. Jean et St. Luc avec leurs
emblèmes et dans un médaillon le pélican, symbole du sacrifice. La
prédelle contient six figures à mi-corps de saints dans des arcades, ce
sont St. Jean-Baptiste, un saint tenant un volume, St. François, St. Louis de
Toulouse, un saint martyr et la Madeleine. Malgré des fautes de proportion et de dessin, c'est une œuvre d'un assez grand effet dramatique,
l'action est bien rendu sans exagération de gestes et je crois que Lippo
s'est inspiré autant de la manière dont Simone a représenté les quatre
miracles du Bienheureux Augustin Novello que de celle des scènes de la
Passion d'Anvers, de Paris et de Berlin.

Une Crucifixion composée d'une façon bien plus simple était dans le

[1] Idem. Catalogué comme étant de l'école de Simone.

[2] M. Perkins l'a publiée dans la Rassegna d'Arte 1906, p. 31. Au Louvre le tableau est attribué à Taddeo di Bartolo, attribution suivie par M. Venturi dans son
Storia dell' Arte V, p 755 et fig. 612.

[3] Cavalcaselle, p. 50 note 6 se borne à dire que le tableau rappelle la manière
de Simone. G. Bernardini, La Nuova Galleria Vaticana. Rassegna d'Arte 1909, p. 89
l'attribue à l'école de Lippo. M. Venturi admet que ce ne soit pas une œuvre de Lippo
lui-même. Stor. dell Arte Ital. V, p. 666 note. Le catalogue de la Galerie du D' D'Acchiardi, ainsi que M. Berenson le donnent à Lippo. M. Douglas, note 1 sur Crowe and
Cavalcaselle, p. 79, y voit la main de Lippo sous l'influence directe de Simone.

temps la propriété du comte Della Genga à Assise[1], mais se trouve maintenant à Boston. Le Sauveur sur la croix n'est accompagné que de la
Vierge et de St. Jean assis par terre. Les formes rondes, les plis lourds,
le manque de proportions et les expressions presque grimaçantes des figures, me font supposer que c'est une œuvre que Lippo a créée après avoir
vu ce que Simone a produit vers la fin de sa vie.

Lippo Memmi fut donc un imitateur qui, pour son bonheur, prenait
pour exemple un des plus grands peintres que l'Italie ait jamais produits.
Qu'il soit arrivé à l'imiter, à s'y méprendre, prouve sa grande habileté
mais en même temps son manque d'individualité artistique. Il doit avoir
été un homme modeste qui ne prétendait pas à plus qu'il ne pouvait
faire. Il a accompli cependant à merveille la tâche qu'il s'était imposé.

Pourtant une fois qu'on s'est bien pénétré de l'art véritable de Simone, on sent qu'il manque quelque chose aux productions de Lippo ;
elles sont toujours un peu mesquines dans les visages, donnant souvent
une certaine impression de lourdeur, et n'ont jamais la grandeur des
formes de son maître ; pourtant le développement de Lippo suit à ce
qu'il me semble pas à pas celui de Simone ; il s'élève avec lui et prend
part à sa déchéance.

Annotations.

Il y a encore un certain nombre d'œuvres attribuées à Lippo[2] que je ne
décrirai pas en détails puisqu'elles me sont en partie inconnues, tandis que d'autres
ne sont pas assez caractérisées pour que l'on puisse les faire rentrer dans une
période du développement de l'artiste.

Il existe dans le cloître de l'église de St. Dominique à Sienne, une Madonne
avec un ange et St. Paul, fragment d'une composition plus grande, où se trouvaient encore un autre ange et St. Pierre qui nous sont décrits par Baldinucci[3] ;
ces deux anges offraient des fleurs à la Vierge. Un guide manuscrit de 1625,
à la Bibliothèque de Sienne, — peut-être du cardinal Fabio Chigi plus tard le
Pape Alexandre VII — mentionne l'inscription «Lippus me pinxit, Memmi rem
gratia pinxit». On a quelquefois attribué cette fresque à Lippo Vanni qui a peint
une Annonciation tout près de là.

L'église de St. Augustin à San Gemignano conserve une Madonne allaitant
l'Enfant accompagnée de l'archange Michel. Cette peinture est tellement repeinte

---

[1] Perkins, Ancora dei dipinti sconosciuti della scuola Senese. Rassegna d'Arte
Senese 1907, p. 73.

[2] En grande partie mentionnées par M. Berenson, op. cit.

[3] F. Baldinucci, Notizie de' professori del disegno etc. Firenze 1767—78 IV, p. 520.
Au temps de Cavalcaselle cette fresque avait complètement disparu, mais a depuis été
en partie retrouvée. v. la note de M. Douglas sur Crowe and Cavalcaselle p. 79·

qu'il serait impossible de dire qui en est l'auteur; mais la tradition prétend que
c'est une œuvre de Lippo [1].

On attribue encore à Lippo un «Noli me tangere», dans la Pinacothèque de
Naples, le Sauveur, les apôtres et des anges au Wallraf-Richartz-Museum de
Cologne (Nos 508—9), deux saints ermites au Musée d'Altenburg (Nos 244—45),
une petite Madonne dans un reliquaire appartenant à M. Berenson [2], une figure
de Ste. Julienne dans la collection du Prince Lichtenstein dans son château près
de Vienne, trois saints — dont un St. Jean Baptiste, une Ste. Agnès — de la
collection de M. Chalandon à Parcieux, une Madonne appartenant, dans le temps,
à M. Fairfax Murray [3], deux figures à mi-corps de saintes, propriété du Révérend
Sutton à Brant Broughton, une Madonne appartenant à M. Torrini à Sienne [4], et
deux autres des collections Dourdine et Gagarine en Russie [5].

Par contre ne sont pas de Lippo les œuvres suivantes qui lui furent souvent
attribuées: Madonne allaitant l'Enfant, Musée de Berlin (1072), Madonne et Enfant dans l'église de St. François, Asciano, les figures à mi-corps de moines sous
a Madonne de Cimabue dans l'église inférieure de St. François à Assise [6], les
Stes. Apollonie et Agathe de la collection Poynter [7], une Madonne avec l'Enfant
de l'ancienne collection von Kaufmann de Berlin [8], et des miniatures dans des
antiphonaires de la Collegiata de San Gemignano.

Des peintures mentionnées par Vasari [9], dont on ne trouve plus trace, sont
deux fresques et deux panneaux dans l'église de Sta. Croce à Florence, un panneau avec trois figures à mi-corps exécuté pour l'évêque Guido di Tarlati d'Arezzo
et qui se trouvait au temps de Vasari dans la chapelle du Palais Episcopal. Le
même nous renseigne que Lippo a peint un panneau pour l'autel majeur de
St. François de Pistoia, d'après un dessin de Simone, et Cavalcaselle nous dit que
le «Campione», qui donne les faits les plus importants de l'histoire de cette église,
mentionne, comme s'y trouvant, un rétable de la Madonne entre St. Paul, St.
Jean-Baptiste, St. Jacques, St. François, St. Louis, Ste. Marie Madeleine et Ste.
Claire, signé «Lippus Memmi de Senis me pinxit».

A Pise Lippo a peint, selon Vasari, des fresques dans l'église S. Paolo à Ripa
d'Arno, dont on voyait encore des vestiges au temps de Milanesi, ainsi qu'un
rétable d'autel signé, la Madonne avec St. Pierre, St. Paul, St. Jean-Baptiste et
d'autres saints. Il parle aussi d'un tableau d'autel dans l'église de San Agostino

---

[1] Pecori, Storia della Terra di San Gemignano, Firenze 1853, p. 540; Baldoria,
Monumenti artistici in San Gemignano, Archivio Storico dell' Arte 1894, p. 41. Thode,
op cit., p. 509. Berenson, op. cit.

[2] Mentionnée par M. Perkins, Rassegna d'Arte 1904, p. 31.

[3] Rassegna d'Arte 1906, p. 31; si c'est la même Madonne qui a appartenu plus
tard à M Imbert à Rome — comme le ferait croire M. Douglas, note 1, p. 79 de Crowe
and Cavalcaselle — c'est une œuvre de Lippo Vanni, dont il sera question plus tard.

[4] Langton Douglas, Hist. de Sienne, p. 336.

[5] Rassegna d'Arte Senese 1910, p. 84. M. Berenson attribue encore à Lippo une
Madonne dans l'église de la Madeleine à Castiglione d'Orcia, et que M. De Nicola donne,
à ce qu'il me semble, avec raison à Bartolo di Fredi.

[6] Attribution de Burckhardt dans son Cicerone p. 667. Ces figures sont de Pietro
Lorenzetti.

[7] Attribuées à Lippo dans le Catalogue de l'Exposition de Londres n° 17.

[8] Au moins il ne me semble pas que cette Madonne soit de sa main, sans en
être tout à fait sûr.

[9] Vasari, éd. Milanesi I, p. 554—56.

à San Gemignano, peut-être à identifier avec l'œuvre repeinte que j'ai mentionnée.
Vasari dit encore que Lippo a beaucoup travaillé, laissant des œuvres dans toute
l'Italie.

Cavalcaselle mentionne encore[1] une Ste. Ursule et une sainte tenant une
épée, sans nul doute des œuvres de Lippo, rappelant la Maesta de San Gemignano et qui, après avoir passé par les collections Ottley et Bromley, furent
achetées, l'une par le Baron Marocchetti, l'autre par Lord Ashburton, mais dont
on ne trouve plus trace; pas plus que de dix figures d'apôtres provenant de
la collection Ramboux et que Cavalcaselle a vues au musée de Cologne où ils
figuraient sous les numéros 741—50 dans l'ancien catalogue.

La collection Toscanelli à Pise possédait de son temps une figure à mi-corps
du Sauveur bénissant et posant sa main sur un livre[2] et, dans le palais Cosimo
Alessandri à Florence, se trouvaient des fragments d'un rétable très endommagés
dont le centre — la Vierge entourée de têtes d'anges — était entièrement repeint; les autres parties représentaient Ste. Zénobie, St. Benoît, St. Pierre et
St. Paul; sur le glaive du dernier on lisait la signature Lippus Memmi.

J'ai déjà mentionné une Ste. Barbe, conservée dans le temps dans la collection Rothpletz à Arau, qu'on croyait avoir fait partie du polyptyque de Simone
à Pise et que Mlle Agnes Gosche pensait être une œuvre de Lippo.

Le maître du Codex de St. Georges.

De tous les peintres de l'école de Simone Martini, le miniaturiste
qui a illustré le codex de St. Georges — maintenant aux archives capitulaires de St. Pierre à Rome — se trouve, après Lippo Memmi et Donato, le plus près du maître même, et il est parfaitement compréhensible
que M. Hermanin ait attribué les miniatures de ce manuscrit à Simone[3].
La personnalité de cet artiste a été bien établie, par les études du
Dr De Nicola[4] qui, je l'espère, fera paraître un jour l'étude définitive sur
ce sujet. C'est un des grands anonymes du début du 14e siècle que
Cavalcaselle a voulu identifier avec Oderisi, miniaturiste de Gubbio, dont
les louanges furent chantées par Dante; à cela il n'y a cependant aucun
motif plausible. M. De Nicola voit en lui un des compagnons de Simone
à Avignon, où le Cardinal Stefaneschi écrivait ce «Missarum libri et
Sancti Georgii martyris historia» dont il a offert l'original, par une lettre
de 1319, au monastère des Célestins à Sulmona; il est bien possible

---

[1] Crowe and Cavalcaselle III, p. 76—77.

[2] Si c'est le même qui se trouve maintenant à la Pinacothèque de Naples, ce
n'est qu'une œuvre ayant des rapports éloignés avec l'art de Simone.

[3] Hermanin, Il miniatore del codice di San Giorgio nell' archivio capitolare di San
Pietro in Vaticano: Scritti vari di filologia a Ernesto Monaci, Roma 1901, p. 445—53.

[4] De Nicola, article cité sur les fresques de Simone à Avignon et du même: Opere
del miniatore del Codice di San Giorgio L'Arte 1904. M. Douglas dans son annotation
2 sur Crowe and Cavalcaselle, p. 69, énumère des œuvres que le Docteur De Nicola
attribue au même artiste.

112

qu'il ait chargé plus tard Simone d'en illustrer un exemplaire, puisque —
comme nous le dit l'érudit dont nous suivons ici les arguments — «il
serait difficile de refuser à Simone toute part (dans l'exécution de ces miniatures)». La composition de la fresque disparue que Simone a peinte à
Notre Dame des Dons à Avignon rappelle, elle aussi, la miniature qui,
dans le codex, représente St. Georges tuant le dragon, même dans des
détails qui ne sont pas toujours en harmonie avec le texte.

Les sujets représentés par les miniatures de ce manuscrit sont l'Annonciation — les deux figures debout —, le Cardinal Stefaneschi en train
d'écrire, St. Georges tuant le dragon tandis que la princesse qu'il délivre
est agenouillée en prière, St. Georges décapité pendant que le roi pro-
nonce l'arrêt de mort, grande miniature de St. Georges tuant le dragon
en présence des habitants de Séline, où la princesse[1] lève les mains en
prière tandisqu'à gauche un évêque — peut-être Jacopo Stefaneschi —
est agenouillé près d'une figure à mi-corps du saint (pl. XXXII). La dernière miniature montre la reine Hélène tenant la croix entre ses mains,
priant près d'un autel.

D'autres miniatures de la même main se trouvent à Paris et à Berlin.
A la Bibliothèque Nationale, un Pontificale (Manuscrit latin 15619) contient une miniature représentant un pape assis sur un petit siège, coupant les cheveux à un moine agenouillé, un autre gesticule derrière le
dos du pontife.

De très belles miniatures font partie du Cabinet des Estampes de
Berlin (1984—2000), en grande partie des figures à mi-corps et des têtes
de saints, mais parmi lesquelles se trouvent également la Nativité de la
Vierge, son couronnement, où elle est vue entourée d'anges, St. Pierre (?)
guérissant un estropié, la mort de la Vierge, le Sauveur venant selon
l'iconographie usuelle recevoir l'âme, et une Nativité, probablement celle
de St. Jean, avec le bain du nouveau-né.

Quant aux panneaux de la main du maître, ils apparaissent souvent
comme les œuvres d'un miniaturiste. Les plus beaux sont quatre panneaux, dont deux — «Noli me tangere» et Couronnement de la Vierge —
font partie de la collection Carrand au Musée National de Florence, et
deux autres — Crucifixion et Pietà — se trouvent dans la collection
Benson à Londres[2].

L'apparition du Sauveur à la Madeleine a lieu dans un champ fleuri,
le Rédempteur se détourne un peu de la sainte agenouillée qui tend les

---

[1] M. De Nicola ne trouve pas impossible qu'elle soit représentée sous les traits
de Laure, amie de Pétrarque.

[2] Reproduits dans le Catalogue de l'Exposition de Londres, pl. XVII et XVIII.

bras vers lui. Un ange est assis sur le bord du sarcophage vide, derrière lequel dorment quatre soldats. Le Couronnement de la Vierge la
montre assise sur un banc gothique, dont le dossier est travaillé à jour
et par lequel regardent quelques uns des anges qui accompagnent la
scène; ils sont au nombre de treize, deux des quatre qui s'agenouillent
devant le trône, agitent des encensoirs (pl. XXXIII). La Vierge s'incline,
les mains croisées sur la poitrine, le Sauveur lui pose une mince couronne sur la tête.

La Crucifixion de la collection Benson nous montre le Sauveur pesant de tout son poids sur la croix. Les assistants en bas se divisent
en deux groupes qui se composent de guerriers et de cinq fidèles seulement, dans des attitudes originales, donnant des expressions très réalistes
à leur douleur.

Dans la Mise au Tombeau la Vierge et la Madeleine tiennent le corps
du Sauveur sur leurs genoux, la première évanouie. Deux autres saintes
femmes et St. Jean font partie de ce groupe, tandis que quatre hommes
gesticulent, en parlant, derrière eux. Le cadavre du Sauveur est effrayant
par son réalisme.

Le Louvre possède un centre de triptyque (N° 1666) représentant la Madonne assise sur un trône orné de chimères, par les ouvertures du dossier regardent des groupes d'anges, tandis que deux autres
s'agenouillent au premier plan avec St. Jean Baptiste et un vieux saint
barbu tenant un livre. La Vierge soutient l'Enfant qui a saisi l'ouverture de sa robe et la main droite de sa mère. Dans le gable du panneau, le Sauveur est assis dans une mandorla entre quatre Chérubins.

M. Perkins attribue avec raison au même artiste une grande figure
à mi-corps de la Vierge au Musée de l'église de Santa Croce à Florence
(21)[1], tableau restauré, mais dont les figures ont conservé à peu près
leur aspect primitif. C'est la seule grande peinture que nous ayons de
l'artiste et M. Perkins explique les défauts dans les formes par la différence dans les techniques des grands tableaux et des miniatures. La
Vierge, qui a des proportions assez monumentales et des draperies larges,
supporte l'Enfant d'une main, couvrant de l'autre les pieds. Jésus fait
le même geste que dans le panneau du Louvre. Dans le gable un médaillon contient une figure assez endommagée du Sauveur.

Au point de vue de la forme, les miniatures et les peintures mentionnées jusqu'ici se ressemblent en quelque sorte par leurs proportions

---

[1] Perkins, Di alcuni dipinti di scuola Senese. Rassegna d'Arte 1917, p. 45.

argeṡ et les amples draperies. Celles qui suivent ont des figures plus
minces et plus anguleuses.

La collection Czartorisky à Cracovie possède une Annonciation [1] qui
est, sans aucun doute, du même maître, bien que les formes des figures
soient plus allongées. La Vierge debout près d'un trône en marbre, tient
d'une main un livre ouvert et semble se protéger de l'autre. Devant elle
l'ange plie un genou, tenant la longue tige d'un lis, et bénissant d'un
geste large. Une colombe descend d'en haut.

Un petit panneau de la même manière, mais moins anguleuse, orne
un reliquaire de l'église «del Carmine» à Florence. Ici la Vierge est
assise sur un trône assez élevé et comme toujours assez large; elle joue
avec l'Enfant qui s'agite. Plus bas se trouvent debout les deux St. Jean,
figures bien plus petites que celle de la Vierge.

Une petite peinture montrant la Madonne debout et faisant partie de
la collection d'Hendecourt à Paris — probablement une moitié de diptyque
— semble dater de la même période de l'activité de l'artiste, sans doute
de sa jeunesse [2].

Le Maître du Codex de St. Georges est certainement siennois et
même très-probablement un disciple ou un compagnon de Simone, mais
nous n'avons pas d'œuvres de lui à Sienne, tandis que plusieurs se trouvent
à Florence. On a souvent remarqué qu'il y a des éléments français dans
la forme de ses figures.

M. Venturi distingue les personnages que nous montre ce peintre
en deux groupes, ceux qui semblent être copiés de la nature et qui ont
des têtes rondes et expressives, et les autres, idéalisés, avec des têtes
plus longues. Ce sont surtout ces derniers qui me semblent avoir des
rapports assez étroits avec certaines têtes du pseudo-Donato, comme je le
disais déjà en parlant de cet artiste. Particulièrement entre les figures
d'anges, on rencontre des ressemblances comme, par exemple, entre ceux
qui dans la chapelle de St. Martin portent l'âme du saint au ciel, et
ceux qui au Musée de Florence assistent au Couronnement de la Vierge.
De plus le Maître du Codex de St. Georges donne à ses figures les mêmes
lèvres épaisses et les yeux peu ouverts, mais le schéma des corps humains
est assez différent. Dans la plupart de ses œuvres, on rencontre des
formes très rondes, pour ne pas dire grasses et cela quelquefois au
détriment de l'élégance, ainsi, par exemple, la Vierge à son Couronne-

[1] Suida, Studien zur Trecento-Malerei. Repertor. f. Kunstw. 1908, p. 213.
[2] Perkins, op. cit. G. Bernardini, La nuova Pinacoteca Vaticana. Rassegna d'Arte
1909, p. 93, trouve une «Déposition de la croix» du Vatican dans la manière du maître; il me semble qu'il faut placer cette œuvre parmi celles de l'école de Lippo Memmi.

ment n'a pas un aspect gracieux, bien que cette figure présente des formes d'un relief excellent. Les mains n'ont jamais la finesse de celles que peignent Simone ou Lippo, les bras et surtout les jointures comme les épaules, les coudes et les poignets sont mal dessinés.

Le maître a emprunté à Simone cet idéalisme esthétique qui, parfois, enlève le naturel à ses personnages. Comme chez Simone nous avons souvent l'impression d'avoir à faire à des êtres surhumains, à des créations de rêve.

Dans son dessin et surtout dans la perspective, il montre des erreurs de miniaturiste, très évidentes dans le «Noli me tangere». Par son coloris brillant cet artiste prouve également qu'il appartient à cette catégorie de peintres, sauf dans la grande Madonne du musée de l'*église* de Santa Croce ; mais ici l'effet a pu être modifié par le mauvais état dans lequel se trouve la peinture.

Barna da Siena et Giovanni d'Asciano.

L'artiste le plus grand et le plus indépendant de l'école de Simone fut Barna da Siena, sur la vie duquel nous sommes très peu renseignés. Vasari croit que le nom Berna est une abréviation de Bernardo[1], par contre Barna, comme l'appelle Ghiberti[2], dériverait peut-être de Barnabas. Milanesi a trouvé la mention d'un Barna Bertini, dans le Quartier de San Pellegrino à Siena, qui est nommé en 1340 parmi les jurés de la «Marcantia»[3]. Si par contre le renseignement de Vasari est exacte que le peintre Barna mourut encore jeune, par suite d'une chute qu'il fit de l'échafaudage pendant qu'il peignait les fresques de San Gemignano ; et si d'autre part Baldinucci a raison en nous disant que sa mort eut lieu en 1381, il n'est pas probable qu'il s'agisse de la même personne. Mais on sait que les anecdotes fournies par ces deux auteurs ne méritent pas beaucoup de confiance; il ne me semble pas non plus très probable que si Bartolo di Fredi a peint la série des fresques de l'Ancien Testament de la Collegiata de San Gemignano en 1356 ou 62, celles illustrant les Evangiles ne suivirent qu'une vingtaine d'années plus tard. En plus Vasari mentionne Barna comme le maître de Luca di Tommè qui fut un artiste accompli en 1355. Ces considérations nous feraient donc croire qu'il faut placer l'activité de Barna dans les environs de 1350 et non uniquement

[1] Vasari I, p. 647.
[2] éd. von Schlosser, p. 42 et 152.
[3] Milanesi, Annot. sur Vasari et Doc. Sen. I, p. 28.

116

dans la deuxième moitié du 14º siècle, comme cela aurait été le cas s'il était mort jeune en 1381. Ces dates ne sont pas sans importance, puisqu'elles prouvent que Barna était probablement parmi les disciples directs de Simone, comme le ferait d'ailleurs croire l'aspect de ses œuvres.

La seule œuvre importante que nous ayons de Barna, est la série de fresques du Nouveau Testament qui, dans la Collegiata de San Gemignano, font pendant à celles de Bartolo di Fredi. Aussi la disposition est-elle semblable. Les fresques de Barna sont également repeintes, mais elles conservent, à ce qu'il me semble, plus de leur aspect original que celles de Bartolo[1].

Les tableaux sont de nouveau divisés en cinq champs, tous commençant en haut par des lunettes, en-dessous desquelles généralement quatre scènes en deux rangées, exception faite pour «l'entrée à Jérusalem» qui est formée de deux de ces divisions et la «Crucifixion» qui occupe un champ entier.

Dans les lunettes on voit l'Annonciation selon la formule de Simone[2]. la Vierge s'enveloppant dans les draperies de son manteau, tandis que l'Ange s'agenouille dans une attitude gracieuse devant elle. Barna ajoute un détail iconographique, donnant à cette composition une valeur anecdotique, que le panneau des Offices n'avait pas ; c'est que la servante qui, assise en-dehors de la chambre, est en train de filer, interrompt son travail pour écouter ce qu'il se passe. C'est la figure la plus réaliste qui montre une différence psychologique assez marquée avec les deux autres.

La seconde lunette contient la Nativité, représentée de la façon usuelle, sous un abri. C'est une des peintures les plus déformées par les repeints. L'Adoration des Mages qui a lieu sous le même abri ne présente, sous son aspect actuel, elle aussi que peu d'intérêt[3] ; pourtant les draperies sont assez légères et non sans élégance, les animaux par contre fort mal dessinés. Les deux lunettes suivantes — la Présentation au Temple et le Massacre des Innocents[4] — n'ont pas non plus une grande valeur artistique. La composition de cette dernière scène est très faible et incohérente, les gestes raides et violents.

La rangée suivante nous montre des œuvres supérieures. Nous trou-

---

[1] Burckhardt dans son Cicerone va même jusqu'à prétendre que ces fresques ne sont pas repeintes ; pourtant elles furent repeintes en 1745 par Lupinari, mais ces couleurs furent enlevées en grande partie par Domenico Fiscali de Pise en 1891.

[2] L. de Schlegel, L'Annunciazione del Berna, L'Arte 1909, p. 209.

[3] Reprod. Rothes, op. cit., pl. XXII. Il me semble que les couronnes que portent deux des Mages sont ajoutées après coup.

[4] Idem. pl. XXIII.

vons Jésus à l'âge de douze ans enseignant au Temple[1]; les docteurs détournent leur attention du jeune Sauveur pour regarder la Vierge et St. Joseph qui entrent par la gauche. C'est une belle peinture dont les figures sont bien drapées, le relief est bien rendu. Les visages tous graves sont pleins d'expression.

Le nu du Rédempteur dans la fresque du Baptême est une étude anatomique présentant de grandes qualités. St. Jean verse l'eau sur la tête du Christ, pendant que deux petits anges s'envolent par les airs.

L'appel de St. Pierre est saisissant dans sa simple composition (pl. **XXXIV**). Le Sauveur sur la rive appelle, par un geste très sobre, le vieillard qui interrompt ses occupations, pour regarder son Maître. Les deux figures bien dessinées sont pleines d'une vie spirituelle, que l'artiste a admirablement rendue.

Les noces de Cana sont une des peintures les plus harmonieuses et les plus suaves, bien que les éléments primitifs ne manquent pas dans la composition. Tous les convives sont vus derrière la table. Le Sauveur qui fait le geste de la bénédiction est une figure d'une grande beauté, ainsi que la Vierge qui lui parle en faisant des gestes. St. Jean les mains jointes et trois autres personnages complètent le groupe. A gauche se trouve debout le maître d'hôtel qui montre un verre contenant du vin. Deux domestiques versent de l'eau dans les récipients dont ils tirent le vin.

La Transfiguration est une peinture moins agréable; la longue figure du Christ se tient comme d'habitude entre les deux patriarches tandis que trois apôtres s'agenouillent en bas dans des attitudes peu gracieuses.

Ce même défaut nous frappe dans la Résurrection de Lazare où les deux sœurs, gesticulant avec violence, semblent reprocher au Sauveur la mort de leur frère.

L'Entrée à Jérusalem occupe deux divisions, l'une montrant le Sauveur assis sur l'âne, à côté duquel marche l'ânon, et accompagné par les apôtres, St. Pierre en avant des autres (pl. **XXXIV**). La vieille tradition iconographique montrait des garçons grimpant dans les arbres pour mieux voir, mais le peintre a varié ce détail puisque le garçon qui s'y trouve jette des branches à des camarades qui se tiennent en bas. Barna a cependant conservé le jeune homme qui étale son manteau devant les pieds de la monture. La composition des groupes qui suivent le Rédempteur est faible et les têtes en grande partie sans charme. Par contre dans l'autre groupe, qui sort des portes de Jérusalem, il y a des figures qui

---

[1] Reprod. Rothes, op. cit., pl. XXIV.

s'agitent d'une façon naturelle ; elles sont bien dessinées, plusieurs ont
de beaux visages et il y a des draperies qui rendent bien le relief.

La rangée inférieure commence par la scène où les apôtres, y compris Judas, sont assis autour de la table, St. Jean appuyant sa tête sur
la poitrine du Sauveur. Bien qu'assez changé par les restaurations, on
reconnaît dans ce tableau un des beaux morceaux de cette série de
fresques.

La conspiration de Judas avec les prêtres[1] a lieu à l'intérieur d'une
construction, dont on voit la coupe de la façon la plus primitive ; l'architecture de l'endroit est assez fantaisiste, mais tire un certain caractère de deux fenêtres gothiques avec des rosaces en haut. Les figures
sont pleines de vie et d'animation et, parmi ces scènes, c'est peut-être
celle qui a la plus grande valeur dramatique.

La Prière au Jardin des Oliviers [2] a aussi de grandes qualités, bien
que la composition en deux divisions superposées ne soit pas heureuse.
Les trois apôtres dormant, séparés des autres, sont d'un réalisme saisissant (pl. XXXV).

L'arrestation du Sauveur[3] par contre est sans mérite. Non seulement la composition est gâtée par le groupe de soldats qui occupe à peu
près toute la fresque, mais aussi l'exécution est vulgaire, les visages —
même celui du Christ — laids, les formes rigides. Un détail rarement
rencontré, mais qu'on trouve dans le panneau de la Maesta de Duccio,
est le groupe des disciples qui s'enfuient. Les défauts de cette dernière
fresque sont un peu moins évidents dans la scène du Sauveur devant
Caïphe[4] qui déchire ses vêtements. A droite le Sauveur reçoit un soufflet
d'un des soldats qui l'entourent, de l'autre côté des prêtres assistent à
la scène[5]. Pourtant c'est une œuvre faible, comme d'ailleurs la Flagellation[6] aussi, qui a lieu au centre de la scène ; Pilate s'est levé et parle
aux prêtres visibles à droite, tandis que des soldats se montrent dans le
coin opposé. Puis suivent : le Couronnement d'Epines, le Sauveur insulté
par les soldats et le Calvaire[7], trois scènes dans lesquelles il y a de bons
éléments et de grandes faiblesses. Surtout dans cette dernière peinture

---

[1] Rothes, op. cit., pl. XVII.

[2] Idem.

[3] Idem. pl. XXIX.

[4] Reprod. Jacobsen, op. cit., pl. XXVI.

[5] Le juge dechirant ses vêtements est un détail de la représentation du Christ
devant Caïphe, le soufflet lui est donné par contre quand il est interrogé par Annas
Giotto et d'autres artistes avant lui avaient déjà combiné ces deux éléments.

[6] Reprod. Rothes, pl. XXIX.

[7] Idem. pl. XXXII.

il y a de beaux visages avec beaucoup d'expression, mais les gestes sont raides et les beaux plis en relief manquent. La corde autour du cou du Christ, détail iconographique, que nous avons vu sur le panneau de Simone au Louvre, se retrouve ici.

Enfin le grand Crucifiement nous rappelle comme composition surtout celui de Lorenzetti à Assise. Le Rédempteur et les deux larrons sont attachés sur de hautes croix, six Anges volent autour du Sauveur, deux autres portent l'âme du bon larron au ciel, tandis que deux démons se tiennent au-dessus de la croix du méchant. Tous les personnages à droite sont montés à cheval, ainsi que le soldat qui rompt les jambes du mauvais larron et celui qui perce le côté du Sauveur avec la lance. Le Centurion indique le Rédempteur et semble communiquer son doute aux autres. Au centre trois soldats partagent le manteau du Christ et l'on voit quatre jeunes garçons, comme on en voyait deux dans le panneau de Simone. Plus à gauche se tient le groupe des fidèles : la Vierge évanouie est étendue par terre, entourée de trois saintes femmes. Près d'elles se trouve St. Jean. Parmi les figures, il y en a plusieurs qui en regardant en haut, montrent le même raccourci qu'affectionne Simone dans les panneaux d'Anvers.

Vasari nous dit que l'œuvre entreprise par Barna fut achevée après sa mort par Giovanni d'Asciano. Je suis assez disposé à admettre que le biographe arétin dit vrai. On peut non seulement distinguer deux mains différentes dans la série des fresques, mais aussi trouve-t-on à Asciano quelques peintures assez vulgaires qui pourraient être l'œuvre du plus faible de ces deux peintres. En ce cas, celui-ci n'aurait travaillé à San Gemignano que sur des modèles qui lui furent fournis par Barna. Malgré les repeints, je crois pouvoir dire avec certitude que ce Giovanni d'Asciano a peint au moins en grande partie le Massacre des Innocents, la Transfiguration, l'Arrestation du Sauveur, la Flagellation et aussi, semble-t-il, quelques figures dans la scène du Sauveur devant Caïphe, le Couronnement d'Epines, le Sauveur insulté, et le Portement de la Croix, puisque ces dernières fresques sont, sans doute, le produit d'une collaboration avec Barna.

Dans la nef de l'église les espaces au-dessus des piliers montrent encore de vagues vestiges de figures d'apôtres qui rappellent l'art de Barna. M. Perkins attire aussi notre attention sur une figure de prophète dans l'oratoire de St. Jean dans la Collegiata, dernier reste de la décoration originale du plafond [1].

[1] Perkins, Dipinti sconosciuti della scuola Senese. Rassegna d'Arte Senese 1907. p. 74.

L'œuvre la plus importante qui nous reste, après les fresques de San Gemignano, est une Crucifixion dans la Cathédrale d'Arezzo[1] qui, selon Vasari, fut exécutée sur l'ordre de Guccio di Vanni Tarlati. Le Sauveur attaché sur la Croix est entouré de huit anges, dont quatre tiennent des rouleaux avec des inscriptions. A côté de la croix se trouvent à gauche la Vierge et St. Michel, à droite St. Jean et St. François, tandis que dans la voussure de la niche il y a une série de médaillons contenant des saints et en haut le Sauveur bénissant. Au pied de la croix s'agenouille le donateur portant casque et armure. On dit que ses ennemis tâchaient, à force de coups de poignard, de faire disparaître son effigie[2].

Bien que souvent on doute que la fresque soit une œuvre de Barna, il me semble que sous les repeints on peut pourtant reconnaître la manière du maître; le St. François, bien que sans grande beauté, est même une figure assez caractéristique. La figure du Sauveur aussi a conservé des éléments de l'art de Barna, ainsi que quelques personnages dans les médaillons.

Les autres œuvres de Barna se bornent à quelques panneaux sans grande importance. Le plus beau est une figure du Sauveur portant la croix, de la collection Benson[3]. Dans un panneau orné d'une bordure en relief, comme nous la trouvons souvent dans les peintures de Simone, le Sauveur est vu s'acheminant lentement et, plein de tristesse, portant le fardeau sur son épaule. Derrière lui s'agenouille une petite figure de donateur, à ce qu'il semble, un dominicain. La figure du Rédempteur est très gracieuse et admirable par le profond sentiment qui en émane.

La collection Johnson à Philadelphia contient encore une Crucifixion avec plusieurs figures que M. Berenson attribue à Barna. Le même auteur énumère d'autres œuvres du maître, qui me sont presque toutes inconnues[4]: petite Crucifixion dans l'ancienne collection von Kaufmann à Berlin, une autre dans la collection Walters à Baltimore, une Madonne du musée du Mans[5] et une Madonne avec St. Pierre et St. Paul de la collection Lindon Smith à Boston.

Des œuvres disparues on trouve mention chez plusieurs auteurs; «l'Anonimo Gaddiano»[6] relate qu'à Sienne Barna a décoré deux cha-

[1] Reprod. Rothes, op. cit., pl. XXXIII.
[2] Cavalcaselle, p. 84.
[3] Reprod. dans le Catal. de l'Exposition de Londres, pl. 19.
[4] B. Berenson, Catal. of a coll. of paintings, and some art objects: Italian painting. Philadelphia 1913, p. 53—54.
[5] Je pense que cela doit être la même que celle que M. Perkins attribue, à juste titre, à Lippo Vanni dans la Rassegna d'Arte 1914, p. 97.
[6] Éd. Fabriczy, déjà cité, p. 70—71, note 301.

pelles des Augustins où on voyait, entre autres, un moine consolant un
jeune homme condamné à mort. La même source nous informe qu'il a
travaillé dans la Collegiata à Empoli, à Cortona, et a décoré la chapelle
de St. Nicolas dans l'église du Saint-Esprit à Florence; mais presque
toutes ces œuvres étaient déjà mentionnées par Ghiberti. Vasari en parle
également et précise qu'à Cortona Barna a orné entre autres la partie
principale de la voûte et de la façade de l'église de Ste. Marguerite.
A Arezzo il a exécuté, selon Vasari, des peintures pour les Tarlati dans
l'église de St. Augustin et dans la chapelle de St. Jacques, qu'il a ornée
de scènes de la vie de ce saint. Dans la Pieve de cette ville il aurait
fait dans la chapelle Paganella des représentations de la vie de la Madonne avec le portrait du Bienheureux Rinieri; dans l'église de St. Barthélemy il a peint des scènes de l'Ancien Testament et de l'histoire des
rois Mages; dans l'église du Saint-Esprit des épisodes de la vie de
St. Jean l'Evangéliste auxquels il a ajouté les portraits de lui-même et
de ses amis. De retour à Sienne il a fait, selon le biographe, beaucoup
de petits panneaux.

Lanzi raconte qu'il a vu à Venise un rétable d'autel de la main de
Barna, bien exécuté et signé «Bernardus de Senis», et que quelques autres
peintures de cet artiste furent découvertes dans la diocèse de Sienne par
l'archevêque Zondadari, qui avait une belle collection d'œuvres siennoises.
Enfin Cavalcaselle mentionne un diptyque au musée de l'Université d'Oxford, représentant la Crucifixion et la Mise au Tombeau qui est faussement signé du nom de Simone, mais pourrait être de Barna. Je n'ai pas
pu retrouver la trace de cette peinture.

Il y a beaucoup d'éléments dans l'art de Barna qui le caractérisent
comme disciple de Simone. C'est avant tout sa façon de faire ressortir
les éléments esthétiques et son adaptation de principes gothiques dans la
forme de ses figures; pourtant son schéma humain est autre et son sentiment dramatique bien plus développé. Bien que ses figures ne soient
pas lourdes, le peintre ne semble pas avoir visé à leur donner cette
élégance qui fut si nettement le trait prédominant dans l'œuvre de
Simone; ses personnages sont toujours plus fortement construits, plus
larges de proportions, les visages plus ronds; la douce mélancolie de Simone a fait place chez Barna à une gravité moins éthérée; pourtant il
observait toujours autant que Simone la beauté et l'harmonie. Les draperies sont traitées d'après les mêmes principes que celles de son prédécesseur; elles sont gothiques et légèrement stylisées, donnant des reliefs
parfois supérieurs à ceux que nous observons chez Simone, mais plus

larges, parfois quelque peu anguleux dans les plis, et d'une façon générale moins gracieux. Le type des formes humaines adopté par Barna
pourrait faire croire à une influence de Duccio; mais je ne vois pas qu'il
y ait une ressemblance entre les types iconographiques suivis par l'un et
par l'autre qui confirmerait cette hypothèse ; au contraire il ne me semble
pas qu'ils aient des points en commun, que nous ne retrouvions chez
Giotto ou chez les peintres de l'école de Pietro Lorenzetti dans l'église
inférieure d'Assise [1].

De l'influence que Lorenzetti aurait exercée, selon certains critiques,
sur Barna, je ne découvre une trace que dans l'élément dramatique, dans
lequel Barna surpasse Simone. Par sa façon de représenter l'action, il
nous rappelle plutôt Ugolino da Siena que Duccio.

Le coloris de Barna est moins clair que celui de Simone et s'accorde
avec l'esprit plus grave et moins brillant, dans lequel il travaillait. Il
ne néglige pas l'ornementation et le détail mais n'y consacre pas le
même soin minutieux que Simone, et ses créations ne produisent jamais
l'impression de miniatures. Quant au dessin, les œuvres de Barna ne
sont pas inférieures à celles de Simone; Vasari louait Barna particulièrement pour son dessin et nous dit qu'il possédait une feuille d'esquisses
d'animaux, que Barna savait rendre avec un frappant réalisme.

Dans sa façon de composer une scène Barna se montre entièrement
indépendant des qualités de Duccio; ses groupes sont mal formés, et
l'artiste évite autant que possible toute représentation de distance ou de
perspective en mettant un fond uni derrière chaque composition. Des
morceaux d'architecture ou des arbres se trouvent à une distance non
définie ; les arbres sont d'ailleurs toujours mal dessinés.

Les rares fois que Barna peint un intérieur, par exemple dans le
complot de Judas, il le fait d'une façon des plus archaïques. Comme
beaucoup d'artistes de son époque Barna représentait surtout l'être humain, en négligeant l'entourage.

Vasari n'est pas le seule qui nous parle de Giovanni d'Asciano; il
a pris dans l'Anonimo Gaddiano, que Giovanni a exécuté des peintures
dans l'hôpital de Sienne et a travaillé dans le palais des Médicis à Florence.

Il y a à Asciano des peintures qui — bien qu'assez vulgaires —
démontrent une influence prononcée de Barna ; ce sont surtout dans
l'église de St. François, sur le mur de droite, deux fragments de fresques

[1] Il n'y a que l'Appel des Disciples qui chez Barna semble une copie libre d'après
Duccio.

peintes sur des peintures du XIIIe siècle [1]. L'une représente le Sauveur
en prière dans le Jardin des Oliviers, scène avec laquelle est combiné le
Baiser de Judas, un groupe des soldats, qui captureront le Christ y assiste; plus bas on voit la tête de St. Pierre qui sans doute coupait
l'oreille de Malchus, mais cette partie de la fresque a disparu. L'autre
peinture représente le Rédempteur mort entre St. Pierre et St. Paul [2].
Si ces peintures sont, comme on pourrait le croire, de Giovanni d'Asciano, il résulte clairement que nous ne lui sommes redevables d'aucun
des mérites que présentent les fresques de San Gemignano. Il est vrai
que dans les formes humaines, les fresques et les draperies, il y a des
éléments qui nous rappellent ces œuvres tellement supérieures; mais il
est évident que Barna projeta et esquissa toute la série de fresques et
que Giovanni n'a dans ce cas qu'aidé à l'exécution.

Cavalcaselle attribuait au même peintre une Vierge avec l'Enfant,
St. Nicolas, St. Léonard, St. Jean-Baptiste et St. Eliah, qui se trouvaient
dans l'oratoire de St. Nicolas près de l'église del Carmine à Florence [3].

Annotations.

Des peintures faussement attribuées a Barna sont les suivantes: Crowe et
Cavalcaselle p. 84 La Madonne dans l'église de St. Dominique de Sienne, est
peinte par Paolo de Giovanni Fei; Venturi, La Présentation au Temple, au
Louvre, est de Bartolo de Fredi; Rothes op. cit. p. 49 pl. XII. La Madonne,
saints et donateurs, lunette de l'église dei Servi de Sienne, est dans la manière
de Matheo di Giovanni; Rothes op. cit. et Douglas. Histoire II, p. 337 de Sienne
repeint du ciborium de St. Giovanni in Laterano Rome est plutôt d'Antoniazzo
Romano. v. Jacobsen op. cit. p. 56 et le même dans le Repertorium f. Kunstw.
1906; Douglas Hist. de Sienne. La Madonne dans l'église de St. Donato à Sienne
est une œuvre d'Andrea Vanni; Cavalcaselle mentionne le N° 60 de la collection
Ramboux comme étant dans la manière de Barna ainsi qu'une Crucifixion du musée
de Bruxelles attribuée à Giotto qui ne s'y trouve plus. Parmi les œuvres de l'école de
Barna il faut citer: La Madonne avec l'archange Gabriel, St. Jean-Baptiste, St.
Barthélemy et St. Mathieu et de petites figures de saints, dont neuf manquent,
dans la Collégiale de Chianciano (B. Manucci, Una tavola del Barna. Rassegna d'arte
Senese 1905 p. 88. Reprod. Bargagli-Petrucci, Montepulciano, Chiusi etc. Bergamo 1907 p. 98). Plusieurs peintures dans l'église de St. Pierre à San Gemignano, dont Crowe et Cavalcaselle p. 84, mentionne l'une. D'autres ont été

---

[1] Mentionnée par M. Baroni, Rassegna d'Arte Senese 1906, p. 14.

[2] Une série de grandes figures de saints qui montrent une faible influence de Simone, semble avoir fait le tour de la nef de cette église. Il n'en reste que quelques
fragments. Un des mieux conservés est un St. Louis de Toulouse qui semble restituer
un enfant à sa mère.

[3] Crowe and Cavalcaselle, p. 84—85.

124

découvertes récemment: mur de droite Madonne debout tenant l'Enfant par la main entre St. Pierre et St. Paul et une donatrice (Reprod. R. Pantini San Gemignano. Bergamo 1908 p. 110). Niche à gauche de l'autel: Vierge et St Jean probablement à l'origine sous une croix sculptée qui manque maintenant; Montalcino Palazzo Municipale, Madonne (Reprod. F. Bargagli-Petrucci, Pienza, Montalcino. Bergamo 1911; Perkins, Mostra d'Arte Senese, Rassegna d'Arte 1904 p. 147 la considère comme une œuvre influencée par Simone et par Lorenzetti); Galerie de Sienne N° 11 Crucifiement et Mise au Tombeau; Galerie de Sienne N° 57 Prière au Jardin des Oliviers, Flagellation, Calvaire, Crucifixion, Pietà sous la croix (Perkins, Appunti sulle Gallerie di Siena. Rassegna d'Arte Senese 1908 p. 53 influencé par Barna et Bartolo di Fredi); Fine Art Galery Boston Mariage mystique de Ste. Catherine (Gnoli, Revue d'Art Chrétien 1911 p. 339).

Naddo Ceccarelli.

De Naddo Ceccarelli nous ne trouvons le nom que deux fois: ce sont les signatures de deux tableaux dont l'un porte également la date 1347.

Cette dernière œuvre est une figure à mi-corps de la Madonne tenant l'Enfant, dans la collection Cook à Richmond [1], qui figurait en 1904 à l'Exposition du Burlington Club (pl. XXXVI). C'est une figure frêle et gracieuse, très jolie de ligne et d'une grande finesse d'exécution, mais sans grandeur. L'influence de Simone Martini est très visible, bien que l'œuvre ne manque pas d'individualité. La peinture a un très joli cadre dans lequel huit médaillons contiennent des figures à mi-corps de saints. L'inscription est ainsi formulée: «Naddus Ceccharelli de Senis me pinxit M.CCCLVII». L'autre peinture signée du même artiste se trouve dans les magasins de la collection Lichtenstein, près de Vienne. Je ne la connais que par une courte description [2]. Le panneau représente le Sauveur mort sortant à moitié du sarcophage, le cadre semble être orné de la même façon que celui de la Madonne de la collection Cook; on y lit ces mots: «Naddus Ceccharellus de Senis me pinx . . . . .»

L'œuvre la plus importante qui nous reste du peintre, est un polyptyque dans la Galerie de Sienne (115) [3], depuis longtemps attribué pour des raisons inconnues à Bartolommeo di Nutino [4], mais que M. Perkins fut

[1] Reprod. dans le Catal. de l'Exposition de Londres, pl. 20. Faisait partie, du temps de Cavalcaselle, de la collection Donnadieu à Londres.

[2] Langton Douglas, note 1, page 71 de Crowe and Cavalcaselle, le panneau provient de la collection Ciseri de Florence.

[3] Reprod. Jacobsen. pl. XXV.

[4] Nous n'avons aucune œuvre de Bartolommeo di Nutino, dont on trouve le nom dans la matricule des peintres de Sienne de 1355 et dans une autre d'une date légèrement plus tardive. Manzoni, op. cit., p. 109 et 110. Milanesi, Doc. Sen. I, p. 40—42.

le premier à revendiquer pour Ceccarelli[1]. Le centre montre la Vierge portant sur le bras l'Enfant à moitié nu qui tient un lis ; les panneaux à gauche représentent l'archange Michel et St. Antoine abbé ; à droite, ce sont St. Jean l'Evangéliste et St. Laurent. Dans les gables on voit le Christ bénissant et quatre anges dont deux tiennent des bouquets de fleurs. Les figures de ce rétable présentent des proportions quelque peu différentes de celles du panneau de Richmond, elles sont plus longues, et plus raides, les attitudes sont peu gracieuses et les visages manquent de vie. De toutes ces figures, c'est celle du Sauveur bénissant qui nous rappelle le plus la tradition de Simone; mais cette ressemblance n'est pas assez frappante pour expliquer comment Cavalcaselle a pu la croire de la main de Lippo. Sans doute le polyptyque, bien qu'indubitablement du même artiste, est d'une autre période que la Madonne de la collection Cook.

Presque identique à la Madonne de 1347 est une autre dans la collection que M. Horne a léguée à la ville de Florence. C'est une petite peinture qui possède les mêmes qualités et le même défaut que sa sœur en Angleterre.

Enfin il y a encore dans la Galerie de Budapest une figure à mi-corps de la Madonne sur un fond d'or avec décor en relief, qui n'a ni toute la raideur du polyptyque de Sienne, ni toute la grâce des panneaux des collections Cook et Horne.

Si nous voulions nous risquer, avec le peu de données que nous possédons, à classer ces quelques peintures dans un ordre chronologique, je pense que le rétable de Sienne devrait être considéré comme une œuvre de jeunesse, après laquelle nous placerions la Madonne de Budapest, tandis que celles de Florence et de Richmond représentent les œuvres de l'âge mûr du maître. Comme l'une de ces dernières est datée 1347, il en résulterait que Naddo Ceccarelli était un des disciples directs de Simone.

Ceci ne nous surprend aucunement. Malgré certains éléments individuels, il est clair que Naddo suit entièrement la tradition de Simone. Il ne l'égale jamais pour le sentiment ou pour l'élégance, mais il n'est pas non plus entièrement dépourvu de ces deux qualités. Si on ne voit pas chez lui une réalisation parfaite des principes esthétiques de Simone, au moins on en trouve chez lui le goût. Naddo Ceccarelli n'a pas le sentiment profond de Simone, mais ses Madonnes expriment une timidité et une douceur charmantes. Si le peintre ne fut pas un grand

<hr>

[1] Perkins, Su certi pitture di N. C. Rassegna d'Arte Senese 1909, p. 3.

artiste, ses œuvres sont tout au moins au plus haut degré aimables. Son coloris est chaud et brillant, son dessin jamais défectueux [1].

Dans la proximité immédiate de Naddo il faut placer deux jolis panneaux du Musée d'Aix en Provence, et même il ne me semble pas tout à fait impossible que ce soient des œuvres du peintre lui-même, faites dans une manière qui n'est pas représentée dans les cinq tableaux qu'on peut lui attribuer avec certitude. Les panneaux représentent l'Annonciation, les deux figures agenouillées dans un édifice coupé de façon à en faire voir l'intérieur, et la Nativité avec le Message aux Bergers, où l'Enfant est vu simultanément dans la crèche et recevant son premier bain. Les rapports avec Simone sont ici, par la finesse du dessin et le relief des draperies, plus manifestes que dans les peintures dont il a été question. Je crois que M. Perkins, qui a déjà fait mention de ces tableaux, les publiera sous peu ensemble avec d'autres peintures qu'il attribue à la même main [2].

Andrea Vanni.

Andrea Vanni est un personnage d'une assez grande importance pour l'histoire de la ville de Sienne. Né probablement en 1332, il était inscrit dans la matricule des peintres de Sienne en 1355, ainsi que dans la deuxième matricule sans date et dans celle de 1363 [3].

J'admets avec M. Bertaux qu'il n'est pas probable qu'Andrea Vanni ait été en 1354 peintre et «valet familier» de la reine Jeanne de Naples [4]; pourtant cette date a été rapportée comme se trouvant dans une signature d'une Madonne maintenant disparue, que la reine avait fait faire, et qu'elle plaça dans la chapelle du château de Casaluce, quand cet édifice fut donnée aux moines Célestins; aux dix-huitième siècle cette peinture se trouvait dans le dortoir des novices [5]. Il me paraît plus probable

---

[1] Jacobsen, op. cit., p. 55 croyait à la possibilité que le même peintre qui a peint le polyptyque, attribué à di Nutino, ait également fait le rétable 58 de la même galerie: la Madonne, Ste. Claire, le Baptiste, St. François et un saint évêque, ayant dans les gables le Crucifiement avec St. Pierre et St. Paul. Au Musée Fitzwilliam à Cambridge on attribue à Naddo une Crucifixion de l'école de Pietro Lorenzetti (558).

[2] Perkins, Spigolatura, Rassegna d'Arte Senese 1908, p. 86 M. Berenson attribuait ces panneaux d'abord à Lippo Memmi et maintenant les croit de la main de Bartolo di Fredi.

[3] Manzoni, op. cit., p. 109, 110, 113.

[4] E. Bertaux, Santa Maria di Donna Regina e l'arte Senese a Napoli. Naples 1899 p. 141.

[5] L'inscription fut copiée ainsi: Andreas Varris (sic) de Senis Magister Pictor et Domesticus Familiarissimus Dominae Joannae Reginae Hierusalem et Siciliae me pinxit Anno 1354. Donato da Siderio, Historia del real Castello di Casaluce, Napoli 1622,

127

que cette peinture fut exécutée pendant un des séjours que le peintre a faits à Naples, comme envoyé de la ville de Sienne qui certainement ne lui confia pas cette charge à l'âge de vingt-et-un ans.

En 1368 Andrea Vanni fut du parti de ceux qui expulsèrent les nobles de la ville de Sienne, et deux ans plus tard il était membre du Grand Conseil, l'année après «Gonfaloniere». En 1372 le peintre fut envoyé comme représentant de sa ville auprès du Pape à Avignon et en 1373 à Florence. En 1376, Andrea est mentionné comme recteur du Dôme et «Provéditeur» de la Biccherna et en 1378 il fut nommé syndic pour l'élection d'un sénateur. En 1363 il fonctionne à Naples comme ambassadeur de Sienne et il existe une lettre de lui du 18 novembre, conservée aux archives de Sienne, dans laquelle il décrit l'entrée du Pape Urbain dans la ville. Dans cette même épître il mentionne qu'il est pour la deuxième fois à Naples[1]. Le 24 février de l'année suivante il s'y trouve encore et se plaint que la ville l'y laisse sans argent, tandis que lui a bien sacrifié sa boutique aux intérêts de Sienne; il assure assez lamentablement que ce n'est pas de sa faute s'il a tout dépensé. Peut-être ne reçut-il pas satisfaction, puisque la même année il part pour aller travailler en Sicile[2].

La sainte politicienne Catherine de Sienne écrivit trois lettres à Andrea, et comme dans l'une elle exprime le désir de le voir «un juste et bon gouverneur», il paraît probable qu'elle a écrit ces lettres pendant qu'il fut syndic[3]. Andrea mourut en 1414 peut-être loin de Sienne.

Quant à son activité artistique, nous n'avons que quelques données sans grande importance. En 1353 il travaille avec Bartolo di Fredi et en 1370 avec Antonio Veneziano, à orner de peintures une chapelle dans la cathédrale de Sienne. Deux ans plus tard, après avoir été «Gonfaloniere», il fit une bannière pour son quartier, travail pour lequel il toucha 23 livres, 8 sous et 6 deniers. En 1380, il restaura une Madonne sur la façade de la cathédrale, et en 1398 une Annonciation pour la même église, au-dessus du portique de laquelle il fit en 1399 des fresques qui lui furent payées 30 florins d'or. Enfin, Cristofani Guidini, ami du peintre qui en 1380 fut parrain de son fils, l'a prié d'exécuter une peinture de Ste. Catherine et des scènes de la vie de St. Jacques dans la chapelle

p. 70 et P. Costa, Rammentazione istorica dell' effigie di Sta Maria di Casaluce, Napoli 1709, p. 172. Ce dernier semble avoir copié l'autre. La faute dans le nom du peintre inspire des doutes quant à l'exactitude de la transcription. Bertaux, op. cit.

[1] Borghese e Bianchi, Nuovi documenti per la Storia dell' Arte Senese, p. 54.

[2] Idem. p. 55.

[3] Lettres de Ste. Catherine de Sienne, traduites de l'Italien par E. Cartier. 2° éd. II, 1886, p. 38, 43 et 46.

de San Giacomo Interciso, chapelle qui se trouve dans la cathédrale près du clocher; et il semble les avoir exécutées vers 1400 [1].

Il ne nous reste rien de toutes ses peintures et, comme nous n'avons pas d'œuvre signée d'Andrea, nous n'aurions aucun tableau qu'on pût attribuer avec certitude à sa main, si Tizio n'avait copié du journal du peintre un passage où il parle d'un polyptyque, encore existant, dans l'église de San Stefano à Sienne, qui lui fut payé cent florins d'or [2].

Le rétable de San Stefano à Sienne est l'œuvre la plus faible que nous ayons d'Andrea. Dans le panneau principal, la Vierge supporte sur ses genoux l'Enfant Jésus debout, bénissant et tenant un petit oiseau à la main. Ce sont encore là les figures les plus agréables; la tête de la Vierge a un certain charme, mais son visage ainsi que son corps n'ont aucun modelé [3]. La figure de l'Enfant a un peu plus de relief grâce aux plis de sa robe; ses traits ont une assez grande ressemblance avec ceux des images de Jésus de Simone. Les panneaux de gauche montrent les figures debout de St. Etienne et de St. Jacques, ceux de droite de Jean Baptiste et de St. Barthélemy, au-dessus de chacune de ces figures on voit le buste d'un Evangéliste avec son emblème. Les quatre saints latéraux sont extrêmement laids, d'un dessin raide, sans aucun attrait ni aucune vie; par contre les Evangélistes sont assez beaux, expressifs et bien drapés. Au-dessus du panneau central, on remarque une petite Annonciation qui a également des qualités; l'ange tenant une branche est agenouillé devant la Vierge qui, assise sur une petite banquette, croise les bras sur sa poitrine. Des cinq pinacles, la figure centrale est tellement effacée que c'est à peine si nous y devinons la forme du Sauveur, les quatre autres montrent à gauche St. Paul et un saint tenant un bâton en chaque main; à droite St. Pierre et St. Antoine l'abbé. Des deux côtés du rétable se trouvent encore d'étroits panneaux qui contiennent chacun trois figures l'une au-dessus de l'autre; à gauche ce sont un Saint Pape (Grégoire?), Ste. Catherine d'Alexandrie et une sainte tenant un volume; à droite un Saint Evêque, Ste. Hélène et Ste. Apollonie. Les figures dans les pinacles ne sont pas trop mauvaises mais celles des côtés sont de nouveau très médiocres [4].

Ne sachant même pas la date de cette unique œuvre à peu près authentique, nous nous trouvons dans l'impossibilité d'arriver à une clas-

[1] Riccordi di Cristofani Guidini, Arch. Stor. Sen. vol. IV, part 1, p. 39.
[2] Ce document et beaucoup d'autres sont rapportés par Milanesi, Doc. Sen. I, p. 295 et 305—6, et mentionnés chez Crowe and Cavalcaselle, p. 127 etc.
[3] Reprod. du détail dans Jacobsen, op. cit. pl. 19.
[4] La prédelle est d'une autre main et semble une œuvre de Giovanni di Paolo.

sification chronologique des autres peintures, bien qu'on puisse reconnaître des manières différentes dans l'ensemble de l'activité du peintre. La grande dureté du dessin, qui est un des traits caractéristiques des saints latéraux du polyptyque de San Stefano, se manifeste aussi dans d'autres œuvres comme par exemple dans un crucifiement entre deux prophètes à la galerie de Sienne (114)[1]. Les différentes parties ne forment qu'un panneau et ne sont séparées que par des arcades et des colonnettes. Au centre le Sauveur est attaché sur la croix, à côté de laquelle se tiennent la Vierge et St. Jean faisant des gestes de désespoir, tandis que la Madeleine en embrasse le bois. L'ensemble nous rappelle assez la Crucifixion de Luca di Tommè à Pise dont il sera question et ne lui est guère supérieur ; les figures principales surtout montrent des ressemblances assez marquées. A droite et à gauche se trouve un apôtre, figures de dessin large, lourdement drapées et très supérieures à la Crucifixion ; ils tiennent des philactères avec des inscriptions en caractères hébraïques fantaisistes, de même que deux figures d'apôtres à mi-corps dans des médaillons en haut. On retrouve la même manière dans deux panneaux de l'abbaye de St. Eugène en dehors de Sienne, représentant St. Pierre et St. Paul avec leurs emblèmes usuels, peintures d'un coloris plus vif que celui de la plupart des produits d'Andrea[2], ainsi que dans une figure de la Madonne à mi-corps au musée de Berlin, où l'Enfant Jésus joue avec un petit oiseau[3], mais ici il y a plus de finesse dans la forme et dans le dessin. Cette œuvre se rapproche d'une autre Madonne avec un donateur, tableau assez repeint à l'église du Saint Esprit à Sienne où l'Enfant, qui ressemble particulièrement à celui qui se trouve à Berlin, a attaché une ficelle à une patte du petit oiseau qu'il fait voler.

Une belle œuvre, qui pousse encore plus loin cette tendance vers les lignes gracieuses, et qui démontre plus clairement les rapports entre Andrea Vanni et l'école de Simone, est une Annonciation en deux panneaux — probablement des gables — qui de la collection Saracini à Sienne a passé au Fogg Museum du Harvard College (Amérique). Le type est toujours celui de l'Annonciation de Simone ; le messager céleste plie un genou, tenant une petite branche, tandis que la Vierge, assise sur un siège couvert d'une draperie richement ornée, a interrompu sa lecture et tient d'une main le livre ouvert, posant l'autre sur sa poitrine. Ce sont de délicieuses figures caractéristiques pour l'école de Simone,

[1] Reprod. Jacobsen, op. cit., pl. 8.

[2] Ils figuraient à l'exposition organisée à Sienne en 1904. Perkins, La pittura alla mostra d'arte antica di Siena, Rassegna d'Arte 1904.

[3] Suida, Notizie su alcuni quadri primitivi italiani nel Kaiser Friedrich Museum di Berlino, Rivista d'Arte 1907, p. 41.

non seulement par les formes gracieuses, mais aussi par l'exécution minutieuse et par le dessin ornemental en relief. Dans les plis on trouve certains éléments gothiques, par exemple dans la petite draperie flottant en l'air derrière l'ange, trait que nous avons relevé chez Simone. Dans cette même manière Andrea a exécuté une charmante Madonne du Fitz William Museum de Cambridge (560 ; pl. XXXVII). La Vierge est assise sur un trône dont le dossier est couvert d'une étoffe richement ornée d'or. Elle porte devant elle l'Enfant Jésus qui tient d'une main un petit oiseau, tandis que de l'autre il a saisi le sein de sa Mère.

Comme silhouette ces deux dernières œuvres sont, il est vrai, à peu près semblables à la Madonne du polyptyque de San Stefano, mais d'autre part il y a une différence très-grande entre la valeur esthétique du panneau de Sienne — qui en avait si peu — et ceux d'Amérique et d'Angleterre, qui justement par cet élément sont apparentés aux œuvres de Simone. Andrea l'a imité aussi de plus en plus près dans l'aspect de l'Enfant Jésus. Je suppose qu'Andrea a fait dans cette période une figure à mi-corps du Bienheureux Andrea Gallerani, appartenant à l'auteur, ainsi que la Madonne sur un trône gothique monumental, tenant l'Enfant, qui se trouve dans la dernière chapelle à gauche de l'église de St. François à Sienne; mais cette fresque est tellement repeinte qu'on ne pourrait l'attribuer avec certitude à notre artiste.

Les mêmes principes, mais rendus par des formes un peu plus robustes, ont produit plusieurs œuvres conservées à Sienne comme la grande Madonne — très abîmée, repeinte et presque noire — dans la chapelle à droite de l'autel majeur de l'église de St. François. Autant que l'état actuel nous permet d'en juger, ce doit avoir été une œuvre qui combinait la majesté avec la grâce, qualités que nous trouvons si admirablement unis chez Simone. L'Enfant, sur la tête duquel se dressent de petites boucles dures, est une réplique des enfants peints par le maître lui-même.

A Sienne, on trouve une autre Madonne — celle-ci beaucoup mieux conservée — dans la chapelle «dei Santi Chiodi», à côté de l'église de S. Donato. C'est la Vierge allaitant l'Enfant, œuvre gracieuse et bien dessinée, exprimant la douce tristesse des Madonnes de Simone et de Lippo. Une peinture importante de cette même manière, est un triptyque dans la Galerie de Sienne (67)[1]. Ici l'Archange Michel est gravement assis, vêtu d'une cuirasse et d'une robe magnifiquement ornées. Il tient d'une main son glaive, tandis que l'autre est appuyée sur son genou,

[1] Reprod. Jacobsen, op. cit., pl. 18.

les pieds posés sur le dragon, coupé en morceaux. A droite, St. Jean
Baptiste tient un philactère et semble désigner la figure à mi-corps du
Sauveur, que l'on voit bénissant et tenant un volume dans le gable du
panneau central. De l'autre côté St. Antoine de Padoue paraît perdu
dans des méditations. Dans les pinacles latéraux il y a les deux personnages de l'Annonciation qui montrent — bien qu'elles ne soient que
des figures à mi-corps — l'influence du tableau de Simone. Sans connaître les œuvres intermédiaires, il serait difficile de reconnaître dans
cette belle peinture la même main qui a peint le polyptyque de San Stefano. Encore reste-t-il une certaine dureté dans les plis, mais les visages
sont beaux, animés et d'une excellente exécution, pleins de reliefs finement nuancés, et si la ligne reste toujours un peu dure, l'effet artistique
est tout à fait digne d'un bon disciple de Simone.

En dehors de Sienne, cette manière — qui me semble la meilleure
d'Andrea Vanni — est représentée par une figure à mi-corps de la Vierge
qui se trouve dans une des salles derrière la sacristie de la Cathédrale
de Pérouse. Seulement les visages de la Vierge et de l'Enfant sont entièrement repeints, de sorte que nous devons fonder notre opinion sur la
silhouette qui est gracieuse, sans être frêle[1]. M. Berenson m'a obligeam-
ment communiqué qu'une peinture non moins belle appartient au sénateur américain Clark et que celle-ci provient de Naples, ce qui peut
nous donner une indication concernant la date de la meilleure période
d'Andrea.

L'œuvre la plus connue d'Andrea est le portrait qu'il a exécuté de
Ste. Catherine, fait sans doute d'après nature et qui se trouve dans une
chapelle fermée de l'église de St. Dominique à Sienne. La Sainte est
représentée debout dans le costume de l'ordre, elle tient une branche de
lis tandis qu'elle tend sa main à baiser à une personne agenouillée. C'est
une peinture très endommagée, qui ne paraît avoir jamais eu de grandes
qualités, ne ressemblant pourtant pas trop au polyptyque de San Stefano.

Il serait facile d'allonger encore la liste des œuvres d'Andrea, mais
cela ne nous mènerait pas à une meilleure compréhension de cet artiste.

Chez Lippo Vanni et Luca di Tommè nous constaterons l'existence
de manières différentes, qui les font passer de l'école de Lorenzetti à celle
de Simone; les différences chez Andrea consistent bien plutôt dans la
qualité des œuvres qui varient du très vulgaire jusqu'au très beau; en
effet, tandis que les saints latéraux du polyptyque ne nous font penser

---

[1] Cette œuvre importante fut découverte par le comte Gnoli qui la publiera sous
peu.

qu'à un peintre provincial sans mérite aucun, les belles Madonnes comme celle du Musée d'Oxford classent leur auteur parmi les bons artistes de l'école de Simone.

M. Berenson nous donne une indication quant à sa manière de comprendre l'évolution artistique d'Andrea, en plaçant le triptyque de St. Michel de la Galerie de Sienne parmi les œuvres du commencement de la carrière de l'artiste, ce qui équivaut à dire que le peintre se trouvait, à ses débuts, plus près de Simone que dans ses autres créations, où il se laisse parfois même légèrement influencer par les Lorenzetti. Je suis de l'avis contraire: Comme d'autres peintres, Andrea Vanni aussi s'est laissé gagner par l'art de Simone, dont il cherche, dans ses meilleures productions, à égaler la grâce stylisée du dessin, qui chez lui est encore plus évidente, à cause d'un fréquent manque de relief, ce qui donne aux contours plus d'importance. Par contre il me semble impossible qu'un artiste, qui aurait débuté dans cette école, s'en soit séparé après.

Andrea Vanni appartient dans toutes ses manières plus à l'école de Simone qu'à aucune autre et en cela il diffère également de Lippo Vanni ou de Luca di Tommè. Si par exemple dans la Crucifixion de la Galerie de Sienne certains éléments nous rappellent un instant les Lorenzetti, cela n'a pas touché le fondement de son art. Même dans ses œuvres les plus maladroitement exécutées on découvrira toujours que les principes sont empruntés à Simone et ne sont que mal interprétés.

Andrea ne fut pas un grand artiste, son dessin est presque toujours dur et son schéma humain se sépare assez de la réalité, mais c'est un maniériste qui a son charme et qui peut même parfois donner de véritables jouissances artistiques.

Annotations.

Des œuvres que M. Berenson, op. cit., attribue encore à Andrea Vanni, je me limiterai à ne citer que les plus significatives: Vierge et saints avec Crucifixion au-dessus, au Musée d'Altenbourg, Ste. Anne avec la Vierge, Ste. Ursule et Ste. Agnès au Stædelsches Kunstinstitut à Francfort s. M., St. Jacques et St. Jean l'Evangéliste à la Galerie de Sienne (113 et 312); Madonne dans l'Oratoire de St. Michel à Sienne.

M. Perkins a consacré un article à Andrea Vanni dans le Burlington-Magazine août 1903, dans lequel il donne ses attributions. Je ne suis pas de l'avis de M. Berenson et de M. Perkins, op. cit., et Rassegna d'Arte Senese 1908, p. 81 note 1, qu'Andrea Vanni serait l'auteur d'une Madonne très vénérée dans l'église de San Giovanni in Pantano (ou della Staffa) à Sienne, œuvre très repeinte et à laquelle on a ajouté des couronnes. Je la crois de l'école de Giacomo di Mino del Pelliciaio. Je ne puis pas admettre non plus l'attribution très répandue et

133

soutenue par ces deux critiques, que la charmante Annonciation — copie libre de celle de Simone — dans l'église de San Pietro in Ovile à Sienne soit d'Andrea, elle me semble une œuvre plus tardive. Je suis heureux de me rencontrer ici avec M. Corrado Ricci (Il Palazzo Pubblico de Siena e la Mostra d'Antica Arte Senese, Bergamo 1904, p. 65) qui indique même deux figures qui formèrent un ensemble avec ce panneau et dont l'une représente St. Bernard de Sienne canonisé en 1450. M. Berenson m'autorise d'ailleurs à mentionner qu'il a changé d'avis sur ce tableau et ne la croit plus d'Andrea Vanni auquel il l'attribuait dans son Central Italian Painters. MM. Langton Douglas et Jacobsen donnent ce tableau à Sassetta, ce qui me semble également erroné. Je ne partage pas non plus l'opinion de MM. Berenson et Perkins que la Madonne avec l'Enfant, d'abord dans la sacristie de la même église, maintenant dans le presbytère, soit de la main d'Andrea. Je la trouve plutôt dans la manière de Fei, à qui M. Berenson l'a attribué récemment (Art in America 1918, p. 70).

D'autres œuvres, dont l'attribution à Andrea Vanni me semble inexacte, sont une Annonciation à la Galerie de Budapest (par Bartolo di Fredi), des fresques dans l'église de l'Annunziata à Lucignano (Bargagli-Petrucci, Montepulciano, Chiusi etc. p. 132), une Madonne dans l'église du monastère de St. Sigismond près de Montefalonico (Perkins, Dipinti sconosciuti della scuola Senese, Rassegna d'Arte Senese 1908, p. 9; œuvre de Lippo Memmi) et d'autres peintures mentionnées par Lanzi et Cavalcaselle, en grande partie de la main de Paolo di Giovanni Fei. Lanzi prétend avoir vu beaucoup d'œuvres d'Andrea à Naples. Il répète, d'après Tizio, qu'Andrea a peint un tableau d'autel avec un St. Sébastien, dans l'église de St. Martin à Sienne, et un Crucifix et un tableau d'autel dans l'église de St. François de la même ville. On pourrait identifier ce dernier avec la Madonne qui s'y trouve encore.

II. LES PEINTRES INFLUENCÈS PAR LES LORENZETTI ET SIMONE.

Il y a un petit groupe de peintres siennois qui a fleuri après le milieu du 14e siècle et dont l'évolution artistique semble avoir suivi un chemin à peu près identique: tandis que leurs débuts nous les font connaître comme des élèves des Lorenzetti — généralement de Pietro — ils finissent par se rattacher entièrement à l'école de Simone. C'est à croire que, comme l'art de Michel-Ange un siècle et demi plus tard, ainsi la manière de Simone s'imposa tôt ou tard à tous les artistes qui entrèrent en contact avec lui.

Lippo Vanni.

Il n'y a que peu de temps que la figure de Lippo Vanni nous est bien connue et cela tient à ce qu'aucune œuvre authentique de quelque importance n'avait été découverte jusqu'en 1910, quand on trouva sa signature sur le triptyque du Monastère de St. Sixte et St. Dominique à Rome.

Il y a pourtant un certain nombre de documents qui nous le font suivre de 1343 à 75 [1]. En 1343 et 1345 il est mentionné pour avoir exécuté des miniatures, tandis qu'en 1344 il porte au mont de piété un manuscrit qu'il aurait dù enluminer. En 1352 il touche 85 livres, 16 sols et 8 deniers, pour une grande fresque, dans une des salles du rez-de-

[1] Milanesi, Doc. Sen. I, p. 27—28 et 84. Crowe and Cavalcaselle III, p. 88.

chaussée du Palais Publique de Sienne. C'est celle qui fut entièrement repeinte par Sano di Pietro, mais où on lit pourtant encore la signature «Lippus Vannis de Senis fecit hoc opus Anno Domini Millesimo trecentesimo LII». Trois ans plus tard son nom se trouve le premier inscrit sur la matricule de la corporation des peintres de Sienne. En 1358 il signe le triptyque à Rome et en 1359 il travaille avec Nello Betti dans la salle du Conseil du Palais Publique. L'année suivante il est membre du conseil municipal de Sienne et, comme tel, on le retrouve en 1374. Deux ans auparavant il avait signé une Annonciation au cloître de St. Dominique à Sienne, dont il reste encore des fragments, et nous le trouvons pour la dernière fois en 1375, où il reçoit 6 florins d'or et 31 sols pour avoir peint «les portes du Crucifix» du Dôme.

Des œuvres datées il nous reste pour commencer les miniatures que Lippo a exécutées en 1345 pour l'hôpital della Scala. M. De Nicola[1] démontre clairement que les cinq miniatures pour lesquelles Lippo fut payé 3 florins d'or, sont les mêmes qu'on trouve maintenant dans le «Corale» n° 4 de la Bibliothèque de la Cathédrale, manuscrit qui provient de l'hôpital et où cinq miniatures sont indubitablement de la même main. Elles représentent: la Pentecôte — sept disciples se tenant debout en cercle, en haut apparaît le buste du Sauveur —; l'Annonciation — l'Ange agenouillé devant la Madonne assise à l'intérieur d'une salle voûtée —; la Nativité de la Vierge, (pl. XXXIX) — Ste. Anne se soulevant un peu dans son lit tandis que l'enfant reçoit son premier bain —; l'Assomption — la Vierge portée par des chérubins pendant que St. Thomas en bas reçoit sa ceinture —; et la Circoncision — l'intérieur d'un temple où se trouvent sept figures, la Vierge portant l'Enfant.

M. De Nicola attribue encore à Lippo Vanni des initiales dans deux autres manuscrits de la Biblothèque de la Cathédrale de Sienne; dans l'un (180) il n'y en a que deux: l'Annonciation et le Christ envoyant les apôtres pour aller prêcher; dans l'autre, elles sont au nombre de quatre, c'est à dire toutes excepté la dernière: les Maries au sépulcre, l'Apparition aux apôtres, la Pentecôte et une figure à mi-corps de St. Jean Baptiste. — Ces miniatures ne sont pas très belles, elles n'ont pas une grande finesse, mais ont par contre une certaine vivacité d'action et une largeur dans l'exécution qui nous font penser que déjà à ce moment Lippo était plus peintre que miniaturiste; celles du premier codex possèdent ces qualités plus que les autres.

L'œuvre datée qui dans l'ordre chronologique suit ces miniatures est

---

[1] De Nicola, Arte inedita in Siena, p. 12.

le triptyque à Rome (1358) [1], aujourd'hui dans l'église de S. Domenico
e San Sisto, provenant de l'église de S. Aurea della Via Giulia dans l'ancien quartier des Siennois, sans doute la raison pour laquelle un Siennois fut
chargé de cette peinture [2] (pl. XXXVIII). Il montre dans le panneau central
la Madonne assise sur un trône, derrière le dossier duquel les têtes de deux
anges sont visibles; à gauche se trouve St. Antoine avec le lis, à droite
Ste. Aurea tient un vase [3]; au bas du trône, Ève est assise près d'un
serpent à tête humaine. La prédelle contient les petites figures à mi-corps
du Christ mort entre St. Thomas et St. Barthélémy. Chaque volet du triptyque contient deux histoires du martyre de Ste. Aurea. Sur la marche
du trône on lit la signature «Lippus Vannis de Senis me pinxit A. Dni
CCCLVIII».

Je ne suis pas d'accord avec M. Perkins pour prétendre que cette
œuvre présente une forte influence de Lippo Memmi; au contraire je n'y
trouve que peu de traits qui nous le rappellent. Les proportions et la
forme des têtes sont aussi différentes de Lippo dans les grandes que dans
les petites figures, qui manquent toutes de grâce et de sentiment et qui
sont d'un dessin un peu dur, et pas très agréable.

Enfin il nous reste des fragments de peu d'importance d'une Annonciation dans le cloître de l'église de St. Dominique à Sienne [4] où —
comme l'indique une description de Sienne de 1625 qui se trouve en manuscrit à la Bibliothèque de la ville — on lisait la signature rimée:

Septante due mille trecent anni
da Siena qui dipinsi Lippo Vanni [5]

Bien qu'il n'en reste distinct que les têtes de la Madonne et de
l'ange, on voit clairement l'aspect différent que présentent ces deux visages,
en les comparant aux œuvres dont il a été question jusqu'ici; différence
qui les rapproche considérablement de Lippo Memmi, non seulement dans
le dessin, mais aussi dans la douce mélancolie que Vanni a imitée ici.

Les trois œuvres datées nous permettent d'établir la chronologie des
autres œuvres qui sont, à juste titre, attribuées à Lippo Vanni [6].

---

[1] Perkins. Alcuni dipinti di Lippo Vanni, Rassegna d'Arte Senese 1910, p. 39.

[2] De Nicola, op. cit.

[3] Cet attribut nous ferait douter que la sainte représentée soit Ste. Aurea dont
l'emblème est une meule. Pourtant le nom de la sainte est clairement inscrit et les
quatre scènes dans les volets racontent son martyre.

[4] Reprod. Jacobsen, pl. 14.

[5] Milanesi, Doc. Sen. I, p. 27 rapporte cette inscription en supprimant le mot
«mill».

[6] M. De Nicola l'a déjà fait dans une certaine mesure. Studi sull arte Senese III,
Rassegna d'Arte 1919, p. 98.

137

Tout à fait dans le même style que les miniatures de 1345 est un petit panneau faisant partie du legs Duseigneur au Louvre[1] qui représente St. Nicolas passant des offrandes par la fenêtre dans la chambre où dorment le pauvre père et ses trois filles. Cette peinture est exécutée avec plus de vivacité et plus d'esprit encore que les miniatures. La chambre est vue en coupe, une des filles se reveille ainsi que le père qui a abandonné le lit à ses enfants et se contente de coucher sur le coffre en bois qui se trouve devant le lit, comme on le voit dans quelques peintures de Simone; comme chez ce peintre, nous retrouvons dans ce panneau la couverture avec un dessin à carreaux.

Ce petit tableau provient de Pise, où la Galerie municipale conserve un panneau de la Madonne donnant le sein à l'enfant, entourée de quatre anges, que M. De Nicola attribue au même artiste et à la même période[2]; il me semble que c'est l'œuvre la moins caractéristique que nous ayons du peintre. Plus voisine du triptyque de 1358 est une Madonne avec l'Enfant à la Galerie du Mans, reconnue et publiée comme une œuvre de Lippo Vanni par M. Perkins[3]. La Vierge est représentée de face, tandis que dans le triptyque elle est vue de profil; mais le type n'est pas différent; l'Enfant et les deux anges qui se tiennent derrière la Vierge sont tout à fait semblables à ceux de la peinture romaine.

Un état plus tardif de l'art de Lippo est représenté par une fresque dans une chapelle du cloître de l'église de St. François de Sienne (Séminaire) et une autre, assez défigurée par des repeints, dans la chapelle de la prison au Palais Communal de San Gimignano.

La première de ces œuvres est une fresque, imitant un polyptyque. Elle fut jadis bien connue de ceux qui étudiaient l'art siennois qui l'attribuaient, non sans hésitations, à Luca di Tommè[4] et à Pietro Lorenzetti[5]. Depuis qu'on a retrouvé l'œuvre authentique de Lippo Vanni, tout le monde est d'accord à reconnaître celui-ci comme son auteur[6]. Sur un fond d'or on voit au centre de cette fresque la Madonne qui tient l'Enfant sur ses genoux, à gauche il y a les figures de St. Jean-Baptiste et de St. François, à droite Ste. Catherine et St. Antoine. En bas une prédelle montre le Christ mort entre la Vierge et St. Jean, et les quatre

---

[1] De Nicola, idem. Catalogue du Musée du Louvre, Collection Arconati-Visconti, Paris 1917, n° 125.

[2] De Nicola, idem.

[3] Perkins, Dipinti Senesi sconosciutio inediti, Rassegna d'Arte 1914, p. 97.

[4] Jacobsen, op. cit.. p. 47, reprod pl. 6.

[5] Venturi, op. cit. V, p. 741.

[6] Cette fresque fut pour la première fois publiée avec cette attribution par M. De Nicola. Alcuni dipinti di L. V. Rassegna d'Arte Senese 1910, p. 39.

Evangélistes ; les pinacles contiennent au milieu le Sauveur et sur les
côtés quatre docteurs de l'Eglise. C'est la première œuvre dont émane un
véritable charme de lignes et un profond sentiment. Les formes sont plus
fines, les figures belles et bien drapées, et non sans un certain mouvement gothique ; le dessin s'est beaucoup affirmé et la forme des têtes assez
changée est devenue ronde.

La fresque à San Gimignano montre également la Madonne avec
l'Enfant, mais elle est placée entre l'évêque St. Gémignien qui tient la
ville dont il est le protecteur, et St. Augustin [1].

Il me semble que la Madonne qui a passé de la collection Imbert à
Rome dans celle de M. Norton à Boston doit être d'une date encore légèrement plus tardive, et possède encore plus d'éléments de l'art de Lippo
Memmi [2]. Elle ressemble même à un tel point à la Madonne de l'église
dei Servi à Sienne qu'on a cru quelquefois que cette dernière était une
copie de celle qui se trouve maintenant en Amérique. En effet, il ne
manque que peu au panneau de Vanni pour pouvoir le mettre au même
niveau que la Madonne de Lippo Memmi. Pourtant les mains n'ont pas
cette même finesse de forme, le manque de vivacité dans l'expression
est encore plus manifeste, et Memmi avait emprunté à Simone cette élégance spéciale qu'on ne retrouve pas chez Vanni.

Le plus apparenté à la fresque de 1372 est un petit triptyque-reliquaire dans la Galerie du Vatican [3] contenant les figures de St. Dominique,
de St. Thomas d'Aquin et de St. Pierre Martyr. Les figures des trois saints
moines sont très fines d'exécution, animées et sans aucune lourdeur, les
belles têtes ont cette forme ronde, qui rapproche cette œuvre plutôt des
précédentes que de la fresque du cloître de St. Dominique.

Un charmant triptyque-reliquaire qui fait partie de la collection
Walters à Baltimore me paraît la plus belle œuvre que nous connaissions
de Lippo Vanni [4]. Le panneau central nous fait voir la Vierge tenant
l'Enfant debout sur ses genoux, entre St. Jean-Baptiste et une sainte
qui me semble de nouveau être Ste. Aurea, la même qui figurait dans
le triptyque à Rome. Comme les églises dédiées à cette sainte sont assez
rares, on croirait facilement à une origine commune des deux peintures.
Les volets de ce triptyque représentent à gauche St. Dominique et un

<hr>

[1] De Nicola, Studi sull Arte Senese, p. 98.

[2] M. Perkins l'a d'abord publiée comme œuvre de Lippo Memmi: Il cosi detto
originale della Madonna del Popolo, Rassegna d'Arte Senese 1905, p. 129. Après la découverte du triptyque à Rome il a corrigé l'attribution. Alcuni dipinti di L. V. p. 39.

[3] Berenson, Due Nuovi dipinti di L. V. Rassegna d'Arte 1917, p. 97.

[4] idem.

saint guerrier, à droite un saint tenant un volume et St. Jérôme; en haut se trouvent les deux figures de l'Annonciation, dans des attitudes qui montrent une certaine influence de l'Annonciation de Simone.

Des panneaux de Baltimore font voir, plus qu'aucune des autres œuvres de Lippo Vanni, l'influence de Memmi; il n'y a que la Vierge de l'Annonciation qui garde quelque contact avec les miniatures du début de la carrière de l'artiste. La Madonne qui tient l'Enfant est une figure qui appartient entièrement au courant de Simone, autant par la gracieuse mélancolie que par l'élégance de l'attitude et le mouvement gothique des draperies. Les figures latérales aussi ont des proprotions différentes de celles des personnages que nous avons rencontrés jusqu'ici; elles sont surtout plus élancées] et expriment infiniment plus de sentiment. Il me semble que cette œuvre de Vanni se rapproche encore plus de Memmi que l'Annonciation de 1372 et pour cette raison je la place après cette fresque.

Dernièrement on s'est accordé à considérer Lippo Vanni comme l'auteur de la grande fresque de 1373, à peu près monochrome, représentant une bataille, dans la salle de la Mappemonde au Palais Publique de Sienne, et qu'on avait auparavant attribuée à Paolo di Neri, à l'école de Lorenzetti ou à Luca di Tommè[1]. C'est une œuvre peu plaisante, mais une fois que nous nous sommes pénétrés de la manière de l'artiste nous constatons qu'elle est pourtant assez caractéristique. La bataille représentée est celle de Val di Chiana qui eut lieu en 1363. Ce que nous pouvons conclure de l'étude de cette fresque — et spécialement d'une figure de St. Paul qui fait partie de cette décoration — c'est que le peintre s'est inspiré surtout de Lippo Memmi. Mais les troupes de cavaliers et les villes à peine indiquées se prêtaient mal à suivre les principes esthétiques de Simone: les figures sont raides et sans charme, les villes gauchement dessinées.

La Galerie de Pérouse contient un panneau représentant la figure à mi-corps de la Vierge tenant l'Enfant, dans une attitude affectueuse, du même artiste. Il est difficile de placer cette peinture dans la chronologie de ses œuvres, pourtant c'est indubitablement une création de sa main. Tandis qu'il y a certaines ampleurs qui nous rappellent les peintures d'avant 1358, il y a par contre des éléments — comme le visage assez allongé de la Vierge — qui ont des rapports avec les créations plus tardives et M. Berenson suggère la possibilité d'une influence florentine — plus particulièrement de Taddeo Gaddi — sur le peintre. C'est l'œuvre

---

[1] M. Perkins était pour cette dernière attribution. Un affresco di L. di Tommè, Rassegna d'Arte Senese 1909, p. 49.

140

d'une période de l'artiste que nous ne connaissons pas, mais qui date sans doute de la deuxième partie de sa carrière.

De quelques autres œuvres il ne nous reste que le souvenir, par exemple, d'un tableau de la Madonne avec quatre Saints dans l'église de Sta. Croce à Sienne, signé et daté «Lippus Vannis MCCCXXX»[1], d'un St. Paul signé qui se trouvait, il y a quelques années, dans la collection du marquis Bartolini-Salimbeni-Vivai à Florence et d'autres peintures, dont l'existence résulte des documents cités.

Lippo Vanni est un peintre dont la carrière commence comme disciple d'Ambrogio Lorenzetti pour finir dans l'école de Simone. Dans ses premières créations, il serait impossible de découvrir chez lui les points de contact avec Lippo Memmi, qui pourtant sont si évidents dans ses peintures faites après 1372. C'est donc un peintre dont la manière a beaucoup changé et dont l'art est pour cette raison difficile à résumer. Il n'abandonne que rarement les éléments qu'il a empruntés à Ambrogio; il n'y a que le triptyque de la collection Walters où plusieurs figures en sont complètement exempts. La composition des petites scènes du tableau romain est clairement dans la manière de Lorenzetti et M. Berenson y trouve même des rapports avec Bernardo Daddi. La silhouette un peu trappue des figures principales rappelle également Ambrogio.

Tout en gardant — comme je viens de le dire — des souvenirs du maître auquel il a emprunté sa première manière, l'évolution de l'art de Lippo Vanni consiste comme pour quelques uns de ses contemporains, dans un passage d'une école à une autre[2].

Luca di Tommè.

En 1355 nous rencontrons pour la première fois le nom de Luca di Tommè, qui apparaît à ce moment parmi les membres de la corporation des peintres de Sienne[3], et dont le nom figure également dans l'une des deux autres matricules[4].

En 1357 il restaure avec Cristoforo di Stefano une Madonne que Pietro Lorenzetti avait exécutée en 1333, au-dessus du portail de la ca-

---

[1] Crowe and Cavalcaselle, p. 89 note 3. Cette œuvre est mentiounée dans la description manuscrite de Sienne de 1625 à la Bibliothèque communale de Sienne.

[2] Je mentionnerai encore l'attribution à Lippo Vanni des deux œuvres suivantes, attributions avec lesquelles je ne suis pas d'accord. M. Langton Douglas note 3 sur Crowe and Cavalcaselle, p. 89, Madonne assise sur un trône entre deux anges au Pellegrinaio de l'hôpital della Scala à Sienne. Jacobsen, op. cit., p. 32, l'Assomption de la Vierge à Monte-Oliveto près de San Gimignano, attribution adoptée par M. Langton Douglas et Burckhardt, Cicerone, p. 670, j'attribue l'œuvre à Bartolo di Fredi.

[3] Milanesi, Doc. Sen. I, p. 28. Manzoni, op. cit., p. 109.

[4] Celle sans date, Manzoni, op. cit., p. 110.

thédrale[1]. Puis nous trouvons sa signature sous les trois œuvres datées
que nous avons de lui; la Crucifixion de la Galerie de Pise de 1366, le
rétable de l'autel de St. Quirico in Osena de 1367, et le polyptyque de
Rieti de 1370. En 1373 il peint un tableau d'autel en l'honneur de St.
Paul que le conseil communal de Sienne — dont il a fait partie lui-
même — lui a commandé, afin de célébrer la victoire obtenue contre la
compagnie de Cappelucci[2], et deux ans plus tard il épouse «Meglia de fu
Giacomino»[3]. Il fait de nouveau partie du Conseil municipal en 1379 et
du Conseil du Dôme de 1388—89 où il vote deux fois en faveur d'un
dessin de sculpture en bois, présenté par Mariano d'Agnolo. En cette
dernière année il assiste Bartolo di Fredi et son fils dans l'exécution d'un
tableau pour l'autel des cordonniers qui est payé 130 florins dont il ne
touche que 8[4]; enfin Della Valle prétend avoir lu son nom avec la
date 1392 sur une peinture de la Vierge dans la chapelle de la Conception dans l'église de St. François à Sienne —, ce qui n'est pas vrai[5].
Vasari nous dit que Luca fut l'élève de Barna, qu'il a travaillé dans
toute la Toscane et mentionne spécialement des fresques qu'il a faites à
Arezzo dans la chapelle de la famille Dragomanni (peut-être Dragoni).

Les œuvres datées se limitent donc au nombre de trois, malheureusement exécutées en quatre années, de façon qu'elles ne nous donnent
qu'un faible indice pour l'évolution de l'art de Luca. La première est la Crucifixion de la Galerie de Pise: le Sauveur se trouve attaché sur la croix
entre la Vierge qui a les mains jointes et St. Jean faisant un geste; ces
deux figures ont la tête tournée vers le Christ. En haut l'Eternel bénit
et une colombe descend vers le Crucifié. La signature en bas du cadre
dit: «Lukas Tomè de Senis pinxit hoc . . . . s MCCCLXVI». C'est une
peinture d'un aspect très déplaisant, les visages sont laids et grimaçants,
le dessin est dur avec des ombres trop fortes, la structure des corps sans
aucun modelé ni aucune élégance, tandis que la draperie tombe en plis
lourds et sans ligne.

Le grand polyptyque signé et daté de l'année suivante, a été transporté du monastère des Capucins de San Quirico à la Galerie de Sienne
(109)[6]. Le centre représente Ste. Anne sur les genoux de laquelle est
assise la Vierge, qui tient l'Enfant Jésus dans ses bras. Sur les panneaux

---

[1] Milanesi, Note sur Vasari I, p. 651.
[2] Milanesi, Doc. Sen. I, p. 28. Della Valle, Lett. Sen. II, p. 119.
[3] Milanesi, idem.
[4] Milanesi, Doc. Sen. II, p. 36.
[5] Milanesi, Lett. Sen. II, p. 119. La plupart de ces données sont mentionnées par
Crowe and Cavalcaselle, p. 85.
[6] Reprod. Jacobsen, pl. 21 et 22.

à gauche se trouvent St. Jean-Baptiste et Ste. Catherine; dans ceux de
droite St. Antoine l'abbé et une sainte. Les pinacles montrent les Evangélistes occupés à écrire, accompagnés de leurs emblèmes, parmi eux
St. Barthélemy, figure que Cavalcaselle déclare d'une autre main et rem-
plaçant sans doute l'image du Sauveur.

De toutes ces figures il n'y a que celle de la Vierge tenant l'Enfant
qui soit un peu agréable, montrant un certain sentiment et un peu de
grâce, bien que maladroitement exprimée. Parmi les autres personnages
Ste. Anne est la moins laide; les quatre saints des panneaux latéraux
par contre ne sont en rien supérieurs aux figures de la Crucifixion de
Pise. Sous le panneau principal ou lit l'inscription suivante: «Lucas
Thome de Senis pinxit hoc opus MCCCDXVII».

Le polyptyque de Rieti (Ombrie) que Cavalcaselle a vu en très mauvais état dans l'église de St. Dominique se trouve maintenant dans la
Galerie de cette ville[1]. Les panneaux de ce rétable montrent les figures
en grandeur naturelle de la Madonne sur les genoux de laquelle se tient
l'Enfant debout, ayant à sa gauche St. Pierre et St. Dominique, à sa
droite St. Paul et St. Pierre martyr. La signature récemment découverte[2]
est à peu près semblable à celle de l'œuvre précédente: «Luca Thome
de Seni pinxit hoc opus. M.CCCLXX». Des trois tableaux, dont il a été
question, c'est certainement ce dernier qui nous rappelle le plus l'art de
Simone, tandis que le Crucifix de Pise nous le montre le moins. Ceci
peut être un effet du hasard, mais il est aussi possible que Luca, comme
Lippo Vanni, ait évolué, pendant son existence, de l'art de Lorenzetti
vers l'école de Simone, et que les années 1366—70 nous le montrent au
milieu de ce développement.

La Crucifixion de Pise et le polyptyque de Sienne sont les deux
œuvres les plus vulgaires et les plus proches de Pietro Lorenzetti. L'influence de Simone, très visible dans le rétable de Rieti, se montre à peu
près dans la même mesure dans une Madonne tenant l'Enfant à moitié
nu debout sur ses genoux, dans le musée Fitz William à Cambridge
(563; pl. XL). La Vierge est assise sur un trône derrière le dossier duquel
apparaissent les têtes de quatre anges. La structure des corps et la forme des
têtes diffèrent encore assez de la tradition de Simone, par contre un certain
mouvement gothique et une plus grande finesse d'exécution qu'on ne trouve
dans les autres peintures de Luca, rapprochent cette œuvre de cette école.

Assez ressemblant à ce dernier tableau est un fragment qui se trouve

<hr>

[1] U. Gnoli, La Quadreria civica de Rieti, Bollettino d'Arte 1911, p. 325.
[2] Cette découverte fut faite par le comte Gnoli, surintendant des Galeries de
l'Ombrie en enlevant le cadre moderne de cette peinture.

dans la sacristie de l'église de St. Niccolò à Foligno[1]: la Vierge tient, assis sur ses bras, l'Enfant habillé qui joue avec le bord du manteau de sa mère, dont il a également saisi une des mains. Quatre belles têtes d'anges sont visibles, exactement au même endroit que dans le panneau à Cambridge. Le tableau de Foligno montre la même forme et le même encadrement gothique que celui de la collection anglaise, seulement la silhouette de la Vierge est un peu plus élancée, et les plis des robes plus marqués. L'Enfant Jésus se rapproche aussi un peu plus du type créé par Simone; la finesse d'exécution semble tout à fait inspirée par le grand maître.

Il est à remarquer que ceci est le deuxième tableau de Luca di Tommè se trouvant en Ombrie, les deux à peu près à la même époque, ce qui rend un séjour du maître dans cette région plus que probable. A la même occasion il semble avoir poussé jusqu'à Mercatello dans les Marches, où la Cathédrale possède une Madonne tenant l'Enfant bénissant debout sur ses genoux, tableau qui montre une grande ressemblance avec celui de Foligno[2] seulement peu après il doit être retourné à Sienne, puisque les peintures qui, à ce qu'il me semble, représentent l'évolution ultérieure de son talent, se rencontrent dans cette ville ou dans la province à l'entour.

En rapport direct avec les peintures de Cambridge, de Foligno et de Mercatello se trouve une charmante Madonne dans la Galerie de Montalcino[3]. La Madonne semble se tenir debout portant l'Enfant sur le bras — celui-ci caresse tendrement la joue de sa mère qui lui touche la gorge d'un doigt. Les deux visages sont plus gracieux que Luca n'en montre dans beaucoup de ses œuvres; la Vierge a la bouche mince et bien ormée, la tête de l'Enfant est plus allongée et mieux dessinée.

Toujours de cette période me paraît être une Assomption de la Vierge au «Yale University» à New Haven en Amérique (12)[4]. C'est un superbe panneau gothique dont le haut est formé par des pinacles et des colonnettes. La Vierge est portée par quatre anges, six autres volent autour et sept chérubins sont visibles dans le fond. La Madonne, les mains jointes, est assise dans une mandorla, au-dessus de son sépulcre ouvert. Dans le pinacle central le Sauveur tient une couronne au-dessus de la

[1] Perkins, Tre depinti inediti di L. d. T., Rassegna d'Arte Senese 1909, p. 79.

[2] L. Venturi, A traverso le Marche L'Arte 1915, p. 1 (10).

[3] Perkins, op. cit. Cette peinture figurait à l'exposition d'art siennois de 1904 comme œuvre de l'école de Simone. F. Bargagli Petrucci, Pienza, Montalcino etc. p. 146 la reproduit comme de l'école de Barna.

[4] O. Siren, op cit, p. 37. Perkins, Alcuni dipinti italiani in America. Rassegna d'Arte 1909, p. 145. Rankin, American Journal of Archaeology 1895 II attribuent cette peinture à l'école des Lorenzetti. Berenson, op. cit. à Bartolo di Fredi.

tête de sa mère; un médaillon contenant la figure à mi-corps d'un ange
se trouve dans chacun des gables latéraux. Les robes de la Vierge et
des anges sont tout ornées de petits dessins en relief.

Un progrès très important vers la manière de Simone peut être observé dans un autre polyptyque de la Galerie de Sienne (586) signé:
L . . . cas Thomé D . . . is F . . . Hoc. Hopus[1]. C'est un tableau qui
provient du Monastère «alle Tolfe» près de Sienne, en dehors de la Porte
Pispini. Le panneau du milieu représente la figure à mi-corps de la Vierge
portant sur le bras l'Enfant qui tient la croix et un rouleau ouvert. Les
premiers panneaux à gauche et à droite contiennent des figures à mi-corps
de St. Jean-Baptiste et de St. Grégoire le Grand, habillé de vêtements
pontificaux assez riches; les panneaux qui forment les extrémités montrent
des figures en pied: à gauche un saint évêque portant sa crosse et un
rouleau, à droite St. François tenant une croix et un livre. Les pinacles
font voir le Sauveur bénissant entre St. Paul et St. Pierre et deux Evangélistes en train d'écrire. Comme exécution technique, il me semble que
ce tableau est la meilleure œuvre connue de Luca di Tommè, les visages
surtout sont dessinés avec une finesse et un relief que nous n'avons pas
encore rencontrés chez l'artiste. Il est vrai qu'il reste toujours encore
quelques duretés et quelque raideur, mais les draperies — surtout celles
des petites figures dans les pinacles — ont des qualités qui semblent directement empruntées à Simone. L'étude des œuvres de ce dernier est
attestée aussi clairement par la figure de l'Enfant Jésus qu'on pourrait
prendre pour une copie — un peu maladroitement exécutée, il est vrai
— de celles que nous montre Simone.

Ceci est encore plus évident dans une Madonne avec l'Enfant dans
l'Eglise de la «Contrada del Bruco» à Sienne, qui est l'œuvre rappelant
le plus celles de Simone, que Luca ait faite[2]. Malgré de nombreux repeints — comme par exemple tout le manteau de la Vierge — et les
couronnes ajoutées, on reconnaît ici une œuvre très gracieuse de lignes
et de formes plus élancées que les œuvres précédentes. Pourtant la tête
de la Vierge ne laisse pas de doute sur l'exactitude de l'attribution. Quant
à l'Enfant il faut avoir vu celui du deuxième polyptyque signé de la
Galerie de Sienne, pour pouvoir croire qu'il soit de la même main qui
a peint les autres; Luca apparaît ici comme un peintre appartenant entièrement à l'école de Simone.

[1] E. Modigliani, Un polittico di L. d. T. recuperato da Siena, Rassegna d'Arte
1906, p. 104. A. Franchi, Di alcuni recenti acquisti della Pinacoteca di Belle Arti di
Siena, Rassegna d'Arte Senese 1906, p. 111. Crowe and Cavalcaselle, p. 87—88.
[2] Perkins, op. cit.

Le manque d'œuvres datées nous empêche d'arriver à une certitude pour le développement de l'art de Luca di Tommè, pourtant il me semble le plus probable que — comme Lippo Vanni — il s'est libéré lui aussi peu à peu de l'empire d'un Lorenzetti pour suivre Simone; la différence avec Vanni consiste dans le fait que le premier maître de Luca ne fut pas Ambrogio mais Pietro, comme le montre la Crucifixion de Pise. De ce réalisme grossier, qui n'est supportable que lorsqu'il est manié par un génie comme Pietro Lorenzetti, Luca s'est laissé entraîner peu à peu vers l'école de Simone; mais il a abandonné encore moins complètement que Lippo Vanni sa première manière. Il n'y a qu'une seule œuvre, la Madonne de la «Contrada del Bruco» où Luca se montre franchement inspiré des principes de Simone; quant à ses autres créations il se borne à laisser pénétrer une certaine influence de Simone dans des figures basées sur le schéma plus robuste de Pietro Lorenzetti.

Les œuvres de Luca ne sont jamais très gracieuses; il avait la main un peu dure et ne visait ni aux principes esthétiques ni à l'élégance de Simone. Il semble avoir préféré des proportions plus larges; ses personnages ont le crâne très rond et la bouche un peu épaisse, mais un changement graduel a pourtant assez rapproché cet artiste de Simone, pour permettre de le nommer parmi ceux qui l'ont suivi.

Annotations.

M. Perkins, Ancora di dipinti di L. d. T., Rassegna d'Arte Senese 1909, p. 83, attribue à L. d. T. un polyptyque important à San Francesco à Lucignano (Val di Chiana) — Vierge et l'Enfant, qui tient un oiseau, entre quatre anges; dans les panneaux latéraux St. Georges, St. Jean, St. Pierre et Ste. Catherine; dans les gables petites figures de saints et l'Annonciation. Idem, p. 84, le même auteur lui donne un mariage mystique de Ste. Catherine entre St. Barthélemy et St. Blaise à la Galerie de Sienne (594). M. Langton Douglas, note 3 sur Crowe and Cavalcaselle, p. 88, attribue à Luca une Madonne dans la collection Horne à Florence, que je n'y retrouve pas, et les fresques dans le transept de l'église de St. François à Pienza (province de Sienne près de Montepulciano); Cavalcaselle énumère comme provenant de son école une Madonne se trouvant à cette époque dans une auberge à Arezzo; une autre signée: «Cecchus Petri di Pisis MCCCLXX . . .» à la Galerie de Pise, une Crucifixion, rappelant celle de Luca di Tommè à Pise, se trouvant dans une chapelle de l'église du St. Esprit à Sienne. J'attribue à l'école de Luca di Tommè une Madonne avec l'Enfant dans une attitude très touchante, — œuvre très repeinte — dans la sacristie de l'église de St. François à Pienza: et dans une niche à droite de l'entrée de l'église de St. Augustin à S. Gimignano les restes d'un Christ sur la croix, Ste. Anne, la Vierge et l'Enfant, St. Augustin, St. Antoine de Padoue et une sainte. J'ai déjà relevé qu'il est faux d'attribuer à Luca la scène de bataille, datée 1372, dans la salle de la Mappemonde au Palais Publique de Sienne,

146

Bartolo di Maestro Fredi.

Bartolo di Maestro Fredi est parmi les peintres siennois de la deuxième moitié du 14e siècle un de ceux qui se rapprochent de la manière
de Simone ou plutôt encore de celle de Lippo. Pourtant la grande majorité de ses œuvres n'a qu'une médiocre valeur artistique.

Il existe un grand nombre de documents le concernant qui nous permettent de le suivre de 1355 à 1410. Bartolo est probablement né en
1330[1] et on le trouve en 1353 associé au peintre Andrea Vanni[2]. En
1355 il figure dans le régistre des membres de la corporation des peintres de Sienne[3], et on le retrouve dans un autre régistre de la même
association, dont la date n'est pas certaine[4]. Deux ans plus tard, il épouse
Donna Bartolommea di Lecco[5], dont il a eu plusieurs enfants, tous
morts en bas âge, excepté Andrea di Bartolo. Ses descendants fondèrent
selon Vasari la noble famille des Bartoli Battilori.

Bartolo a travaillé en 1361 dans la Salle du Conseil à Sienne et on
le rencontre l'année suivante à San Gimignano où il fit peut-être à ce
moment-là la série des scènes de l'Ancien Testament dans la Collegiata.
Cependant il ne quitta pas pour de bon sa ville natale, où il est mentionné dans le registre de la corporation de 1363[6]. En 1366 il travaille
de nouveau à San Gimignano, où il peint deux moines dans le Palais
Publique, fresque commémorative de la paix faite entre les frères Augustins et les moines de Monte Oliveto, et pour laquelle il fut payé 10
livres[7]. L'année suivante il est de retour à Sienne et collabore en 1367
et en 1368 avec Jacopo di Mino del Pelliciaio faisant des fresques dans
la cathédrale de Sienne, près de la chapelle de St. Ansano[8].

En 1372 Bartolo faisant partie du conseil municipal de Sienne, fut envoyé auprès du Podestà[9] et travailla à partir de cette même année jusqu'en
1380 dans la cathédrale de Volterra. Mais l'évèque qui l'avait chargé de
ces peintures fit des difficultés pour le payement; Sienne écrivit deux fois
à Volterra pour que l'artiste fût complètement rétribué, enfin l'évèque
consentit, pour trouver les moyens nécessaires, à vendre une maison
et Bartolo toucha 53 florins d'or.

1 Milanesi, Doc. Sen. II, p. 36.
2 Idem.
3 L. Manzoni, op. cit., p. 109.
4 Idem, p. 110.
5 Milanesi, Doc. Sen. II, p. 36.
6 Manzoni, op. cit., p. 113.
7 Pecori, Storia di San Gimignano, p. 189.
8 Milanesi, Doc. Sen. I, p. 263.
9 Gaye, Carteggio I, p. 71,

En 1381 et en 1382 son nom figure parmi les conseillers de sa ville,
et il signe dans la dernière de ces deux années le rétable de Mont Al-
cino qui lui fut payé 170 florins d'or. Six ans plus tard il fait un second
tableau d'autel pour la même ville et en 1389 il peint ensemble avec
Luca de Tommè un panneau pour l'autel de la corporation des cordonniers de la cathédrale de Sienne. D'autres témoignages de l'activité de
Bartolo di Fredi se trouvent mentionnées en 1390 : rétable d'autel pour
Monte-Oliveto, 1392 tableau d'autel de St. Pireo pour la cathédrale de
Sienne, 1393 restauration de la fresque de la Mappemonde de Lorenzetti
dans le Palais Publique de Sienne, et en 1397 il travaille dans la cathédrale même.

Bartolo a fait son testament en 1407, laissant ses biens à son fils
Andrea : il est mort en janvier 1410 et a été enterré le 26 de ce mois[1].

Si nous sommes bien renseignés sur la vie de Bartolo di Fredi, les
œuvres signées ou documentées sont très peu nombreuses; en réalité elles
se limitent aux fresques de la Collegiata à San Gimignano, aux deux
polyptiques de Montalcino, dont l'un est conservé en partie à la Galerie
de Sienne, et à un triptyque dans la même ville.

Comme cependant la manière du peintre est — surtout à cause de
son dessin défectueux — assez caractéristique, on s'accorde généralement pour les œuvres qui lui sont attribuées; leur nombre est très considérable.

Les fresques de San Gimignano n'ont plus l'inscription qu'y lisait
Vasari «Anno Dom. 1356 Bartolus Magistri Fredi de Senis me pinxit» :
la date réelle était peut-être 1362, puisque la présence du maître à San
Gimignano dans cette année nous est certifiée par des documents. Pour
notre connaissance de l'art de Bartolo ses œuvres n'ont qu'une importance relative, puisqu'elles sont presque toutes entièrement repeintes.

Ces scènes étaient divisées en sept champs, chacun avec une lunette
en haut et deux rangées de deux scènes plus bas. L'ensemble était donc
formé par trente-cinq tableaux, mais les peintures des deux derniers
champs ont disparu; l'un est occupé par l'orgue autour duquel restent
quelques fragments de peinture, l'autre donne accès à une chapelle.
Les histoires suivent un ordre horizontal[2].

[1] Milanesi, Doc. Sen. II, p. 36. Presque toutes les données concernant la vie de
Bartolo di Fredi sont rapportées par Crowe and Cavalcaselle, p. 121 etc.

[2] Les lunettes montrent la création de l'Univers, celle d'Adam, Adam au Paradis,
la création d'Ève et Ève donnant la pomme à Adam. Plus bas ce sont Adam et Ève
chassés du Paradis terrestre, Caïn tuant Abel, la construction de l'Arche, les animaux
entrant dans l'Arche, Noé sortant de l'Arche, l'ivresse de Noé, Abraham et Lot, le partage de Cana parmi les tribus, Joseph rêvant qu'il est adoré, Joseph jeté dans le puits.

Dans l'état actuel, il me semble hasardé d'attribuer une partie de ces peintures à d'autres mains, bien qu'il paraisse certain qu'au moins une partie de cet ensemble est exécuté par des aides[1]. Il serait difficile de s'enthousiasmer pour ces peintures. Même les parties qui semblent le moins changées par des restaurations — comme le passage de la Mer Rouge (pl. XLI) — montrent des figures laides, sans grâce ni naturel. Comme composition ces fresques n'ont aucune valeur et ont un aspect enfantin et primitif. Il n'y a que quelques têtes qui rappellent vaguement que le peintre appartient au courant artistique qui a son commencement avec Simone Martini. Dans le songe de Joseph le lit et le coffre, qui se trouve devant, semblent être copiés sur le songe de St. Martin dans la chapelle d'Assise.

Ce qui reste du polyptyque que Bartolo fit en 1382 pour l'église de St. François à Montalcino a été transporté dans la galerie de cette ville. La «Descente de Croix» en formait le morceau central ; elle est signée et datée «. . . . lus Magistri Fredi de Senis me pinxit anno domini MCCCLXXXII». Au même rétable appartenaient très probablement des panneaux représentant le Baptême, St. Philippe de Montalcino guérissant des malades, l'Elévation de St. Philippe[2] et les saints Paul François, Antoine de Padoue et Pierre[3] ainsi que Tobie avec l'ange[4]. Ces peintures dont l'aspect n'a pas été changé par des restaurations sont un peu supérieures aux fresques de San Gemignano; pourtant les gestes sont violents, les attitudes raides, les formes sans élégance. Le coloris bien qu'un peu dur a pourtant de la chaleur et donne à l'ensemble un certain charme, dans lequel le dessin n'entre pour rien.

Une composition bien plus importante fut sans doute le polyptyque dont seulement le Couronnement de la Vierge est resté à Montalcino (pl. XLII) et dont les autres morceaux se trouvent maintenant à la Galerie de Sienne. C'est à ce qu'il me semble la plus belle œuvre que nous ayons du maître. Le panneau à Montalcino montre la signature «Bartolus Magistri Freddi de Senis me pinxit anno Dni MCCCLXXXVIII.»

La rangée inférieure montre Joseph donnant l'ordre que ses frères soient arrêtés, Joseph reconnu par ses frères, Moïse devant Pharaon, le passage de la Mer Rouge, Moïse sur la montagne de Sinaï, Job tenté par Satan, les serviteurs de Job tués et ses troupeaux enlevés, les fils de Job écrasés sous leurs demeures, Job remerciant le Seigneur, Job consolé par ses amis.

[1] M. Berenson donne à Bartolo seulement les fresques de la rangée inférieure.

[2] Cavalcaselle mentionne les représentations de cinq événements de l'histoire de St. Philippe en trois tableaux, tandis qu'on n'en trouve plus que ces deux.

[3] Reprod. Bargagli-Petrucci, Pienza Montalcino etc. p. 155.

[4] Milanesi, dans ses annotations sur Vasari, nous dit qu'après avoir été enlevé à ' église de St. François ces tableaux se trouvaient à la chapelle de la prison. En 1904 plusieurs morceaux en figurèrent à l'exposition de Sienne.

On voit le Sauveur posant la couronne sur la tête inclinée de la Vierge, qui a les mains croisées sur la poitrine. Des chérubins volent autour d'eux, tandis que six anges faisant de la musique et chantant s'agenouillent en bas ; d'en haut six autres regardent les figures principales.

A Sienne, on conserve de ce polyptyque deux pilastres ornés de figures de Saints (97 et 102), la prédelle avec Joachim chassé du Temple, la Déposition et la Nativité de la Madonne (99), un panneau divisé par des colonnes montrant quatre scènes de la vie de la Vierge: son mariage, la séparation de la Vierge de ses parents (?), ses adieux aux apôtres, sa mort (100) et l'Assomption (101). Bien que faibles de formes, ces peintures ne sont pas sans qualités, et on pourrait même les trouver agréables. Les draperies, il est vrai, sont un peu anguleuses, sans avoir beaucoup de style et sans relief, mais les lignes sont gracieuses et sans dureté, les couleurs vives et chaudes. Les visages sont le point faible de ces peintures ; quelques uns de ceux des anges ont pourtant assez de charme, mais pour la plupart ils ne sont que de mauvaises imitations de ceux de Lippo, comme le montre surtout la Vierge dans le Couronnement.

De la perspective ou de la composition réaliste Bartolo n'a qu'une faible idée ; dans ces deux éléments il rappelle plutôt les Lorenzetti que Simone ou Lippo, dont l'influence est dans cette œuvre pourtant plus visible que dans les fresques de San Gimignano.

Il me semble qu'on peut classer comme à peu près contemporain des fresques de San Gimignano un grand panneau représentant l'Adoration des Mages à la Galerie de Sienne (104)[1], qui montre les mêmes maladresses dans le dessin : la Madonne est assise sous un petit ciborium, devant elle s'agenouillent les trois rois, suivis d'un cortège nombreux ; plus à gauche se trouvent plusieurs chevaux et des chameaux et, dans le fond, on voit le voyage de ceux qui viennent adorer. C'est un tableau qui de prime abord produit un certain effet par ses couleurs brillantes, mais qui est pourtant une œuvre vulgaire d'un dessin très dur.

Dans le musée de la cathédrale de Pienza il y a un panneau très endommagé de la Madonne de la Miséricorde, dont deux anges étalent le manteau au-dessus d'un certain nombre de personnages agenouillés. Comme dans le tableau du même sujet de Lippo Memmi à Orviéto les hommes se trouvent à gauche, les femmes à droite. C'est une peinture d'un coloris plus raffiné et moins criard ; on remarque surtout un

---

[1] Reprod. Rothes, pl. 22.

joli ton de vert. Sans doute ce panneau est d'une date postérieure aux
fresques de San Gimignano. Dans l'église de l'Assomption à Mont-Oliveto
près de San Gimignano se trouve une Assomption[1] dont les formes ont
des rapports avec celles de cette dernière œuvre. Dix-huit anges portent
la Vierge dans une Mandorla au-dessus de sa tombe ouverte. Dans la
sacristie de l'Eglise se trouvent les panneaux qui faisaient partie du polyptyque dont cette Assomption formait le centre. Ce sont St. Barthélemy, Ste. Catherine d'Alexandrie, probablement St. Bernard Toloméi et
St. Jean.

D'une période encore plus tardive date, à ce qu'il me paraît, un
grand triptyque dans la Galerie de Pérouse, d'une forme compliquée avec
trois pinacles à chaque panneau. Au centre, la Vierge assise sur un
trône tient l'Enfant sur le bras. Dans chaque panneau latéral, il y a un
saint et une sainte et un ange musicien agenouillé. Dans quelques-uns
des pinacles on voit également des restes de figures, mais le tableau se
trouve en très mauvais état.

Il me semble que de la même époque doit dater une petite Madonne
assise par terre allaitant l'Enfant Jésus, qui se trouve au Musée de
Berlin (1072).

Je rapprocherais volontiers des peintures de Montalcino, sans croire
pourtant qu'elles atteignent cette date, un grand polyptyque de la Galerie
de Sienne (51) qui, bien que tout le monde soit d'accord à l'attribuer à
Bartolo, est toujours encore catalogué comme étant de la main de Lippo
Memmi. La Vierge est assise sur un trône tenant debout sur ses genoux
l'Enfant qui bénit d'une main, ayant un rouleau ouvert dans l'autre. Six
anges sont groupés autour d'elle, un chérubin se tient au-dessus. Les
deux panneaux à gauche représentent les figures d'un saint martyre tenant
une dague et de St. Jean Baptiste; à droite St. Bernard et St. Etienne.
Bien que les figures manquent toujours un peu de modelé et d'élégance,
on voit ici le commencement de la manière dont le polyptique de 1388
représente la floraison.

A peu près contemporain de cette dernière peinture est un diptyque
au Musée de Budapest (51)[2]; d'un côté l'ange est agenouillé, les ailes
dressées, tenant une branche d'olivier, de l'autre la Madonne est assise
sous un portique, tenant d'une main le livre d'heures ouvert, l'autre main
devant sa poitrine fait un geste de protestation; un vase de lis sépare

---

[1] I. Vavassour Elder, op. cit. et la même. Spigolature di Val d'Elsa, Rassegna
d'Arte, octobre 1909.

[2] W. Suida, Alcuni quadri italiani primitivi nella Galleria di Budapest. L'Arte
1907, p. 178 (180).

les deux figures. Il est clair que, sans la copier, l'auteur de ce panneau
était familier avec l'Annonciation de Simone aux Offices.

A Pérouse il y a encore une deuxième œuvre de Bartolo, un petit
triptyque que je pense également être fait vers 1388. Ici le centre est
formé par le mariage mystique de Ste. Catherine. La Vierge tient sur
ses genoux l'Enfant qui passe l'anneau au doigt de St. Catherine couronnée; de l'autre côté se tient St. Ansano avec son drapeau, quatre
anges sont visibles près du dossier du trône; dans le gable le Sauveur
est peint dans un médaillon. Les panneaux latéraux sont divisés en deux,
dans la partie supérieure, on voit l'Ange et la Madonne de l'Annonciation;
plus bas ce sont la Madeleine et une sainte tenant une branche de lis
et un volume. C'est un très joli morceau, d'une grande finesse d'exécution et d'un ton de couleurs charmant.

Une Présentation au Temple qui se trouve au Louvre[1] semble un
fragment de polyptyque, à peu près comme les scènes de la vie de
la Vierge qu'on conserve à la galerie de Sienne, et qui firent partie de
celui de 1388. L'événement a lieu à l'intérieur du temple, où il y a
quelques figures de plus que celles mentionnées dans le récit. Le vieux
prêtre tient l'Enfant qui tend les bras vers sa mère. Bien qu'on attribue
cette peinture quelquefois à Barna, il n'y a pas de doute que ce soit une
œuvre de Bartolo.

Enfin je pense qu'à la fin de l'activité artistique de Bartolo doivent
appartenir deux fresques dans la chapelle à droite du chœur de St. Agostino à San Gimignano formant partie d'un ensemble, dont le reste a
disparu. Pourtant on voit encore la figure de l'Enfant et du prêtre qui
le reçoit, fragment d'une Présentation au Temple. Les deux fresques qui
sont nettement visibles représentent la Nativité de la Vierge et sa mort.
La première nous montre la Mère couchée à laquelle des femmes portent
des offrandes, tandis que deux autres s'occupent à donner son premier
bain à l'Enfant; à gauche Joachim assis à côté d'un autre vieillard reçoit
le message que lui porte un jeune garçon. Les deux scènes et leur combinaison nous rappellent un peu le beau panneau de Lorenzetti au Musée
du Dôme de Sienne. La mort de la Madonne est représentée de la façon
habituelle. Autour du lit de la Vierge se trouve un grand nombre de
personnages — plus considérable que de coutume — parmi lesquels on
distingue le Sauveur tenant l'âme de sa Mère, représentée comme un petit
enfant. Les types ressemblent assez à ceux du polyptyque de 1388,
seulement les draperies sont plus amples et les figures plus larges de

<hr>

[1] Schubring, Zeitschrift für Christl. Kunst 1901.

structure, et il me semble que ces peintures murales représentent un état de l'art de Bartolo, dont nous ne possédons pas d'œuvres certaines.

Bartolo di Maestro Fredi ne fut pas uniquement influencé par Simone, et souvent on l'a considéré comme appartenant à l'école de Lorenzetti[1].

Certainement les débuts de l'art de Bartolo semblent avoir été inspirés par Pietro Lorenzetti: les fresques de San Gimignano — qui, si elles furent faites en 1356, comme le prétend Vasari, seraient une œuvre de jeunesse et au cas où elles furent achevées en 1362, ne sont pas encore une production de l'âge mûr du maître — rappellent les fresques de Pietro et de ses élèves dans l'église inférieure d'Assise.

Les compositions de ses œuvres sont primitives, l'action est violente et déséquilibrée comme en certaines peintures de Pietro, mais elles manquent en plus de la force dramatique que ce maître possédait. Bartolo s'accorde avec lui dans son manque de sens esthétique dans les scènes réalistes, mais joint à cela un dessin très défectueux. Dans ses fresques ainsi que dans l'Adoration de la Galerie de Sienne, qui est faite dans la même manière, l'influence de Simone ou de Lippo est à peine visible; elle se manifeste un peu dans la figure plus douce et plus gracieuse de la grande Madonne et de quatre Saints de la Galerie de Sienne (51), mais domine le maître entièrement quand il peint son rétable de 1388. Non seulement Bartolo imite les formes de Lippo, mais il montre aussi un certain goût des plis gothiques et de la grâce raffinée. Son dessin s'améliore considérablement et à ce moment-là on peut le placer parfaitement parmi les membres de l'école de Simone, dont il est pourtant séparé par un demi siècle. Il n'a d'ailleurs jamais eu ce sens esthétique qui supprimait chez Simone et Lippo tout autre tendance.

M. Sirèn est d'avis que Bartolo a été le maître de Lorenzo Monaco pendant le séjour que celui-ci a fait à Sienne, et que c'est Bartolo qui a transmis la tradition artistique de Simone à Lorenzo[2]. Ceci ne me semble ni impossible ni extrêmement probable, puisque dans l'art de ce dernier on remarque des qualités qu'il a en commun avec Simone, sans qu'on les rencontre chez Bartolo di Fredi, comme par exemple les plis des draperies avec leur profond relief. D'autre part il y a quelques points par lesquels on pourrait établir des rapports entre les deux peintres[3].

Si donc Bartolo, faisant de son mieux, approchait à un tel point de

<hr>

[1] Peraté, op. cit., p. 914, Burckhardt, Cicerone, p. 670. Rothes, p. 23 prétend distinguer dans son art les influences de Duccio, Simone, Pietro Lorenzetti, Barna et surtout d'Ambrogio Lorenzetti, jugement qui me semble sans fondement.

[2] O. Sirèn, Lorenzo Monaco. Strasbourg, Heitz, 1905, p. 33—35.

[3] O. Sirèn, op. cit, p. 65, 83, 109, 142.

Lippo, qu'on a parfois attribué ses créations à son prédécesseur, il est
pourtant certain qu'il n'est qu'un artiste de peu de mérite, peu inspiré
et assez retardataire, puisqu'il a suivi très probablement la même manière jusqu'à sa mort en 1410, c'est-à-dire un siècle après que Simone
a inauguré ce courant, et le charme qui émane de quelques-unes de ses
œuvres ne résiste pas à un examen critique[1].

Annotations.

La liste des œuvres de Bartolo di Maestro Fredi est tellement longue et a
été faite déjà avec tant de soins par M. Berenson qui en cite 83[2] et par M.
Douglas[3], que je ne veux pas la répéter ici, mais je mentionnerai seulement
les œuvres qui ne s'y trouvent pas.

Mme Vavassour-Elder a consacré une étude à ce peintre[4], dans laquelle elle
mentionne des fresques dans l'église de San Luchese, près de Poggiobonsi, représentant le Martyre de St. André et la légende de St. Nicolas.

Elle attribue à son école une Assomption à Bettona (Ombrie)[5].

[1] Pour compléter la bibliographie, je mentionnerai encore : O. Sirèn, Notizie critiche sui quadri sconosciuti nel museo cristiano Vaticano. L'Arte 1906, p. 321. (Annonciation du Musée de Berlin.) G. B. Manucci, Notizie da Pienza, Restauro di due tavole.
Rassegna d'Arte Senese 1908, p. 65 (les 48 scènes de la vie du Seigneur, que je ne
crois pas de Bartolo, figurant au Musée du Dôme à Pienza). Perkins, Alcuni Appunti
etc. p. 53 (tête d'archange à la Galerie de Sienne 63). Perkins, Dipinti senesi sconosciuti o inediti, Rassegna d'Arte 1914, p. 97. (Massacre des Innocents de la collection
d'Hendecourt.) Thode, op. cit., p. 510 note, mentionne une Madonne et l'Enfant dans
une attitude de tendresse de l'école de Bartolo, dans la cathédrale d'Empoli. Sans doute
c'est celle qui se trouve dans la chapelle de Ste. Lucie, reproduite dans O. H. Giglioli,
Empoli artistica, Firenze 1906, p. 33, comme étant de l'école d'A. Lorenzetti.

[2] M. Berenson, op. cit., p. 139—43. Je ne suis pas du même avis que l'éminent
critique quand il lui attribue les œuvres suivantes: Annonciation et Nativité à Aix en
Provence; Crucifixion à Budapest; Assomption de la Vierge de la Jarves collection
New Haven; Annonciation, Nativité et Nativité de St. Jean(?) dans le S. Giovenale à
Orviéto — (opinion dont M. Berenson est revenu lui-même: Art in America 1918, p. 81.)
Crucifixion à la Galerie de Pérouse, fresques de l'histoire de St. François et deux
anges à l'église de St. François Pienza, les 48 histoires de la Passion, maintenant au
Musée du Dôme de Pienza — (attribution dont il ne se disait d'ailleurs pas assuré) —
l'Annonciation qui se trouvait au palais Saracini de Sienne; fresques dans la chapelle
de la sacristie du Dôme de Sienne.

[3] Annotations sur Crowe and Cavalcaselle ajoute encore 18 œuvres à celles mentionnées par les autres auteurs, dont 9 ne figurent pas sur la liste de M. Berenson.

[4] J. Vavassour-Elder, Su certi dipinti poco conosciuti di Bartolo di M. Fredi.
Rassegna d'Arte Senese 1908, p. 89.

[5] M. Berenson l'a publiée dernièrement comme œuvre de Colla Petruciolli: Art
in America 1918, p. 75. Mais le tableau semble être d'une autre main. v. De Nicola,
Rassegna d'Arte 1919, p. 100.

154

A Castiglion d'Orcia dans l'église de Ste. Marie une Madonne de Bartolo qui est une de ses meilleures créations [1].

A Chianciano dans la Collegiata une Madonne [2].

A Cusona (Senese) — église — une Madonne qui figurait à l'exposition de 1904.

A la Brera de Milan un couronnement de la Madonne entre Ste. Catherine et St. Paul, St. Augustin et St. Pierre [3].

A Modanella près de Sienne, au château du comte Spannochi, une Madonne assise sur un trône [4].

A Poggia alla Mura (prov. de Sienne) dans la villa Placidi trois morceaux d'un polyptyque très endommagés: Madonne, St. Jean Baptiste et St. Antoine abbé [5].

A la Galerie Corsini de Rome, une Madonne [6].

A la Galerie de San Gemignano fragment de fresque représentant des figures de femmes à mi-corps [7].

Sienne: Confraternità della Madonna 28—30 Madonne entre deux Saints.

Sienne: Galerie, 580, Couronnement de la Vierge provenant du Monastère de St. Egide.

Dans la Val d'Elsa, une Madonne à S. Antonio in Bosco est attribuée à Bartolo [8].

En dehors de l'Italie on trouve encore les œuvres suivantes de Bartolo:

A New-York Collection Blumenthal Ste. Lucie tenant un vase et une épée [9].

Philadelphia. Collection Johnson 96—97 St. Antoine et St. Thomas d'Aquin (douteux) [10].

Comme œuvres de l'école de Bartolo, on peut citer à Montalcino: quatre saints à la Galerie Municipale et une Madonne dans l'Eglise de S. Agosino [11], des scènes de la vie de la Vierge dans l'église de St. Jean à Compagnatico [12].

A la Galerie de Sienne: un Saint Chevalier arrêté par des soldats (96), une Annonciation (105), quatre Evangélistes (110) et Ste. Marguerite, Ste. Scolastique et St. Laurent (170) [13].

[1] De Nicola, Arte inedita in Siena. Vita d'Arte 1912, p. 19.

[2] Rothes, op. cit., p. 23 la nomme comme une des meilleurs œuvres de Bartolo Je ne la connais pas et n'en trouve pas d'autre mention.

[3] F. Malaguzzi Valeri, Un quadro di Bartolo di M. F. nella Brera. Rassegua d'Arte 1907, p. 191.

[4] De Nicola, op. cit.

[5] Idem.

[6] Idem.

[7] Perkins, Ancora dei dipinti sconosciuti della scuola senese. Rassegna d'Arte Senese 1907, p. 75 fait également mention de panneaux de prédelle à la Galerie de Pise et d'une Nativité et de saints à Torrita, mentionnés par M. Berenson.

[8] Vavassour-Elder, Spigolatura.

[9] Perkins, Spigolatura d'Arte Senese. Rassegna d'Arte 1910, p. 71.

[10] Berenson, Catalogue of a collection of paintings.

[11] F. Bargagli-Petrucci, Pienza, Montalcino, p. 153.

[12] C. H. Nicholosi, Il Lettorale Maremmerano. Bergamo 1910, p. 61. Le même, p. 91 mentionne une Madonne allaitant l'Enfant dans l'église de l'Annonciation à Magliana Toscana où je ne retrouve aucune ressemblance avec Bartolo.

[13] Perkins, Alcuni appunti sulla Galleria delle belle Arti di Siena. Rassegna d'Arte Senese 1908, p. 55.

Giacomo di Mino del Pelliciaio.

De Giacomo di Mino del Pelliciaio nous n'avons que très peu d'œuvres authentiques et une seule qui lui est attribuée avec fondement; pourtant il est mentionné assez souvent dans des documents, mais plusieurs de ces mentions sont sans valeur pour notre étude [1].

Giacomo a signé en 1342 une Madonne à Sarteano et a peint en 1354 des fresques dans l'hôpital; il figure dans la Matricule des peintres de 1355, ainsi que dans celle sans date et dans celle de 1368 [2]. De 1363 nous avons un polyptyque de lui à la Galerie de Sienne, provenant de l'église de Fontabranda et de 1364 date la Madonne de l'église dei Servi. En 1367 il assiste Bartolo di Fredi dans l'exécution des peintures décoratives du Dôme et on lui paye 8 sols et 10 deniers en 1369 pour avoir peint des couvertures de livres de la Bicherna. Il s'engage, en 1372, à faire pour 80 florins un tableau d'autel pour le Monastère de Passignano, représentant la Descente du Saint Esprit et beaucoup de saints. L'année après il doit établir la valeur d'une peinture de Luca di Tommè. Enfin, en 1382, il fournit un dessin pour «l'Opera» du Dôme; c'est probablement le projet de la façade du Baptistère qui existe encore.

La première peinture que nous possédons de Giacomo est donc celle qui est de nos jours encore conservée dans l'église de St. Martin et Ste. Victoire à Sarteano près de Chiusi [3]. Ce panneau, qui a figuré à l'exposition de Sienne montre la Vierge portant sur le bras l'Enfant qui tient assez rudement un petit oiseau. C'est une œuvre tellement différente et inférieure aux autres tableaux que nous avons de Giacomo que M. Jacobsen refuse de l'admettre comme étant de sa main et déclare pour cette raison la signature fausse [4]. Je ne vois pas de raison pour admettre cette falsification déjà si peu probable dans une œuvre qui se trouve encore sur l'autel pour lequel elle fut exécutée. C'est une peinture assez mal faite et qui montre plutôt une influence de Lorenzetti, que de Simone.

Une des deux autres œuvres authentiques est un grand triptyque provenant de l'Eglise de S. Antonio in Fontabranda à Sienne, maintenant à la Galerie de Sienne (145) [5], assez repeint, mais qui permet de nous faire une idée exacte de ce que fut l'original. Au centre la Vierge cou-

---

[1] Il est p. ex. élu plusieurs fois comme membre du Grand Conseil. Je ne sais d'où M. Perkins prend le renseignement que Giacomo serait né vers 1315. Rassegna d'Arte Senese 1909, p. 81.

[2] Manzoni, p. 109, 110 et 113 où il est appelé Jacopo di frate Mino.

[3] Perkins, Un' opera sconosciuta di G. d. M. d. P. a Sarteano, Rassegna d'Arte Senese 1909, p. 81. v. aussi Rassegna d'Arte 1904, p. 147.

[4] Jacobsen, op. cit., p. 55.

[5] Reprod. Jacobsen, op. cit., pl. 23.

rônnée tient sur ses genoux l'Enfant Jésus qui s'incline vers Ste. Catherine agenouillée à côté de lui et sur la tête de laquelle il pose une couronne. Ste. Marie Madeleine fait pendant à cette dernière, tandis qu'on voit debout à gauche Ste. Lucie, à droite Ste. Agnès et plus loin, dans le fond de chaque côté, trois têtes d'anges. Les panneaux latéraux contiennent, à gauche, St. Antoine de Padoue, à droite, l'Archange Michel. Le triptyque a cinq gables, dont celui du milieu encadre, comme toujours, la figure du Sauveur bénissant, ceux des deux côtés St. Jean Baptiste et St. Onuphrius, et ceux aux extrémités St. Augustin et St. Jérôme.

L'exécution de ce rétable est assez peu soignée, les couleurs dures, le dessin lourd, les extrémités — comme par exemple les pieds de St. Michel et presque toutes les mains — mal dessinées et on ne peut reconnaître les draperies sous les repeints. Il n'y a que les têtes qui, par leur aspect et par le sentiment qu'elles expriment, nous rappellent un peu la grande école de Sienne et encore ne sont-elles pas sans certaines vulgarités, qui caractérisent les œuvres les plus faibles de Bartolo di Fredi. La signature dit «Jachobus Mini de Senis pinxit Anno Domeni MCCCLXIII Tempori Presbiteri Mathei Rectoris Sancti Antonius.»

En comparant cette création médiocre avec la belle Madonne de l'église dei Servi à Sienne (pl. XLIII) qui est de l'année suivante on admet sans peine que c'est surtout le fait d'avoir été repeinte qui a gâté l'aspect de la première [1].

C'est parmi les œuvres siennoises une des plus riches ; le dessin en or des étoffes est d'une exécution des plus minutieuses. La Vierge porte sur le bras l'Enfant Jésus bénissant, dont elle tient le pied de l'autre main. Derrière le dossier du trône deux têtes d'anges sont visibles. Des couronnes et des bijoux ont été ajoutés aux figures principales.

Bien que d'un schéma considérablement plus large que nous ne le rencontrons dans les œuvres de Simone et manquant entièrement de son élégance, l'influence du maître est pourtant bien visible. On croirait facilement que Giacomo a surtout voulu suivre la beauté immatérielle de Simone. Il faut bien dire qu'il n'y a pas réussi, mais pourtant nous retrouvons l'expression rêveuse et la douceur des gestes et des attitudes, ainsi que la clarté et la chaleur des couleurs qui caractérisent Simone. C'est une œuvre qui produit un grand effet, mais qui ne témoigne que de peu d'inspiration ; un de ses défauts principaux est l'absence de relief autant dans les draperies que dans les visages.

[1] Jacobsen, pl. 24 donne la reproduction de l'ensemble.

A part ces trois tableaux authentiques nous n'avons de Giacomo qu'un triptyque dans l'église de St. François à Sarteano que M. Perkins lui attribue avec d'excellentes raisons[1].

Ce sont des figures à mi-corps — assez repeintes dans les draperies — de la Vierge avec l'Enfant ayant à sa gauche St. Jean l'Evangéliste, à sa droite St. Jean Baptiste. Au-dessus des personnages principaux il y a de petites figures de saints, dans le panneau central, des anges et l'Annonciation. Les rapports avec l'autre tableau de Giacomo à Sarteano sont très clairs et l'influence des Lorenzetti plus évidente que celle de Simone. Mais le triptyque est très supérieur à la Madonne de l'église de San Martino.

Giacomo di Mino del Pelliciaio est l'artiste le plus faible de ce groupe de peintres, qui ayant commencé dans l'école de Lorenzetti a passé dans celle de Simone. On peut le classer comme. un artiste d'une importance tout à fait secondaire, dont la meilleure œuvre ne montre que des éléments mal assimilés de Simone; aussi ne sommes nous aucunement surpris de ne pas trouver de peintres qui aient suivi sa manière[2].

[1] Perkins, op. cit.

[2] L'unique peinture qui me semble se rapprocher plus de Giacomo que d'aucun autre sans être de sa main, est la Madonne repeinte à l'église de San Giovanni della Staffa à Sienne qu'on attribue souvent à Andrea Vanni.

III. LES MINIATURISTES DE L'ÉCOLE DE SIMONE.

Sienne a toujours été particulièrement riche en miniaturistes, et sans doute la grande minutie avec laquelle tous ses peintres ont exécuté leurs panneaux, est due à l'influence de la technique de la miniature. Nous avons déjà vu que Simone lui-même peignit, pour Pétrarque la miniature qui orne le frontispice du Virgile de l'Ambrosienne de Milan, et que Lippo Vanni illumina plusieurs manuscrits. Quant aux autres artistes qui firent partie de l'école de Simone et qui ont exécuté des miniatures, nous ne connaissons le nom que d'un seul : Niccolo Tegliacci, qui a signé : «Nicolaus ser Sozzi de Senis me pinxit» une délicieuse miniature sur la première page d'un volume des archives de Sienne, contenant une copie des actes concernant les châteaux et les terres appartenant à la république de 1137 jusqu'à 1332, miniature probablement faite peu après cette dernière date (pl. XLIV). Ce manuscrit est connu sous le nom de «Caleffo dell Assunta». Le nom de «Nicolaus ser Sozzi» apparaît également dans le rouleau des membres de la corporation des peintres de 1363[1].

Cette miniature représente la Vierge assise dans une mandorle rayonnante et étoilée, vingt-quatre anges, dont quatre font de la musique, et sept chérubins l'entourent ; en bas s'agenouille St. Thomas qui reçoit la ceinture. Dans trois angles il y a des médaillons avec des figures en buste de saints, dans le quatrième St. Ansano se trouve debout tenant une bannière. Autour de l'ensemble court une guirlande formée de feuilles et de fleurs sur laquelle se jouent des Amours. C'est bien la plus belle miniature que nous ayons du trecento siennois, elle est d'une finesse de

[1] Manzoni, op, cit., p. 113.

dessin et d'une richesse de couleurs qu'on ne retrouve dans aucun autre produit de cette technique qui, si souvent, garde des éléments d'art industriel et dont le défaut principal est alors un manque de vie et d'inspiration, qualités qui animent cette œuvre.

Beaucoup de miniatures de Sienne et de San Gimignano nous rappellent l'art de Niccolo Tegliacci, mais je ne pense pas qu'il y en ait d'autres qui soient véritablement, de sa main [1], bien que beaucoup s'en rapprochent tellement qu'on pourrait considérer comme probable que Niccolo a eu un atelier à Sienne, dans lequel des miniatures furent exécutées sous sa direction [2].

Les seules miniatures qui puissent rivaliser, comme finesse d'exécution, avec la miniature de l'Assomption, un Antiphonaire de la Bibliothèque Communale de Sienne, la plus belle nous montre la Nativité (pl. XLIV). La Vierge et Joseph sont assis par terre, des deux côtés de la crêche, devant laquelle s'agenouillent deux bergers; en haut, des anges chantent et jouent des instruments. L'exécution de la lettre même est d'une grande richesse et montre encore deux têtes dont une burlesque [3].

L'œuvre la plus importante qui nous soit parvenue de l'école de Tegliacci, est un antiphonaire conservé dans le petit musée de la Collegiata de San Gimignano, contenant vingt-quatre miniatures, parmi lesquelles les plus remarquables sont celles se rapportant à la vie du Sauveur, l'Assomption de la Vierge, et un saint évêque, sans doute St. Gémignien, assis sur un trône entouré de quatre anges et cinq petites figures de clercs agenouillés en bas qui occupent une demi page [4]. Il y a dans ces miniatures des éléments qui nous rappellent Lippo Vanni, mais l'inspiration principale vient, sans aucun doute, de Tegliacci même, seule-

---

[1] M. Perkins est d'une opinion contraire et attribue dans le Burlington Magazine Sept. 1904, à Niccolo même les miniatures d'un «Corale» de San Gimignano et celles, qui ornent la croix processionale à Lucignano dont il sera question.

[2] Opinion émise par M. D'Ancona, Le Miniature alla Mostra Senese d'Arte antica, L'Arte 1904, p. 377.

[3] Les autres miniatures contenues dans ce manuscrit sont: 1. L'Eternel bénissant un évêque et cinq religieux entourés d'anges, encadrés d'une frise dans laquelle on voit la figure d'un évêque; 30. l'Enfant dans l'étable adoré par la Vierge, un saint, en haut l'Eternel entouré d'anges; 33. les bergers conduits par un ange; 37. Miniature reproduite: 41. St. Etienne; 45. St. Jean, 48. le Sauveur bénissant les enfants et un saint; 53. St. Thomas; 60. St. Silvestre; 64. l'Adoration des Mages; 96. Religieux en prière, en haut le Christ; 100. la cérémonie des cendres: 179. le Sauveur entouré de saints et de six autres figures.

[4] Elle a été reproduite par Rosini, pl. 200. Les 24 miniatures du manuscrit représentent fol. 1. la Nativité, 6. un St. Martyr, 12. un Evangéliste, 17. l'Adoration, 18. St. Paul, 22. St. Gémignien, 28. la Présentation au Temple, 40. la Résurrection, 54. l'Ascension, 57. la Descente du Saint Esprit, 66. le Sauveur mort, 68. St. Philippe et St. Jacques, 70. la Croix, 74. St. Jean-Baptiste, 78. St. Paul et St. Pierre, 82. St.

ment les figures sont plus larges, plus robustes, les têtes plus rondes, le dessin non sans une certaine lourdeur ; mais le coloris est superbe.

La Collegiata de San Gimignano s'offre le luxe d'affecter au service religieux quotidien quatre antiphonaires avec des miniatures qui se rapprochent plus ou moins de cette même manière[1], et qu'on serait tenté d'attribuer à l'atelier de Tegliacci. Ils sont de qualités différentes, tous inférieurs au manuscrit conservé dans le petit musée. Les couleurs aussi sont moins brillantes[2].

Des miniatures se rattachant à cette même manière et peut-être également des produits de l'atelier de Tegliacci se trouvent dans un volume du «Statuto del Campaio» de 1361, aux archives de Sienne, contenant trois figures de saints (fols 7, 25, 35), et dans un antiphonaire de la bibliothèque de Sienne, qui contient entre autres une Présentation au Temple où la Madonne tenant l'Enfant le présente au vieux prêtre[3].

A Lucignano (Prov. d'Arezzo) une croix processionnale est ornée de dix miniatures, cinq de chaque côté, quatre se trouvant aux extremités et une au centre. Ces deux dernières montrent la Crucifixion avec la Vierge et St. Jean et le Couronnement de la Vierge[4]. Cinq parmi les autres contiennent des figures de saints, puis on y trouve représentés l'Annonciation, l'Agneau Pascal, et St. François recevant les stigmates.

Dans toutes ces miniatures, surtout dans celles de Tegliacci et de son meilleur élève à San Gimignano, l'influence de l'art de Simone est très évidente, mais les formes et spécialement celles des visages sont plus larges et plus rondes, sans que cependant on puisse songer aux Lorenzetti, dont M. Venturi croit reconnaître l'influence.

Un panneau appartenant à la collection Street à Londres et qui figu-

Laurent, 84. l'Assomption, 88. la Madonne avec l'Enfant, 91. l'Archange Michel, 95. St. François recevant les stigmates, 97. la Toussaint, 120. St. Pierre, 176. un saint agenouillé devant une porte ouverte, 179. une sainte morte. Cavalcaselle attribue ces miniatures, ainsi que celles de quelques autres manuscrits à la même église, à Lippo Memmi de même que Baldoria, Monumenti artistici di San Gimignano, p. 40 et M. Rossi, Simone Martini et Petrarca, p. 171.

[1] Cavalcaselle s'étonnait déjà de ce manque de soin.

[2] Les miniatures de ces quatre manuscrits représentent : I fol. 1. l'Ascension, 198. la Trinité. II fol. 1. figure du Sauveur à mi-corps, 19. idem, 48. idem, 67. un Evangéliste, 81. l'Ascension, 99. la Madonne et quatre saints, 106. figure à mi-corps du Christ, 122. St. Pierre Martyr, 151. la Messe, 170. Christ bénissant, 220. une Sainte tenant un glaive, 150. un Saint barbu. III fol. 1. l'Ascension, la Madonne assise en bas, 2. l'Annonciation, 32. St. Jean-Baptiste, 59. St. Paul, 103. l'Assomption, 147. trois figures à mi-corps de saints, 155. St. Nicolas, 167. une sainte, IV. Le Sauveur bénissant, idem, figure à mi-corps du Sauveur, un Evangéliste, un ange, figure à mi-corps du Christ.

[3] Venturi, op. cit., fig. 798. Trois autres miniatures représentent la Resurrection des morts ; 44. la Vierge avec l'Enfant ; 71. le Baptême du Christ.

[4] Idem, fig. 799.

rait à une exposition d'art ancien italien, organisée à Londres en 1893—
94[1], est d'une composition absolument identique à la miniature qui, dans
le plus bel antiphonaire de San Gimignano, occupe la moitié d'une page
et représente le saint évêque dont la cité prend son nom. L'exécution du
panneau semble exclure la possibilité que cela soit une copie ou même
le produit d'une autre main que celle qui a exécuté la miniature[2].

A part ce groupe de miniaturistes, dont le chef semble avoir été
Niccolo Tegliacci, il y en a encore quelques autres qui ne montrent pas
les mêmes traits caractéristiques, mais qui semblent, par contre, s'inspirer
davantage de Simone lui-même.

Ainsi une miniature exposée au musée du Louvre (pl. XXXIX) a de tels
points de contact avec la manière du maître qu'elle lui est attribuée. Certainement cette attribution n'est pas tout à fait exacte, mais c'est de toutes
les miniatures que je connais celle qui se rapproche le plus de lui. Elle
représente l'Annonciation; les deux figures se trouvent debout sous deux
voûtes gothiques, elles sont séparées par une colonne légère et un vase
élégant contenant un lis. Les têtes sont plus rondes que celles que nous
fait voir Simone et l'ensemble des figures nous rappelle le triptyque de
Lippo Vanni de la collection Walters; mais je ne pense pas que nous
devions attribuer la miniature à la même main.

Des miniatures qu'on a qualifiées, avec raison, comme des œuvres de
l'école de Simone[3], se trouvent dans un volume, contenant des séquences et
des hymnes, à la Bibliothèque Communale de Sienne (G. III 2). Ces
enluminures représentent St. Augustin entre deux moines (fol. XVI), une
sainte tenant un volume (XXVI), l'Éternel entre deux anges. St. Pierre
et St. Paul et deux autres saints (XXIX), l'Assomption de la Vierge entre
deux anges (XXX), un saint évêque entre deux patriarches (XLVII)[4].
Ce sont des miniatures extrêmement fines et bien exécutées suivant Simone moins dans les formes que dans les principes esthétiques et le
sentiment.

Des miniatures qui semblent encore faites sous l'influence immédiate
de Simone ont été coupées d'un manuscrit et ornent un reliquaire du
musée de Gubbio, qui est un ensemble de fragments aussi intéressants
qu'hétéroclites. Les sept miniatures qui nous intéressent en ornent le

---

[1] Au «New Gallery».

[2] J. Vavassour Elder, Un quadro sconosciuto di Niccolo Tegliacci. Rassegna
d'Arte Senese 1910, p. 16.

[3] Rossi, Simone e Petrarca, p. 171.

[4] D'autres miniatures du même volume, mais exécutées d'une façon plus archaïque,
représentent fol. I la Vierge, LVII St. François recevant les stigmates, LXV St. Dominique, LXX un saint évêque, LXXV un saint pape, LXXX St. Pierre et St. Paul.

haut et l'intérieur des deux petites portes. La première qui est coupée
en forme de triangle montre le Sauveur tenant un volume et bénissant.
Les six autres sont des figures à mi-corps de saints encadrées de larges
et riches bordures. Parmi ces figures on reconnaît facilement St. François, Ste. Claire et St. Louis de Toulouse. Les types, le sentiment gothique et surtout les plis des draperies montrent l'influence de Simone
ou, peut-être plus encore, celle du pseudo-Donato. Le dessin est pourtant assez dur et le coloris pas très beau.

Parmi les autres miniatures, dans lesquelles on veut découvrir une
influence de Simone, il faut surtout mentionner les enluminures d'une
poésie en latin — quelquefois attribuée à Convenevole da Prato — que
la Ville de Prato, qui s'était placée sous la protection du roi Robert de
Naples, a adressée à ce prince. Ce manuscrit, qui se trouve maintenant
au British Museum (Royal M.S. 6 E IX), contient plusieurs miniatures
représentant le Sauveur, le roi Robert, des personnifications de l'Italie,
et de villes italiennes [1] etc.

L'art de la miniature du 14e siècle montre très fréquemment des
rapports avec la peinture siennoise et les miniaturistes de cette ville
semblent avoir exercé leur influence sur leurs confrères d'une partie considérable de l'Italie; mais les autres produits de Naples, de Pérouse, de
Pise et de bien des villes de la Toscane, parmi lesquelles même Florence,
ne me semblent pas assez apparentés à l'art de Simone, pour en faire
mention ici [2].

[1] British Museum. Reproductions from illuminated manuscripts II. 2e ed. London
1910, pls. 39 et 40.
[2] M. Venturi les énumère en grande partie. V, p. 1018—46.

IV. L'ÉCOLE DE SIMONE EN DEHORS DE SIENNE.

Pise.

Je n'ai pas l'intention de traiter ici toute la peinture pisane du 14e siècle, mais je parlerai brièvement des peintres qui manifestent clairement l'influence de Simone à Pise.

En premier lieu il faut mentionner ici Francesco Traini dont on trouve le nom entre 1322 et 1345. La première fois, il est seulement nommé dans un acte, puis, l'année d'après, deux payements, l'un de 16 livres pisanes, l'autre de 5, sont faits à un certain François, qu'on peut probablement identifier avec Traini, pour avoir peint dans la Salle du Palais Publique l'image de la Vierge, pour avoir travaillé dans la salle des notaires et pour d'autres travaux faits au service de la ville. En 1338, le peintre Cristofano di Pietrasanta place son frère comme élève auprès de Traini ; en 1341, Traini peint un étendard pour la Compagnie «delle Landi» et, le 14 avril 1344, il a commencé le panneau de St. Dominique qui fut achevé en janvier 1345[1].

De Traini il ne nous reste que deux œuvres dont la plus importante est le St. Dominique qui fut exécuté sur l'ordre du juriste Giovanni Coco pour le repos de l'âme d'Albizzo delle Stadere de Casapieri, qui avait rendu des services à Pise en qualité de diplomate[2]. Les panneaux qui proviennent

---

[1] Bonaini, Memorie inedite intorno alla vita e ai dipinti di F. T. etc. Pise 1846. L. Simoneschi, Notizie e questioni intorno F. T. Pisa 1898. L. Tanfani-Centofani, Notizie di artisti tratte dai documenti pisani. Pisa 1871. Supino, Arte Pisana. Firenze 1904, p. 265.

[2] Vasari dit que le tableau fut commandé par un seigneur de la maison de Coscia ; l'inscription au bas du panneau dit : «Hoc opus factum fuit tempore domini Johannes Coci operarii operi majoris ecclesiae sancti Marie pro Comuni Pisano, pro anima domini Albissi de Stateriis de pe . . . . supradicte, Franciscus Traini pin.»

de l'église de Ste. Catherine sont partagés entre le musée communale et le séminaire; le premier possède la pièce centrale représentant St. Dominique debout, tenant un volume et une branche de lis; en haut le Sauveur bénit et tient un livre ouvert, tandis qu'au séminaire se trouvent quatre panneaux, dont chacun consiste en deux scènes, l'une au-dessus de l'autre, et un prophète dans le gable. Ces dernières peintures sont très supérieures à la grande figure de St. Dominique; elles représentent des événements de la vie du saint[1] et sont exécutées avec une grande finesse, et un sens de la vie et de la beauté qui manque à l'autre panneau.

Si nous n'avions que cette seule œuvre de Francesco Traini, on hésiterait peut-être à le classer parmi les artistes influencés par Simone. En effet il y a un esprit de réalisme dramatique dans ses scènes, qui les rapproche psychologiquement plutôt de Giotto; les formes un peu larges n'ont pas non plus l'élégance de celles de Simone.

Beaucoup plus près de ce maître se trouve un panneau représentant le triomphe de St. Thomas d'Aquin, conservé à l'église de Ste. Catherine, tableau qui a beaucoup souffert par des repeints et qui avait probablement un pinacle (pl. XLV). Le saint est assis dans un cercle; des rayons de lumière partent des volumes qu'il tient sur ses genoux, illuminant deux groupes de clercs. Au milieu Averrhoès est étendu par terre. Toutes ces figures se trouvent au bas du panneau. Sur un plan plus élevé, on voit, à droite et à gauche, Platon et Aristote; plus haut encore, sur le bord du cercle qui entoure le saint s'appuient St. Paul, Moïse et les quatre Evangélistes; ces huit personnages tiennent des livres ouverts, dont partent des rayons de lumière, qui atteignent la tête du saint. D'autres rayons descendent sur lui et sur les six figures placées en haut; elles partent de la bouche du Seigneur qui, au sommet de la composition, est assis dans une mandorla, entouré de quatre chérubins. La signification de cette allégorie est assez claire; tandis que l'esprit de St. Thomas est éclairé par la lumière venant d'en haut et de l'étude des écrits des huit personnages qui l'entourent, ses livres édifient les gens d'Église et terrassent l'hérétique.

Ce panneau montre une assez forte influence de Simone. Le schéma

---

[1] La Nativité de St. Dominiqu; le Pape Innocent III voit le saint dans un rêve soutenant l'église chancelante; St. Paul et St. Pierre apparaissant au saint; l'épreuve du feu à laquelle sont soumis des livres de religion; le neveu du cardinal Etienne du Ceccari rappelé à la vie par la prière du saint; un pélerin, sur le point de se noyer dans la Garonne est sauvé; le rêve du frère Guala; la translation du corps de St. Dominique. La deuxième scène est visiblement inspirée par celle généralement attribuée à Giotto dans l'église supérieure d'Assise, où le Pape voit St. François soutenant l'église.

humain est toujours encore assez différent et surtout plus large, mais
semble inspiré par le principe gothique du maître; les draperies montrent
des analogies frappantes. En plus la conception esthétique semble être
la même; on retrouvé la finesse des lignes et, dans la figure principale,
ce regard lointain et rêveur si caractéristiques pour Simone; on la dirait
même plus ou moins copiée de la figure de St. Thomas du rétable que
Simone a peint à Pise[1].

Dans ces deux œuvres, Traini ne se montre pas un élève d'Orcagna,
comme disait Vasari; et ce n'est que dans la première de ses deux peintures qu'on découvre une influence florentine; le panneau de St. Thomas
est entièrement siennois; je serais néanmoins incliné à admettre une certaine influence des sculptures pisanes dans la large structure des corps
et les draperies.

Je ne crois pas que nous ayons d'autres peintures de la main de
Traini, bien que les fresques du Triomphe de la Mort, du Jugement Dernier et des Anachorètes du Campo Santo de Pise lui aient été attribuées[2], ainsi que deux panneaux avec des histoires de St. Romuald aux
Offices qui sont d'un art légèrement plus évolué; tandis qu'on attribue à
son école un polyptyque dans l'église d'Ottana en Sardaigne[3], qui fait
plutôt penser aux disciples des Lorenzetti.

Un artiste bien plus faible que Traini, mais s'inspirant plus directement de la manière de Simone fut Giovanni di Niccola da Pisa, dont
la Pinacothèque de cette ville possède un polyptyque signé. Nous ne
connaissons que deux dates concernant la vie et l'œuvre de cet artiste:
en août et en juillet 1358, Johannes «Nicole pictor» fut élu conseiller de
la ville[4], et, selon Da Morrona, à l'église de St. Pierre in Vinculis à
Pise, il aurait existé une peinture représentant St. Jean Baptiste qui était
signée et datée: Giovanni di Niccola da Pisa M.CCCLX[5]. Ces dates
démontrent l'impossibilité de l'hypothèse soutenue par Rosini, que ce
peintre serait le fils du sculpteur Niccolo Pisano[6].

---

[1] M. Douglas avait déjà remarqué que Traini appartenait à l'école de Simone,
Crowe and Cavalcaselle II, p. 227 note 4.

[2] B. Supino, Il Trionfo della morte, il Giudizzio universale nel Camposanto di
Pisa, Archivio Stor. dell' Arte 1894, p. 21. Le même, Il Camposanto di Pisa, Florence
1896, p. 65—66. Le même, Arte Pisana, p. 289. Ces fresques ont été qualifiées avec
raison par M. Venturi, op. cit., p. 722 comme étant de l'école des Lorezentti et par
Thode comme les œuvres d'un Pisan contemporain de Traini. Der Meister vom
Triumph des Todes in Pisa, Repert. für Kunstwissenschaft 1888.

[3] E. Brunelli, Il polittico della parrocchia di Ottana, L'Arte 1903, p. 384.

[4] Bonaini, op. cit., p. 94.

[5] A. Da Morrona, Pisa illustrata, 2e ed. Livorno 1812, II, p. 433.

[6] Rosini II, p. 5—6 avec reproduction du polyptyque de Pise, pl. XII.

Le polyptyque de la Galerie de Pise (Salle IV Nº 33) se compose
de cinq figures à mi-corps. Au centre est la Vierge portant dans ses
bras l'Enfant presque nu qui tient un petit oiseau (pl. XLVI). Les panneaux à droite et à gauche de la Vierge représentent la Madeleine et St.
Jean-Baptiste, ceux aux extrémités St. Barthélemy et Ste. Bonne ; chaque
division a un gable, celui du centre montre le Rédempteur, les quatre
autres des saints barbus, parmi lesquels un évêque et un pape. La
signature se trouve en bas du panneau du milieu: «Johanes Niccole me
pinxit AD M.CCC . . . .». Da Marrona a vu ce polyptyque en 1792 dans
le réfectoire du couvent de Ste. Marthe d'où il fut transporté à la chapelle du Campo Santo.

L'aspect de cette œuvre nous permet de qualifier le peintre comme
un faible adhérent au courant créé par Simone. Ce sont surtout la Madonne et la Madeleine, figures où le sentiment et l'élégance de Simone
sont interprétés d'une manière assez morbide, qui nous rappellent le grand
maître; l'exécution n'est pourtant pas sans finesse comme on le constate,
par exemple, par la forme des mains.

Les œuvres que M. Sirèn a attribuées à Giovanni di Niccola, sont
en grande partie supérieures au polyptyque signé, et se rapprochent davantage de Simone[1]; il y a même une figure à mi-corps de la Vierge
avec l'Enfant qui a saisi le haut de la robe de sa Mère (Salle III Nº 26),
qu'on peut classer comme une très belle peinture de son école. M. Sirèn
croit encore voir la main du même artiste dans des figures à mi-corps
de la Vierge et des saints provenant du monastère de St. Dominique
(Salle III Nos 10 et 15), dans la Madonne entourée d'anges avec St. François et Ste. Scolastique (Salle IV Nº 36), deux œuvres qui se rapprochent
plutôt du polyptyque signé, et dans une Annonciation du musée de l'archevêché qui, par sa composition comme par la fine beauté de l'exécution,
s'inspire encore davantage de Simone.

Une œuvre perdue de Giovanni di Nicola nous est connue par une
gravure qu'en donne d'Agincourt. C'est un important polyptyque gothique
montrant au centre la Vierge assise sur un trône tenant sur ses genoux
l'Enfant bénissant. Les panneaux à droite et à gauche contiennent les
figures de St. François, une sainte martyre, St. Etienne, Ste. Agathe
et des médaillons de prophètes; les pinacles montrent la Crucifixion et
les deux figures de l'Annonciation, les pilastres à droite et à gauche
chacun trois figures, l'une au-dessus de l'autre. Enfin la prédelle se

[1] O. Sirèn, Maestri Primitivi, Antichi dipinti nel Museo Civico di Pisa, Rassegna
d'Arte 1914, p. 225.

compose de cinq scènes du martyre de St. Etienne se terminant par deux figures à mi-corps d'apôtres. Le panneau central est signé: «Johanes de Pisis pinxit». Pour autant que la reproduction de d'Agincourt nous permet d'en juger, l'œuvre est une de celles où l'artiste se rapproche le plus de la manière de Simone[1]. Cette œuvre que d'Agincourt a vue chez le cardinal Zelada à Rome, est décrite par Cavalcaselle comme se trouvant dans la collection Rinuccini à Florence[2].

Les peintures de Pise qui rappellent le plus l'art de Simone sont quatre panneaux représentant St. Pierre (pl. XLVI), St. Paul, St. Jean Baptiste, et Ste. Rosalie, à la Galerie Municipale (Salle IV Nos 5—8). Ces tableaux imitent à un tel point la manière du maître, qu'ils sont catalogués comme pouvant être de sa main. Ils ne le sont certainement pas, et manquent trop de finesse et de beauté pour justifier cette opinion, mais, d'autre part, il ne peut y avoir de doute que l'artiste qui les a peints, fut un de ceux qui furent le plus intimement liés avec Simone, dont il imite les traits caractéristiques avec plus de conviction que d'habilité; ses œuvres observent bien les principes, mais n'ont pas le charme de l'art de Simone.

Une fresque très discutée est celle représentant l'Assomption de la Vierge au Campo Santo de Pise[3]. La Madonne, les mains jointes, est assise sur un trône gothique, encadré d'une mandorla, porté par deux archanges et douze anges, et tenu d'en haut par le Sauveur accompagné de dix petits anges; trois autres volent à droite. Bien que l'influence de l'art de Simone soit indéniable, l'attribution à cet artiste lui-même ou à Lippo Memmi me semble sans fondement. L'Assomption, comme toutes les fresques sur ce mur, est, il est vrai, tellement repeinte que, pour bien des figures, nous ne devinons qu'à peine l'aspect original[4]; pourtant les formes et le schéma des personnages sont tellement différents de ce que nous trouvons chez Simone ou chez Lippo, que je n'hésite pas à attribuer cette fresque à un de leurs élèves qui ne fut même pas un des plus fidèles ou des meilleurs.

L'art de Simone peut être retrouvé dans un vitrail de l'église de

<hr>

[1] G. B. L. G. Seroux d'Agincourt, Storia dell Arte demostrata coi monumenti (trad. du français) VI, Prato 1828, p. 388—89 et pl. 128 de l'atlas.

[2] Crowe and Cavalcaselle III, p. 163—64.

[3] Attribuée à Simone par Vasari, Supino, Il Campo Santo, p. 110, Arte Pisana, p. 206 (avec moins de certitude), A. Letalle, Les fresques du Campo Santo de Pise, Paris s. d. p. 56. Venturi, op. cit., p. 664 la donne à Lippo Memmi en la comparant à la Madonne d'Orviéto et la considère comme son chef-d'œuvre. Cavalcaselle la croyait d'un élève de Simone, Rothes, qui la reproduit pl. 49, de l'école des Lorenzetti.

[4] Ainsi l'on pourrait croire que les trois anges qui volent à droite sont des additions postérieures.

St. François à Pise [1]. Il n'y a que la partie supérieure qui a gardé des verres coloriés et là encore il ne reste que peu de l'original. Dans des cercles concentriques on voit le Sauveur, St. Jean Baptiste, la Vierge et des chérubins; la deuxième figure a gardé son aspect primitif et montre une ressemblance parfaite avec les Sts. Jean des peintures de Simone, surtout avec celui du polyptyque de Pise. D'ailleurs il est évident que les autres figures aussi présentaient des traits caractéristiques de l'art du maître et peut-être Simone avait-il fourni le dessin pour ce vitrail, comme il a fait pour ceux de la chapelle de St. Martin. Il serait donc possible que, comme à Assise, la fenêtre n'eût formé qu'une partie d'un ensemble dû à l'art de Simone et que les murs à côté du vitrail eussent été dans le temps couverts de peintures.

M. Langton Douglas a signalé encore deux petits panneaux, représentant Ste. Agathe et Ste. Claire, dans la sacristie de l'église de San Michele in Borgo à Pise, qu'il considère comme des œuvres de l'école de Lippo Memmi [2]. Un panneau entièrement repeint dans l'église de St. François, représentant la Vierge et l'Enfant qui tient un petit oiseau et un bout du voile de sa Mère, pourrait bien avoir eu, dans son aspect original, le caractère d'une peinture de l'école de Simone.

Parmi les autres peintres pisans du 14e siècle dont les noms nous sont connus il n'y en a pas un qui se trouve assez près de Simone pour être mentionné ici. La tradition nous dit que Buffalmacco et son compagnon Bruno se rendirent de Florence à Pise et, en effet, nous trouvons des éléments florentins dans l'œuvre de plusieurs artistes pisans, bien que la grande majorité ait travaillé sous l'influence des Siennois [3]. L'art de Turino Vanni, qui avec Traini semble avoir été le peintre principal de Pise, au milieu du 14e siècle, se ressent même un peu de l'influence de Simone comme le montre clairement la Madonne et les saints du musée de Palerme.

O r v i é t o.

A Orviéto où Simone et Lippo ont laissé des témoignages de leur présence, on trouve un certain nombre de peintres qui se sont inspirés d'eux. Il est assez curieux de constater que les éléments que ces artistes

[1] D. W. von der Schulenburg, Una vetrate di Simone M. Rassegna d'Arte Senese 1914, p. 54.

[2] Note 1 sur Crowe and Cavalcaselle, p. 80.

[3] Lupi, L'Arte Senese à Pisa, Antica arte Senese I, p. 355 énumère quelques artistes siennois ayant travaillé à Pise et désigne, p. 408, une vingtaine de peintures à la Galerie de Pise comme étant de l'école siennoise.

169

ont empruntés aux deux maîtres se limitent presque entièrement à des ressemblances extérieures comme la finesse du dessin, l'expression de suave mélancolie, et l'aspect général des personnages, tandis que la technique de la peinture est assez différente et plus évoluée ; d'ailleurs la plupart des artistes florissaient à une date bien postérieure à Simone.

Le nombre des peintres mentionnés dans des documents d'Orviéto de la 2ᵉ moitié du 14ᵉ siècle est très considérable ; le Dôme seul en a employé dix-sept entre 1357 et 1400[1], mais parmi ces artistes il n'y en a que quatre dont nous connaissions des œuvres, ce sont: Ugolino del prete Ilario, Pietro di Puccio, Cola di Petruccioli et Giovanni di Andrea.

Quant au premier, ses freques dans le chœur du Dôme et dans la chapelle des «SS. Corporale» le montrent comme un peintre assez vulgaire, dépendant en quelque sorte de Luca di Tommè avec lequel il a d'ailleurs collaboré en 1374[2]. Pietro di Puccio a travaillé avec lui dans le chœur du Dôme et exécuté en 1390 des fresques médiocres de la Genèse dans le Campo Santo de Pise. Cola di Petruccioli a laissé dans une chapelle en dessous de la Cathédrale d'Orviéto, une fresque affreuse représentant le Crucifié entre la Vierge et St. Jean, qu'il a signé et daté 1380, et deux petits panneaux représentant le Couronnement de la Vierge et la Crucifixion, très supérieurs à cette peinture murale, et qui se trouvent dans la petite Galerie de Spello (près d'Assise), qu'il a signés également en 1385. M. Berenson a fait récemment à cet artiste provincial l'honneur de lui consacrer une étude[3], dans laquelle il le rattache au courant de Barna, de Vanni et de Bartolo di Fredi, le rapprochant surtout de Fei, par conséquent dans la tradition inaugurée par Simone. S'il est, pour cette raison, intéressant de constater sa présence à Orviéto, il s'éloigne trop du maître pour que nous nous en occupions ici.

Enfin Giovanni di Andrea a de l'intérêt pour nos études puisqu'il est un représentant de la façon particulière dont ces peintres d'Orviéto adoptèrent la manière de Simone. Il paraît pour la première fois dans un document de février 1378, ensemble avec Cola di Pettruccioli, et travaille en septembre 1380 avec Ugolino d'Ilario à la décoration de la chapelle de la tribune du Dôme[4]. En 1402 ceux de Corneto écrivirent une lettre à la ville d'Orviéto, d'où il résulte que Giovanni di Andrea est un citoyen de cette dernière ville, et qu'il a exécuté un panneau pour

[1] L. Fumi, Il Duomo di Orvieto e i suoi restauri, Roma 1891, p. 385—92.
[2] Idem, p. 389.
[3] Berenson, A Sienese little Master in New York and elsewhere, Art in America 1918, p. 69. v. Di Nicola, Studi sull' Arte Senese, p. 95.
[4] Fumi, op. cit., p. 389.

l'église de St. Egide de Corneto qui lui fait mériter des louanges. En
1410 il signe le panneau des Innocents à l'église de San Ludovico à Orviéto et, en 1412, il reçoit 4 florins et 5 sous pour la fresque de la Madonne et deux anges qui se trouvent dans la lunette, au-dessus de la
«porte du Chanoine» de la cathédrale (pl. XLVII); il est stipulé qu'il
fournira les couleurs, sauf la dorure[1]. Ces deux dernières œuvres existent
encore et nous font connaître cette petite personnalité artistique.

C'est surtout la Madonne et l'Enfant entre les deux anges qui semble
inspirée de l'art de Simone: une assez grande finesse de dessin et la
conception esthétique, bien qu'exprimée d'une façon un peu gauche, démontre la familiarité de l'artiste avec cette tradition. Dans le rétable des
Innocents ce fait est bien moins évident: on voit en haut le Sauveur entouré de quatre chérubins et plus bas dans une double mandorla l'Enfant
Jésus tenant une bannière, accompagné de l'Agneau Pascal et de neuf
anges. A droite et à gauche se trouvent des groupes de saints et dans
les quatre angles les symboles des Évangélistes. En bas deux groupes
d'enfants martyrs regardent en l'air, les mains jointes. Les expressions
suaves des saints et leurs draperies quelque peu gothiques nous rapellent
vaguement l'école de Simone.

Le reste des œuvres qui, à Orviéto, représentent le courant artistique
de Simone, ne sont que des œuvres d'anonymes. Presque toutes se trouvent dans la petite église romane de San Giovenale dont les murs et les
colonnes sont couvertes d'échantillons des peintres d'Orviéto du 13ᵉ et
14ᵉ siècles. Si d'une part il y en a peu qui se trouvent dans le voisinage,
immédiat de Simone, il y en a, d'autre part, encore moins qui ne manifestent pas, en quelque mesure, son influence.

Sur le mur de l'entrée principale, il y a une fresque qui semble
être l'œuvre d'un disciple de Simone entièrement familiarisé avec l'art
de son maître, dont il était presque contemporain. C'est une grande
figure assez abîmée d'un saint évêque, vêtu d'un manteau rouge, bénissant et tenant la crosse (pl. XLVII). C'est à peine si on distingue en
bas une petite figure en prière. Ici non seulement l'inspiration artistique
mais aussi la technique nous donne la certitude, que cette belle peinture
est faite sous l'influence directe du grand maître.

En faisant le tour de l'église, nous trouvons d'abord dans une niche
du mur à droite, en allant vers le chœur, une fresque très abîmée, datée
de 1312, représentant la Madonne assise sur un trône avec l'Enfant entre
les fragments d'une figure de saint évêque et St. Michel (?), ornés de

---

[1] Fumi, op. cit., p. 443.

gros bijoux à la manière byzantine, et deux petits personnages en adoration, agenouillés en bas. L'aspect primitif de ces dernières figures prouve avec certitude que la tête de la Vierge est repeinte ultérieurement et son visage montre la douceur des œuvres de l'école de Simone.

Dans la niche suivante au-dessous d'une Vierge accompagnée d'anges, de deux saints et d'une figure en adoration, œuvre de la fin du 13e siècle, il reste des fragments d'une Vierge allaitant l'Enfant entre un saint barbu (Antoine?) et un saint moine. L'inspiration, mais non l'exécution technique, semble provenir de la même source.

Dans une troisième arcade une Madonne tenant sur ses genoux l'Enfant Jésus entre quatre anges, semble être l'œuvre d'un élève de Bartolo di Fredi.

Tout près du chœur, une niche plus profonde contient des fresques représentant l'Annonciation et St. Joseph adorant l'Enfant, attribuées à Bartolo di Fredi ou à Cola di Petruccioli[1], mais qui me semblent d'un autre artiste, bien plus fin qu'un de ces deux peintres; la première montre la Vierge debout tenant un volume ouvert et l'ange agenouillé devant elle; l'autre nous fait voir la Madonne assise tenant dans ses deux mains le Nouveau-Né, adoré par St. Joseph. D'en haut une rangée d'anges regarde les mains jointes du côté des figures centrales; à droite on aperçoit le message aux bergers.

C'est à peine si l'on peut qualifier ces œuvres de produits de l'école de Simone, puisqu'elles représentent déjà un stade plus évolué de l'art; mais, en comparant la belle tête de la Vierge (pl. XLVIII) avec les Madonnes de Simone et de Lippo, on reconnaîtra qu'elle produit le même idéal esthétique.

La même remarque s'applique à une belle fresque derrière un pilier dans la nef gauche, représentant la Madonne allaitant l'Enfant, assise sur un trône entre St. Sébastian et St. Antoine aux pieds duquel est agenouillé un petit personnage en adoration. L'inscription au-dessous de la fresque mentionne la date 1399.

En dehors de cette église, nous trouvons encore des souvenirs de l'art de Simone dans une fresque qui, dans l'église de St. André, orne le tombeau des Monaldeschi del Cane, de la deuxième moitié du 14e siècle. Ici la Vierge assise sur un trône supporte l'Enfant qui est debout sur

---

[1] G. Gagnola, Affreschi in S. Giovenale di Orvieto, Rassegna d'Arte 1903, p. 22 et non sans hésitation par M. Berenson, Central Italian Painters qui les donne maintenant à Cola di Petruccioli, dans l'article que je viens de citer. Il est vrai que dans la technique, p. ex. les reflets de lumière sur les visages, il y a des rapports entre ce peintre et Cola.

ses genoux et qui bénit d'une main, tenant de l'autre un rouleau ouvert ; plus bas, on voit St. Jean Baptiste et St. Paul. M. Langton Douglas, qui ne mentionne que cette fresque comme une œuvre de l'école de Simone à Orviéto, remarque judicieusement que le dessin raffiné de cette peinture manifeste le goût pour les belles lignes qui fut un des traits caractéristiques de l'art de Simone[1].

Dans l'église de St. Dominique, la dernière chapelle à gauche du chœur contient une Madonne accompagnée de quatre saints avec la date MCCC-(L)XXX et une scène de martyr de deux moines, appartenant au même courrant.

Une influence très manifeste de l'art de Simone peut être trouvée dans les figures en mosaïque de bois, provenant du chœur du Dôme, conservées maintenant dans le Musée de cette église. A part les apôtres qui ornent le lutrin, il y a surtout une figure de la Madonne debout portant l'Enfant Jésus, qui montre, pour autant que la technique de cet art le permet, l'élégance de Simone, son dessin des draperies et sa formedes mains.

Parmi toutes ces œuvres, il y en a peu qui aient une grande valeur artistique, et encore moins qui soit exécutées sous l'influence directe de Simone, d'ailleurs presque toutes semblent dater d'un demi siècle après sa mort ou de trois quarts de siècle après son séjour probable à Orviéto. Comme d'autre part les principes artistiques de Simone — je dirais pour plus de clarté son goût — y ont été si fidèlement observés ; il me semble certain qu'il a existé à Orviéto au moins deux générations de peintres qui, à partir de 1320, continuèrent sa manière, produisant des œuvres dont il ne nous est parvenu qu'une seule, c'est-à-dire la fresque du saint évêque à San Giovenale. Les autres peintures mentionnées ici n'ont de l'intérêt pour notre sujet qu'autant qu'elles rendent probable l'existence de ces intermédiaires. En étudiant ces œuvres il me semble évident que ces intermédiaires doivent avoir existé, ces fresques d'environ 1400, bien que les produits d'une technique plus évoluée, appartenant encore claire-ment à la même tradition.

N a p l e s.

Bien qu'il soit certain que Giotto a travaillé à Naples, les œuvres de son école y sont extrêmement rares[2] et l'art qui a dominé dans cette ville semble avoir été celui de Sienne.

[1] Note 6 sur Crowe and Cavalcaselle, p. 40.

[2] La seule peinture franchement Giottesque que je connaisse à Naples est une fresque très délabrée représentant la Multiplication des Pains dans l'ancien refectoire du couvent de Ste. Claire, maintenant une imprimerie, largo Trinita Maggiore 13.

173

Il ne manque pas de documents pour attester la présence d'artistes
siennois à Naples. En 1314 on y appelle, pour décorer le palais royal
des sculpteurs et des mosaïstes d'Orviéto qui, sans doute, furent pour la
plupart des Siennois. En 1318, l'orfèvre Pietro da Siena a fait une bague
pour le roi Robert. Le sculpteur siennois Tino da Camaiano a travaillé
à Naples à partir de 1325, pendant une dizaine d'années, exécutant des
monuments funéraires royaux. En 1339 nous y rencontrons Lando di
Pietro, orfèvre et ingénieur de Sienne, et en 1340 Giorgio da Siena,
fondeur de cloches[1], et plus tard, comme nous l'avons vu, le peintre Andrea
Vanni.

Enfin j'ai déjà parlé des rapports suivis qui existaient entre les princes
d'Anjou et la ville de Sienne, dont résulta sans doute la présence de
Simone en 1317 à Naples où il a laissé le rétable de St. Louis et la
Madonne, qui se trouve maintenant au musée du Palais de Venise à
Rome. En plus, nous connaissons les noms d'un certain nombre de
peintres qui ont travaillé à Naples, comme Montano d'Arezzo, qui s'y
trouvait de 1305 à 13, Robert d'Oderisio, Gennaro di Cola, Stefanone,
Colantonio del Fiore, et c'est sans doute à ces artistes que nous devons
quelques-unes des peintures napolitaines du 14ᵉ siècle qui sont pour la
plupart des œuvres anonymes.

Un des artistes de l'école de Simone à Naples est celui qui, dans
les segments de la voûte de la tribune de l'orgue de l'église de l'Incoronata, a fait les fresques des sept sacraments, attribuées depuis Lanzi et
Rumohr, sans aucun fondement, à Giotto[2]. Cavalcaselle les croyait de
l'école de Giotto, Schubring de Paolo di Maestro Neri[3]; tandis que M.
Venturi, les qualifie, non sans raison, comme étant de l'école de Simone.
Enfin M. Berenson les comparant avec la Crucifixion de Robert d'Oderisio
à Eboli, signée «Hoc opus pinsit Robertus de Odorisio de Neapoli» les
a attribuées à juste titre à cet artiste[4]. Ces intéressantes peintures
ont été déjà souvent décrites. Le Baptême y est représenté sous un
ciborium où le prêtre accompagné ¡de deux clercs asperge d'eau le

[1] E. Bertaux, S. Maria di D. Regina, p. 118 etc.

[2] S. D'Aloe, Les peintures de Giotto de l'Église de l'Incoronata à Naples. Berlin,
Paris etc. 1843. D. Ventimiglia, Sugli Affreschi di Giotto nella chiesa dell' Incoronata,
Napoli 1844. M. Riccio, Saggio Storico intorno alla chiesa dell' Incoronata di Napoli e
suoi affreschi. Napoli 1845. v. Vasari éd. Milanesi 1, p. 422. E. Bernich, La Chiesa dell'
Incoronata. Napoli Nobilissima 1906, p. 100.

[3] Schubring, Die Fresken der Incoronata in Neapel. Repertor. für Kunstwiss. 1900.

[4] B. Berenson, Robert Oderisi und die Wandgemälde der Incoronata. Repertor. für
Kunstwiss. 1900, p. 443. Rolfs, Gesch. der Malerei Neapels, p. 50. Reprod. de la Crucifixion d'Eboli, pl. 29.

petit enfant tenu maladroitement par le père qui est suivi de deux autres
hommes. Plusieurs femmes dont deux semblent en train de dévêtir un
nouveau-né, se trouvent dans la partie inférieure de la fresque; sur le
toit du ciborium vole un ange tenant un cierge.

La Première Communion nous montre trois femmes de différentes
classes sociales dont deux portent leur enfant, tandis que la troisième
mène le sien par la main (pl. XLIX). Un évêque fait avec le pouce le
signe de la croix sur le front de l'enfant qu'on lui présente. La scène
se passe à l'intérieur d'une église à fenêtres gothiques.

La Communion a lieu dans une église à fenêtres semblables où s'agenouille un groupe d'hommes et de femmes, tandis que d'autres se tiennent
debout derrière ceux-ci. Un prêtre suivi de deux autres ecclésiastiques
met l'hostie dans la bouche d'un des fidèles; deux anges volent en haut.

La Pénitence est représentée en deux scènes; l'une où une femme
s'agenouille devant un prêtre qui détourne son visage dur et sévère, tout
en écoutant la confession (pl. XLVIII), plus à droite trois hommes, presque entièrement cachés dans leurs capuchons se fouettent le dos nu. Le
fond de cette peinture est rempli par une lourde construction gothique.
La confession a lieu à l'intérieur qui est rendu visible par la suppression
d'un mur.

L'Ordination est représentée à l'intérieur d'une église vue en coupe,
où un Pape est assis sous un baldaquin, accompagné de hauts dignitaires
ecclésiastiques. Devant lui s'agenouillent de jeunes prêtres; plus bas un
groupe de clercs chantants a presque entièrement disparu à cause d'un
défaut technique dans la peinture. En dehors de l'église, on voit à gauche
un ange volant vers ces personnages.

Le Mariage est représenté par une union princière peut-être de la
maison d'Anjou. Sous un baldaquin le fond est formé par un mur
décoré, sur le haut duquel de petites statuettes d'amours tiennent des
guirlandes. La cérémonie a lieu au centre, mais il manque malheureusement les parties supérieures de quelques personnages principaux. On voit
pourtant à gauche le mari à la barbe en pointe, suivi de personnages
âgés et de musiciens sonnant de la trompette. A droite sont les dames
qui forment la suite de la mariée. Au premier plan des seigneurs et des
dames dansent aux sons d'une trompette et d'une viole. D'en haut deux
anges semblent bénir l'union.

L'Extrême Onction nous montre le moribond, d'un réalisme impressionnant, soutenu dans son lit par sa femme, tandis que le prêtre lu
administre le Dernier Sacrement. Près de celui-ci, se trouve un clerc

tenant un cierge, tandis que du côté opposé un petit garçon fait des gestes de frayeur. Du côté des pieds se trouvent six femmes et une petite fille, exprimant leur émotion.

La dernière fresque, dont il ne reste qu'un fragment, me semble une représentation symbolique de la Messe et surtout de la Présence Réelle bien qu'on l'appelle généralement le Triomphe de l'Eglise. On y voit sur un fond, formé par la façade d'une église, un Pape tenant le calice; derrière lui apparaît la figure rayonnante du Sauveur. Du côté droit s'approchent quatre figures nimbées, deux personnages couronnés et leur suite. Comme les manteaux des deux princes sont ornés de fleurs de lis et qu'ils portent chacun, une bannière avec le même emblème, il n'y a pas de doute qu'il s'agit de membres de la famille d'Anjou. Le plus âgé est un portrait, assez fidèle, du roi Robert, tandis que l'autre dont les traits sont moins caractéristiques pourrait être Charles l'Illustre.

A cause de la présence de ces princes, on a voulu expliquer toute cette série de fresques comme représentant des événements concernant la maison Angevine: le Baptême serait alors celui du Duc de Calabre, la première Communion celle des trois filles de la reine Jeanne, dans la Confession, et dans la Communion figurerait cette reine elle-même, l'Ordination serait celle de St. Louis de Toulouse, l'Extrême Onction représenterait la mort de Philippe de Tarente, et le mariage serait celui de Louis de Tarente avec la reine Jeanne, en 1347. Cette interprétation n'est pas certaine; pourtant il me semble évident que l'artiste a reproduit les traits du roi Robert, non seulement dans cette dernière fresque, mais aussi dans celle du Baptême, où on le retrouve dans le vieillard derrière le père, dans celles de la Communion et de la Confession, où le prêtre est figuré sous les traits de ce prince et dans celle du mariage, où il suit le mari qui, par conséquent, pourrait être son fils, à moins que cela soit le mariage de sa petite-fille Jeanne avec André des Anjou de Hongrie.

Le grand nombre d'effigies du roi Robert dans cette série de fresques nous ferait croire qu'elles furent exécutées comme peintures commémoratives peu après la mort de ce personnage (en 1343); par contre le caractère d'actualité, donné à la scène du mariage, rendrait probable que cette cérémonie est l'occasion, pour laquelle ces fresques ont été peintes. Cavalcaselle prétend que l'église de l'Incoronata ne fut construite qu'après le couronnement de Louis de Tarente et de Jeanne de Naples, célébré en 1352, d'autres documents ont été trouvés qui prouveraient que la fondation aurait eu lieu en 1328 et une consécration — peut être pas la première — en 1368[1].

[1] Rolfs, op. cit., p. 51.

Sur les murs de l'église, le même peintre a exécuté des fresques
représentant des scènes de l'Ancien Testament. Ce sont d'abord des épisodes de la vie de Joseph : Joseph vendu par ses frères qui ensuite portent
ses vêtements ensanglantés au vieux père, puis Joseph fuyant la femme
de Putiphar, Joseph mis en prison, Joseph en prison avec le panetier
et l'échanson de Pharaon, Moïse trouvé par la fille de Pharaon, Moïse
sur le Mont Sinai, et Samson qui détruit les maisons des Philistins. Bien
que d'une exécution un peu plus large, moins soignée et bien qu'ayant
perdu à peu près toutes leurs couleurs, il ne peut y avoir de doute que
ce ne soient des peintures de la main qui a exécuté les fresques des sept
sacraments.

Robert d'Oderisio n'est pas un des membres les plus distingués de l'école
de Simone. Son dessin est robuste, parfois rude, les formes pas trop
soignées. Le style gothique des architectures n'a que peu de rapport
lavec celui que nous montre Simone. Pourtant l'influence du maître se
manifeste clairement. Ce sont surtout le dessin net et clair des traits,
les visages allongés et le schéma humain en général qui montrent les
rapports intimes entre les deux peintres. Dans le dessin des figures humaines le Napolitain s'est pénétré des principes gothiques de Simone, mais
les rend dans des proportions plus larges. Il ne manifeste pas la même
tendance vers l'idéalisation de la figure humaine et sacrifie, plus que
Simone, le côté esthétique au réalisme.

Un autre peintre, moins énergique dans son dessin, mais s'inspirant
plus directement de l'esprit de Simone, a laissé des fresques dans une
chapelle qui se trouve à gauche de l'autel de cette même église, chapelle
du Crucifix, que la tradition attribue à Gennaro di Cola. La voûte divisée par des diagonales montre quatre fresques dont trois représentent
des épisodes de la vie de la Vierge (pl. L). Bien que très repeintes, il y en a
deux — la Présentation au Temple et le Mariage — qui ont gardé des
caractéristiques de l'art de ce peintre qu'on retrouve pourtant plus clairement dans les fragments de fresques sur les murs. Il serait difficile de
dire ce que ces scènes ont représenté[1], sauf l'une figurant St. Martin partageant son manteau avec le pauvre. Les autres ont été interpretées
comme la suite de l'histoire de St. Martin, ou bien de celle de St. Georges,
ou encore comme le couronnement, le mariage de la reine Jeanne et
d'autres épisodes de sa vie. L'important pour nous est de constater que
ces pauvres débris sont l'œuvre d'un artiste excellent de l'école de Simone qui unit une grande finesse de lignes et une suave beauté avec

[1] Rolfs, op. cit., p. 60.

l'observation réaliste; mais ce peintre ne sacrifie jamais, comme le fait Simone, le naturel de l'action à la grâce et à l'élégance de ses figures.

Nous retrouvons la main de Robert d'Oderisio dans l'église de St. Laurent où il a collaboré avec un autre artiste. Ses formes sont ici aussi un peu plus lourdes, mais ne diffèrent pas au point qu'on puisse croire que ses fresques soient le produit d'un autre peintre. Les peintures que j'attribue à ce maître représentent la Naissance de la Vierge, son Mariage et la Naissance du Sauveur. C'est surtout la deuxième qui caractérise bien cette nouvelle époque dans la carrière de l'artiste qui semble avoir consacré moins de soins à ces peintures qu'à celles de l'Incoronata, s'éloignant du courant siennois; ici seuls les visages gardent des rapports avec l'école de Simone.

L'autre artiste a peint la Rencontre de Joachim et de Ste. Anne à la Porte d'Or, l'Annonciation et l'Adoration des Mages (pl. L). Cet artiste se rapproche bien plus de celui qui a travaillé dans la chapelle du Crucifix de l'église de l'Incoronata. Il montre des formes longues et élégantes, même un peu faibles comme dessin, mais inspirées de ce sentiment de douceur qui émane de toutes les œuvres de Simone. L'Annonciation est conçue un peu dans la même manière que celle des Offices.

Une œuvre montrant des rapports avec l'école de Simone se trouve dans le réfectoire du monastère de Ste. Claire à Naples. C'est une grande fresque, dont le centre est occupé par le Rédempteur assis sur un trône gothique monumental, bénissant d'une main, tenant de l'autre un livre ouvert où on lit: «Ego sum alpha et omega principium et finis dicit Deus». A gauche se trouvent debout la Vierge, St. Louis de Toulouse et Ste. Claire, à droite St. Jean l'Évangéliste, St. François et St. Antoine de Padoue, tandis qu'aux pieds du Seigneur s'agenouillent les petites figures du roi Robert et de son fils Charles, dont les vêtements sont ornés de lis, et de l'autre côté les reines Sancia et Marie de Valois. Bien qu'on attribue cette peinture souvent à l'école de Giotto[1], il me paraît clair que le peintre s'est inspiré des œuvres de Simone, dont il interprète assez maladroitement la douce mélancolie et la grâce raffinée, mais dont il a par contre assez bien saisi les proportions humaines et les principes gothiques et même à ce point que toute l'œuvre a été attribuée à Simone lui-même[2]. Bien que l'œuvre soit le produit d'un peintre d'une valeur très médiocre, elle a son intérêt comme manifestation de l'école de Simone à Naples.

[1] Berteaux, Les Saints Louis, p. 72.
[2] E. Förster, Geschichte der italienischen Kunst II, p. 301. v. Gosche, op. cit., p. 37 note 1.

La peinture qui, à Naples, représente le mieux l'école de Simone est un portrait de l'archevêque bourguignon Humbert de Montauro ou d'Ormont qui a résidé dans cette ville à partir de 1308, y est mort en 1320 et fut enterré dans le Dôme. Il est probable que le portrait fut fait avant la mort du personnage. On l'a trouvé dans l'église de Sta. Maria di Donna Regina d'où il fut transporté au Séminaire, tandis qu'il est maintenant exposé dans une salle de l'archevêché. L'évêque y est représenté en figure à mi-corps, bénissant et tenant la crosse; dans le pinacle du tableau St. Paul porte le glaive et un livre. Ce n'est pas seulement l'aspect général et l'esprit de cette peinture qui rappellent fortement l'art de Simone, mais aussi la finesse de l'exécution et les détails décoratifs comme les ornements, les bijoux et le cadre, où l'artiste semble avoir imité des caractères orientaux, qui sont tout à fait dans la manière de Simone. Comme l'établit la date de la mort de l'évêque, le panneau fut exécuté peu après le rétable de St. Louis et inspiré visiblement de la manière que Simone avait adoptée à ce moment de sa carrière [1].

Je ne connais pas à Naples d'autres peintures du 14e siècle qui se rapprochent de la manière de Simone; d'ailleurs les œuvres picturales de cette époque sont rare dans cette ville. Par ce qu'il a été dit, il est évident qu'un certain nombre de peintres y a suivi le grand maître, mais chacun semble l'avoir fait d'une manière individuelle, ce qui fait que les peintres présentent entre eux d'assez grandes différences [2].

[1] v. Berteaux, op. cit., pl. 11 et le même, L'Art Siennois à Naples. Revue Archéologique 1900, p. 31.

[2] Erbach von Fürstenau, Pitture e Miniature a Napoli nel sec. XIV. L'Arte 1905, p. 1 décrit et reproduit deux panneaux avec des représentations apocalyptiques de sa propre collection qu'il attribue à l'école napolitaine, de même que les miniatures faites entre 1353 et 1362 d'un manuscrit de la fondation de l'ordre «du Saint Esprit aux trois Désirs» de la Bibl. Nat. de Paris. M.S. fr. 4274; les miniatures d'une Genèse au Vatican Cod. Vat. lat. 3550, et la Genèse Hamilton de la Bibliothèque de Berlin. C'est à peine si l'on découvre dans ces œuvres quelques rapports avec l'art de Simone. M. Venturi croit que la mosaïque signée de Lello et datée 1322 dans la cathédrale de Naples est exécutée d'après un carton de Simone: je ne vois aucun rapport entre cette production assez archaïque et l'art du grand Siennois. Dans le temps on attribuait les fresques dans l'église de Sta. Maria di Donna Regina à l'école de Simone ou au moins à des Siennois; Berteaux, S. Maria di D. R. Langton Douglas, Histoire de Sienne, p. 334. Pératé, op. cit., p. 843. Depuis la découverte des fresques de Cavallini à Sta. Cecilia in Trastevere à Rome on est généralement d'accord à les considérer comme étant de la main de ce dernier, ou, ce qui me semble plus exact, de ses disciples, p. ex. Berteaux, Les Saints Louis, p. 73. Thode, St. François, p. 140 mentionne encore une œuvre napolitaine représentant le sermon de St. François aux oiseaux appartenant à M. Fairfax Murray. On pourrait à la rigueur trouver un vague souvenir de l'art de Simone dans une fresque de la Madonne allaitant l'Enfant, repeinte et couverte d'ex-votos dans l'église de Ste. Claire. Rolfs, p. 39, 46—65 attribue à Vanni et à ses élèves, des fresques

Viterbe.

Il me semble utile de mentionner les indices qui peuvent nous faire croire qu'il y a eu à Viterbe un courant artistique qui s'est inspiré de Simone, qui a peut-être travaillé lui-même dans cette ville. A quel moment le peintre y serait allé, il est impossible de le dire, pourtant il existe une lettre du Pape Jean XXII, écrite d'Avignon le 13 Août 1325 à la ville de Viterbe, demandant qu'on fasse les restaurations nécessaires à son palais dans cette ville pour éviter que l'édifice ne tombe en ruine. Il se pourrait que les habitants de Viterbe ne se soient pas bornés à consolider les murs du palais, mais qu'ils aient appelé le grand maître siennois, pour y ajouter quelques décors. On trouve d'ailleurs vers cette époque d'autres traces d'activité artistique à Viterbe[1].

Cavalcaselle attire notre attention sur des œuvres de peintres de Viterbe qui, au 15e siècle se montrent assez fidèles à l'école de Simone. Comme tel il mentionne Francesco di Antonio qui a laissé un tableau d'autel daté 1441 dans l'église de St. Jean l'Evangéliste et une fresque se trouvant maintenant au musée et provenant de l'église de Sta. Maria in Gradi. M. Douglas trouve une autre peinture du même artiste dans l'église de Sta. Maria della Verità. Des exemples plus anciens de cette tradition artistique nous sont fournis par une figure d'évêque tenant sa mitre à la main, près de l'entrée de l'église de St. Jean et un triptyque de l'église de Leprignano signé par Antonio da Viterbo — peut-être le père de Francesco d'Antonio — et daté 1402.

Ces témoignages tardifs de l'existence de la tradition artistique de Simone à Viterbe sont encore confirmés par une autre œuvre. Le tableau d'autel de la Portioncule à Sta. Maria degli Angeli (Assise) pourrait passer pour une copie libre de l'Annonciation que Simone a exécutée avec Lippo Memmi en 1333; le peintre a suivi son illustre modèle même dans des détails comme les attitudes de la Vierge et de l'ange, la forme du vase contenant des lis, et les chérubins qui entourent ici la figure à mi-corps de l'Éternel, là-bas la colombe figurant le Saint Esprit. L'auteur qui était si familier avec l'œuvre de Simone a laissé sa signature; il s'appelait Hilaire de Viterbe, prêtre; la date de l'exécution de l'œuvre est

dans la chapelle Brancaccio de l'église de St. Dominique et à l'école siennoise la Madonne se trouvant au-dessus du tombeau de Jeanne d'Aquin (m. 1345) et la Madonne des Roses, les deux dans la même église, ainsi que les fresques dans les chapelles du chœur du St. Lorenzo. Il retrouve la manière des fresques de l'Incoronata dans des panneaux de Ste. Anne, la Vierge et Jésus entre St. Pierre et St. Paul au Musée de Naples (84261, 84315, 84258).

[1] Cesare Pinzi, Storia della Città di Viterbo nel medio Evo II, Roma 1880.

1393[1]. Au musée de Viterbe il y a encore un petit panneau de la Madonne et de l'Enfant en figures à mi-corps que le comte Gnoli me disait attribuer au même artiste, attribution qui me semble tout à fait exacte.

Si toutes les œuvres mentionnées jusqu'ici se trouvent à un demisiècle de distance de Simone, nous connaissons deux citoyens de la même ville qui ont travaillé dans son entourage immédiat, ce furent Matteo da Viterbo qui semble avoir été le plus vaillant de ses aides à Avignon, où nous le trouvons travaillant à partir de 1343 et Pietro da Viterbo qui a fait partie du même groupe de peintres.

De ces arguments il me semble résulter que, bien que nous n'en ayons pas la certitude, il y a pourtant une grande probabilité qu'un contact entre Simone et les peintres de Viterbe ait existé.

F r a n c e.

Si nous n'avons qu'un pauvre reste d'une fresque à Avignon qui témoigne de la présence de Simone lui-même, les œuvres faites par ses aides y sont nombreuses. Elles se trouvent en grande partie dans les chapelles et les salles situées dans la tour St. Jean du Palais des Papes, et ont été décrites tant de fois que je m'abstiendrai de le faire moi aussi[2].

Quant aux peintres auxquels nous devons ces œuvres, nous sommes assez bien renseignés, grâce aux documents publiés par M. Müntz. Le 25 août 1343 sont mentionnées des peintures faites par «Matheus Johanetti de Viterbo» et, le 3 janvier 1346, on arrête les comptes qui comportent un total de 103 livres, 6 sols, 3 deniers, desquels 89 livres, 10 sols, 8 deniers, sont destinés aux compagnons de Matteo. En outre le maître devait être payé pour des travaux dans la chapelle de St. Michel — qui ont entièrement disparu — 112 livres et 116 sols pour 425 jours à 8 sols. En 1366 il travaille encore dans le Palais.

Quant aux autres peintres qui ont travaillé avec lui, ces documents

[1] B. M. Mazzaria, Il dipinto di Prete Ilario nella sacra Porziuncola, L'Oriente Serafico. Oct. Août 1916—17.

[2] On trouve des descriptions dans Müntz, Fresques inédites du 14e siècle du Palais des Papes à Avignon et de la Chartreuse de Villeneuve, Gazette d'Archéologie 1885, p. 392; 1886, p. 257; 1887, p. 298. Müntz, Le Palais des Papes, La France artistique et monumentale, Paris 1892. Gosche, op. cit., p. 111. Crowe and Cavalcaselle, p. 61. Canron, Le Palais des Papes à Avignon, 3e éd. 1884. v. aussi les articles de Müntz dans le Bulletin monumental 1884 et dans les Mémoires des Antiquaires de France 1885. Le même, Les peintres d'Avignon sous Clément VI, Tours 1885. Faucon, L'Art à la cour d'Avignon. Boyer d'Agen, Les peintures murales du Palais des Papes à Avignon, Les Arts, 1907.

181

onnent les noms de Pietro da Viterbo, Rico et Giovanni d'Arezzo, Giovanni di Luca da Siena, Francesco et Niccolo da Firenze, Robino da Roma et des français Simon de Lyon, Pierre Rosdoli de Vienne, Pierre Robout, et en 1377 un alsacien Jean Hertsnabel. La façon dont ces artistes sont mentionnées, rend très probable que Matteo da Viterbo a été le chef de ce groupe et comme toutes les fresques du Palais des Papes montrent des éléments communs, il semble certain que c'est l'art de Matteo qui domine ces créations.

Au deuxième étage de la Tour de St. Jean se trouve la chapelle de St. Martial, patron du pontificat de Clément VI. La voûte qui est la partie la mieux préservée, n'est pas entièrement couverte de fresques, mais treize scènes de la vie de St. Martial sont peintes dans les angles et sont orientées vers le centre de la voûte, qui est laissé libre (pl. LI). Pourtant l'ensemble du décor donne une impression assez confuse et l'artiste ne paraît pas avoir cherché à remplir par une composition harmonieuse les champs qu'il avait à décorer.

Deux des quatre murs de la chapelle sont pour une grande partie occupés par des fenêtres, dans le troisième mur il n'y a qu'un petit vitrail. Le quatrième mur et l'espace libre des trois autres, ainsi que les voussures des fenêtres, sont occupés par de nombreuses fresques de la vie et des miracles de St. Martial et d'une Crucifixion, dont il ne reste que quelques figures.

Tout de suite on constate qu'il ne peut être question d'une œuvre de Simone lui-même ou de peintures faites d'après ses cartons. C'est un maître nettement individualisé qui a fait le projet de cet ensemble de fresques, qui sont plus ou moins inspirées par l'art de Simone, mais nullement une imitation de la manière du grand maître. Le peintre semble avoir une préférence pour des scènes à l'intérieur d'ensembles architecturaux ; presque toutes nous font voir un édifice qui, vu en coupe, forme le cadre autour de l'événement. Les figures ne sont pas élégantes et sont sans grande beauté ; elles sont plutôt réalistes dans des attitudes assez bien étudiées, mais rendues d'une façon un peu grossière. L'artiste a un dessin vigoureux et un sens dramatique assez développé ; ses personnages sont très robustes, largement bâtis avec des cous très forts et des têtes rondes ; les mains et les pieds manquent de finesse. Dans des cas isolés, les draperies, qui moulent les corps, nous rappellent Simone, ainsi que quelques expressions et quelques attitudes plus harmonieuses que les autres.

L'ensemble des ressemblances et des différences existant entre les fresques de la chapelle de St. Martial et celle située au-dessus et consacrée à St. Jean confirme l'hypothèse à laquelle nous mènent des documents, c'est-à-dire que, conçues et dirigées par le même artiste, elles furent exécutées par d'autres mains. La voûte de cette chapelle ne contient pas de scènes, mais des personnages dont deux se trouvent en chaque segment. Sur les murs sont représentés des événements de la vie et du martyre de St. Jean, quelques scènes de la Passion et de la vie de St. Pierre. L'artiste qui a travaillé ici, se trouvait bien plus près de Simone que le précédent. Les figures isolées dans les voûtes imitent la grâce et la beauté du grand maître, mais s'arrêtent à un niveau très inférieur. Pourtant le peintre qui les a exécutées avait assez bien étudié Simone dont il rend les lignes et les draperies gothiques; mais l'exécution et surtout le dessin des mains montrent des capacités limitées. La force de l'artiste consiste dans le dessin des visages, où il obtient des effets très-intéressants sinon toujours d'une réelle valeur esthétique; les têtes des vieillards, comme p. ex. des Pharisiens, avec lesquels St. Jean discute, sont d'un réalisme saisissant; la tête de St. Pierre dans la scène de la résurrection de Thabite dessinée avec une force extrême, l'ange qui suit le Christ dans le Jardin des Oliviers d'une beauté idéalisée tout à fait dans la manière de Simone, et dans d'autres scènes comme dans l'Arrestation du Sauveur (pl. LI) et dans la scène du Calvaire, le réalisme des visages et des gestes démontrent que, si le peintre est assez rude dans l'exécution et le dessin, il ne manque pas de sens dramatique.

La construction de la Salle du Consistoire ou de l'Audience ne fut achevée que dans les derniers mois de 1347, les peintures furent faites probablement peu après. Il ne reste plus trace d'un Jugement Dernier et d'une Crucifixion qui y étaient encore visibles il y a cent ans. Il n'y a que deux segments de voûte qui ont conservé leur décor, chacun montre dix figures de l'Ancien Testament, sur quatre rangées, finissant en angle aigu et commençant par une Sibylle en bas et en présentant quatre dans la rangée supérieure, chacune tenant un philactère. Ce sont des figures qui ont assez d'allure, d'un dessin pas très soigné, mais pourtant témoignant d'une assez grande habileté, avec des formes gothiques et des visages très expressifs, pleins de vie. L'artiste se rapproche assez de celui qui a orné la chapelle de St. Jean, pourtant ce n'est pas le même.

Au troisième étage de la tour nous trouvons des décors d'un tout un autre genre; trois murs sont ornés de scènes de chasse et un de scènes de pêche. Les fonds de presque toutes ces peintures sont formés par une végétation très touffue, dans laquelle sont figurées les différentes façons de chasser et de pêcher, comme la chasse au furet, à courre, au faucon et la pêche à l'épervier et à la ligne. Ce sont des tableaux de genre d'une grande importance pour l'histoire des mœurs, faites avec un profond sentiment de réalité et d'une exécution assez soignée. Le fait que ces peintures furent payées à Matteo da Viterbo, démontre l'impossibilité que celui-ci ait fait de sa propre main toutes les peintures, qui se trouvent dans ce palais, puisque non seulement celles-ci sont d'un aspect bien différent, mais aussi la technique en est autre; elles sont exécutées à la colle, tandis que les autres sont de véritables fresques.

Une série très étendue de peintures se trouve dans la chapelle de l'Ancienne Chartreuse à Villeneuve-les-Avignon, monastère fondé, en 1356, par le Pape Innocent VI sur l'endroit où se trouvait son palais cardinalice et achevé en 1362. Les fresques représentent un grand nombre de scènes de l'histoire de St. Jean à partir de l'apparition de l'ange à Zacharie jusqu'à la mise au tombeau du Précurseur, puis des miracles du Sauveur, la Crucifixion, plusieurs figures de saints, un saint pape tenant un rouleau ouvert et le Pape Innocent VI agenouillé devant la Vierge. Bien que plus vulgaires d'exécution, il me semble que ces peintures sont en grande partie l'œuvre du peintre qui a travaillé dans la chapelle de St. Jean, probablement aidé par plusieurs autres artistes, peut-être pas tous italiens ou bien des Italiens ayant perdu, à cause de leur long séjour en France, un peu des traits caractéristiques de leur art national.

Malgré les différences qui existent entre toutes ces œuvres, il y a une unité d'esprit qui les lie et qui rend très probable que Matteo da Viterbo a été non seulement l'entrepreneur de toutes ces peintures, mais en a conçu les projets et surveillé l'exécution de près.

Les différentes mains qui manièrent le pinceau déterminent le degré d'influence de Simone, mais toutes les figures ont ce même réalisme plus ou moins rude, cet air un peu sauvage et cette liberté d'attitude. Il serait inconcevable que dans l'œuvre de quatre membres de l'école de Simone il n'y en eût pas eu un qui se rapprochât davantage du maître, même s'il n'y avait pas eu une personnalité artistique se trouvant entre Simone et ce groupe de peintres qu'il dominait. Cette personnalité fut sans doute Matteo da Viterbo, qui, dans ce cas, doit avoir été un homme de grandes capacités, mais pas un des fidèles de Simone.

Outre le groupe des peintres, dont les noms se trouvent en rapport avec les fresques exécutées dans le Palais des Papes, il y avait encore les peintres Petrus de Senis, qui a fait un panneau pour l'église de St. François à Avignon, et «Lippus et Federicus de Senis Memmii», qui ont travaillé dans la même église en 1347, et il n'y a rien qui empêche

184

d'identifier le premier de ces deux avec Lippo Memmi, surtout puisque Simone avait amené d'autres membres de sa famille avec lui, par exemple son frère Donato; Lippo l'aurait en ce cas suivi plus tard.

Nous trouvons encore, à Avignon, Giovanni di Bartolo, fondeur de cuivre, tandis que le peintre Giovanni di Duccio a laissé une Madonne dans l'église de St. Dominique à Carpentras.

L'importance que ce groupe d'artistes italiens d'Avignon aurait eu pour le développement de la peinture française, a été d'abord assez exagérée et fut ensuite niée — surtout par M. Bouchot — avec non moins de force. Il me semble que l'influence de l'école de Simone est indéniable dans bien des peintures françaises, mais surtout à une date notablement plus tardive. Bien qu'il y ait un nombre considérable de miniatures françaises du milieu du 14ᵉ siècle, les peintures proprement dites sont assez rares. Dans les quelques fresques de cette période, dans le centre et le sud-est de la France, je ne trouve aucune inspiration italienne, pas plus que dans la région de Poitiers où, fait bien connu, le mosaïste romain Philippe Rusuti, son fils et un aide travaillèrent en qualité de peintres du roi. La présence de ces Romains à Poitiers et de Simone à Avignon sont des indices de la renommée dont la peinture italienne jouissait au début du 14ᵉ siècle en France, puisque ni les rois de France, ni les Papes en exil n'avaient des raisons d'appeler plutôt des artistes italiens que ceux d'une autre nationalité, et il ne peut y avoir de doute que les peintres italiens n'aient captivé à ce moment le goût français. Aussi le séjour que Simone a fait à Avignon n'est-il pas le point de départ de cette domination de la peinture française de la part des Italiens, mais il est le résultat de l'admiration de la peinture italienne qui a existé dès le commencement du 14ᵉ siècle en France.

Il y a d'autres témoignages de cette admiration, par exemple le fait qu'un certain Jean de Gand a apporté, en 1328, à Paris des tableaux «de l'ouvrage de Rome», c'est-à-dire faits à Rome ou au moins en Italie, qu'il a vendus à la Comtesse de Flandres.

Bien que comme centre artistique, Paris ait été, surtout à la fin du 14ᵉ siècle, extrêmement cosmopolite, comme l'a démontré Courajod, dans les documents des règnes de Jean le Bon et des deux Charles, les artistes français et flamands sont de beaucoup les plus nombreux. Néanmoins l'influence italienne, dans cette peinture française de la seconde moitié du 14ᵉ siècle et du règne de Charles VI (1380—1422), est une chose indéniable[1]. Elle ne provenait pas d'Avignon où l'art, après le

[1] P. Durrieu, La Peinture en France. Michel, Histoire de l'Art III, 1. Paris 1907, p. 142, parlant plus spécialement de la miniature.

départ des Siennois, est tombé à un niveau bien inférieur à celui de l'art parisien, comme le prouve par exemple, l'école de miniatures qui y a existé, mais ce furent les rapports de toute sorte, politiques, religieux et commerciaux qui ont existé entre la France et l'Italie qui provoquèrent l'afflux de vie artistique italienne en France. Puis il y a les artistes voyageurs comme Giovanni Alcherio, spécialiste dans la technique de la peinture, toujours en route entre les deux pays, Jean d'Arbois, peintre de Philippe le Hardi qui a été en Italie, et Jacques Cœne de Bruges appelé en 1398 de Paris à Milan, mais retourné plus tard à la cour de Charles VI. Pourtant il n'y a qu'une ville de l'Italie qui ait sensiblement influencé la peinture française : c'est Sienne ; et presque toutes les œuvres françaises de cette période ont quelques éléments, par lesquels ils nous rappellent Simone. J'en énumèrerai quelques exemples.

Ce sont d'abord les panneaux divisés en vingt-quatre compartiments et quatre gables montrant seize scènes de la vie du Seigneur et des saints, qui ont figuré à l'exposition des primitifs français de 1904 [1]. Puis un panneau réunissant les scènes de la Crucifixion et du Christ au Jardin des Oliviers de 1390, provenant de l'ancienne collection Aynard [2], ainsi qu'une Adoration des Mages et la mort de la Vierge d'une date un peu plus tardive, qui passèrent de la collection Lippmann au Metropolitan Museum de New-York [3]. Ce sont des œuvres qu'on pourrait, à la rigueur, croire italiennes et dont, pour cette raison, l'importance n'est pas aussi grande que celle des autres tableaux qui, déjà bien français, gardent des éléments siennois, comme par exemple le diptyque de la collection Carrand au Musée National de Florence, représentant la Madonne et l'Enfant entourés de saints et la Crucifixion, quatre petits panneaux avec des scènes de la Passion appartenant au Comte Durrieu [4] et une Mise au Tombeau au Louvre.

Fortement influencées par Sienne, sont les œuvres de Brœderlam au musée de Dijon — l'Annonciation, la Visitation, la Présentation au Temple et la Fuite en Egypte — et plus encore une Vierge avec l'Enfant à mi-corps de l'ancienne collection Aynard, dont les draperies et la finesse d'exécution semblent, bien qu'indirectement, inspirées par Simone.

Les principes du maître siennois se manifestent nettement dans trois œuvres françaises qui se trouvent au Louvre ; le Parement de Narbonne,

---

[1] Ces peintures ont passé de la collection de M. Langton Douglas en celle de Pierpont Morgan. H. Bouchot, Les primitifs français Paris 1904, p. 193.

[2] Langton Douglas, Hist. de Sienne, pl. 55.

[3] R. E. Fry, Two pictures in the possession of Messrs Dodeswell, Burlington Magazine 1903, p. 89—90.

[4] Pour autant que j'en peux juger par une reproduction. Durrieu, op. cit., p. 150.

186

un dessin de la Mort et de l'Assomption de la Vierge, quelquefois attribué à André Beauneveu, et un panneau de forme ronde, représentant le Christ mort, simultanément figure de la Trinité et Pietà.

La première de ces peintures pourrait être de la main de Jean d'Orléans et doit avoir été faite entre 1364 et 77 à cause des portraits de Charles V. et de Jeanne de Bourbon qui s'y trouvent. On sait que c'est une œuvre exécutée en grisaille sur de l'étoffe ; outre les deux personnages royaux agenouillés, on y trouve le Baiser de Judas, la Flagellation, le Calvaire, la Mise au Tombeau, la Descente aux Limbes et l'Apparition à la Madeleine. Bien que la composition de quelques unes de ces scènes se retrouve identique dans des miniatures françaises du début du 14ᵉ siècle et que la grisaille soit une technique française[1], les formes me semblent d'origine siennoise et surtout ressembler par le relief des plis, par la recherche de l'élégance et par le goût pour les lignes gracieusement stilisées à un produit du courant artistique créé par Simone, mais non sans des variantes qui nous assurent que c'est une œuvre bien française.

Le dessin sur parchemin de la Mort et de l'Assomption de la Vierge montre ces mêmes traits caractéristiques. Nous y trouvons la finesse du dessin, cette application des formes gothiques et ce goût pour la suave harmonie des lignes qui prédominaient dans l'école de Simone. Certes ce n'est pas un produit d'un disciple immédiat du maître, mais dans les points que je viens d'énumérer il s'en rapproche plus que le groupe d'élèves qui a travaillé à Avignon avec le maître.

Le plus près de l'école de Simone se trouve certainement le tableau rond, exécuté pour Philippe le Hardi ou Jean Sans Peur, peut-être par Jean Malouel, où le Père Éternel soutient son fils mort et couvert de sang, qui d'un côté est tenu par la Vierge suivie de St. Jean pleurant, tandis que de l'autre cinq petits anges expriment leur douleur. La colombe du Saint Esprit vole entre le Père et le Fils. Ici l'influence du grand maître est bien plus directe et ne se borne pas à des principes généraux. Il y a la forme des mains, le dessin des visages, les yeux longs et étroits, le modelé et le relief des draperies qui trahissent la connaissance d'œuvres de Simone lui-même ; parmi les anges il y en a qui semblent copiés du tableau de Lippo Memmi à la cathédrale d'Orviéto. L'influence italienne est moins forte dans le martyre de St. Denis — également au Louvre — peut-être commandé en 1398 à Jean Malouel et fini, en 1415, par Henri Bellechose.

[1] Durrieu, op. cit., p. 118.

Dans l'art de la miniature l'influence italienne se manifeste encore plus clairement [1]. Si les manuscrits des «Documents d'Amour» du Vatican (Cod. Barb. XLVI 18 et 19) sont vraiment exécutés en France [1], ils doivent pourtant être le travail d'un Siennois, puisqu'ils ne montrent rien qui nous rappelle l'art français ; mais dans les miniatures bien françaises, il y a des éléments italiens très importants à noter. Ainsi ce naturalisme, ce «sans gêne» et cet individualité des miniatures faites pour le roi Charles V provenait sans doute d'au delà des Alpes. L'élégance maniérée gothique des superbes miniatures d'un manuscrit de la Cité de Dieu (Bibl. Nat. Ms. franç. 22913) semble un effet tardif et transformé de l'influence de Simone.

Le comte Durrieu a déjà remarqué que le maître des Heures du Maréchal de Boucicaut de la collection Jaquemart qui a formé une école importante, connaissait l'art florentino-siennois et les types de l'Orient.

Il est curieux de constater que les plus siennois des miniaturistes, Pol de Limbourg et ses frères, étaient peut-être les cousins de Jean Malouel, qui a fait probablement le tableau rond du Louvre, si fortement inspiré de l'art de Simone. Si nous examinons, par exemple, la Descente de la Croix des Très Riches Heures du duc de Berry à Chantilly, qui étaient encore inachevées en 1416, nous trouvons plusieurs figures d'une inspiration purement siennoise, ainsi la Madonne, le petit garçon à côté d'elle et les hommes au haut des échelles et pourtant le comte Durrieu est d'avis que toute la famille Malouel serait originaire du Gueldre.

J'arrête ici l'énumération des œuvres françaises dans lesquelles je crois trouver des éléments siennois ou plutôt de la tradition de Simone, puisque ni le courant de Duccio ni celui des Lorenzetti ne semblent avoir pénétré dans l'art français. Il se peut que la présence de Simone et de ses élèves à Avignon ait été pour quelque chose dans la persistance de ces éléments, mais il me semble certain qu'à l'origine ce fait est le résultat d'un mouvement bien plus général, c'est à dire de la tendance existant alors en France, comme dans d'autres pays, de chercher une inspiration artistique en Italie et surtout à Sienne [2].

A ce que je viens de dire on pourrait opposer que si au début de sa carrière artistique Simone s'est laissé influencer par l'art gothique

---

[1] E. Egidi, Le miniature dei Codici Barberiniani dei Documenti d'Amore, L'Arte 1902.

[2] L'aspect iconographique de la question a fait dernièrement le sujet d'une étude de M. Mâle, L'Iconographie française et l'art italien au XIVᵉ siècle et au commencement du XVᵉ. Revue de l'art ancien et moderne, Janvier-Mars 1920.

188

français, il pourrait sembler extraordinaire qu'il ait rendu à ce pays ce qu'il en avait emprunté.

Il n'en est pas ainsi.

Les arts cultivés en France, au début du 14e siècle, étaient avant tout la sculpture et la miniature; mais dans l'art pictural le pays semble avoir été traditionaliste et s'en être tenu à des formes à peine évoluées du schématisme du siècle précédent. Transposer ces formules gothiques dans le domaine des lignes et des couleurs, fut un privilège réservé, comme de juste, à un membre de cette nation italienne qui, dans les grandes époques ne fut jamais surpassée dans l'art de la peinture. Simone a donc utilisé les principes gothiques de la sculpture française et créé le plus puissant courant de l'école siennoise, qui a trouvé d'autant plus facilement accès en France que le goût pour ses formes y était déjà préparé par l'art plastique.

Il n'y a jamais eu, à ce qu'il me paraît, une école de peinture dont l'influence se soit étendue plus que celle de Simone, encore que, de peur d'être accusé d'exagération, je me sois limité, dans ce volume, à des courants d'art, sur lesquels l'influence siennoise me semblait indéniable.

Si je me laissais aller à exposer mes convictions intimes, je soumettrais encore à mes lecteurs des rapprochements plus hypothétiques entre la peinture de l'école de Simone et les peintres primitifs de l'Allemagne [1], de la Flandre et peut-être même de l'Espagne et de l'Angleterre, ce dont je leur fais grâce pour le moment.

---

[1] M. Dvořak a remarqué l'influence de Simone sur certains miniaturistes allemands: Die Illuminatoren des Johann von Neumarkt. s. Jahrb. d kunsthist. Sammlung. Vienne 1901, p. 113.

ŒUVRES D'ANONYMES DE L'ÉCOLE DE SIMONE[1].

Aix en Provence. Musée. Robert d'Anjou et la reine Sancha agenouillés, devant St
Louis. Oeuvre française? Bertaux, S. Maria di D. R. p. 120; le même: Les
Saints Louis p. 72. Reprod. en Bouchot, Les Primitifs français.

Asciano. Eglise de St. Francesco. Madonne avec l'Enfant et petit adorateur attribué
généralement à Lippo Memmi. Berenson, op. cit. Perkins, Rassegna
d'Arte 1904, p. 147. Douglas note 1 sur Cr. and Cav., p. 79. Jacobsen,
op. cit., p. 33. M. Perkins me prie de retracter son jugement. Je suis
du même avis et croit être de la même main une petite Madonne dans la
coll. Horne à Florence et les numéros 85 – 6, 93 – 4 et 108 de la galerie
de Sienne.

Assise. Musée. Madonne avec l'Enfant, entourée d'anges, et St. François, fresques
détachées. Attribuées à Simone par Schmarsow et Gosche, op. cit., p. 77
mais ne rappelle que vaguement son école. Elles ont été judicieusement
rapprochées par Perkins de la Maesta della Volta à Pérouse. Rassegna
d'Arte 1909, p. 41.

Berlin. Musée 1142. Annonciation et saints. Sirèn, Lorenzo Monaco, p. 34, la croit
de Bartolo di Fredi. Douglas note 6 sur Cr. and Cav., p. 77, l'attribue
au même artiste qui fit le n⁰ 1072 du musée, Madonne allaittante, que
j'ai mentionnée comme œuvre de Bartolo di Fredi. Cette Annonciation
montre une influence de Barna.

Berlin. Musée 1071 A. Madonne et saints assez plus tard que Simone mais bien de
son école. Douglas note 2 sur Cr. and Cav., p. 69, pense qu'elle soit de
la même main que la Madonne de Staggià.

Berlin. Ancienne Coll. von Kaufmann. Demie figure de la Madonne avec l'Enfant
école de Lippo, inspirée selon Venturi, op. cit. V, p. 655, par la Vierge
de Simone au Palais de Venise.

Boston. Fine Arts Museum. Demie Figure de St. Gregoire, influencée par l'art de
Simone.

---

[1] Cette liste n'a aucune prétention à être complète.

Brant Broughton (Angleterre) coll. Sutton. Madonne et 6 saints mentionnés comme
de l'école de Lippo Memmi par Douglas note 1 sur Cr. and Cav., p. 79.

Campriano (Murlo) égl. de S. Giovanni. Madonne de l'école de Simone. Rothes,
op. cit. p. 15, la croit peut-être de Simone même.

Cologne. Ancienne coll. Ramboux n⁰ 63. Madonne mentionnée par Cr. and Cav. p. 69
note 1 selon eux faussement attribuée à Simone peut-être de Lippo. Est-ce
le numéro 511 du Wallraf-Richartz-Museum ?

Cologne. Ancienne coll. Ramboux n⁰ 64. Tableau (sujet?) mentionné par Cr. and
Cav. p. 69 note 1 de l'école de Simone ou de Lippo.

Cologne. Wallraf-Richartz-Museum 510. Madonne assise sur un trône de l'école de
Simone.

Cologne. Wallraf-Richartz-Museum 511. Madonne assise sur un trône entre deux
saints, en haut le Crucifix. Centre de tryptique de l'école de Lippo Memmi.

Dresden. Musée 28—29. Madonne et l'Enfant entre saints et St. François recevant
les stigmates. Oeuvre de deux artistes. Cataloguées comme des écoles
de Duccio et de Memmi. Thode et Douglas note 4 sur Cr. and Cav.
p. 78 les jugent de la manière de Bartolo di Fredi.

Dresden. Musée 31. Le Christ mort sortant à moitié d'un sarcophage, catalogué
comme Lippo Memmi. Morelli le croyait plutôt de Barna, Schubring de
la manière de Barna.

Dresden. Musée 82. Madonne assise sur un trône entre quatre Saintes, en haut le
Sauveur bénissant. Catalogué comme école de Memmi. Cr. and Cav. p. 78
disent école de Simone.

Florence. coll. Horne. Petite demie figure de la Madonne et l'Enfant, me semble de
la même main que la Madonne à Asciano. M. Horne l'attribuait à Simone.
Perkins, Rassegna d'Arte 1918, p. 105.

Francfort. Städelsches Kunst-Institut (Cabinet de la direction). Trois saintes.
Douglas note 1 sur Cr. and Cav., p. 79.

Liverpool; Roscoe coll. Walker art Gallery. Fragment d'un Couronnement de la
Vierge d'un faible artiste influencé par Simone non sans éléments de
Barna.

Londres. coll. Butler. Triptyque dont le centre — la Madonne — par un bon élève
de Simone, les ailes par Sassetta. Douglas note 2 sur Cr. and Cav. p. 69.

Londres. coll. Poynter. Ste. Appolonie et Ste. Agathe, faibles figures de l'école de
Lippo Memmi. Attribuées à Lippo même à l'exposition du Burlington
club (n⁰ 17) aussi parfois à Bartolo di Fredi.

Massa Maritima. Cathedrale. Fresques de l'Adoration des Mages etc. rappellent
Bartolo di Fredi.

Montepulciano égl. de S. Agnèse. Madonne et Enfant avec des souvenirs de l'école
de Simone. Rothes, op. cit. p. 15, la croit peut-être de Simone.

Naples. Musée. Le Redempteur bénissant d'un imitateur de Simone.

Paris. Louvre. Deux petites Madonnes de l'école de Simone attribuées à lui-même.
Provenant de la coll. Campana. Cr. and Cav., p. 71. Pas en vues de
nos jours.

Pérouse égl. de S. Agata. Fresques imitant les figures dans l'entrée de la Chapelle
de St. Martin à Assise.

191

Pérouse, égl. de S. Domenico. Parvis en-dessous du clocher. Fragments de belles
fresques, d'une manière individuelle, sous l'influence de Simone.

Rome. Galerie Borghese 1ère chambre 72. Grande Annonciation attribuée à Spinello
Aretino mais selon Cr. and Cav. p. 78 de l'école de Simone. Disparue.

Rome. Vatican 2. St. Pierre et deux Anges. Ecole de Simone avec des souvenirs
de Duccio.

Rome. Vatican 24. Crucifixion. Ecole de Lippo Memmi avec des influences giottesques.

Rome. Coll. Sterbini. Calvaire attribuée à Simone par Venturi, L'Arte, 1904, p. 427.
v. aussi Rassegna d'Arte, Senese 1905, p. 148. Me semble une œuvre
d'école légèrement influencée par Barna.

Rome. Coll. Stroganoff. Petite Pietà de l'école de Lippo Memmi. Douglas note 1
sur Cr. and Cav. p. 79.

San Gimignano, égl. S. Pietro paroi droite Annonciation et Madonne entre deux
Saints et adorateur, faibles œuvres de l'école de Lippo Memmi.

San Gimignano. Tour du Palais Publique. Fresques représentant le Mariage et
épisodes de la vie conjugale? Oeuvre d'un artiste inspiré par Lippo
Memmi et Bartolo di Fredi R. Pantini, San Gimignano. Bergamo 1908,
p. 74.

Sienne. Galerie 58. Madonne entre quatre saints, en haut la Crucifixion executée
sous l'influence de Lippo Memmi et de Lorenzetti. Perkins, Rassegna
d'Arte, Senese 1908, p. 53.

Sienne. Galerie 85 – 6. 93 – 4. Ste. Catherine, St. Jean l'Evangéliste, le Baptiste et
St. Paul. Au-dessus de chaque un médaillon de prophète. Belles pein-
tures inspirées directement par Lippo Memmi, peut être du peintre des
Madonnes d'Asciano et de la coll. Horne et du suivant.

Sienne. Galerie 108. Mariage mystique de Ste. Catherine peut être par le même
artiste qui fit les précédents. Perkins, Rassegna d'Arte, Senese 1908,
p. 55.

Sienne, égl. de S. Donato. Fresque. Madonne avec l'Enfant. Rassegna d'Arte,
Senese 1910, p. 88—89, inspirée par l'école de Simone.

Sienne, égl. de S. Marta. Fresque. La Mort de la Vierge, inspirée par l'école de
Simone.

Sienne, égl. de S. Pellegrino alla Sapienza. Trois saints, école de Simone, attribué
à Lippo Memmi par M. Gielly. Revue de l'Art Ancien et Moderne, 1913.

Sienne, Compagnia della Madonna. Madonne entre anges et quatre saints en haut
le Sauveur bénissants. Cr. and Cav. p. 78.

Sienne, coll. Franci. Figure symbolique de la Justice. Fut attribué à l'exposition
de Sienne de 1904 (no 1599) à Sano di Pietro. Selon M. Perkins une
œuvre de l'école de Simone. Rassegna d'Arte 1904, p. 146.

Staggia (prov. de Sienne) Pieve. Madonne. de l'école de Simone. Douglas note 2 sur
Cr. and Cav p 69 suivant la première manière du maître et de la même
main que la Madonne 1071 A de Berlin. Rothes, op. cit. p. 15, peut-être
par Simone.

Trieste. Cathédrale. Les fresques dans la chapelle de St. Juste narrant la légende
du Saint, influencées par l'école de Simone.

BIBLIOGRAPHIE.

S. d'A l o e, Les peintures de Giotto de l'Eglise de l'Incoronata à Naples, Berlin, Paris, etc. 1843.

A n o n i m o G a d d i a n o, v. Fabricsy.

Antico dipinto (Un), (Note sur la fresque de l'école de Lippo Memmi découverte à l'église de S. Donato à Sienne). Rassegna d'Arte Senese 1910, p. 88.

J. B a l d i n u c c i, Notizie de' professori del disegno etc. 20 vols. Firenze 1767—78.

B a l d o r i a, Monumenti artistici in San Gemignano, Archivio Storico dell'Arte 1894, p. 41.

J. B a r g a g l i - P e t r u c c i, Montepulciano, Chiusi e la Val di Chiana Senese, Bergamo 1907.

— —, Pienza, Montalcino, Bergamo 1911.

E. B a r o n i, Gli affreschi della chiesa di S. Lorenzo in Asciano, Rassegna d'Arte Senese 1906, p. 14.

B. B e r e n s o n, Robert d'Oderisi und die Wandgemälde der Incoronata, Repertorium für Kunstwiss. 1900, p. 443.

—, The central Italian Painters of the Renaissance, 2nd ed. New York & London 1909.

—, Catalogue of a Collection of Paintings and some art objects: Italian Painting. Philadelphia 1913.

—, Due nuovi dipinti de Lippo Vanni, Rassegna d'Arte 1917, p. 97.

—, Ugolino Lorenzetti, Art in America Oct.—Dec. 1917.

—, A Sienese little Master in New York and elsewhere, Art in America 1918, p. 69.

G. B e r n a r d i n i, La nuova Pinacoteca Vaticana, Rassegna d'Arte 1909, p. 93.

E. B e r t a u x, Santa Maria di Donna Regina e l'arte Senese à Napoli, Napoli 1899.

—, Les Saints Louis dans l'art italien, Revue des Deux Mondes, Avril 1900, et Etudes d'Histoire et d'Art, Paris s. d.

—, L'art siennois à Naples, Revue Archéologique 1900, p. 31.

B o n a i n i, Memorie inedite intorno alla vita e ai dipinti di Francesco Traini, Pisa 1846.

B o r g h e s i e B i a n c h i, Nuovi documenti per la Storia dell'Arte Senese. Siena 1898.

H. B o u c h o t, L'Exposition des Primitifs français, Paris s. d.

—, Les Primitifs français, Paris s. d.

B o y e r d'A g e n, Les peintures murales au Palais des Papes à Avignon, Les Arts 1907.

G. Brière v. Vitry et Brière.

British Museum, Reproductions from illuminated Manuscripts, 2nd ed. II. London 1910.

E. Brunelli, Il politicco della parrochiale di Ottana, L'Arte 1903, p. 384.

Burckhardt, Der Cicerone, 4 vols, 10. Aufl. Leipzig 1910.

G. Cagnola, Affreschi in S. Giovenale di Orvieto, Rassegna d'Arte 1903, p. 22.

Ste. Catherine de Sienne, Lettres traduites de l'Italien par G. Cartier. 4 vols. 2e éd.
    II 1886.

Cauron, Le Palais de Papes à Avignon, 3e éd. 1884.

M. Conway, Early Tuscan Art, London 1902.

P. Costa, Rammentazione istorica del effigie di Sta Maria di Casaluce, Napoli 1709.

J. Cristofani, Le Vitrate del 300 nella Basilica inferiore di Assisi, Rassegna d'Arte
    1909, p. 153.

—, Dipinti inedite di Simone Martini. L'Arte 1913, p. 131.

J. A. Crowe and G. B. Cavalcaselle, A History of Painting in Italy. Umbria
    Florence and Siena from the scond to the sixteenth century edited by Langton
    Douglas III, London 1908.

(P. D'Acchiardi) Guide to the Vatican Picture Gallery, Rome 1914.

L. Dami, Siene e le sue opere d'Arte, Firenze 1915.

A. Da Morona, Pisa illustrata nelle arte del disegno, 3 vols. Livorno 1812.

D'Ancona, Le miniature alla Mostra Senese d'Arte antica, L'Arte 1904, p. 377.

R. Davidsohn, Forschungen zur Geschichte von Florenz: II Aus den Stadtbüchern
    und Urkunden von San Gemignano, Berlin 1900.

Della Valle, Lettere Senese, Roma 1786.

G. De Nicola, Opere del miniature del codice di San Giorgio, L'Arte 1907, p. 384.

—, L'Affresco di Simone Martini ad Avignone, L'Arte 1906, p. 336.

—, Alcuni dipinti di Lippo Vanni, Rassegna d'Arte Senese 1910, p. 39.

—, Arte inedite Senese, Vita d'Arte 1912, p. 12.

—, Ugolino e Simone a San Casciano Val di Pesa, L'Arte 1915, p. 13.

—, Studii sull arte Senese III, Rassegna d'Arte 1919, p. 98.

G. Didot et H. Laffilée, La peinture décorative en France, Paris 1889.

Dipinti Senesi nel Kaiser-Friedrich-Museum di Berlino, Rassegna d'Arte Senese 1907.
    p. 67.

F. Donati, Il Palazzo del Comune di Siena, Arte antica Senese I. Siena 1904, p. 311.

Langton Douglas, Histoire de Sienne, trad. par G. Feuilloy. 2 vols. Paris 1901.

— —, Burlington Fine Arts Club. Exhibition of Pictures of the School of Siena etc.
    London 1904.

— — v. Crowe and Cavalcaselle.

Duhamel, Congrès Archéologique de France 1882.

P. Durieu, La peinture en France. Michel, Histoire de l'Art. III' Paris 1907, p. 142.

M. Dvořak, Die Illuminatoren des Johann von Neumarkt, Jahrbuch der Kunsthist.
    Samml. etc. Wien 1901, p. 113.

F. Egidi, Le miniature dei codici Barberiniani dei Documenti d'Amore, L'Arte 1902,
    p. 1.

I. Vavassour Elder, Su certi dipinti poco conosciuti di Bartolo di Maestro Fredi,
    Rassegna d'Arte Senese 1908, p. 89.

— —, La pittura Senese nella Galleria di Perugia. Rassegna d'Arte Senese 1909, p. 64.

— —, Spigolatura di Val d'Elsa. Rassegna d'Arte 1909, p. 159.

— —, Un quadro sconosciuto di Niccolo Tegliacci, Rassegna d'Arte Senese 1910, p. 16.

194

E r b a c h v o n F u r s t e n a u, Pittura e Miniatúra a Napoli nel sec. XIV. L'Arte 1905, p. 1.

d'E s s l i n g et M ü n t z, Petrarque, Paris 1902.

F. B. P., Arte Senese nella Quadreria Sterbini a Roma, Rassegna d'Arte Senese 1905, p. 148.

C. de F a b r i c s y, Il codice nel Anonimo Gaddiano (Cod. Magliabechiano XVII, 17 nella Biblioteca Nazionale di Firenze) Archivio Storico Italiano 1893 p. 15 et 275.

F a u c o n, L'Art de la cour d'Avignon.

C. F e a, Descrizione ragionata della Basilica etc. di S. Francesco d'Assisi, Roma 1820.

E. F ö r s t e r, Geschichte der italienischen Kunst II. Leipzig 1869.

—, Beiträge zur italienischen Kunstgeschichte, Leipzig 1835.

H. F r a n c h i, Di alcuni recenti aquisti della Pinacoteca di Belle Arte di Siena, Rassegna d'Arte Senese 1906, p. 111.

G. F r a t i n i, Storia della Basilica e del Convento di S. Francesco in Assisi, Prato 1884.

R. E. F r y, Two Pictures in the Possession of Messrs Dowdeswell, Burlington Magazine 1903, p. 84.

L. F u m i, Il Duomo di Orvieto e i suoi restauri, Roma 1891.

Furto et recupero di una tavola dipinta da Lippo Memmi, Rassegna d'Arte Senese 1905, p. 125.

E. G. G a r d n e r, The History of Siena and San Gemignano, London 1902.

G. G a y e, Carteggio inedito d'Artisti dei secoli XIV, XV, XVI. 3 vols. Firenze 1839 —40.

L. G h i b e r t i, I commentari herausg. von J. v Schlosser, Berlin 1912.

M. L. G u l l y, Les Trecentistes siennois, Simone Martini et Lippo Memmi, Revue de l'Art ancien et moderne 1913, p. 253.

O. H. G i g l i o l i, Empoli artistica, Firenze 1906.

P. M. G i u s t o, Le Vetrate di S. Francesco in Assissi, Milano (1912).

M. G n o l i, Chronique; l'Italie (sur le mariage mystique de Ste. Catherine de l'école de Barna), Revue de l'Art chrétien 1911, p. 339.

—, La quadreria civica di Rieti, Bolletino d'Arte 1911, p. 325.

A. G o s c h e, Simone Martini, Leipzig 1899.

J. C a r l y l e G r a h a m, Una scuola d'arte a San Gemignano nel Trecento, Rassegna d'Arte Senese 1909, p. 39.

C r i s t o f a n i G u i d i n i, Riccordi, Arch. Stor. Sen. IV, p. 39.

J. G u t h m a n n, Die Landschaftsmalerei der Toskanischen und Umbrischen Kunst von Giotto bis Rafael, Leipzig 1902.

M. H e r m a n i n, Il miniatore de codice di San Giorgio nel archivio capitolare di San Pietro in Vaticano. Scritti varii di filologia a Ernesto Monaci, Roma 1910.

E. J a c o b s e n, Neue Werke des Antoniazzo Romano. Repertorium für Kunstwissensch. 1906, p. 104.

—, Sienesische Meister des Trecento in der Gemäldegalerie in Siena, Straßburg 1907.

K u g l e r, The Italian Schools of Painting 6th ed. by A. H. Layard. 2 vols. London 1907.

H. L a f f i l é e, v. Didot et Laffilée.

L a n s i n i, Chi fu l'architetto della Torre del Mangio? Misc. Stor. Sen. II 1894, p. 131.

L a n z i, Storia pittorica d'Italia. 12 vols. Milano 1821.

P. L e p r i e u r, Musée du Louvre, Collection Arconati Visconti (et Duseigneur). Paris 1917, première partie Peintures et Dessins.

A. L e t a l l e, Les fresques du Campo Santo de Pise. Paris s. d.

C. L u p i, L'Arte Senese a Pisa, Arte antica Senese I, Siena 1904, p. 355.

F. M a l a g u z z i-V a l e r i, Un quadro di Bartolo di Maestro Fredi nella Brera, Rassegna d'Arte 1907, p. 191.

O. M a l'a v o l t i, Historia de Fatti e Guerre dei Senesi, Venezia 1599.

E. M a l e, L'iconographie française et l'art italien au XIVe siècle et au commencement du XVe, Revue de l'art ancien et moderne 1920, p. 7 et 79.

D. A. M a n g h i, La nuova Pinacoteca del Seminario di Pisa et un dipinto di Simone Martini, Rassegna d'Arte Senese 1911, p. 94.

B. M a n u c c i, Una tavola del Barna, Rassegna d'Arte Senese 1905, p. 88.

—, Noticie da Pienza: Restauro di due tavole, Rassegna d'Arte Senese 1908, p. 65.

L. M a n z o n i, Statuti e Matricole dell'Arte dei Pittori delle Città di Firenze, Perugia, Siena, Roma 1904.

R. v a n M a r l e, Sur la date de l'activité romaine de Giotto, Rassegna d'Arte 1919 Mars-Avril Bibliografia.

B. M. M a z z a r a, Il dipinto di Prete Ilario nella sacra Porziuncola, L'Oriente Scrafico Oct.—Août 1916—17.

A. M i c h e l, La sculpture en France jusqu'au dernier quart du 14e siècle: A. Michel, Histoire de l'Art II², Paris 1906, p. 681.

M i l a n e s i, Documenti per la storia dell'arte Senese I, Siena 1854.

— v. Vasari.

G. M i l l e t, Recherches sur l'Iconographie de l'Evangile etc. d'après les monuments de Mistra, de la Macedoine et du Mont Athos, Paris 1916.

E. M o d i g l i a n i, Un quadro sconosciuto di Simone Martini nel palazzo comunale di Siena, L'Emporium 1904.

—, Un politicco di Luca di Tommè recuperato da Siena, Rassegna d'Arte 1906, p. 104.

M u c c i, Guida da Siena, Siena 1822.

M ü n d l e r, Pariser Kunstversteigerungen. Zeitschrift für bildende Kunst, Leipzig 1867, Heft 11.

E. M ü n t z, Les peintures de Simone Martini à Avignon, Mémoire de la Soc. nat. des antiquaires de France, 1884.

—, Les peintres d'Avignon pendant Clément VI, Tours 1885.

—, Les peintures de Simone Martini à Avignon, Paris 1885.

—, Fresques inédites du 14e siècle au Palais des Papes d'Avignon et de la Chartreuse de Villeneuve, Gazette Archéologique 1885 p. 392, 1886 p. 257, 1887 p. 298.

—, Pétrarque et Simone Martini, A propos du Virgile de l'Ambrosienne, Gazette Archéologique 1887, p. 102.

—, Le Palais des Papes à Avignon. (La France artistique et monumentale.) Paris 1892.

— v. d'Essling et Müntz.

A. C. H. Nicolosi, Il Littorale Maremmano, Bergamo 1910.

P. d e N o l h a c, Pétrarque et l'humanisme d'après un essai de restitution de sa Bibliothèque, Paris 1892.

R. P a n t i n i, San Gemignano, Bergamo 1908.

P e c c o r i, Storia della Terra di San Gemignano, Firenze 1853.

A. P é r a t é, La Peinture italienne au 14e siècle: A. Michel, Histoire de l'art II², Paris 1906, p. 777.

F. M a s o n P e r k i n s, Andrea Vanni, Burlington Magazine, August 1903.

— —, Mostra d'arte Senese, Rassegna d'Arte 1904, p. 147.

— —, Pitture Senesi negli Stati Uniti, Rassegna d'Arte Senese 1905, p. 74.

F. Mason Perkins, Il cosidetto originale della «Madonna del Popolo», Rassegna
    d'Arte Senese 1905, p. 129.

— —, Scoperti e Primizie artistiche, Rassegna d'Arte 1906, p. 31.

— —, Note su alcuni quadri de Museo cristiano del Vaticano, Rassegna d'Arte 1906,
    p. 186.

— —, Ancora dei dipinti sconosciuti della scuola Senese, Rassegna d'Arte Senese 1907,
    p. 73.

— —, Ancora dei dipinti sconosciuti della scuola Senese, Rassegna d'Arte Senese 1908,
    p. 3.

— —, Dipinti sconosciuti della scuola Senese, Rassegna d'Arte Senese 1908, p. 9.

— —, Appunti sulla Gallerie delle Belli Arti di Siena, Rassegna d'Arte Senese 1908.
    p. 48.

— —, Spigolatura. Gli affreschi di Simone a Avignone, Rassegna d'Arte Senese 1908.
    p. 87.

— —, Un dipinto ignorato della scuola Senese, Rassegna d'Arte 1909, p. 41.

— —, Alcuni dipinti italiani in America, Rassegna d'Arte 1909, p. 145.

— —, Un dipinto poco conosciuto di Simone Martini, Rassegna d'Arte Senese 1909, p. 3.

— —, Su certi pitturi di Naddo Ceccarelli, Rassegna d'Arte Senese 1909, p. 3.

— —, Un affresco di Luca di Tommè, Rassegna d'Arte Senese 1909, p. 49.

— —, Tre dipinti inediti di Luca di Tommè, Rassegna d'Arte Senese 1909. p. 79.

— —, Un opera sconosciunto di Giacomo di Mino del Pelliciajo, Rassegna d'Arte
    Senese 1909, p. 81.

— —, Spigolatura d'Arte Senese, Rassegna d'Arte Senese 1910, p. 71.

— —, Dipinti Senesi sconosciuti o inediti, Rassegna d'Arte 1914, p. 97.

— —. Di alcuni dipinti di scuola Senese, Rassegna d'Arte 1917, p. 45.

— —, Alcune opere d'Arte ignorate, Rassegna d'Arte 1918, p. 105.

C. Pinzi, Storia della citta di Viterbo nel Medioevo II, Roma 1880.

Psautier de St. Louis, Reproductions etc. des manuscrits Latins 10525 de la Biblio-
    thèque Nationale, Paris s. d.

M. Reymond, La sculpture florentine I, Florence 1897.

C. Ricci, Il Palazzo Pubblico di Siena e la Mostra d'antica arte Senese. Bergamo
    1904.

M. Riccio, Saggio storico intorno alla chiesa del Incoronata di Napoli e suoi af-
    freschi, Napoli 1845.

G. Richa, Notizie estoriche delle Chiese Fiorentine, Firenze 1754.

W. Rolfs, Geschichte der Malerei Neapels, Leipzig 1910.

E. Romagnoli, Biografi cronologica degli artiste Senesi del sec. XII al XVIII.
    Manuscrit à la Bibliothèque Communale de Sienne.

G. Rosini, Storia della Pittura italiana, 7 vols, Pisa 1841.

P. Rossi, Simone Martini e Petrarca, Arte Antica Senese I, Siena 1904, p. 160.

W. Rothes, Die Blütezeit der Sienesischen Malerei, Strasbourg 1904.

B. von Rhumor, Italienische Forschungen, Berlin 1827—31.

F. Sapori, Dipinti Senesi in Russia, Rassegna d'Arte Senese 1910, p. 83.

L. de Schlegel, L'Annunciazione del Berna, L'Arte 1909, p. 209.

J. v. Schlosser v. Ghiberti.

A. Schmarzow, Festschrift zu Ehren des Kunsthistorischen Instituts zu Florenz,
    Leipzig 1897.

Schnaase, Geschichte der bildenden Kunst, 2. Aufl., 1866.

P. S c h u b r i n g, Die Fresken der Incoronata in Neapel, Repertorium für Kunstwissenschaft 1900.

—, Die primitiven Italiener im Louvre. Zeitschrift für Christliche Kunst 1901.

—, Ein Passions-Altärchen aus Avignon, Jahrb. der K. preuß. Kunstsamml. 1902.

D. W. v o n d e r S c h u l e n b u r g, Una vitrata di Simone Martini, Rassegna d'Arte
Senese 1914, p. 54.

H. W. S c h u l z, Denkmäler der Kunst des Mittelalters in Unter-Italien, 4 vols. Leipzig
1860.

G. B. L. G. S e r o u x d'A g i n c o u r t, Storia dell'Arte demostrata coi monumenti
(trad. du français) 6 vols et 3 atlas, Prato 1828.

D o n a t o d a S i d e r i o, Historia del real Castello di Casaluce, Napoli 1622.

L. S i m o n e s c h i, Notizie e questione intorno a Francesco Traini, Pisa 1898.

O. S i r é n, Don Lorenzo Monaco, Strasbourg 1905.

—, Notizie critiche sui quadri sconosciuti nel museo cristiano Vaticano, L'Arte 1906,
p. 321.

—, Giottino und seine Stellung zu der gleichzeitigen Florentinischen Malerei, Leipzig
1908.

—, Maestri primitivi, antichi dipinti nel Museo Civico di Pisa, Rassegna d'Arte 1914,
p. 225.

—, A descriptive Catalogue of the Pictures in the Jarves Collection belonging to Yale
University, New-Haven 1916, p. 35.

W. S u i d a, Notizi su alcuni quadri primitivi italiani nel Kaiser Friedrich-Museum di
Berlino, Rivista d'Arte 1907, p. 41.

—, Alcuni quadri italiani primitivi nella Galleria Nazionale di Budapest, L'Arte 1907,
p. 178.

—, Studien zur Trecento-Malerei, Repertorium f. Kunstw. 1908, p. 213.

B. S u p i n o. Il Triomfo della morte e il Giudizzio Universale nel Campo Santo di
Pisa, Archivio Storico dell'Arte 1894, p. 21.

—, Le Campo Santo de Pise, Florence 1896.

—, Arte Pisana, Firenze 1904, p. 265.

L. T a n f a n i - C e n t o f a n i, Notizie d'artisti tratti dai documenti pisane. Pisa, 1871.

J. T a u r i s a n o, Il capitolo di Sta. Maria Novella, Il Rosario 1916, p. 217.

G, v o n T e r e y, Die Gemälde-Galerie des Museums für Bildende Kunst in Budapest,
Berlin 1916.

H. T h o d e, Franz von Assisi und die Anfänge der Kunst der Renaissance in Italien.
2. Aufl. Berlin 1904.

—, Der Meister vom Triumph des Todes in Pisa, Repert. für Kunstw. 1888.

S. T i z i o, Storia di Siena. Manuscrit à la Bibliothèque Communale de Sienne.

V a l l a d i e r, Labyrinth Royal de l'Hercule Gaulois, 1600.

G. V a s a r i, Le vite di piu eccelente pittori, scultori etc. ed. Milanesi, 9 vols, Firenze
1878.

D. V e n t i m i g l i a, Sugli Affreschi di Giotto nella chiesa dell'Incoronata, Napoli 1844.

A. V e n t u r i, La Madonna di Simone Martini nella Galleria Borghese, L'Arte 1904,
p. 309.

—, Quadri falsi nella Galleria di Monaco, L'Arte 1904, p. 391.

—, La Galleria Sterbini, L'Arte 1904, p. 424.

—, Un avorio francese del Trecento nel tesoro della basilica di San Francesco d'Assisi, L'Arte 1906, p. 218.

—, Storia dell'Arte Italiana V, Milano 1907.

A. Venturi, La Basilica di Assisi, Roma 1908.

L. Venturi, A traverso le Marche, L'Arte 1915, p. 3.

—, La data dell'attivita romana di Giotto, L'Arte 1918, p. 229.

P. Vitry et G. Brière, Documents de sculpture française au moyen-âge, Paris (s. d.).

J. de Voragine, La Légende Dorée trad. par Th. de Wyzewa, Paris 1913.

Zdekauer, La Vita pubblica dei Senesi nel dugento, Siena 1897.

CORRECTIONS.

p. 6, 20e ligne: Accauo lisez Ceccano.

p. 30. En mentionnant que M. Perkins attribue les panneaux des collections Blumenthal et Lehmann à Simone Martini et Lippo Memmi. j'ai omis de préciser que l'éminent connaisseur de la peinture Siennoise ne prononçait pas ce jugement sans réserve. Il a eu depuis l'obligeance de me communiquer que le doute qu'il avait déjà à ce moment-là sur l'exactitude de cette attribution s'est transformé dans la certitude qu'il s'agit de trois panneaux de la main de Lippo Vanni; exécutés au moment que celui-ci se ressentait le plus fortement de l'influence de Lippo Memmi et appartenant à un polyptyque duquel aurait également fait partie, la Madoune de la collection Norton publiée par M. Perkins (v. p. 139).

p. 133, 2e ligne: Oxford lisez Cambridge.

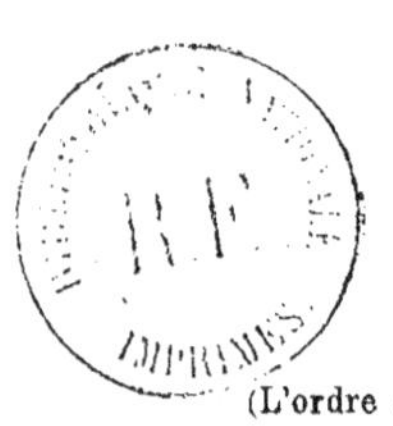

TABLE DES NOMS D'ARTISTES.

(L'ordre alphabétique suit généralement les deuxièmes noms.)

Mariano d'Agnolo 142.
Giovanni Alcherio 186.
Giovanni di Andrea 170.
Fra Angelico 107 n 1.
Francesco di Antonio 180.
Giovanni di Arezzo 182
Montano d'Arezzo 174.
Rico d'Arezzo 182.
Giovanni d'Asciano 116.

Andrea di Bartolo 147. 148.
Giovanni di Bartolo 185.
Taddeo di Bartolo 2 n 3. 109 n 2.
André Beauneveu 187.
Henri Bellechose 187.
Nello Betti 136.
Segna di Bonaventura 12. 95. 102 n 2.
Botticelli 58.
Broederlam 186.
Bruno 169.
Buffalmacco 169.
Pacino da Buonaguida 95.

Tino da Camaiana 174.
Puccio Capanna 35.
Jacopo del Casentino 95.
Pietro Cavallini 179 n 2.
Naddo Ceccarelli 25 n 1. 125.
Cimabue 83.
Mino di Cino Ughi 4.
Jacques Cœne de Bruges 186.
Gennaro di Cola 174. 177.

Bernardo Daddi 82. 95. 141.
Donato 1. 6. 8 n 5. 32. 68 n 2. 112. 115.
163. 185.

Duccio 2. 9. 10. 12. 13. 14. 17. 19. 24. 26.
27. 32. 41. 55. 66. 76. 86. 91. 95.
119. 123. 123 n 1. 153 n 1. 188.
Giovanni di Duccio 185.

van Eyck 39.

Paolo di Giovanni Fei 82 n 4. 96. 124.
134. 170.
Memmo di Filipuccio 2. 3. 4. 97. 98. 100.
Colantonio del Fiore 174.
Andrea da Firenze 7. 83. 96 n 1. 98.
Francesco da Firenze 182.
Niccolo da Firenze 182.
Bartolo di Maestro Fredi 68 n 2. 81 n 1.
111 n 5. 116. 117. 124. 125. 127 n 2.
128. 134. 141 n 2. 142. 144 n 4. 147.
156. 157. 170. 172.

Agnolo Gaddi 95.
Taddeo Gaddi 83. 95. 140.
Jean de Gand 185.
Giottino 82 n 6. 95.
Giotto 1. 2. 6. 16. 17. 32. 39. 41. 51. 52..
65. 66. 76 n 1. 77. 79 n 1. 80. 83
87. 88. 89. 91. 92. 95. 123. 124. 165.
173. 174. 178.
Matteo di Giovanni 96. 124.
Benozzo Gozzoli 98.

Jean Hertsnabel 182.

Ugolino del prete Ilario 170.

200

TABLE GÉOGRAPHIQUE.

(Dans cette table ne sont pas comprises les peintures mentionnées dans la liste
d'œuvres d'anonymes de l'école de Simone p. 190.)

TABLE DES PLANCHES.

206

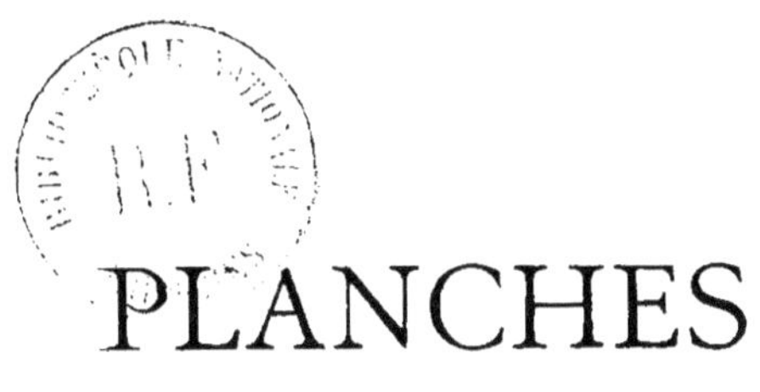

PLANCHES

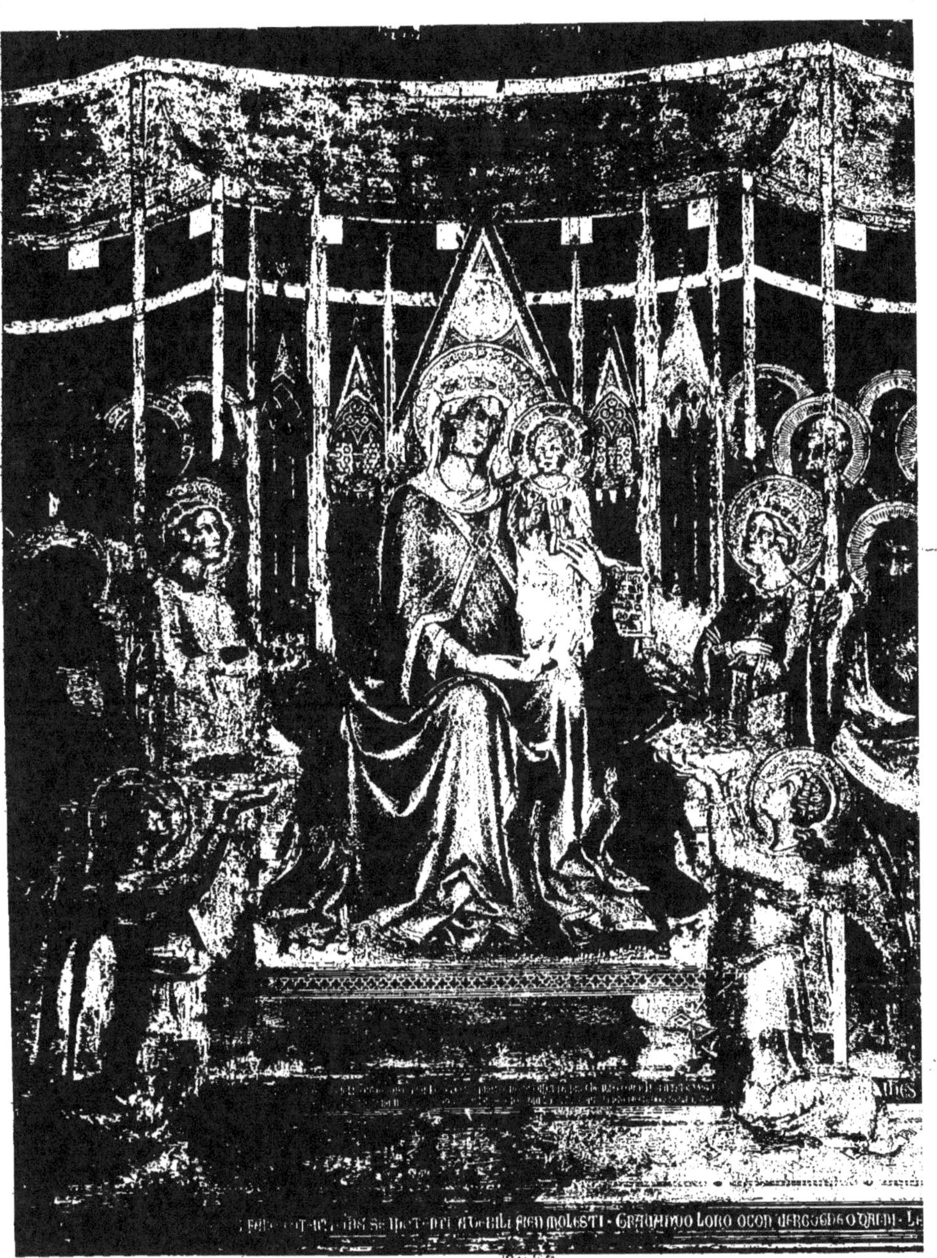

Fig. 1. Maesta de 1315. Palais Publique de Sienne.

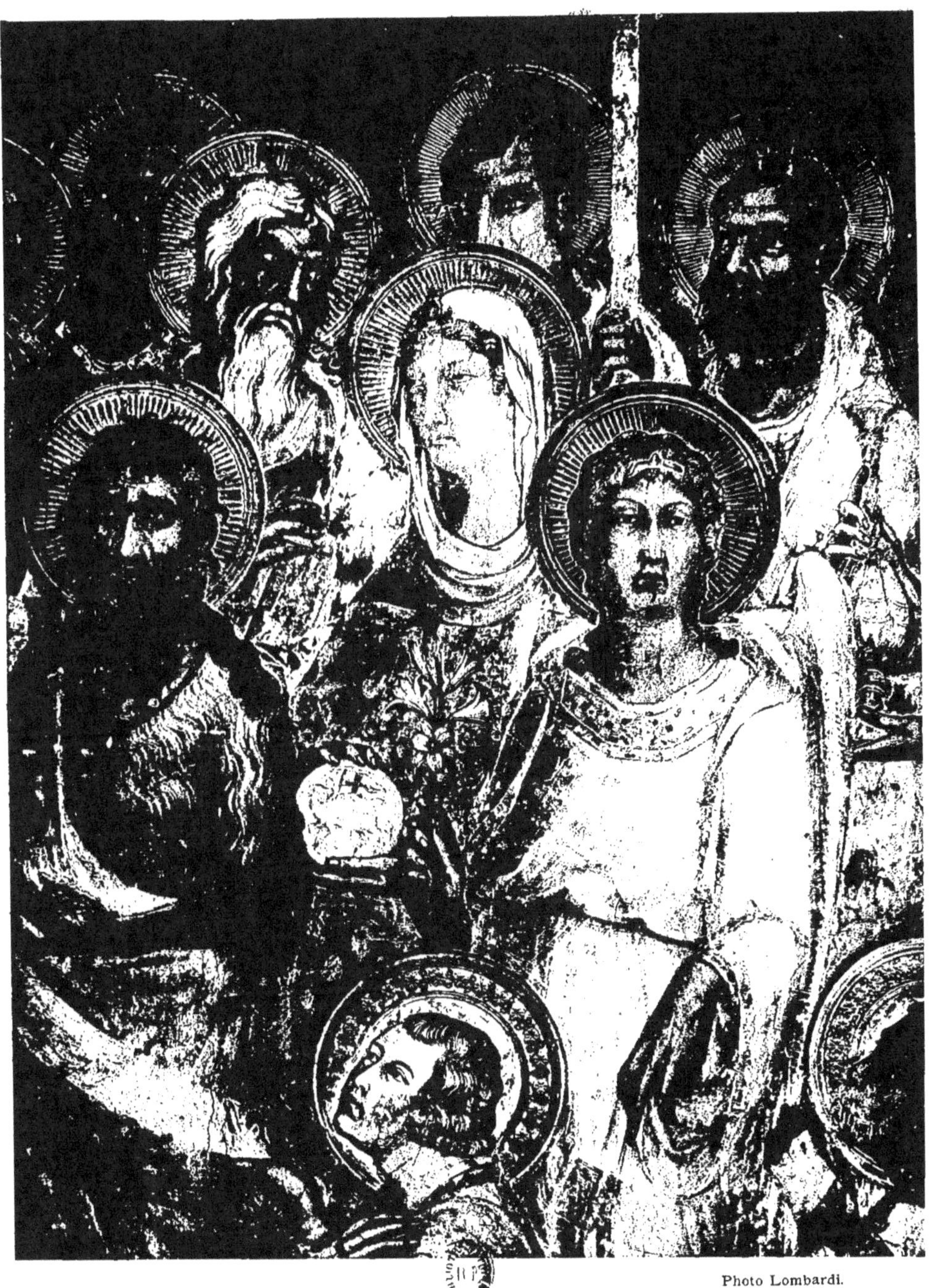

Photo Lombardi.

Fig. 2. Groupe des Saints à droite dans la Maesta de 1315.

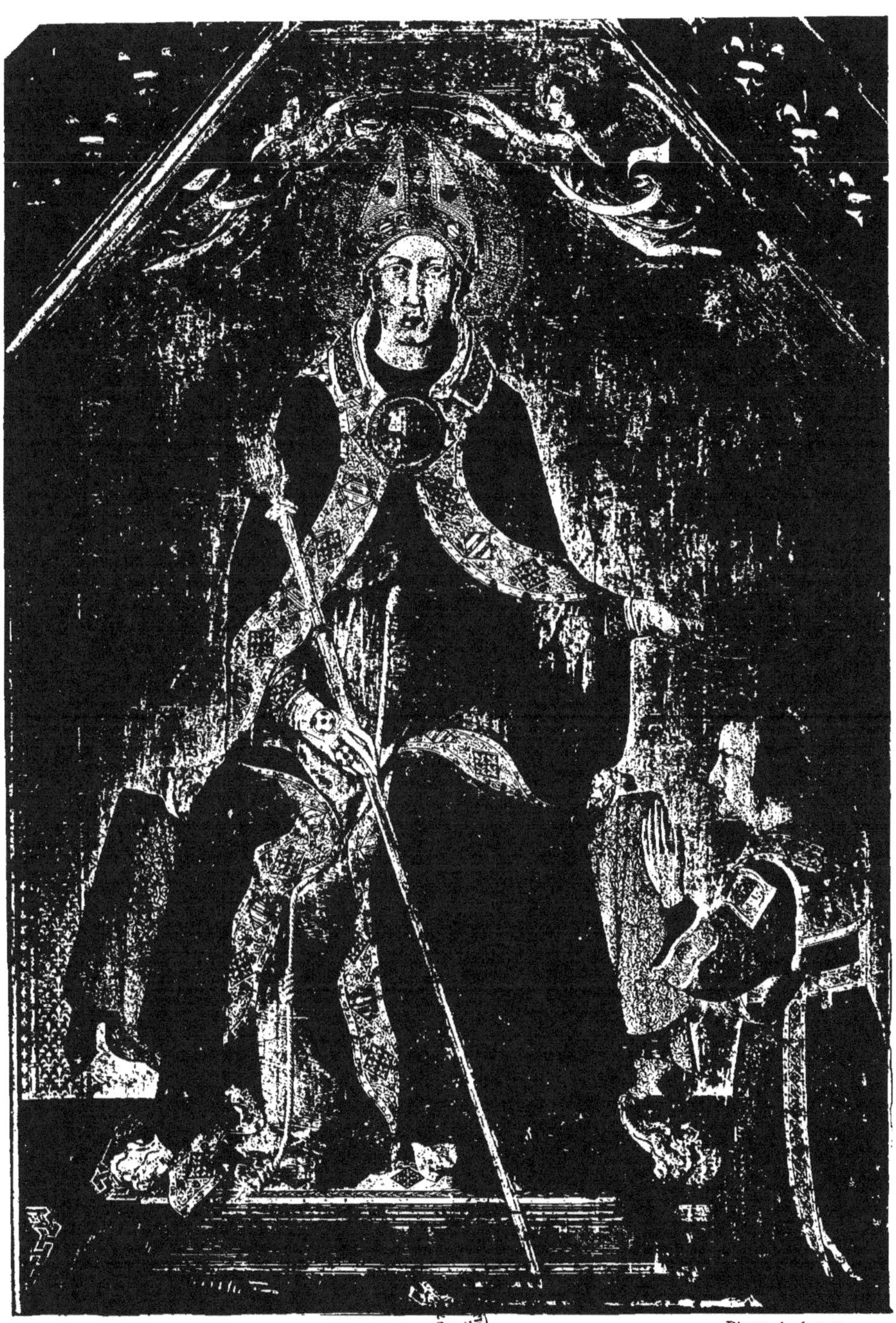

Fig. 3. St. Louis couronnant le roi Robert. Rétable de 1317 à l'église de St. Laurent. Naples.

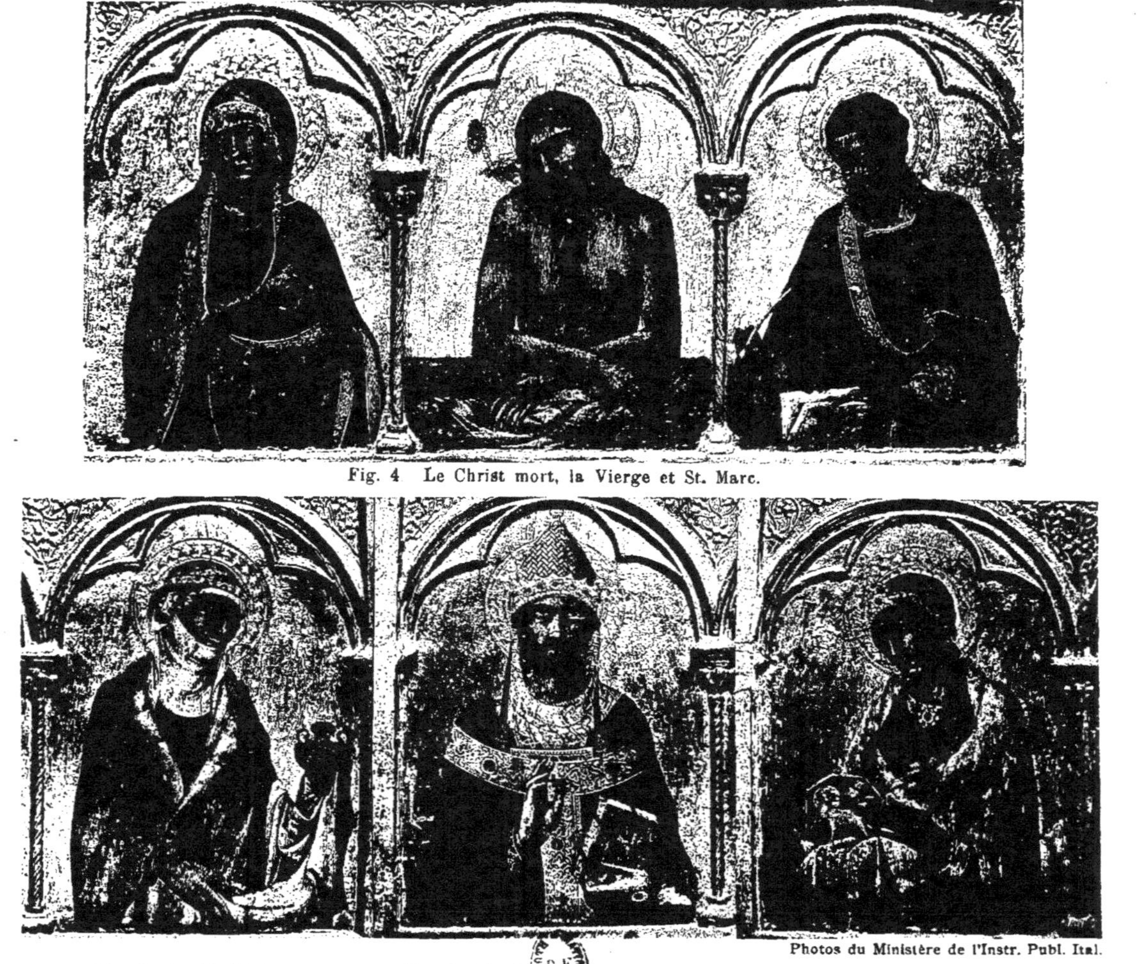

Fig. 4   Le Christ mort, la Vierge et St. Marc.

Photos du Ministère de l'Instr. Publ. Ital.

Fig. 5.   La Madeleine.   Fig. 6.   St. Grégoire le Grand.   Fig. 7.   Ste. Agnes.

Parties du polyptyque de 1319   Musée de Pise.

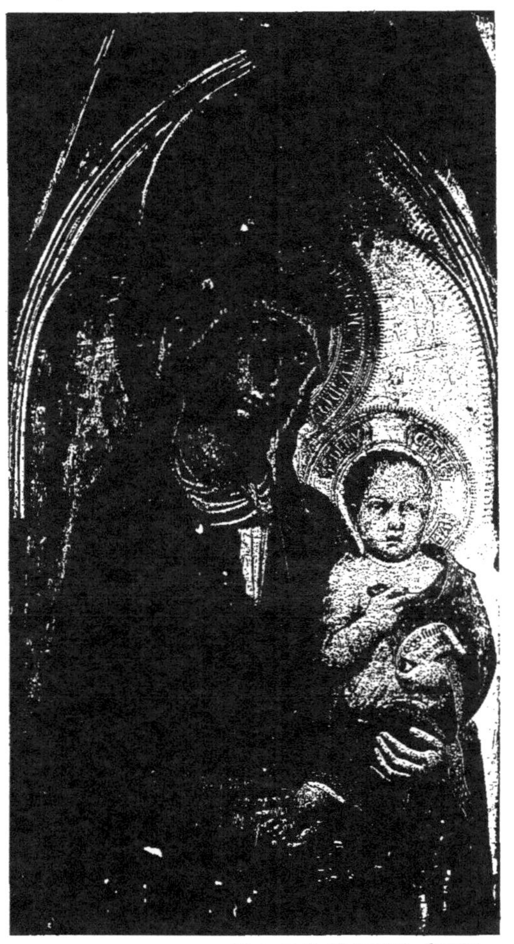

Photo Raffaelli-Armoni. Orviéto.

Fig. 8. La Madonne du polyptyque de 1320.
Musée du Dôme d'Orviéto.

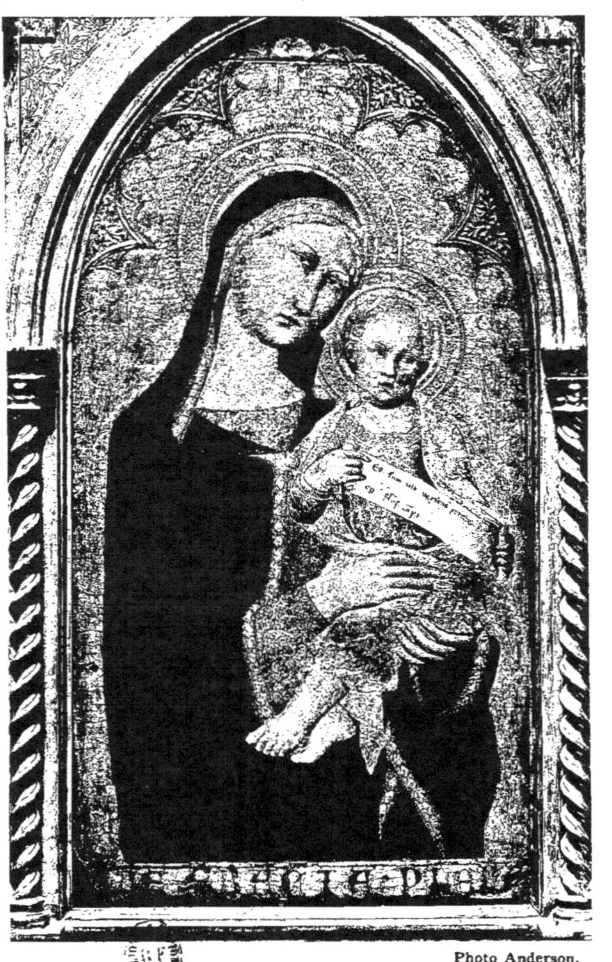

Photo Anderson.

Fig. 9. Madonne. Palais de Venise. Rome.

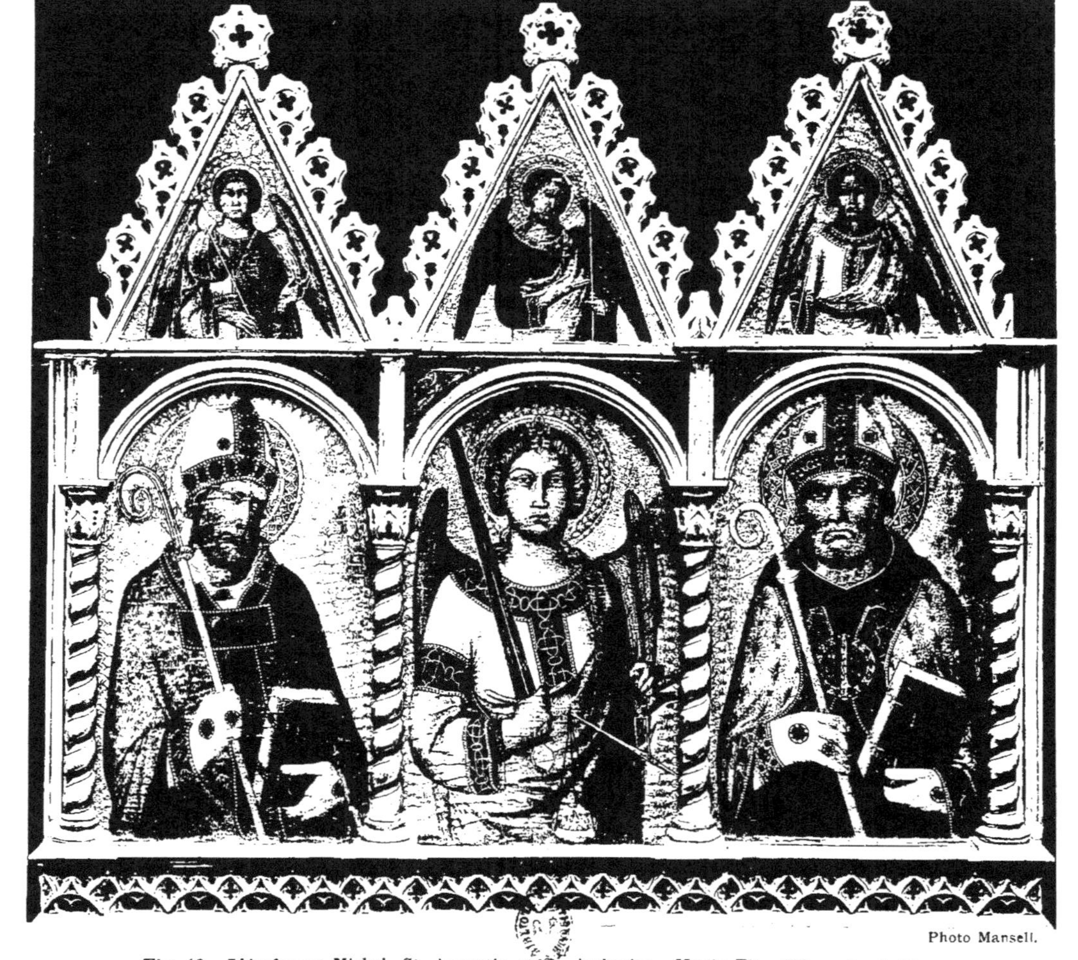

Fig. 10. L'Archange Michel, St. Augustin et St. Ambroise. Musée Fitzwilliam, Cambridge.

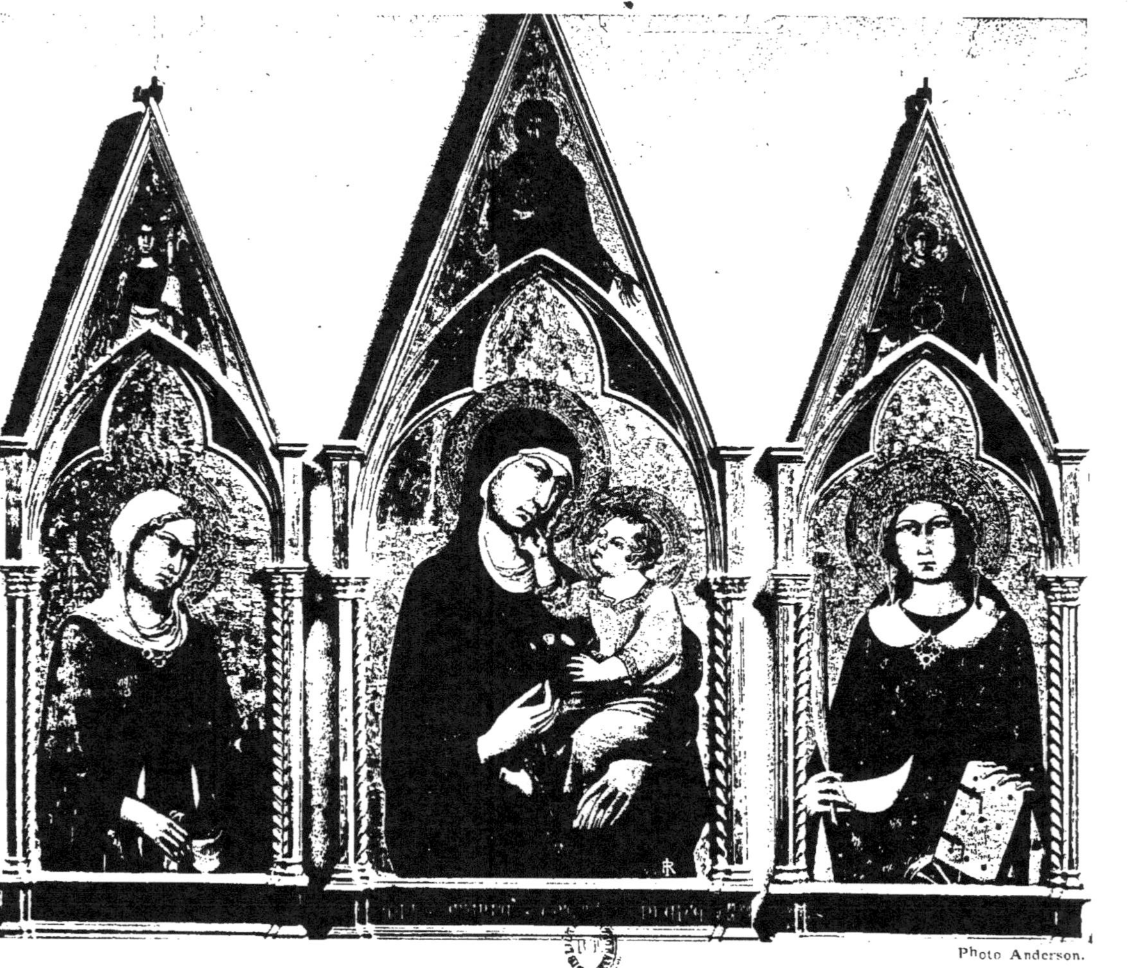

Photo Anderson.

Fig. 11.   La Vierge, Ste. Lucie et Ste. Catherine du polyptyque de la Collection Gardner.   Boston.

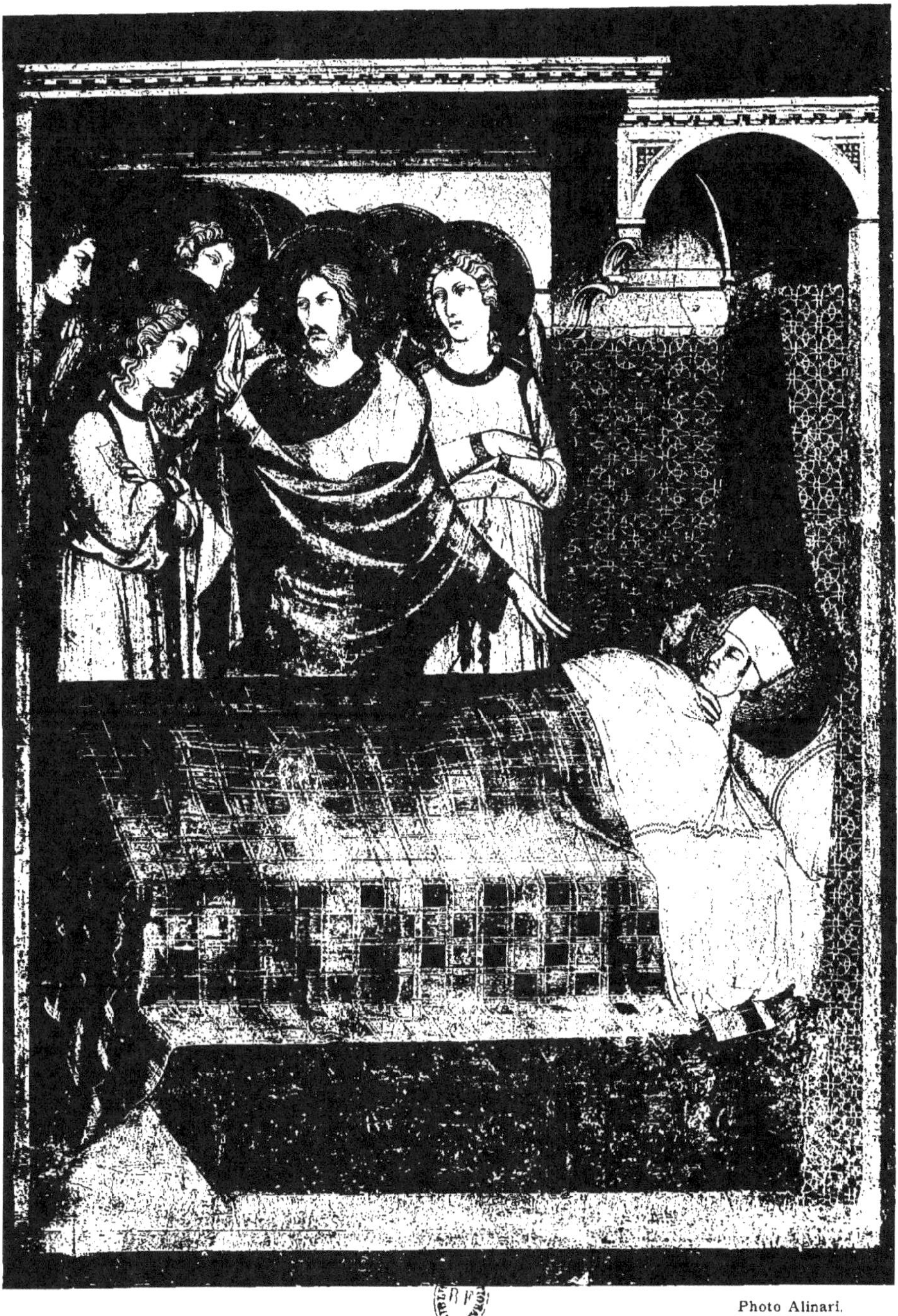

Photo Alinari.

Fig. 12. Simone et Donato (?). Le rêve de St. Martin. Eglise inférieure de St. François. Assise.

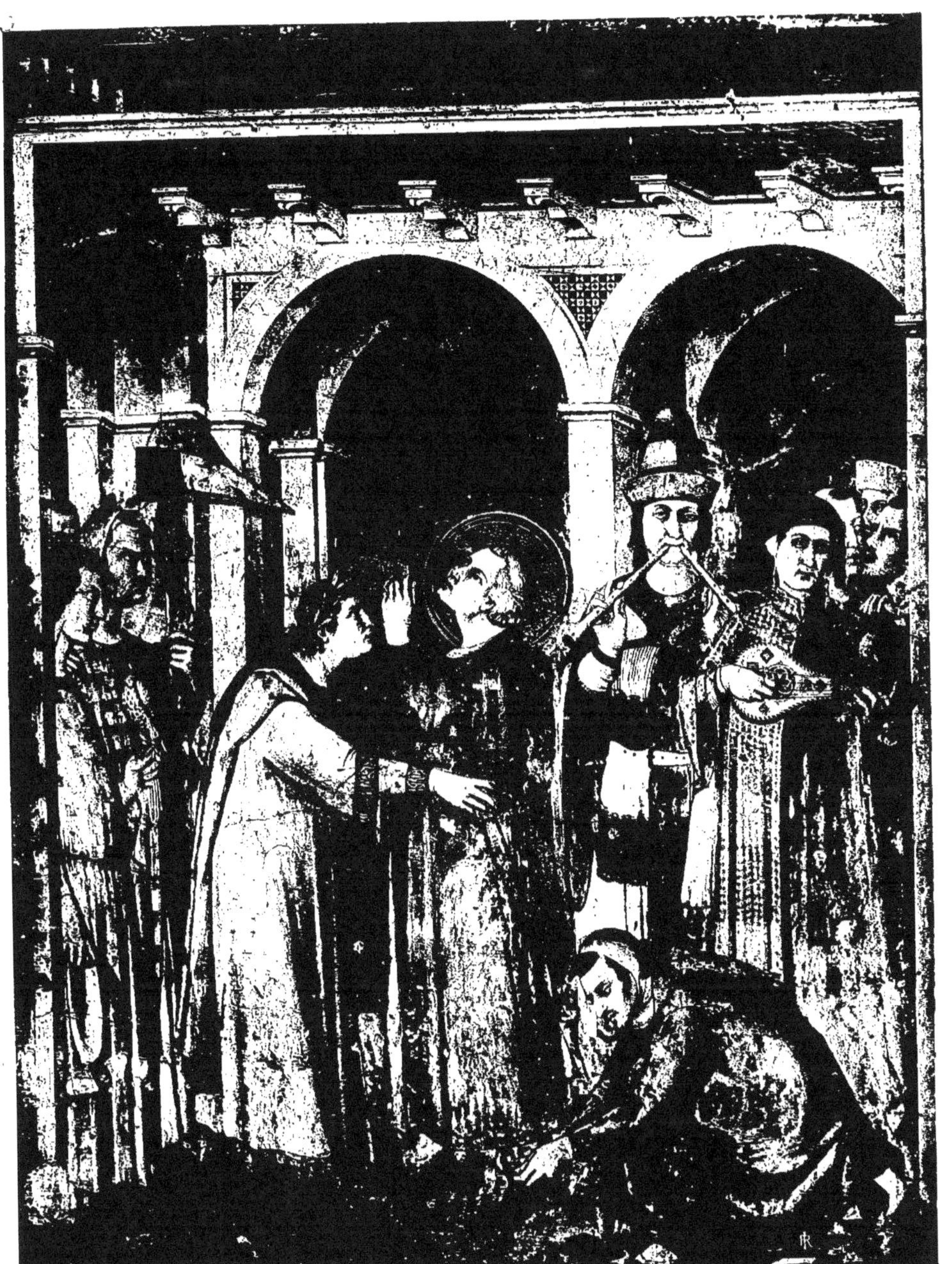

Photo Anderson.

Fig. 13. St. Martin armé Chevalier. Eglise inférieure de St. François. Assise.

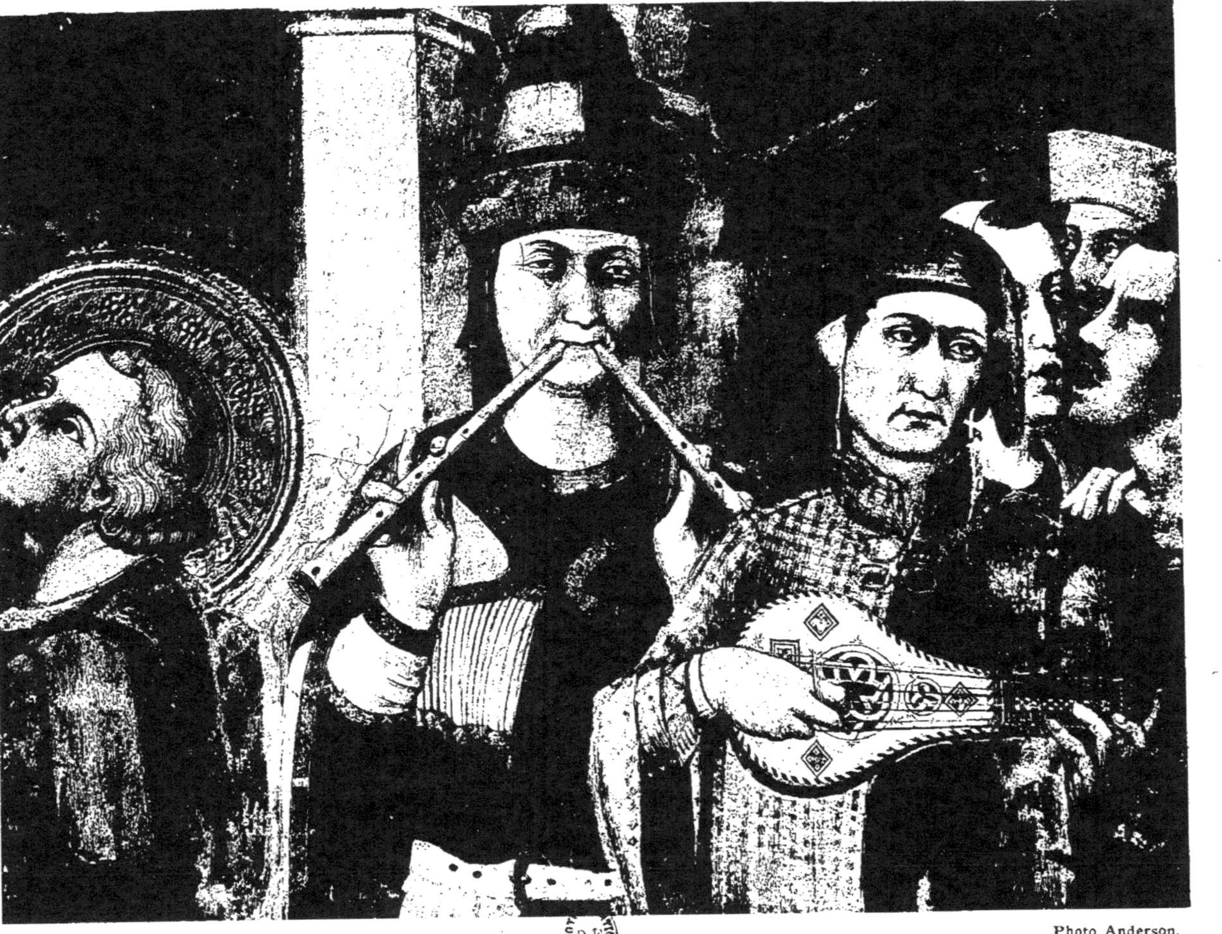

Photo Anderson.

Fig. 14. Détail de la Figure 13.

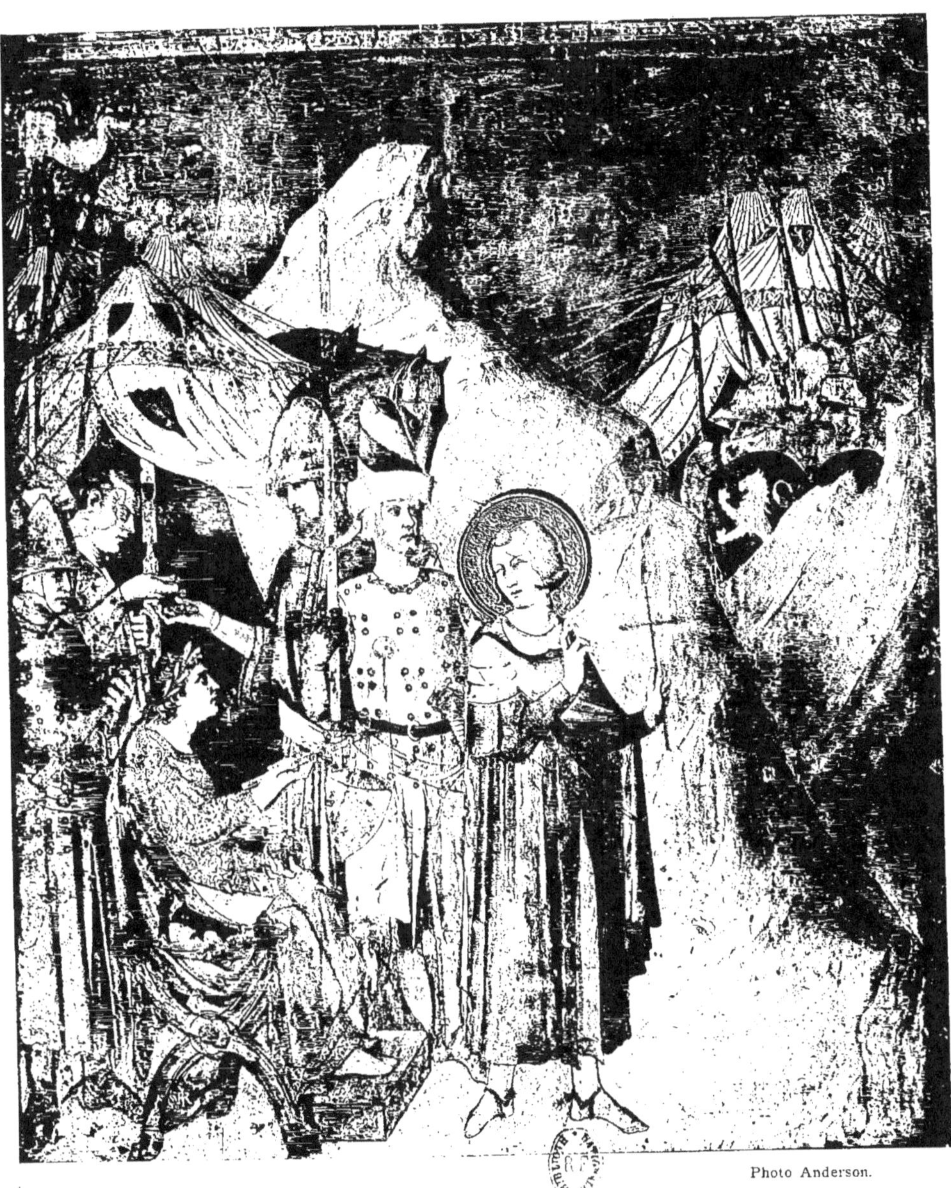

Fig. 15. St. Martin quittant l'Armée. Eglise inférieure de St. François. Assise.

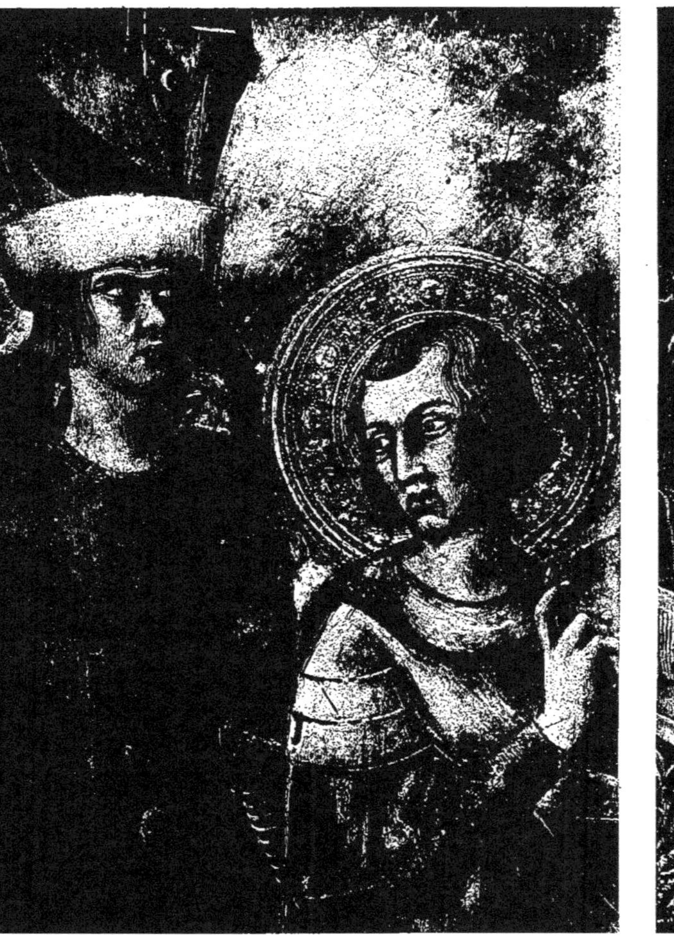

Fig. 16. Détail de Figure 15.

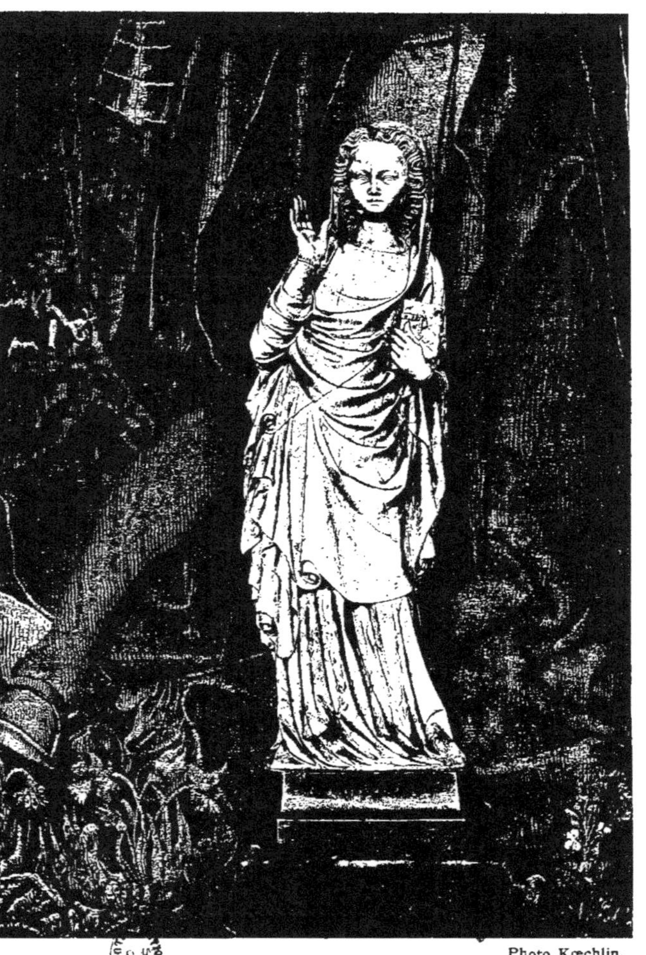

Photo Kœchlin.

Fig. 17. Sculpture en marbre, travail français du commencement
du 14ème siècle. Don Doistau au Musée du Louvre.

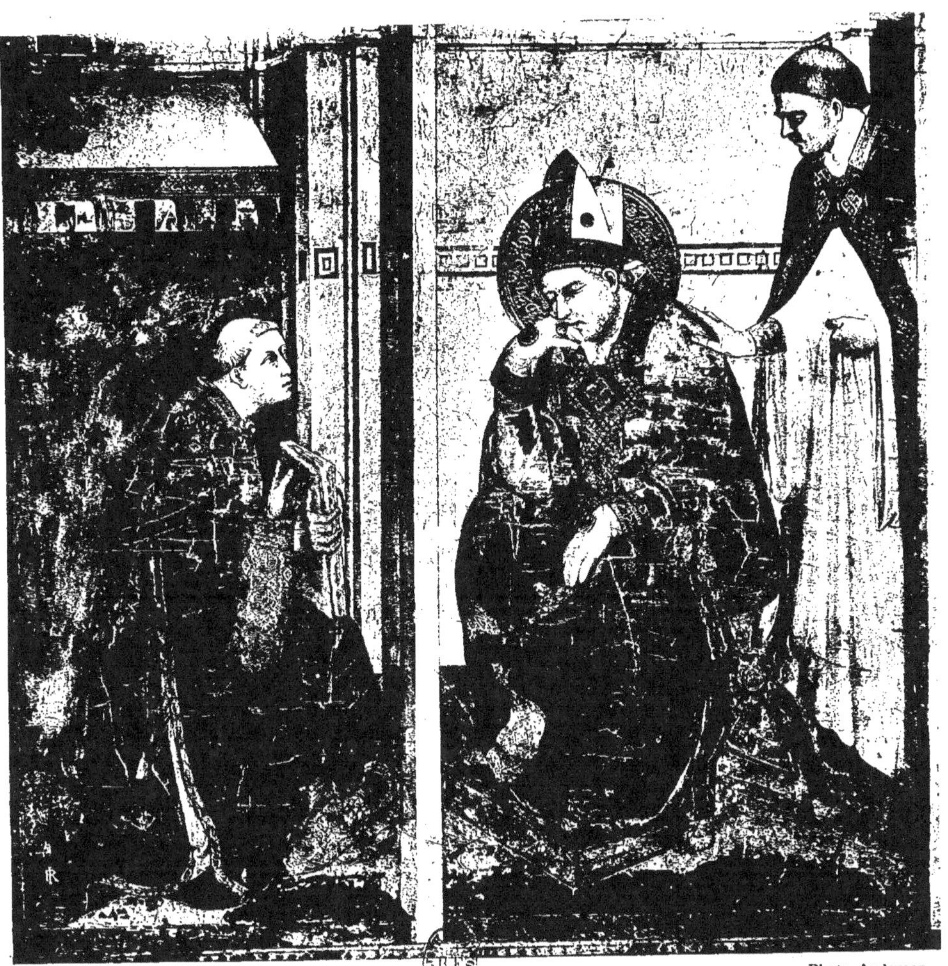

Fig. 18. St Martin en méditation. Eglise inférieure de St. François. Assise.

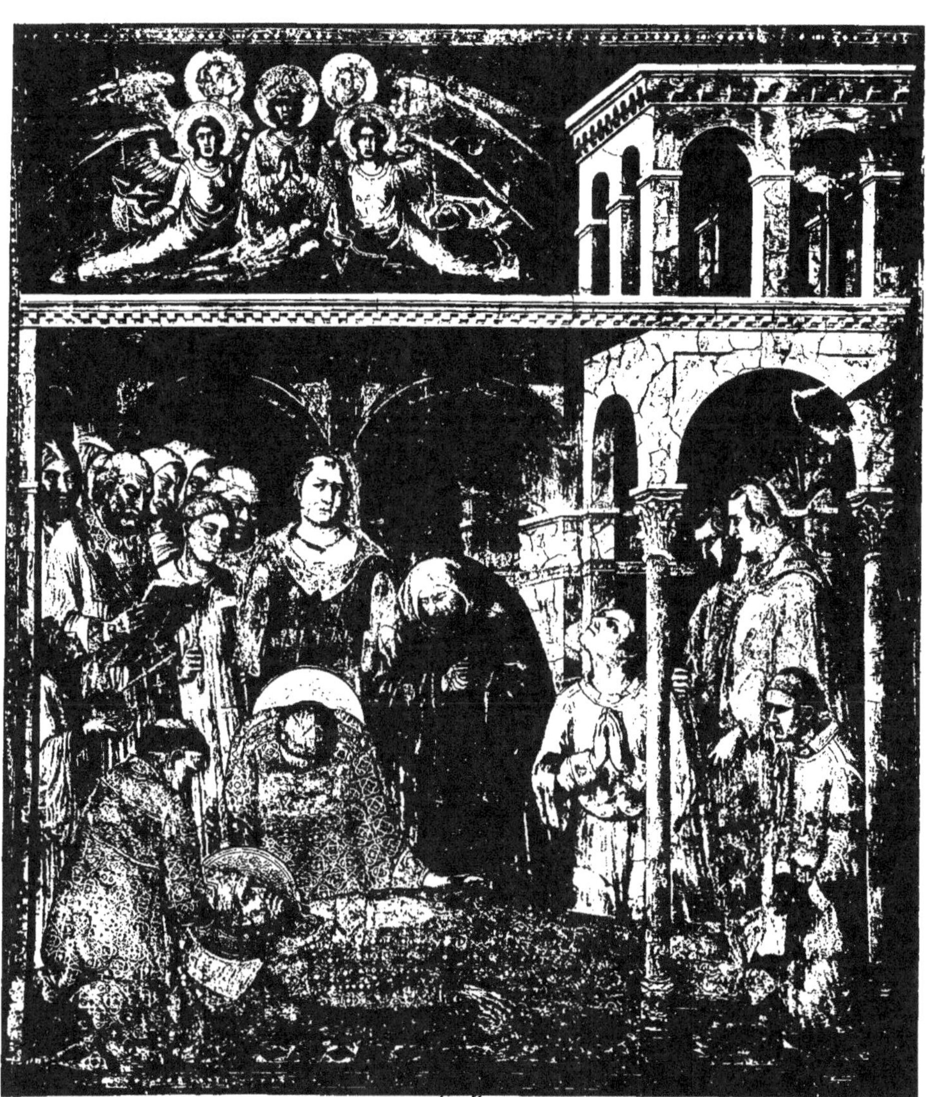

Fig. 19. Simone et Donato (?). Mort de St. Martin. Eglise inférieure de St. François. Assise.

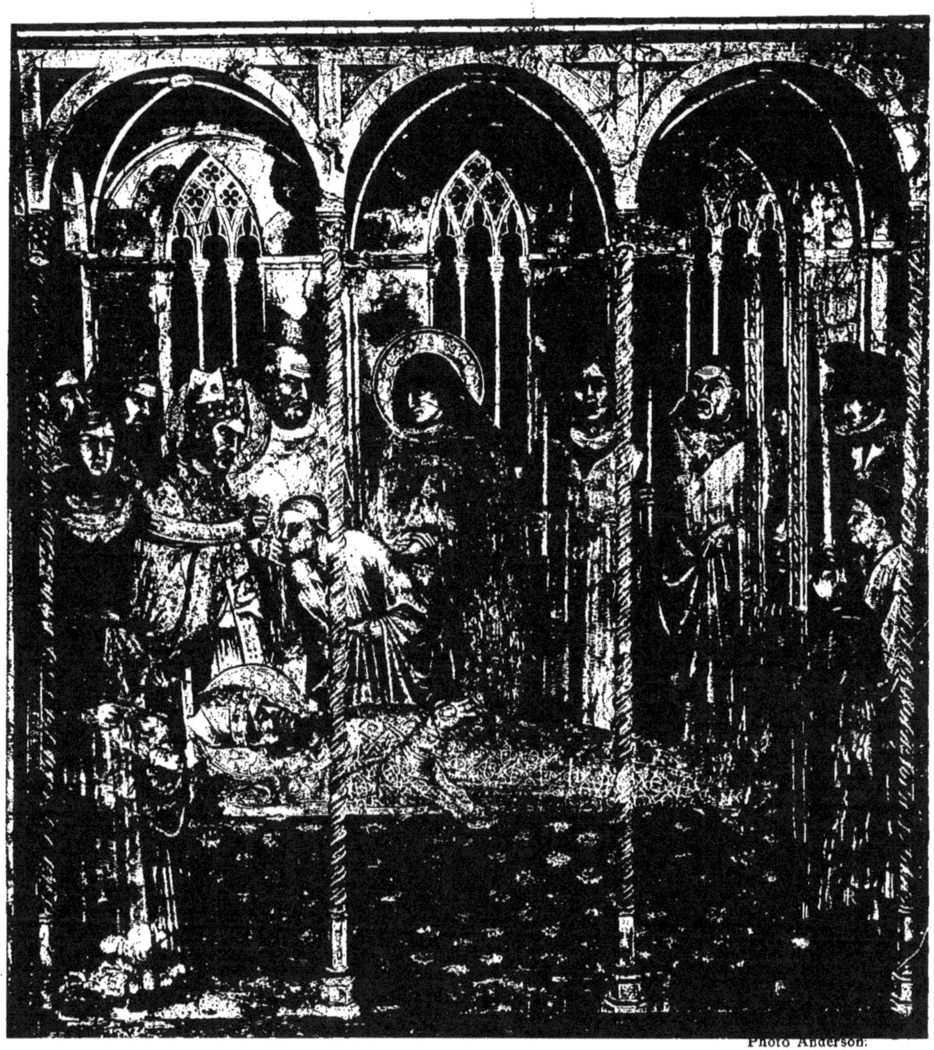

Fig. 20.   Funérailles de St. Martin.   Eglise inférieure de St. François.   Assise.

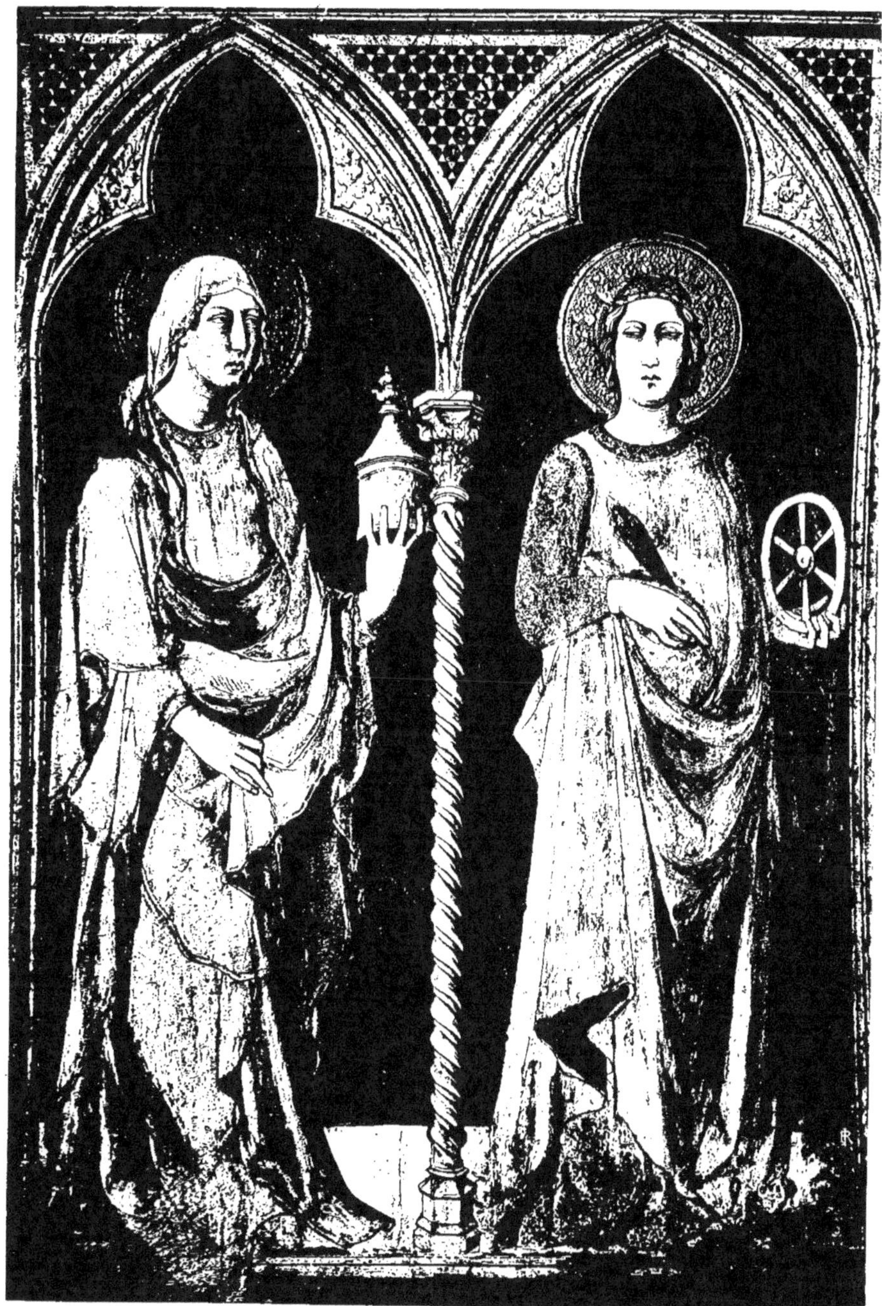

Photo Anderson.

Fig. 21. La Madeleine et Ste. Catherine. Eglise inférieure de St. François. Assise.

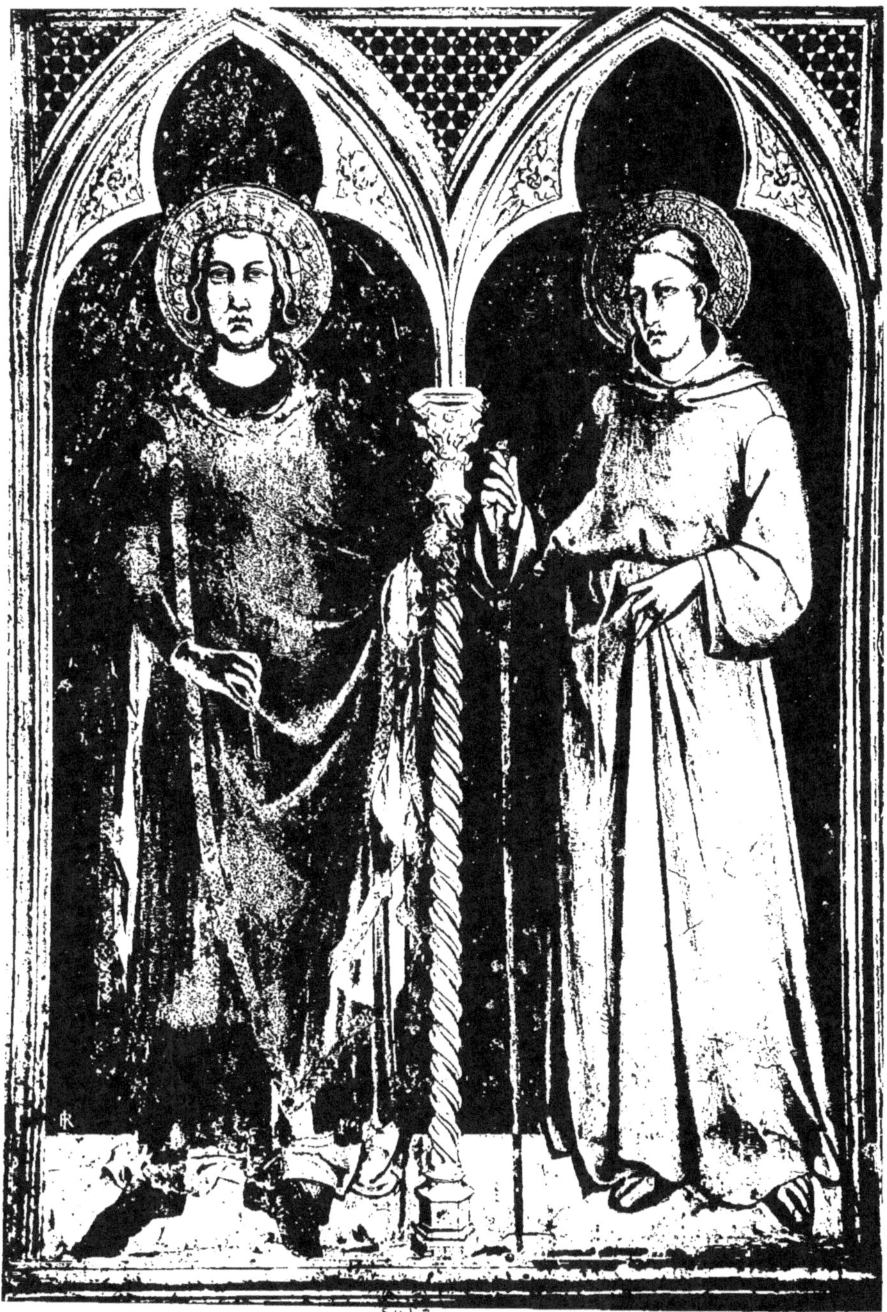

Fig 22. Donato. St. Louis roi de France et St. Louis de Toulouse.
Eglise inférieure de St. François. Assise.

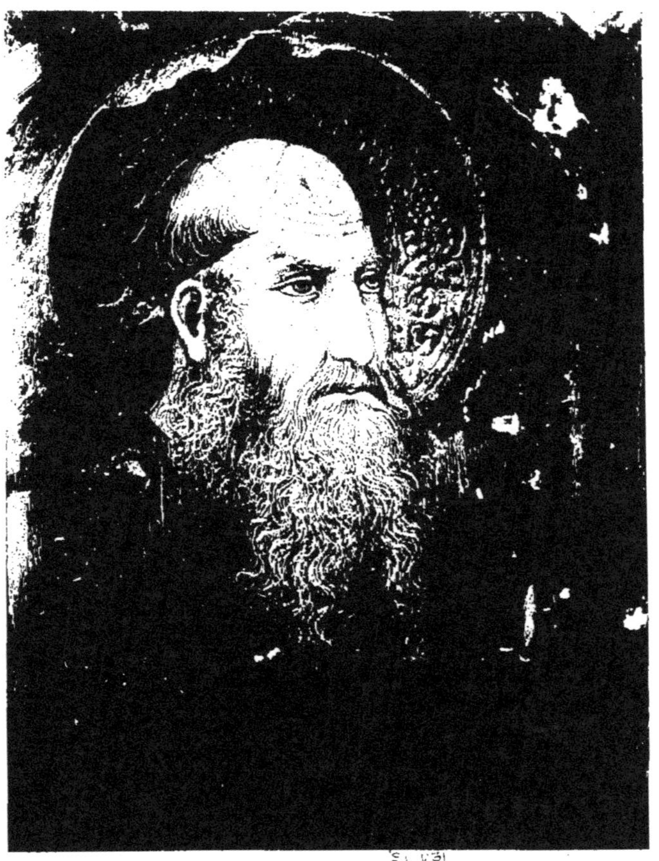

Fig. 23. St. moine. Eglise inférieure de St. François. Assise.

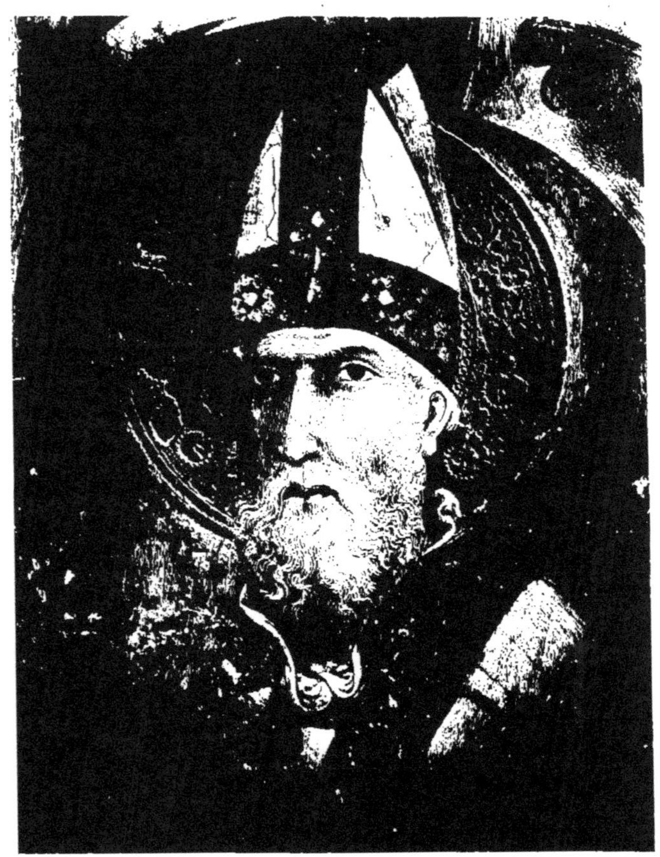

Photos Benvenuti. Assise.

Fig. 24. St. évêque. Eglise inférieure de St. François. Assise.

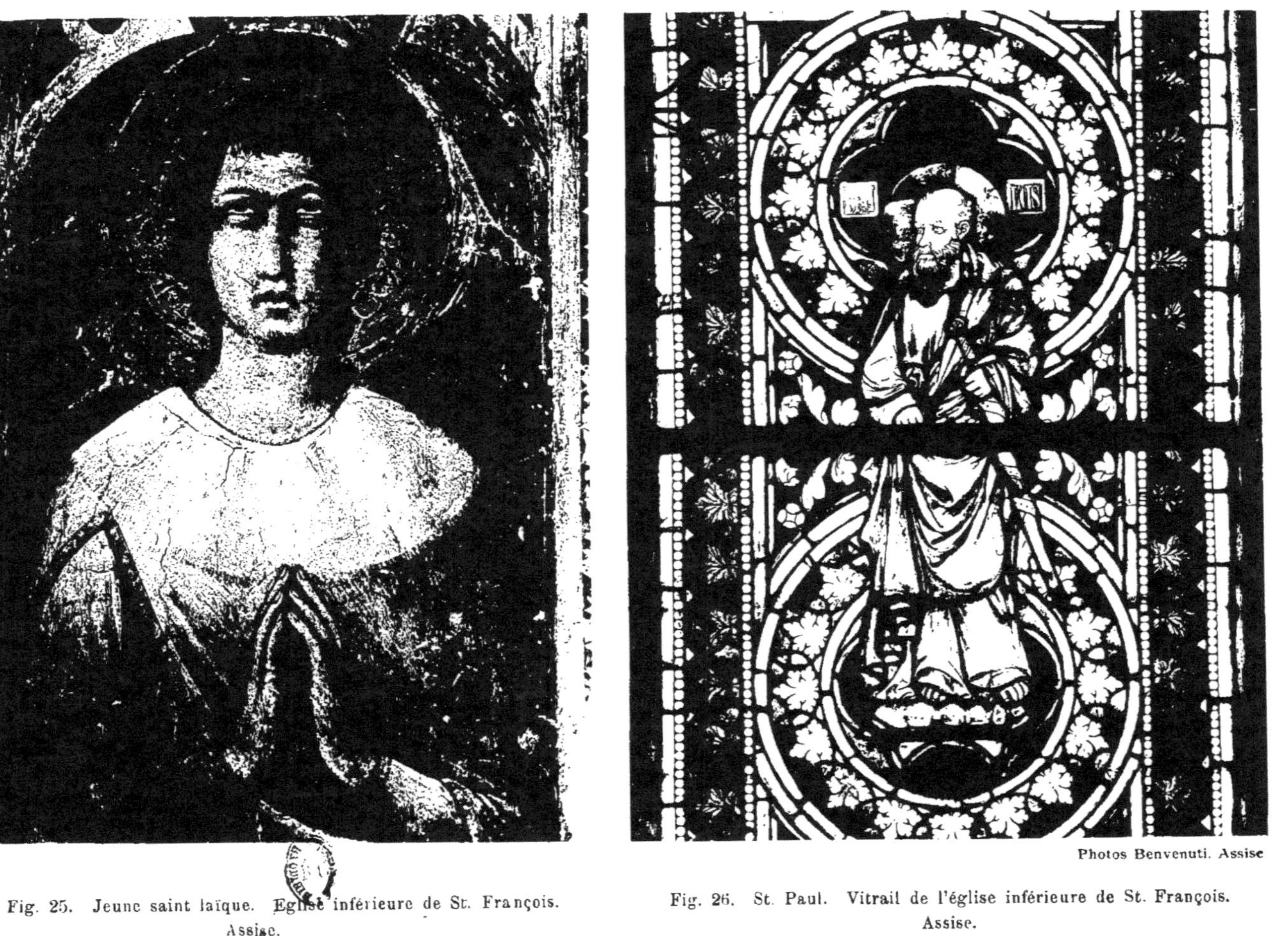

Fig. 25. Jeune saint laïque. Église inférieure de St. François. Assise.

Fig. 26. St. Paul. Vitrail de l'église inférieure de St. François. Assise.

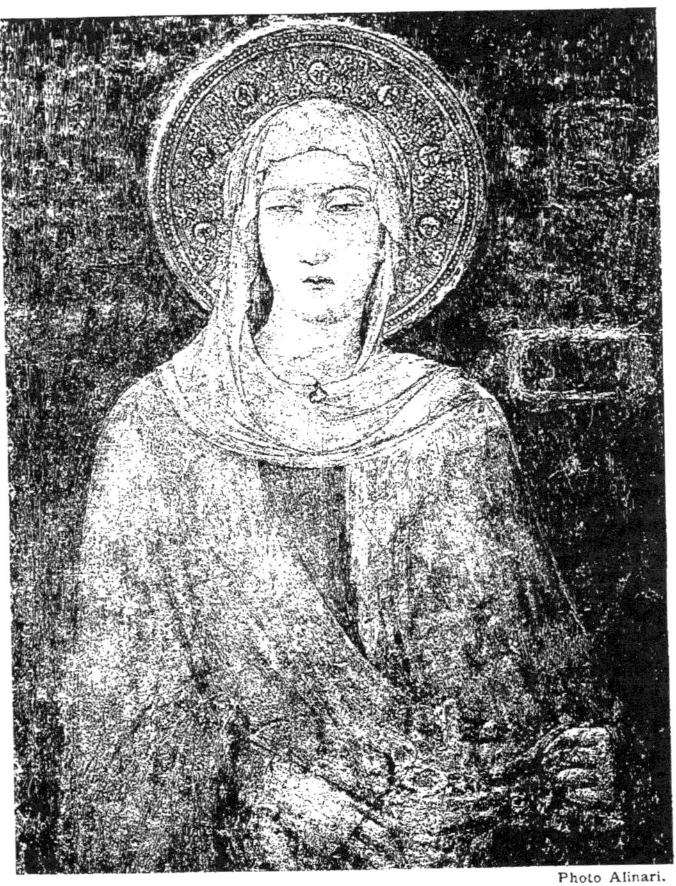

Photo Anderson

Fig 27. Donato? St. Louis de Toulouse.
Eglise inférieure de St. François. Assise.

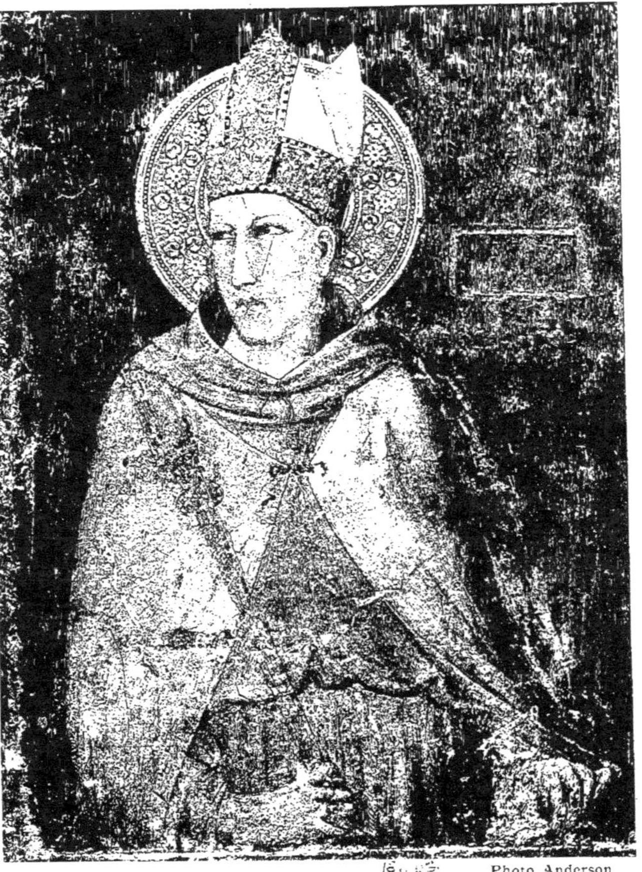

Photo Alinari.

Fig. 28. Donato? Ste. Claire.
Eglise inférieure de St. François. Assise.

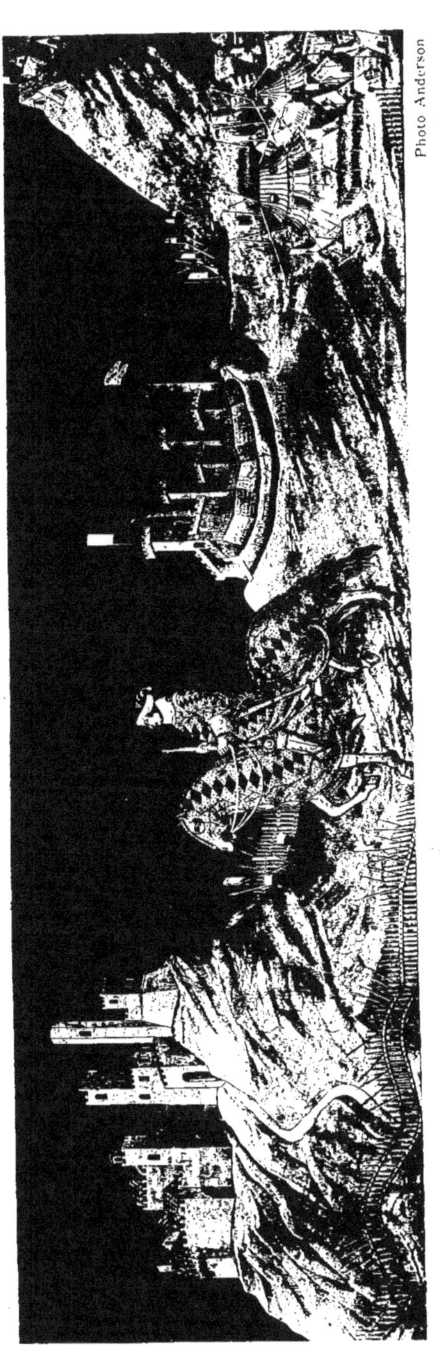

Photo Anderson

Fig. 29. Guidoriccio. Fresque de 1328. Palais Publique. Sienne.

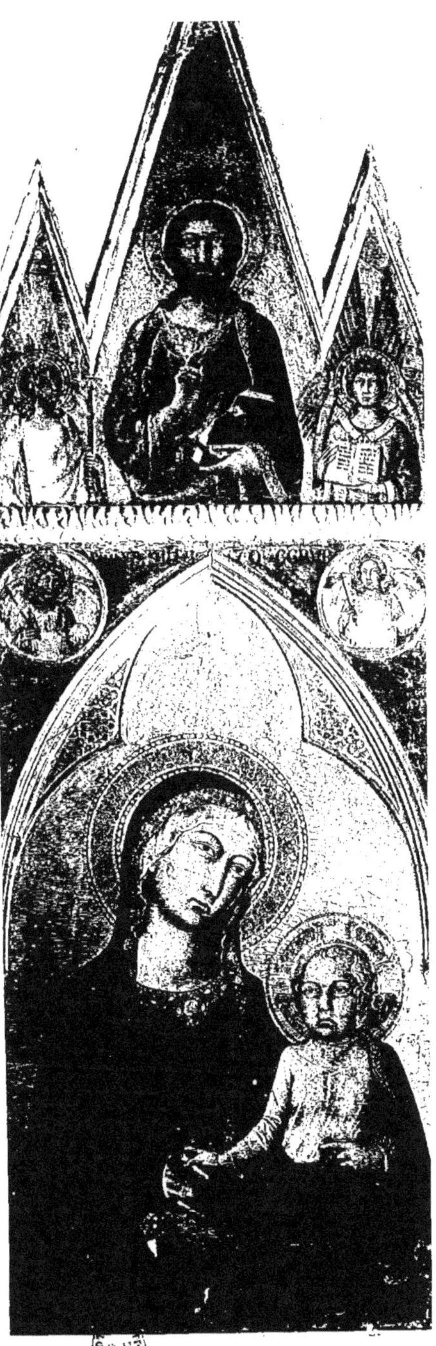

Photo Raffaelli Armoni. Orviéto.

Fig. 30. Lippo Memmi. Madonne et l'Enfant.
Musée du Dôme d'Orviéto.

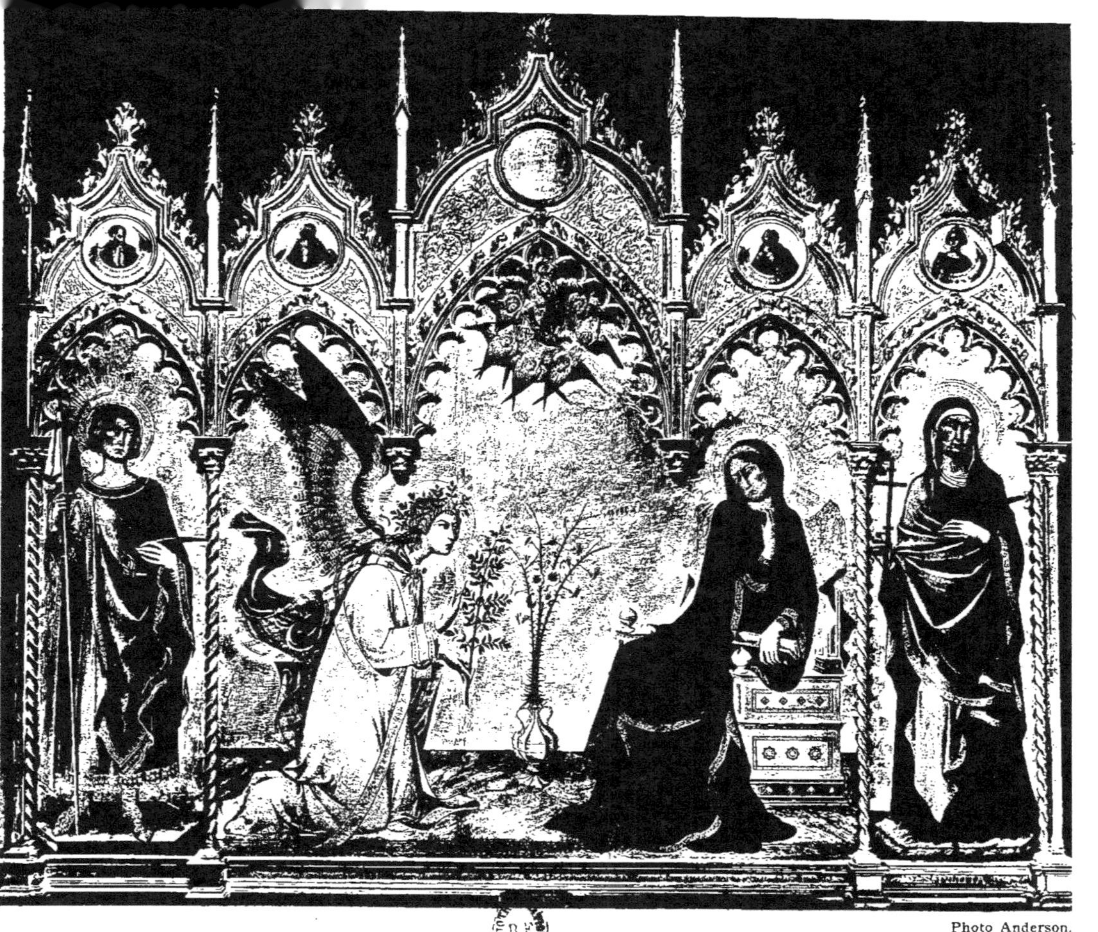

Fig. 31. Simone et Lippo Memmi. Annonciation avec St. Ansano et Ste. Julitte, 1333.
Offices. Florence.

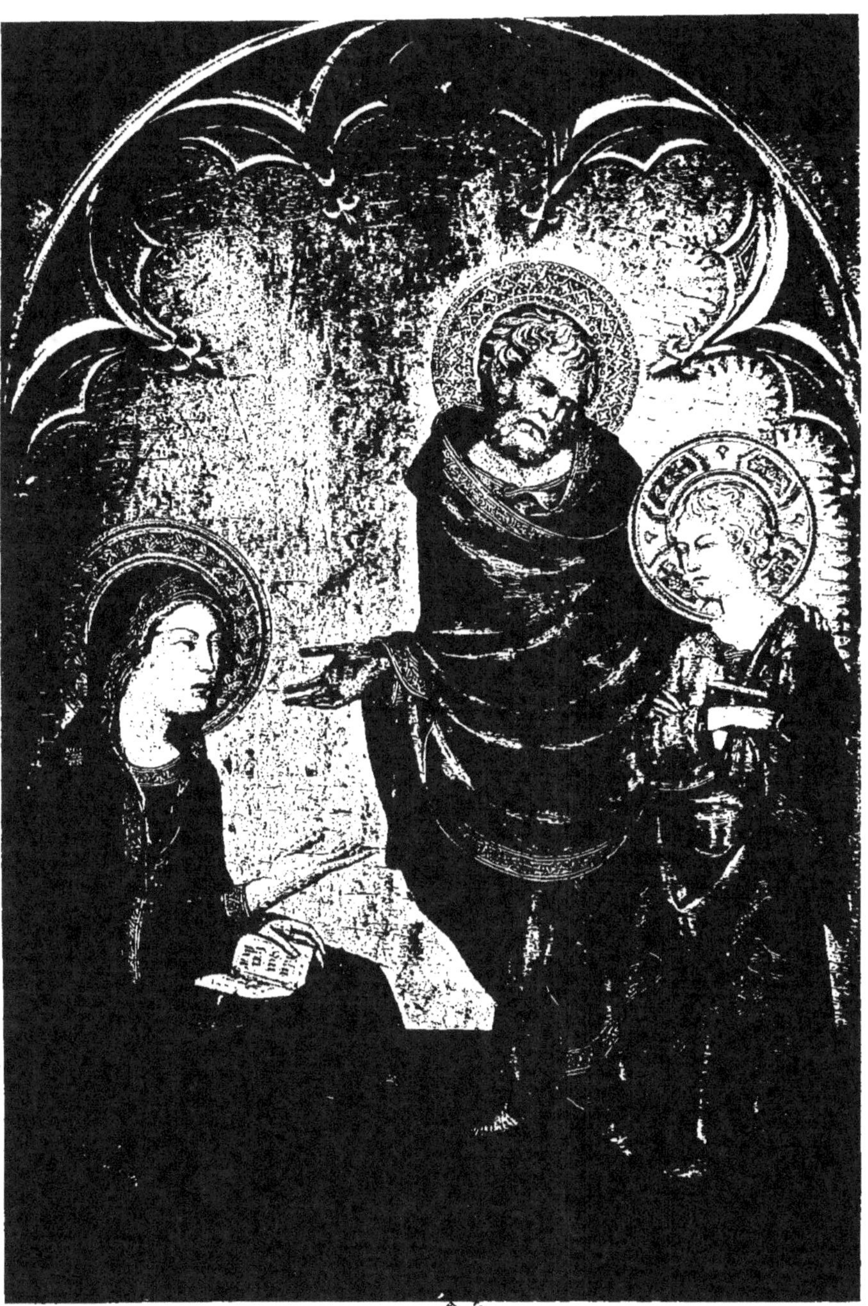

Fig. 32. Retour du Temple. 1342. Musée de Liverpool.

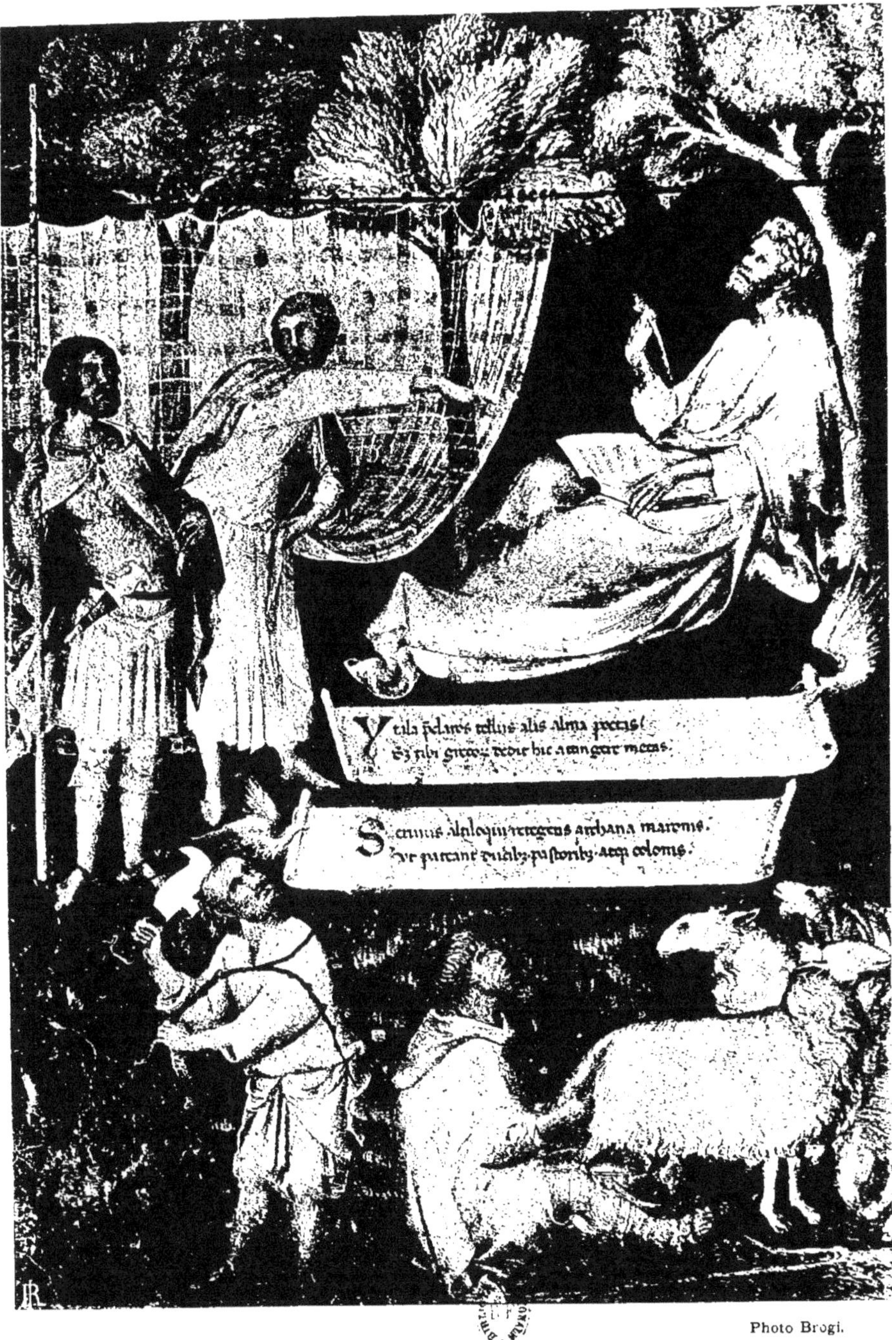

Photo Brogi.

Fig. 33. Miniature du Virgile de l'Ambroisienne. Milan.

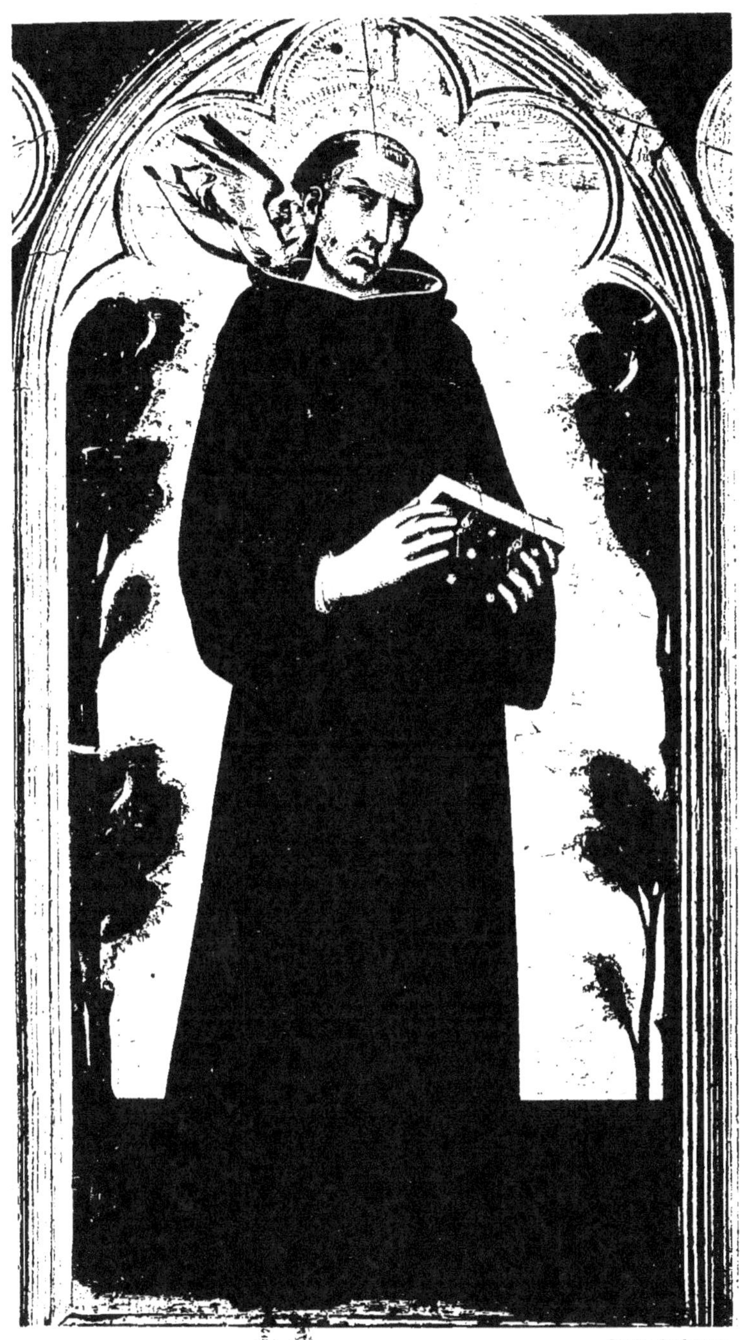

Photo Anderson.

Fig. 34. St. Augustin Novello. Eglise St. Augustin. Sienne.

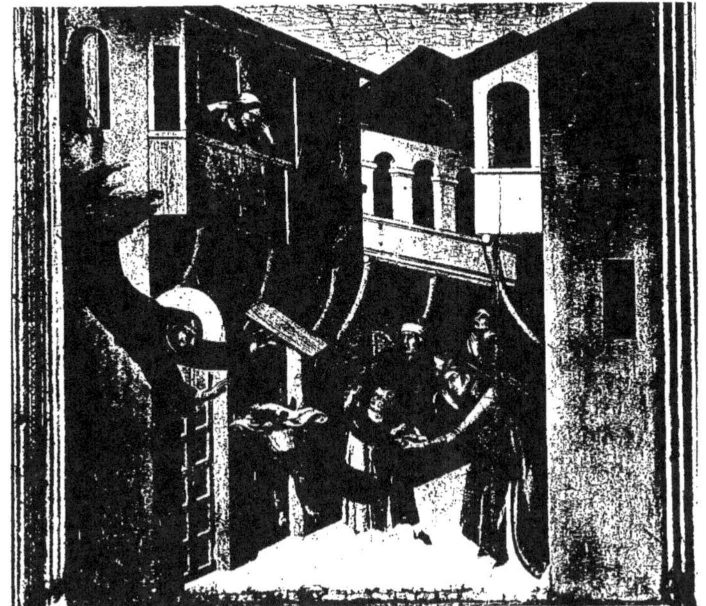

Photo Anderson.

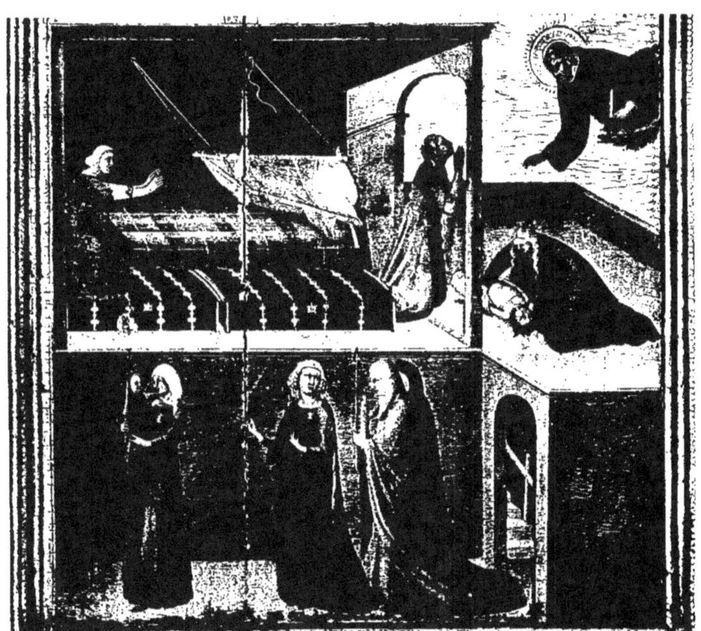

Photo Anderson.

Fig. 35 et 36. Scènes du rétable de St. Augustin. Novello.

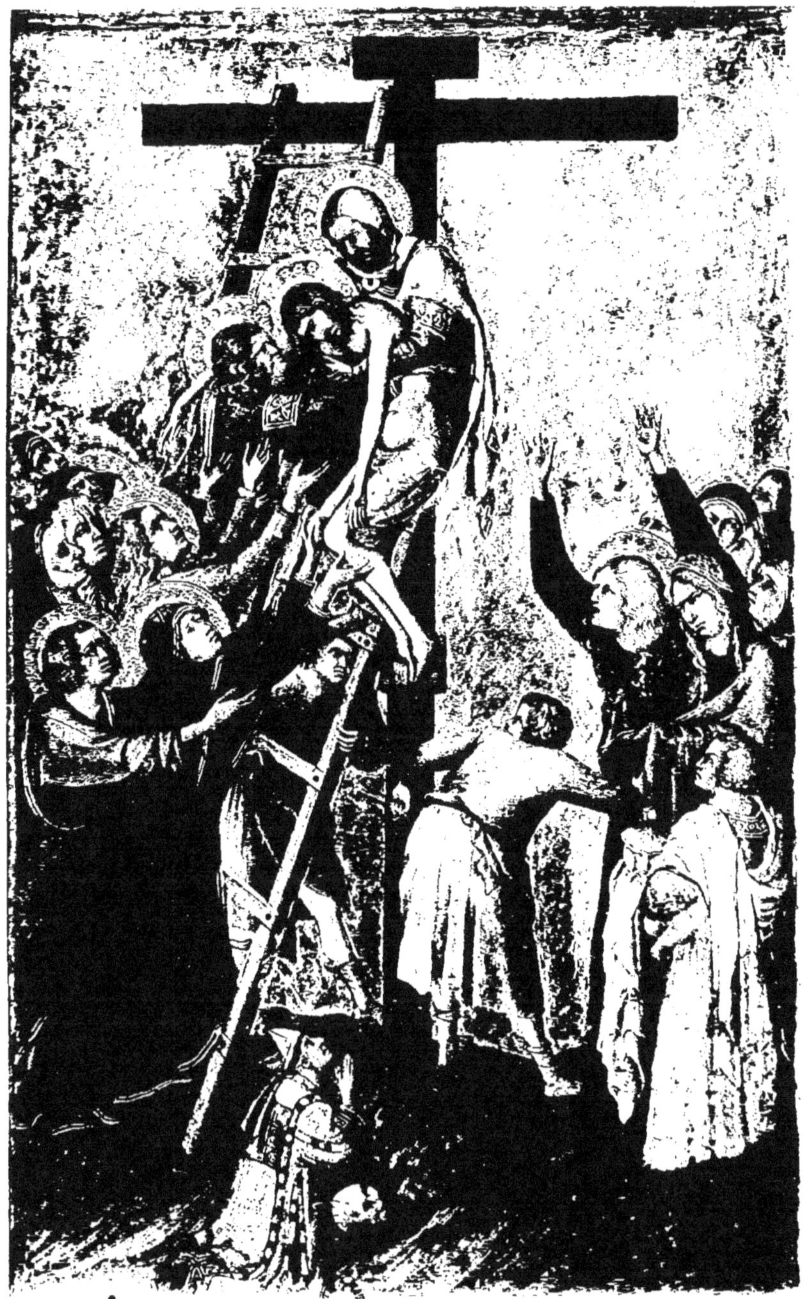

Fig. 37. Descente de Croix. Musée d'Anvers.

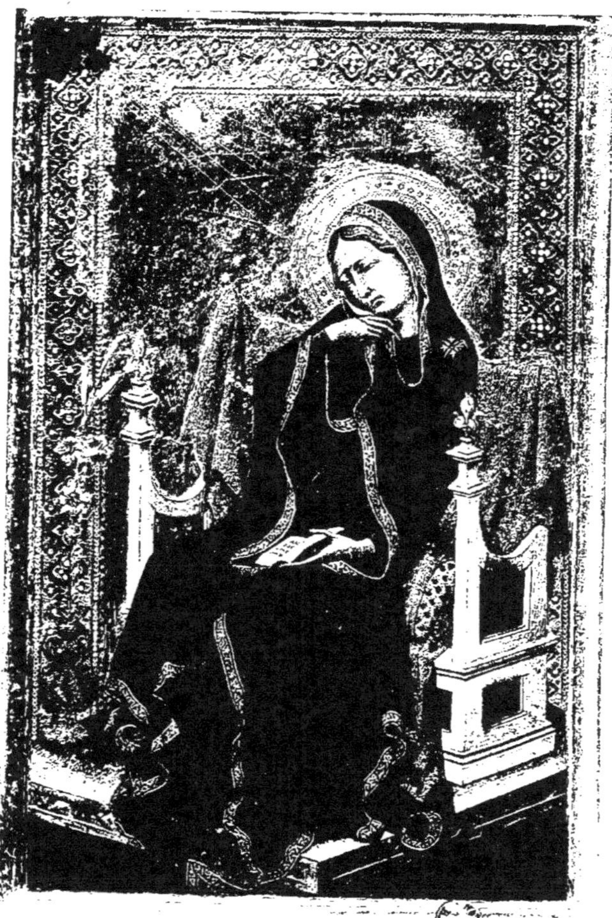

Photo Braun.

Fig. 38. L'annoncée. Musée d'Anvers.

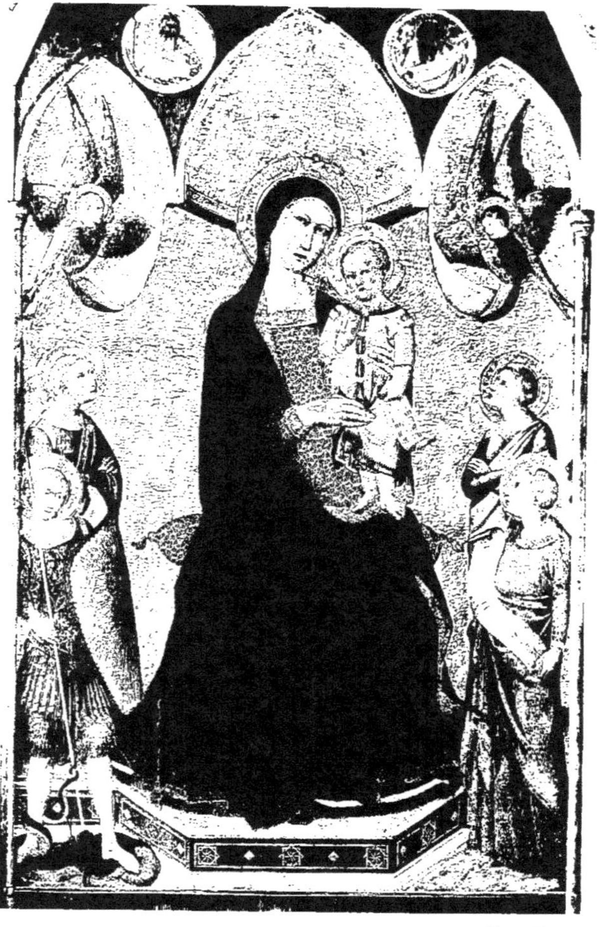

Photo Braun.

Fig. 39. Lippo Memmi. Madonne avec l'Enfant.
Collection Berenson. Settignano.

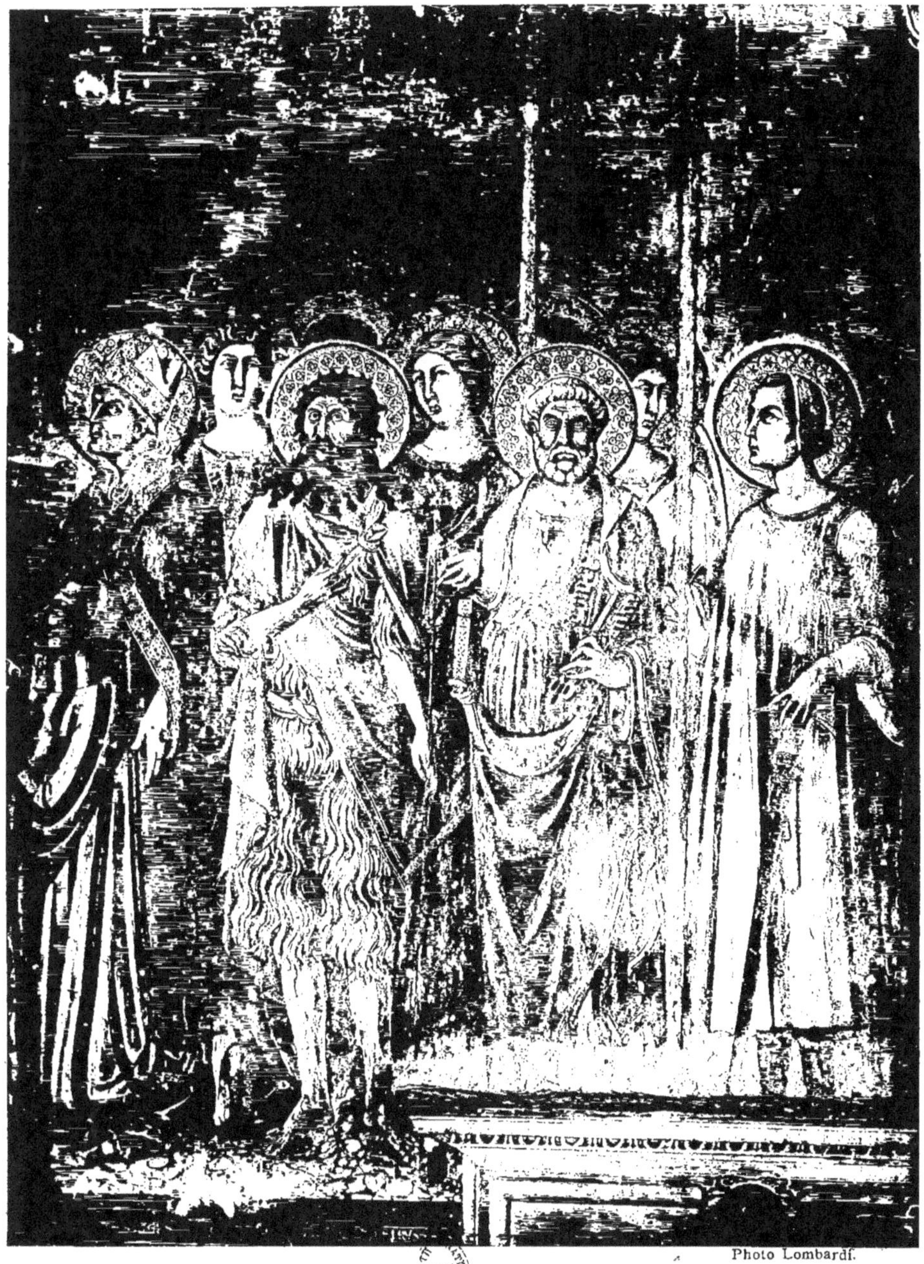

Fig. 40   Lippo Memmi.   Groupe à droite de la Maesta de 1317.
Palais Publique.   San Gemignano.

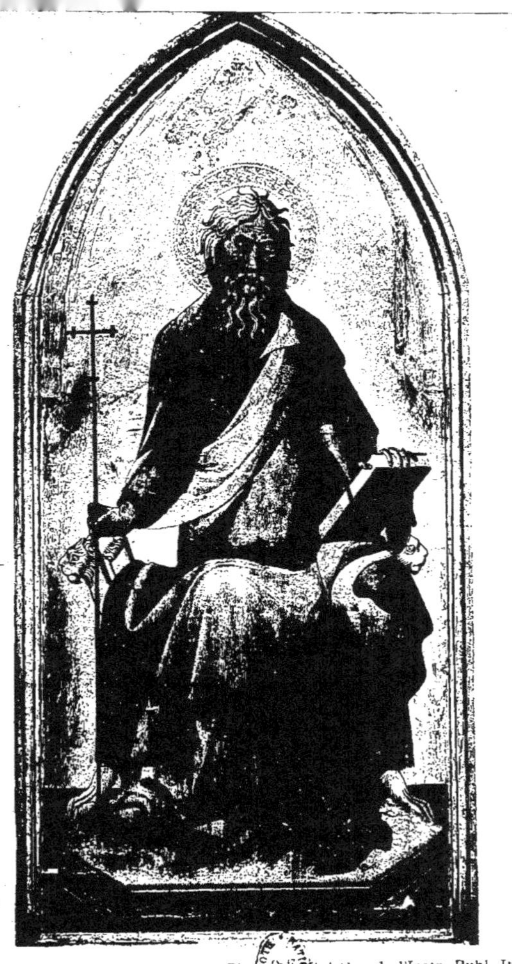

Photo du Ministère de l'Instr. Publ. Ital

Fig. 41. Lippo Memmi. L'apôtre St. Jacques.
Musée de Pise.

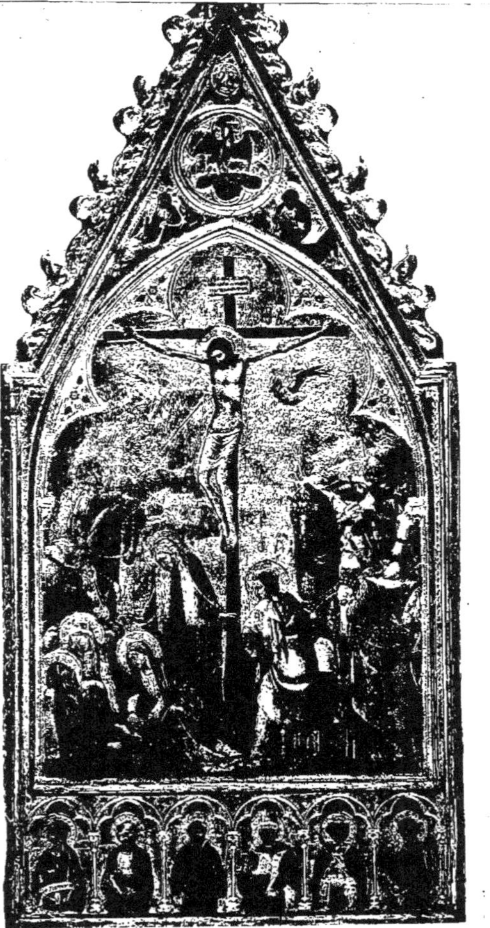

Photo Anderson.

Fig. 42. Lippo Memmi. Crucifiement.
Galerie du Vatican.

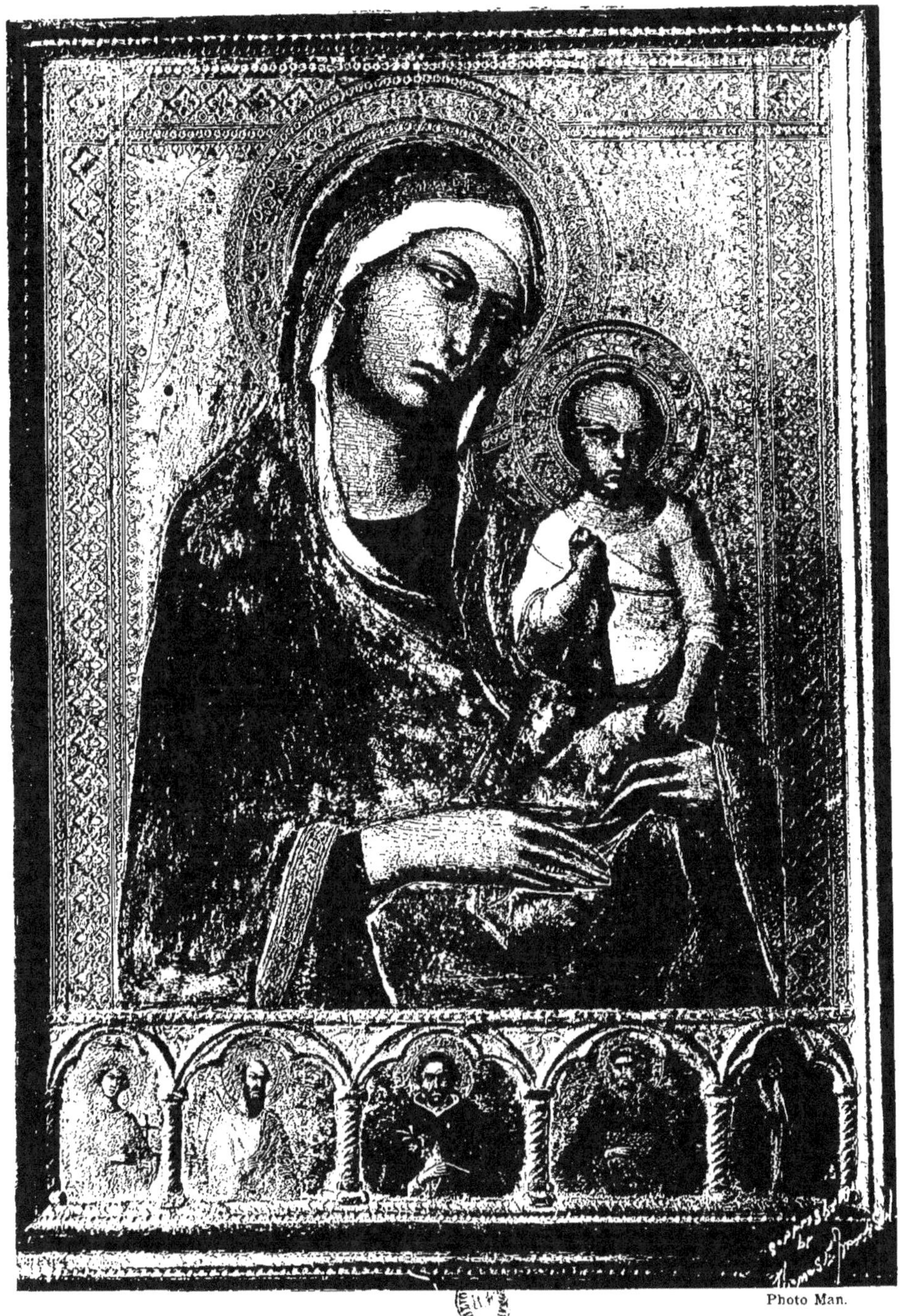

Fig. 43. Lippo Memmi. Madonne et Enfant. Collection Gardner. Boston.

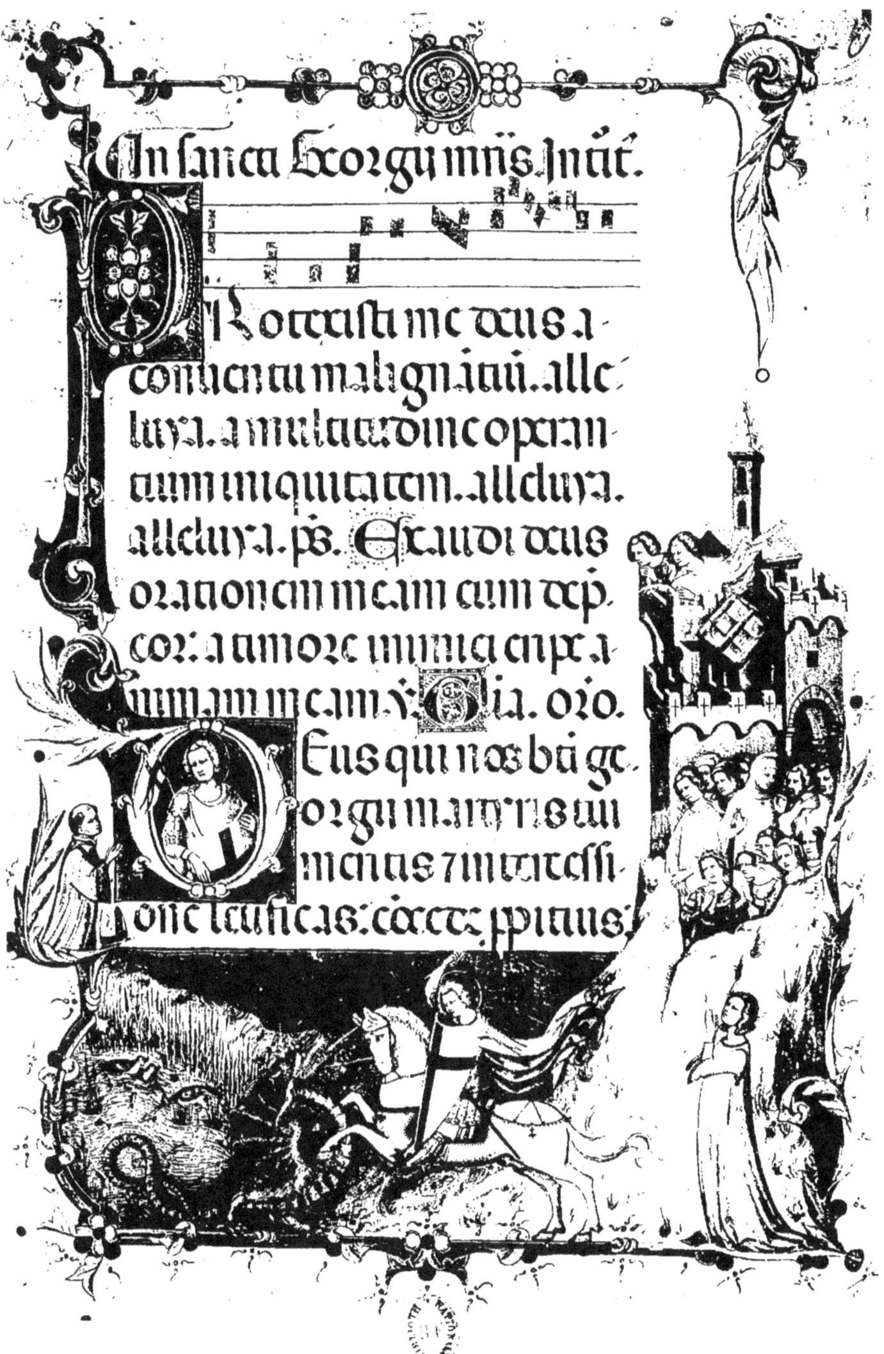

Fig. 44. Maitre du Codex de St. Georges. Miniature du Codex de St. Georges.
Archives Capitulaires de St. Pierre. Rome.

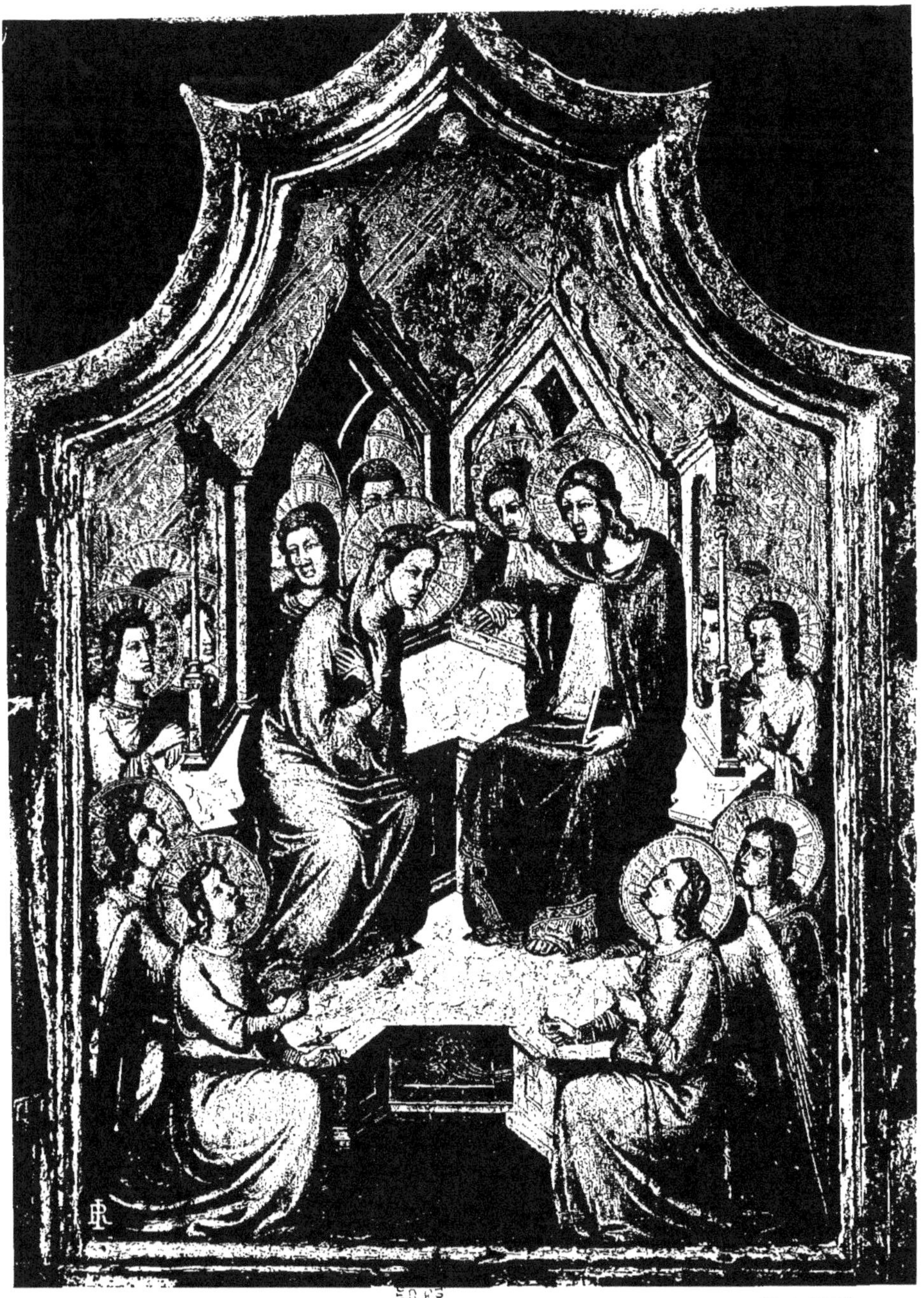

Photo Brogi.

Fig. 45. Maitre du Codex de St. Georges. Couronnement de la Vierge.
Musée National de Florence.

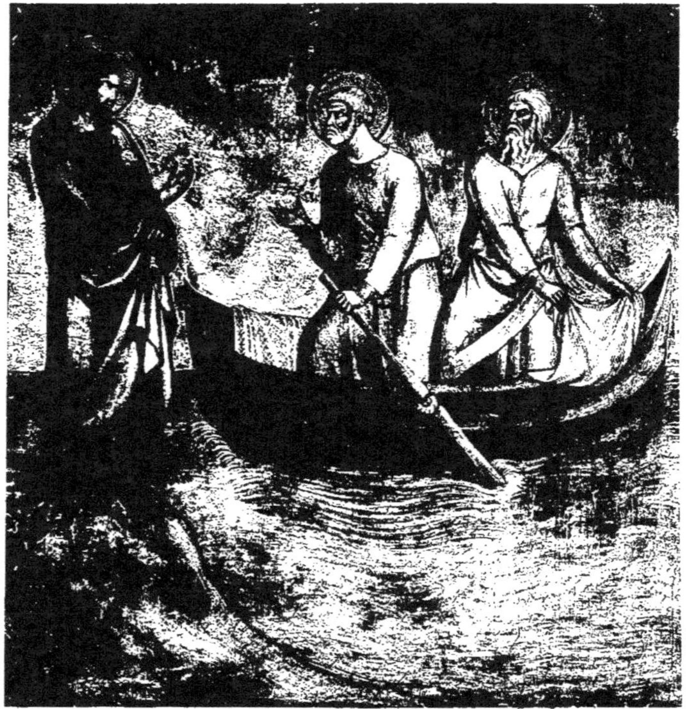

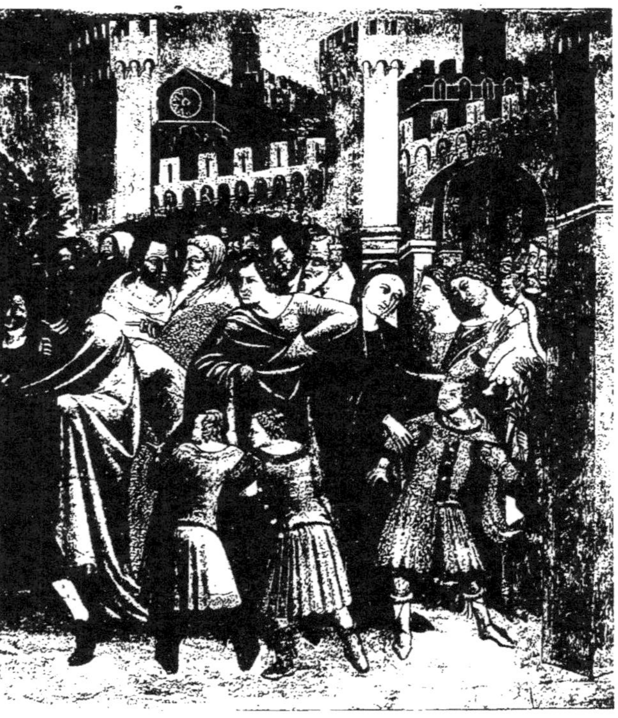

Photo Lombardi.

Fig. 46. Barna da Siena. L'Appel des apôtres.
Collegiata de San Gemignano.

Photo Lombardi

Fig. 47. Barna da Siena. L'Entrée à Jerusalem.
Collegiata de San Gemignano.

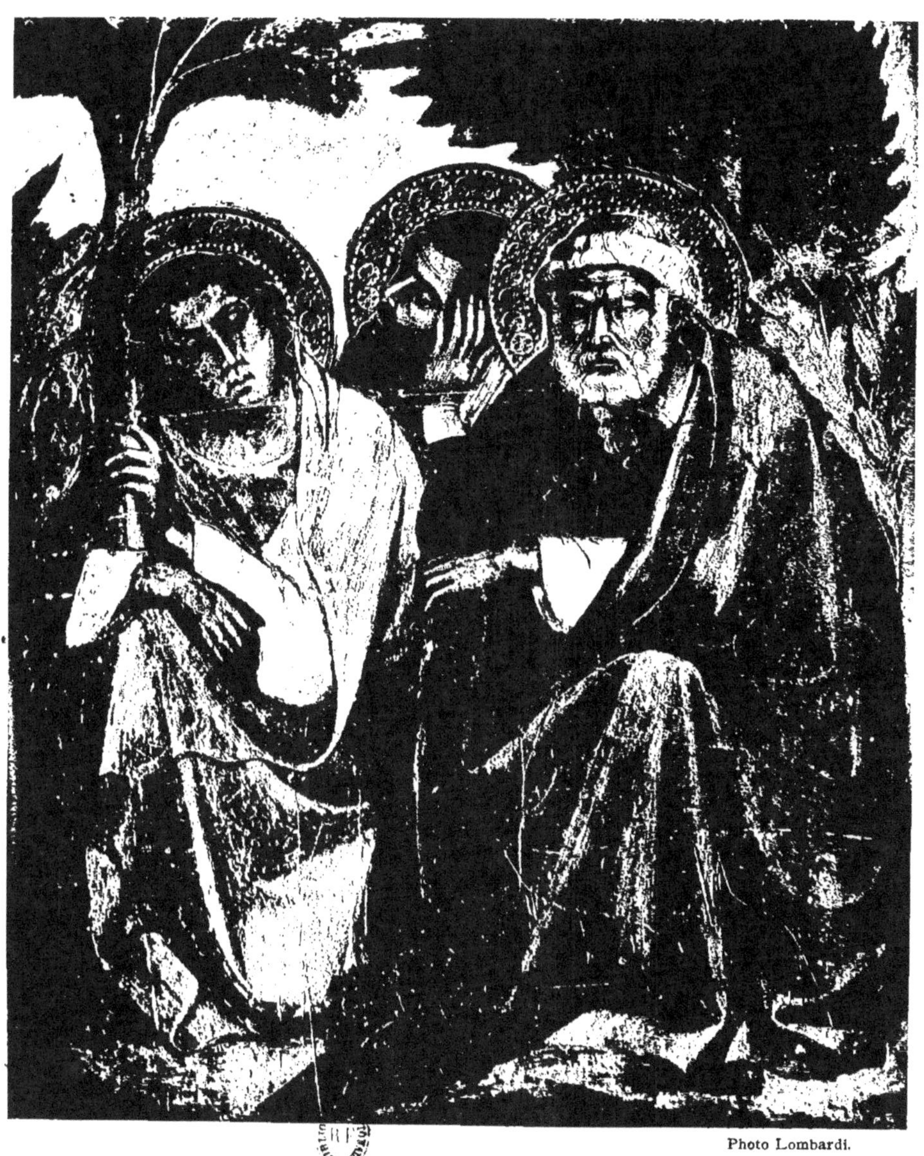

Fig. 48. Barna da Siena. Détail de la prière au jardin des oliviers. Collegiata de San Gemignano.

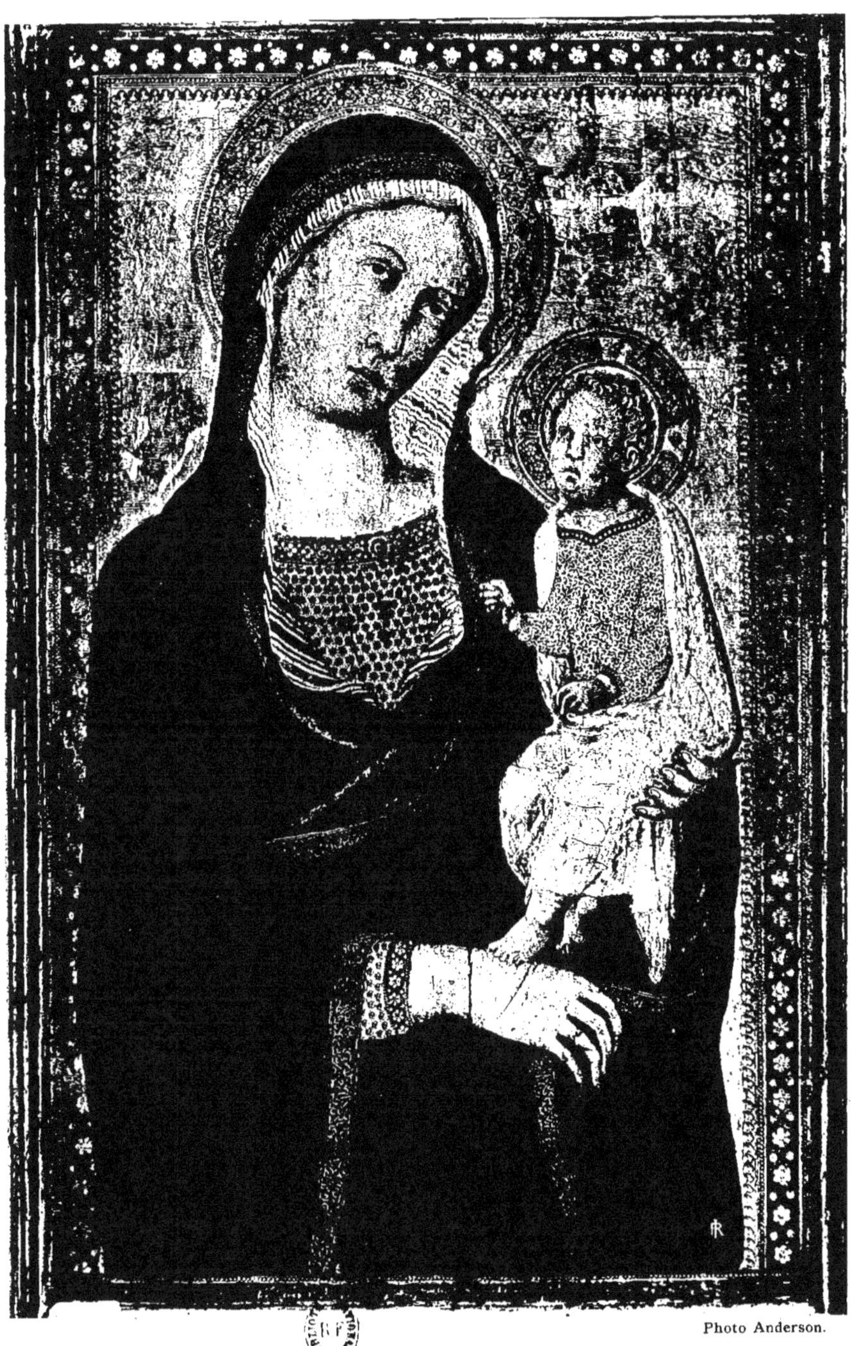

Photo Anderson.

Fig. 49. Naddo Ceccharelli. Madonne avec l'Enfant. Collection Cook. Richmond (Londres).

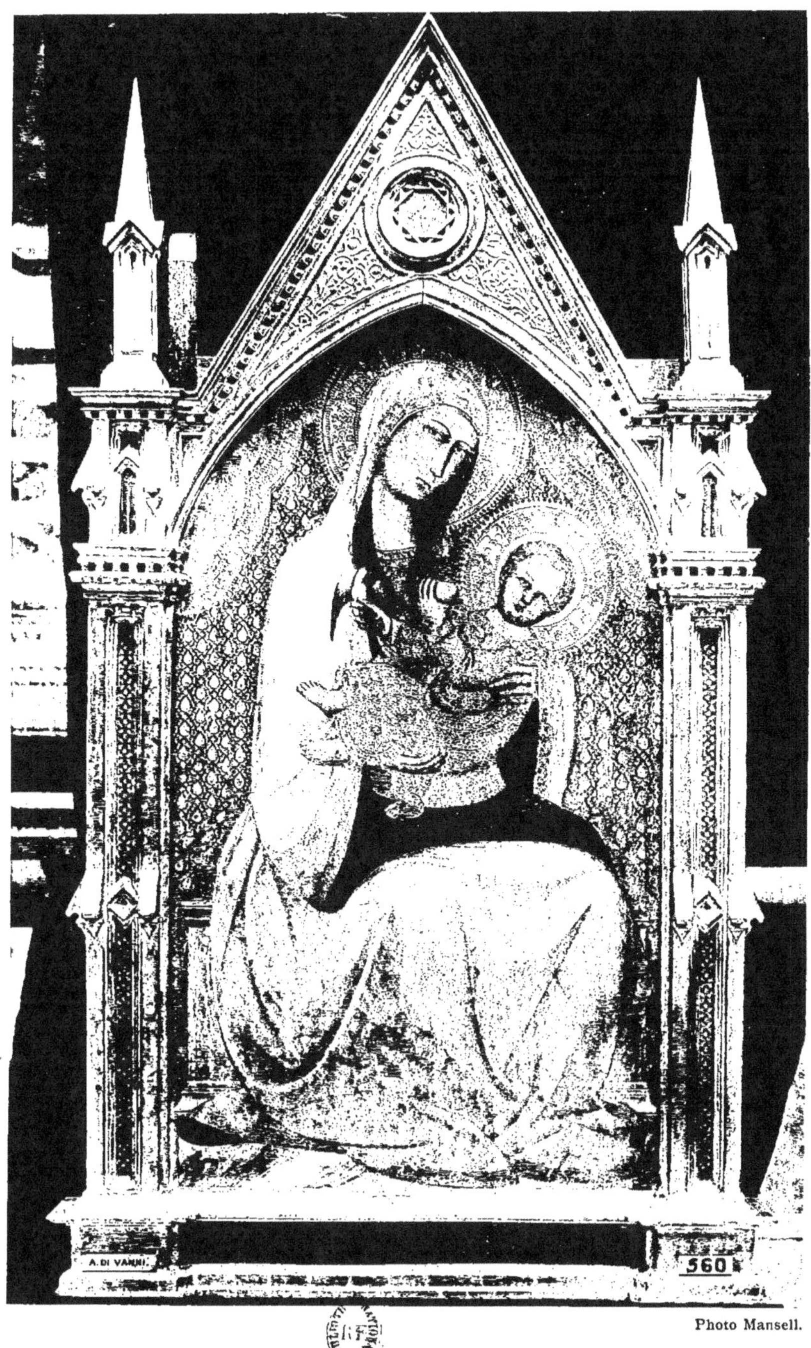

Photo Mansell.

Fig. 50. Andrea Vanni. Madonne avec l'Enfant. Musée Fitzwilliam. Cambridge.

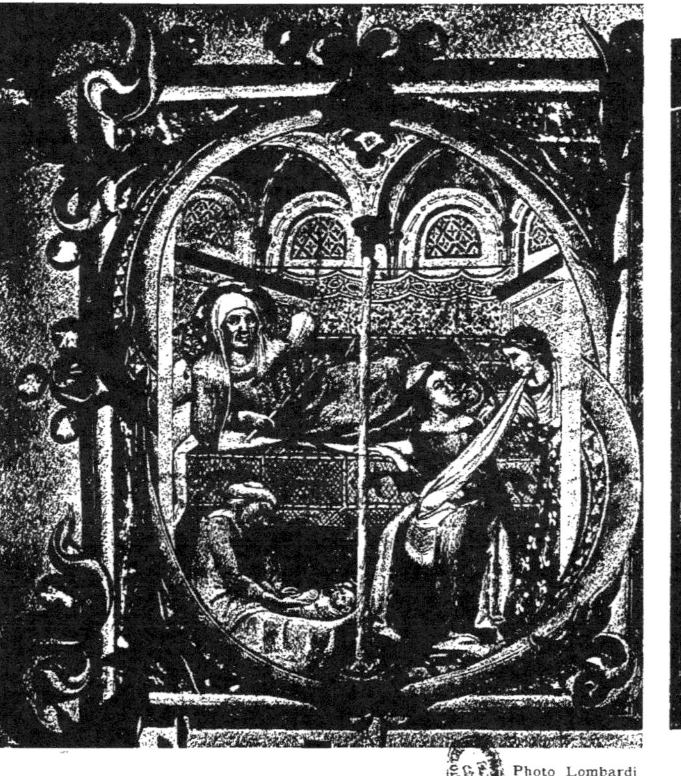

Photo Lombardi

Fig. 51. Lippo Vanni. Nativité de la Vierge.
Miniature de la Bibliothèque de la cathédrale de Sienne.

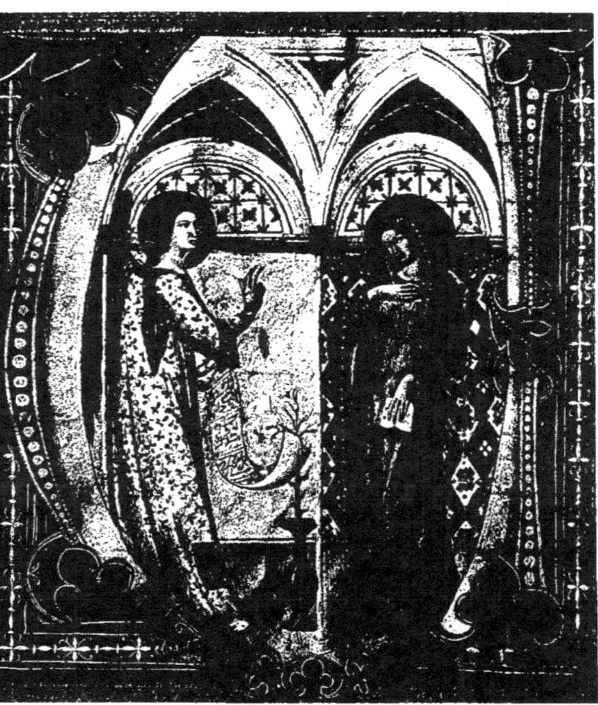

Photo Giraudon.

Fig. 52. Ecole de Simone. L'Annonciation.
Miniature au Musée du Louvre.

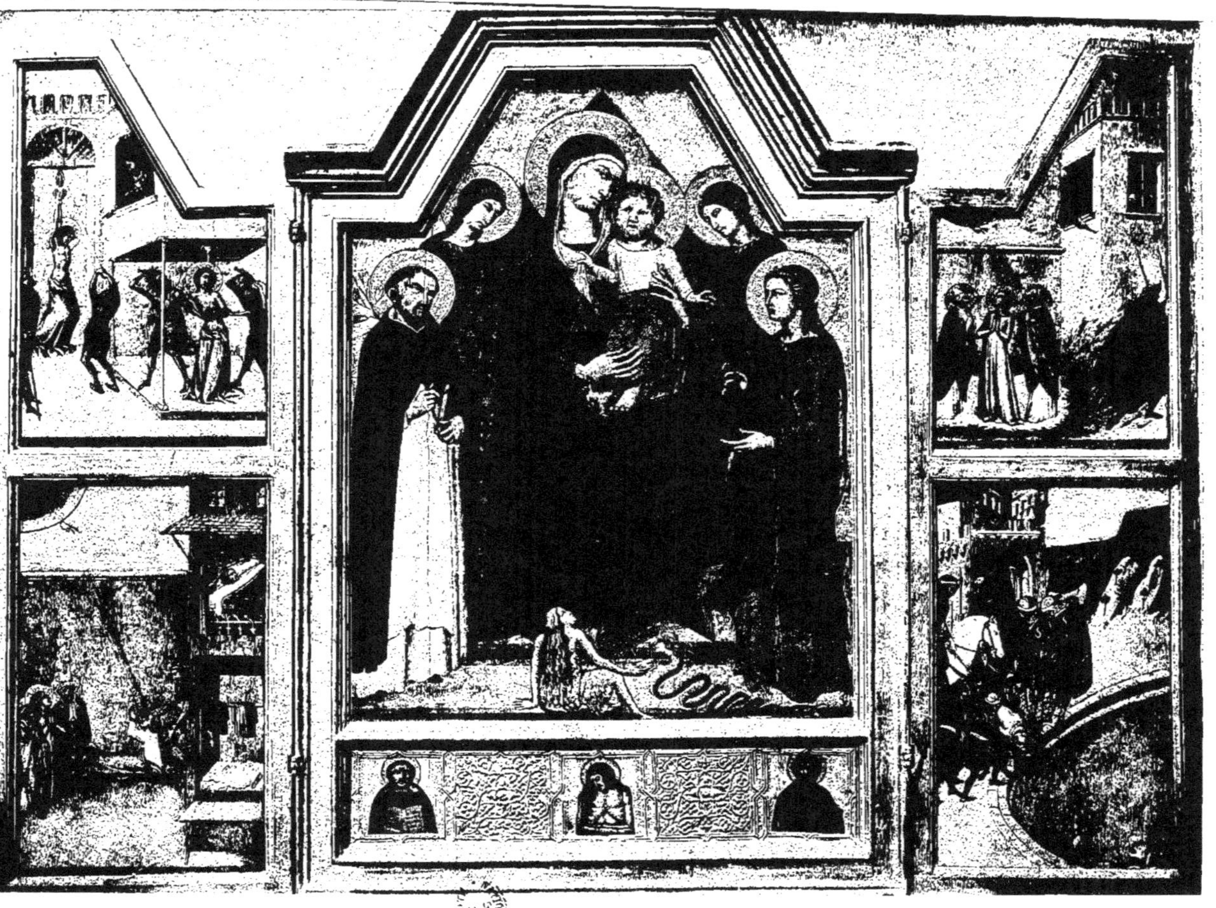

Photo du Ministère de l'Instr. Publ. Ital.

Fig. 53. Lippo Vanni. Triptyque de 1358. Eglise de St. Dominique et St. Sixte. Rome.

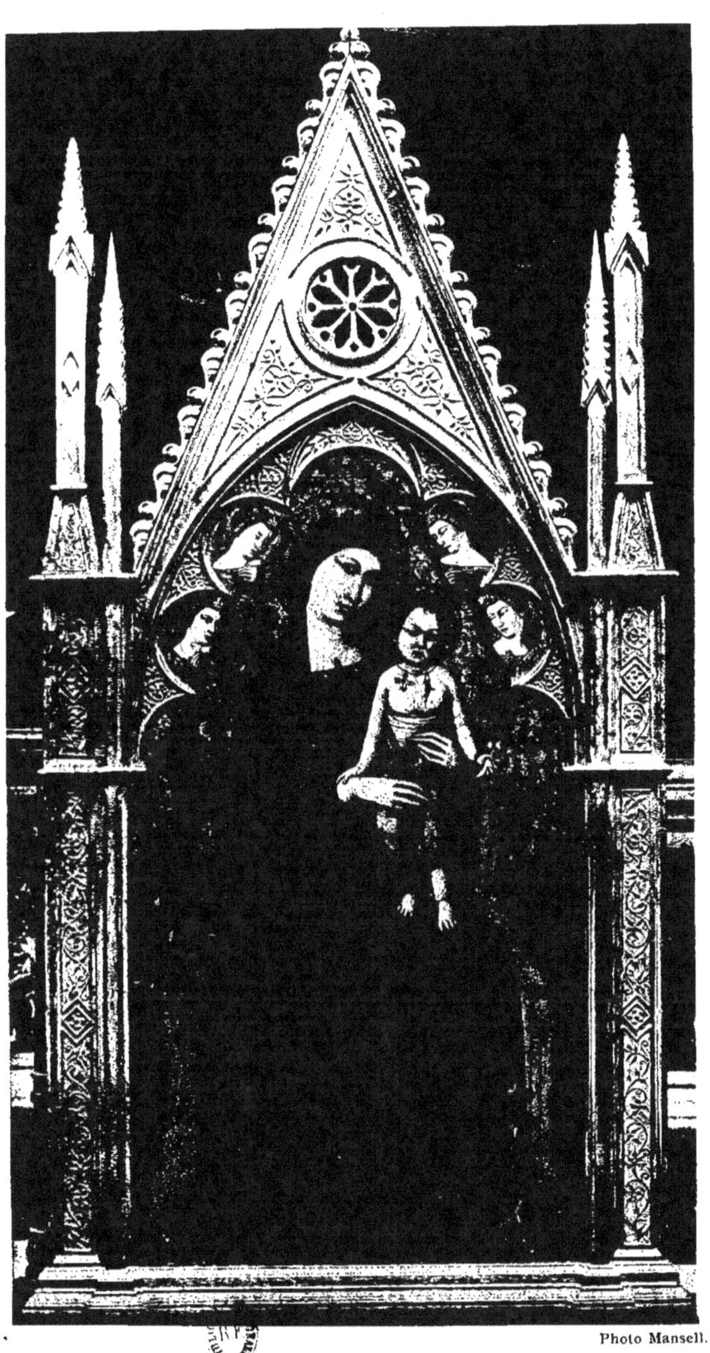

Photo Mansell.

Fig. 54. Lucca di Tommè. Madonne avec l'Enfant et Anges. Musée Fitzwilliam. Cambridge.

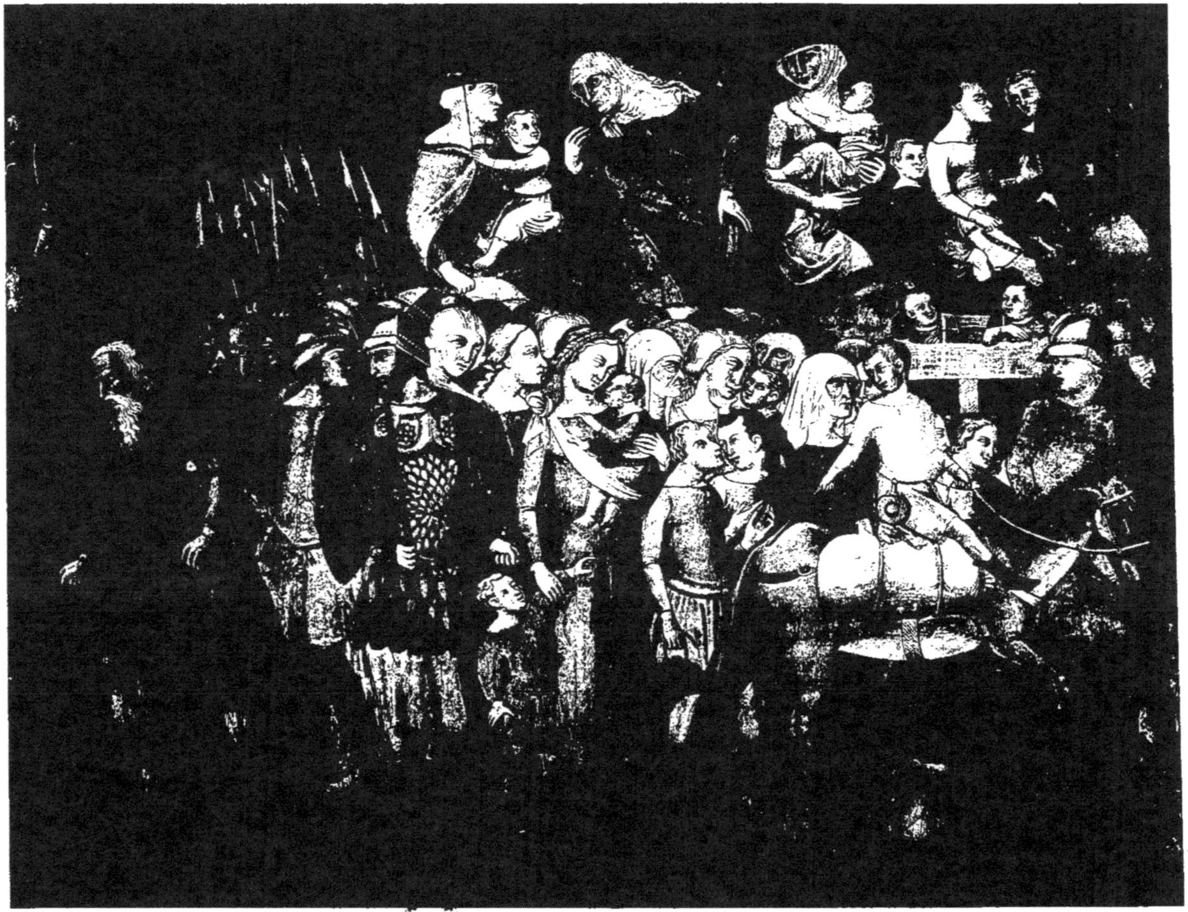

Photo Lombardi.

Fig. 55. Bartolo di Fredi. Passage de la Mer Rouge. Collegiata de San Gemignano.

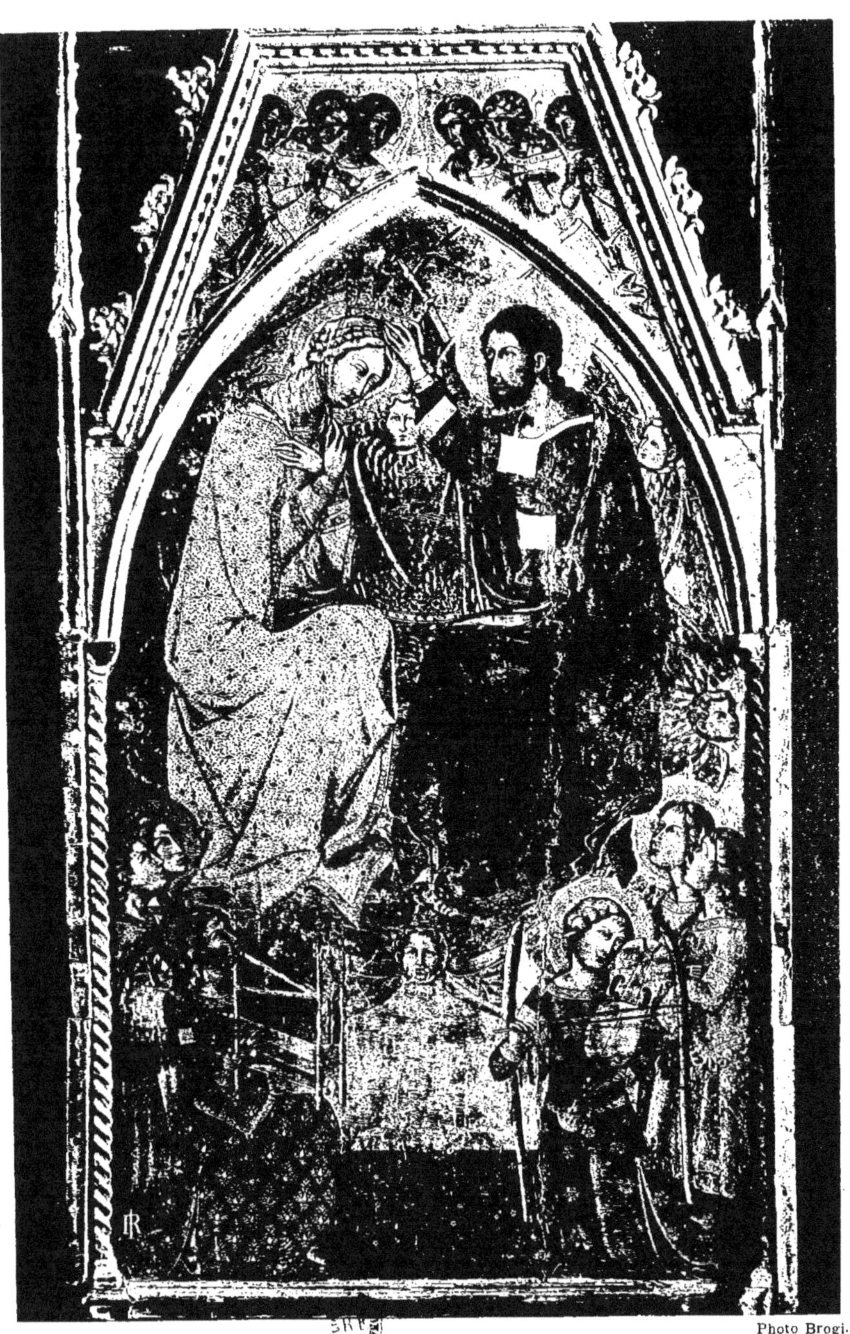

Photo Brogi.

Fig. 56. Bartolo di Fredi. Couronnement de la Vierge. Partie du polyptique de 1388.
Galerie de Montalcino.

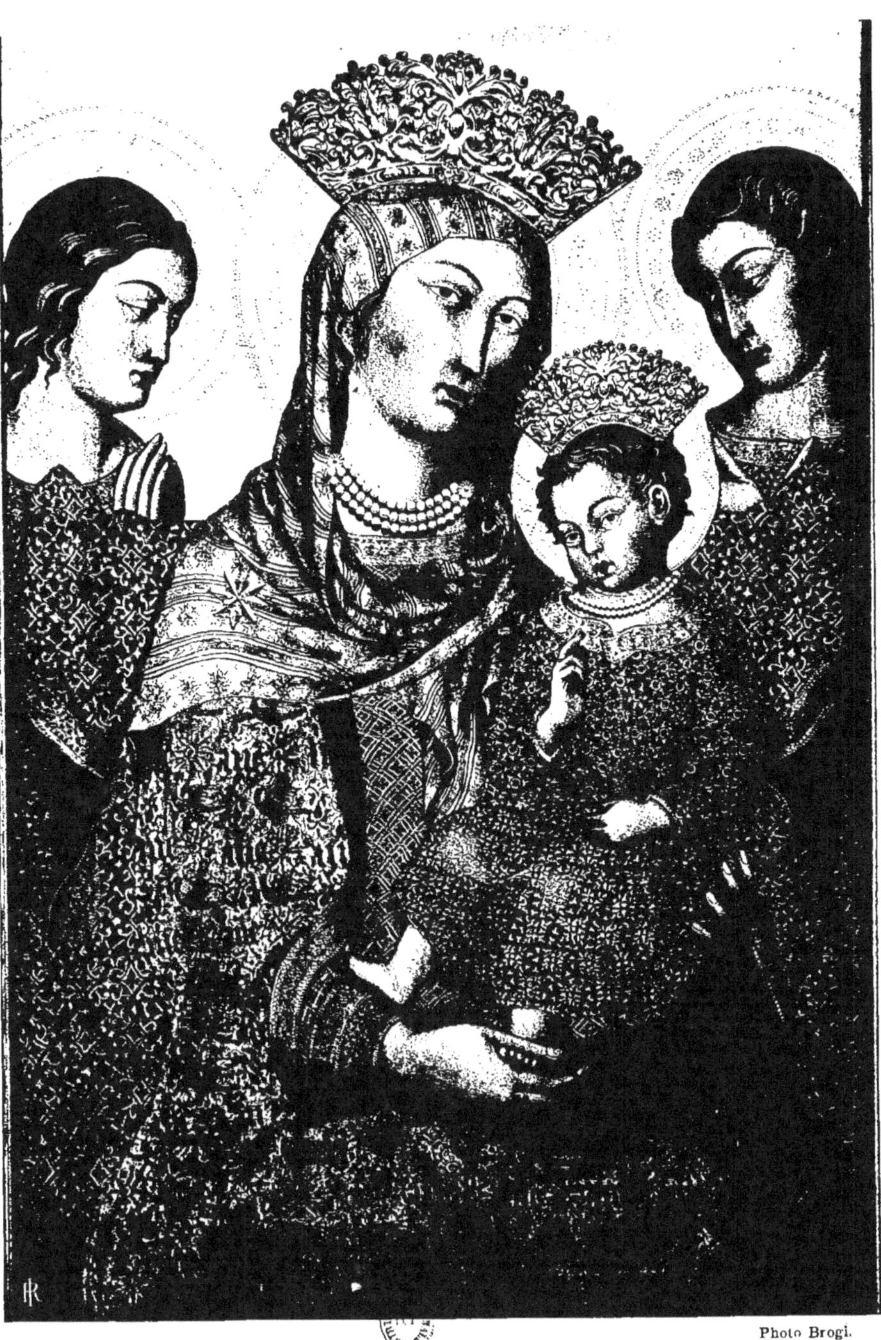

Photo Brogi.

Fig. 57. Giacomo de Mino del Pelliciaio. Détail de la Madonne du Belvédère.
Eglise de Servi. Sienne.

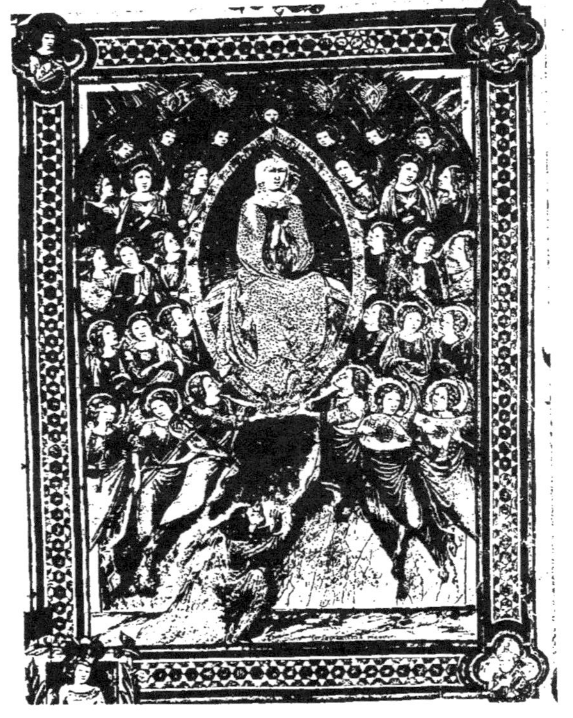

Fig. 58. Niccolo di **ser** Sozzo Tegliacci.
L'assomption. **Miniature.** Archives de Sienne.

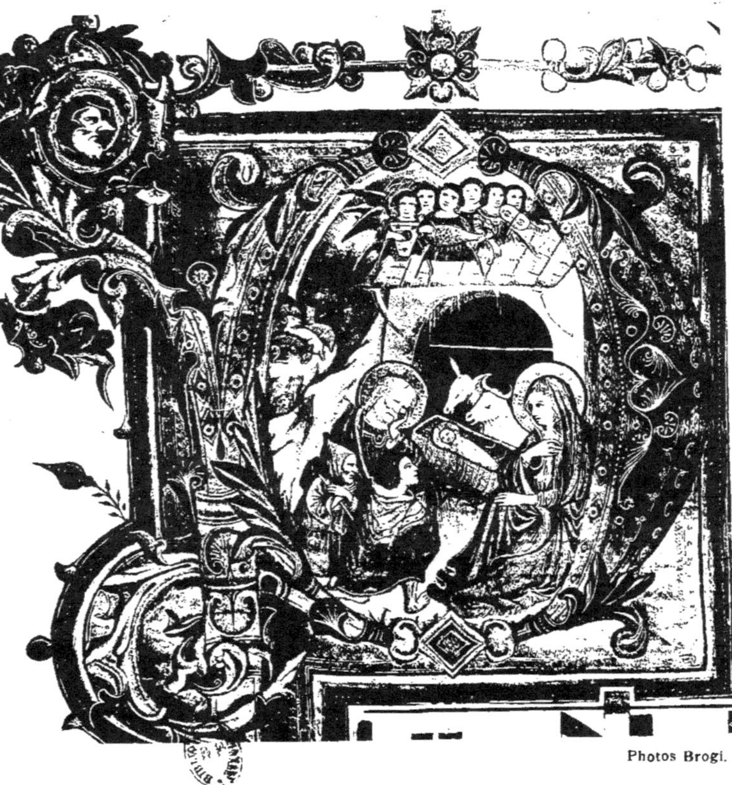

Photos Brogi.

Fig. 59. Ecole de Tegliacci. La Nativité.
Miniature de la Bibliothèque de la cathédrale de Sienne.

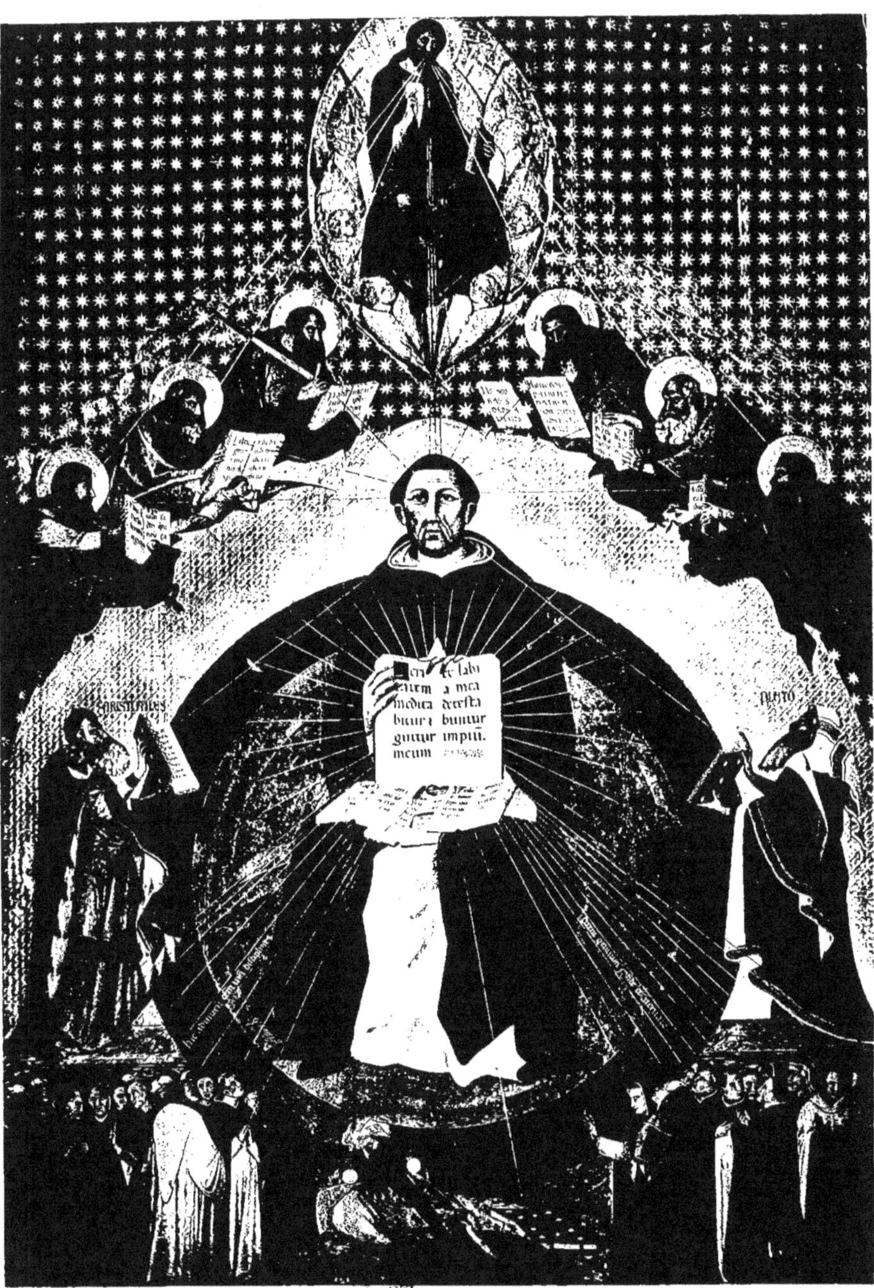

Photo Alinari.

Fig. 60. Francesco Traini. St. Thomas d'Aquin. Eglise de Ste. Catherine. Pise.

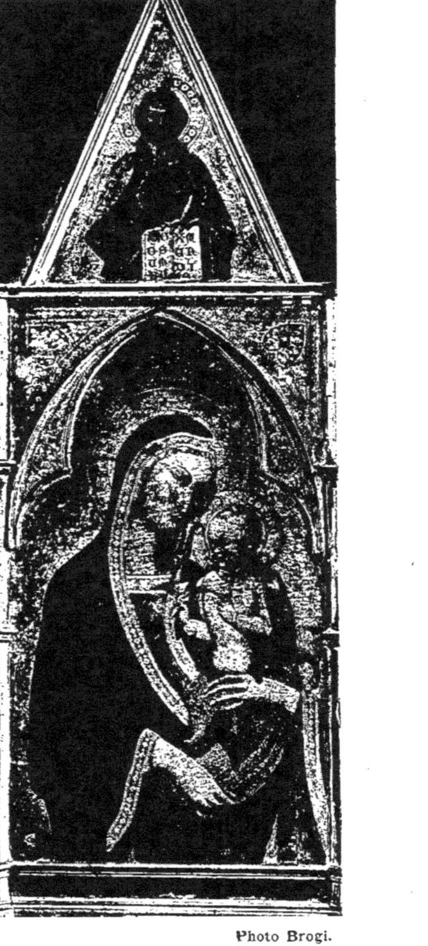

Photo Brogi.

Fig. 61. Giovanni Pisano. Madonne avec l'Enfant.
Centre de polyptyque. Galerie de Pise.

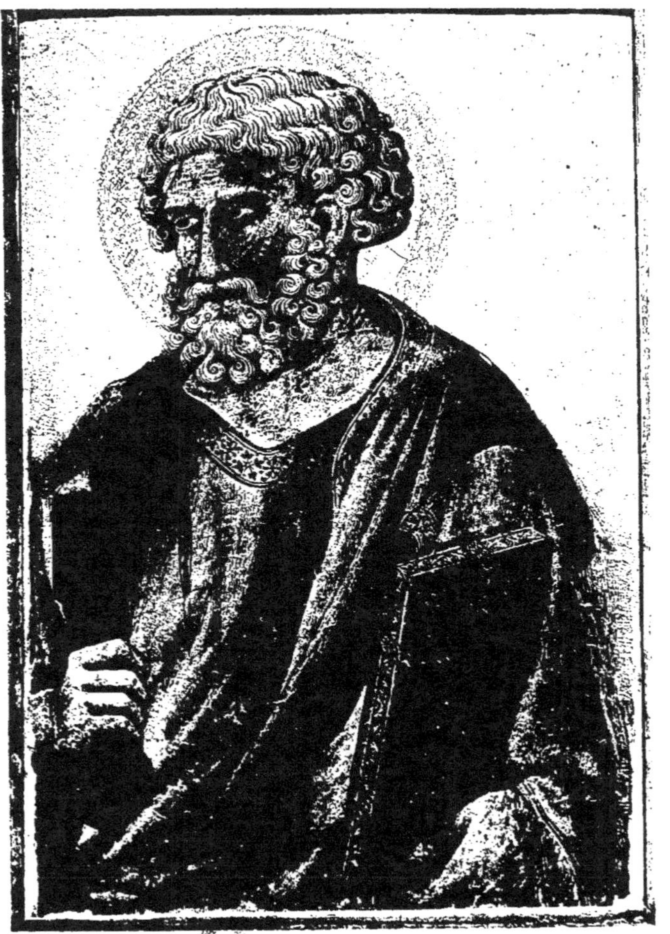

Photo du Ministère de l'Instr. Publ. Ital.

Fig. 62. Ecole de Simone. St Pierre. Galerie de Pise.

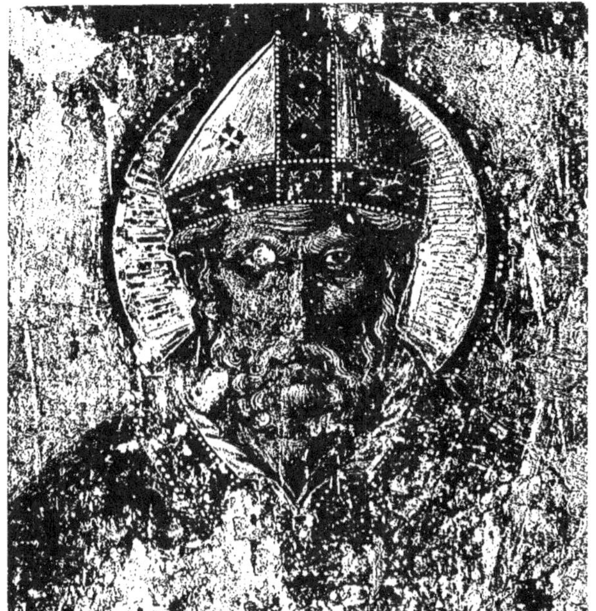

Photo du Ministère de l'Instr. Publ. Ital.

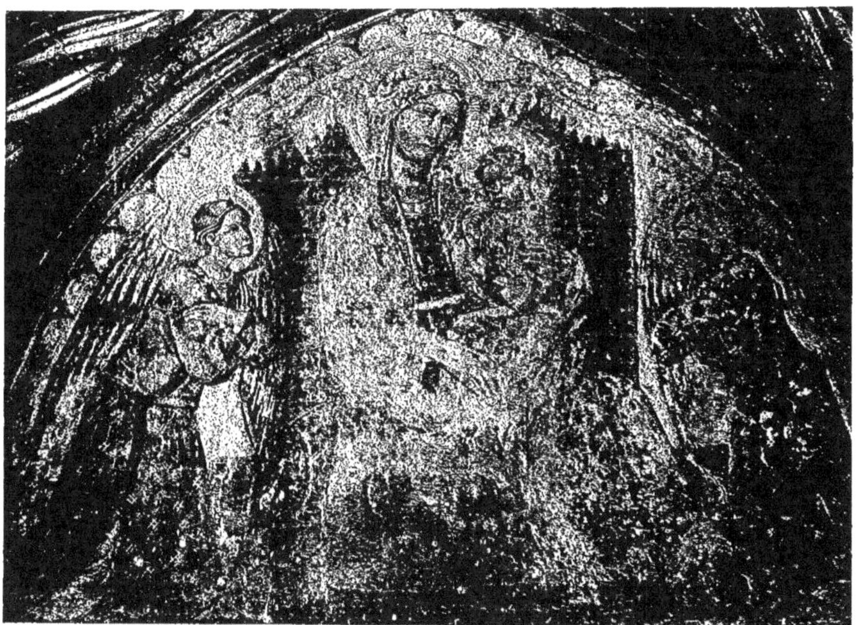

Photo Raffaelli Armoni. Orviéto.

Fig. 63. Ecole de Simone. St. Evêque. St. Giovenale. Orviéto.

Fig. 64. Andrea di Giovanni. Madonne avec l'Enfant et Anges. Lunette de 1412 au-dessus d'une porte latérale de la cathédrale d'Orviéto.

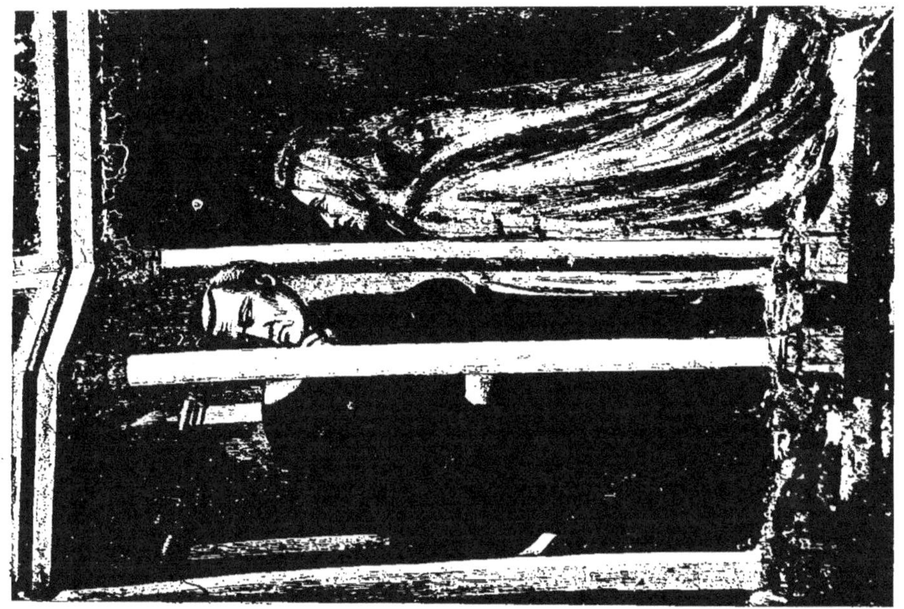

Photo Alinari.

Fig. 66. Roberto Oderisi. La Confession.
Eglise de l'Incoronata. Naples.

Photo Raffaelli-Armoni. Orviéto.

Fig. 65. Tradition de Simone à Orviéto. Tête de la Vierge.
Détail d'une Annonciation. San Giovenale.

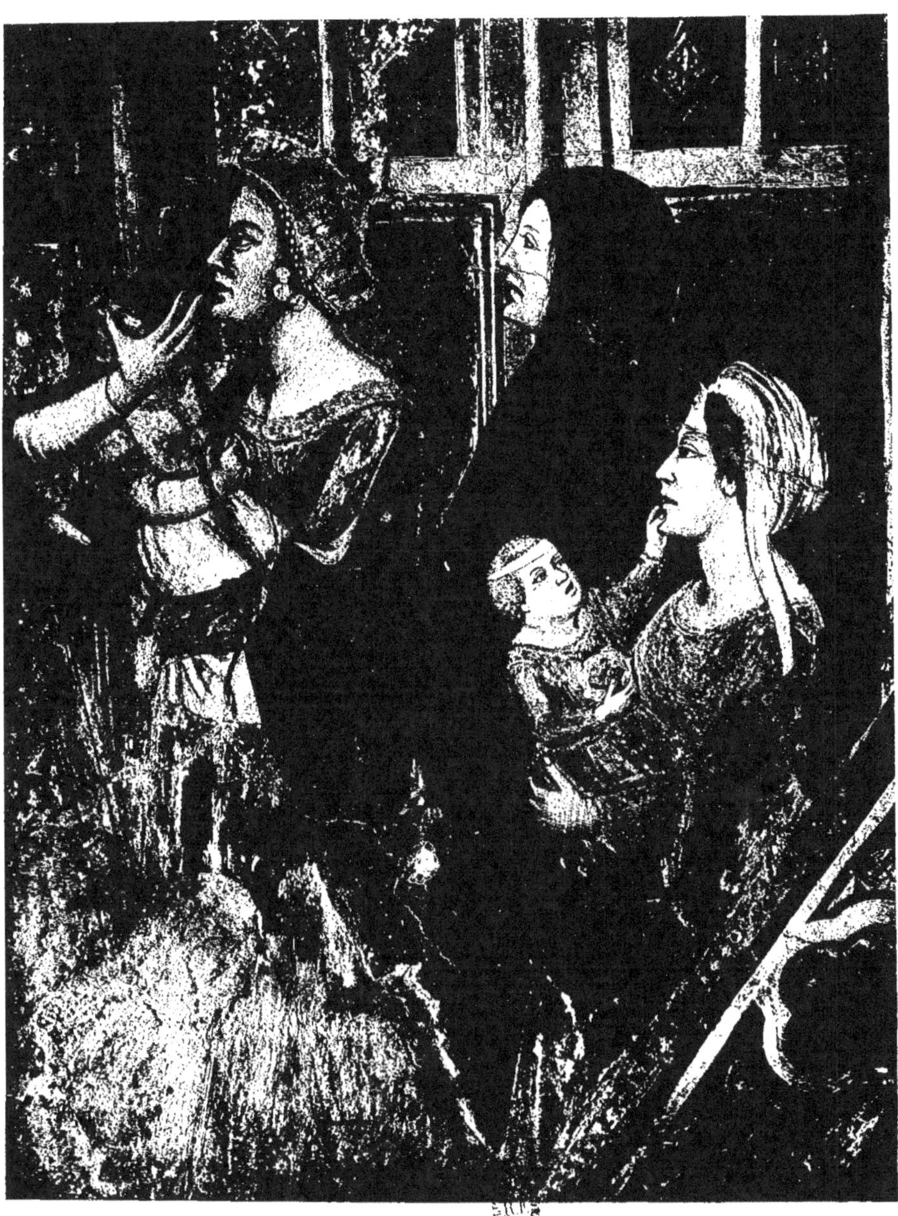

Fig. 67. Roberto Oderisi. La Première Communion. Eglise de l'Incoronata. Naples.

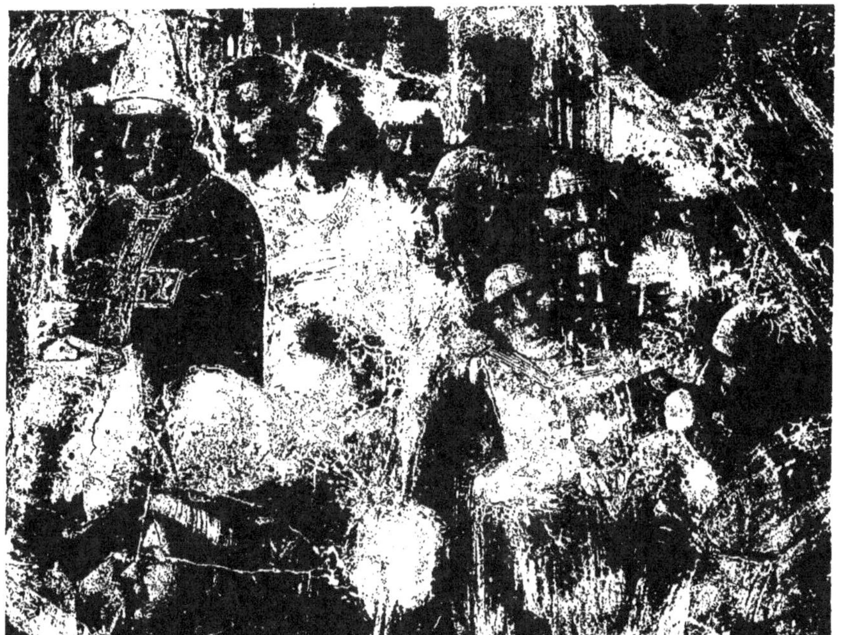

Photo du Ministère de l'Instr. Publ. Ital.

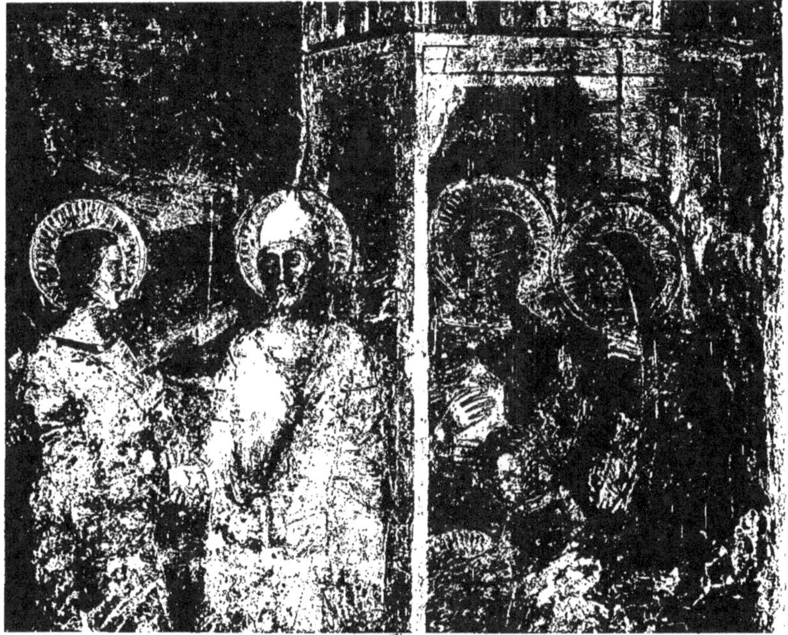

Photo du Ministère de l'Instr. Publ. Ital.

Fig. 68. Ecole de Simone. Fragment de fresque. Eglise de l'Incoronata (Chap. de la Vierge.) Naples.
Fig. 69. Ecole de Simone. Détail de l'Adoration des Mages. Eglise de St. Laurent. Naples.

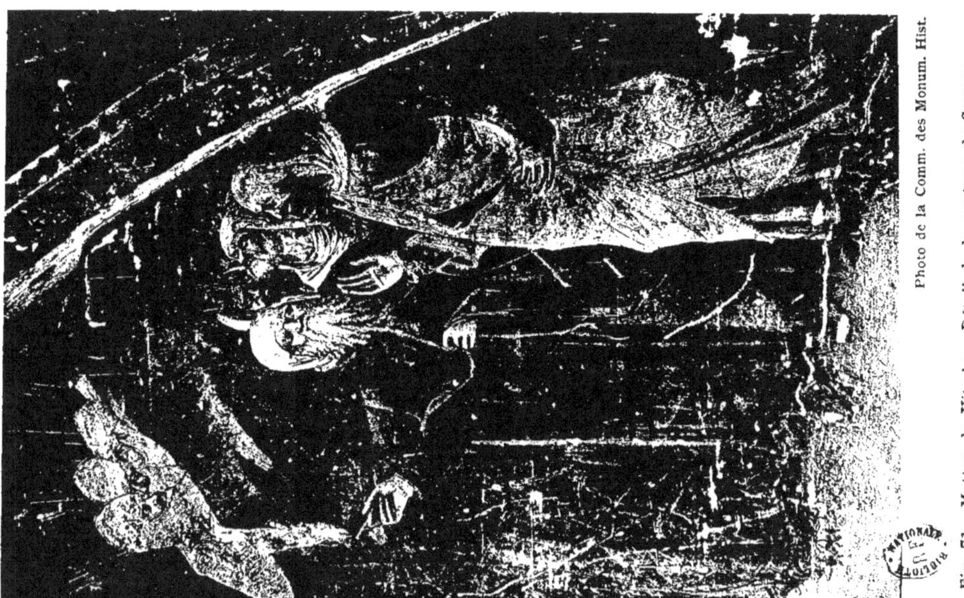

Photo de la Comm. des Monum. Hist.

Fig. 71. Matteo da Viterbo. Détail de la capture du Sauveur. Chapelle de St. Jean. Palais des Papes. Avignon.

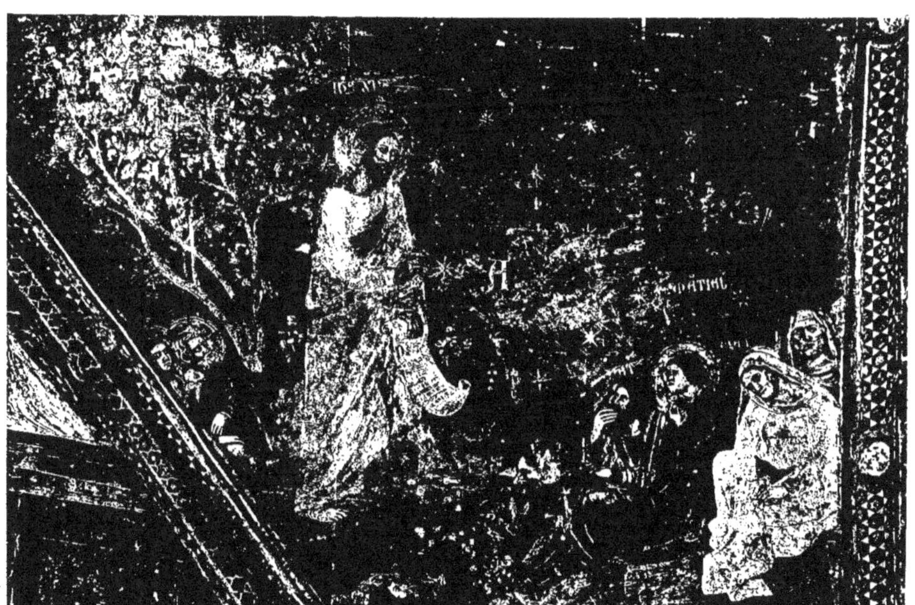

Photo de la Comm. des Monum. Hist.

Fig. 70. Matteo da Viterbo. Secteur de voute de la Chapelle de St. Martial. Palais des Papes. Avignon.

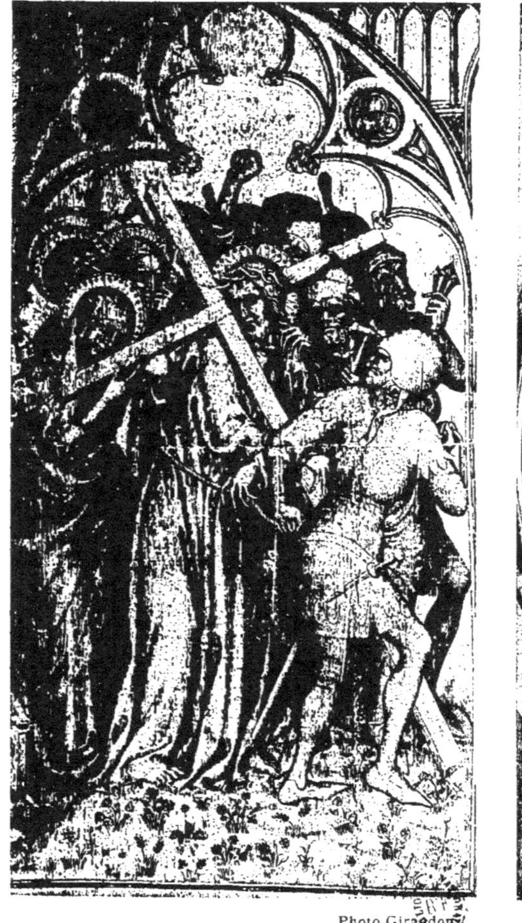

Photo Giraudon.

Photo Giraudon.

Fig. 72. Influence de Simone en France. Le Calvaire
partie du Parement de Narbonne. Musée du Louvre.

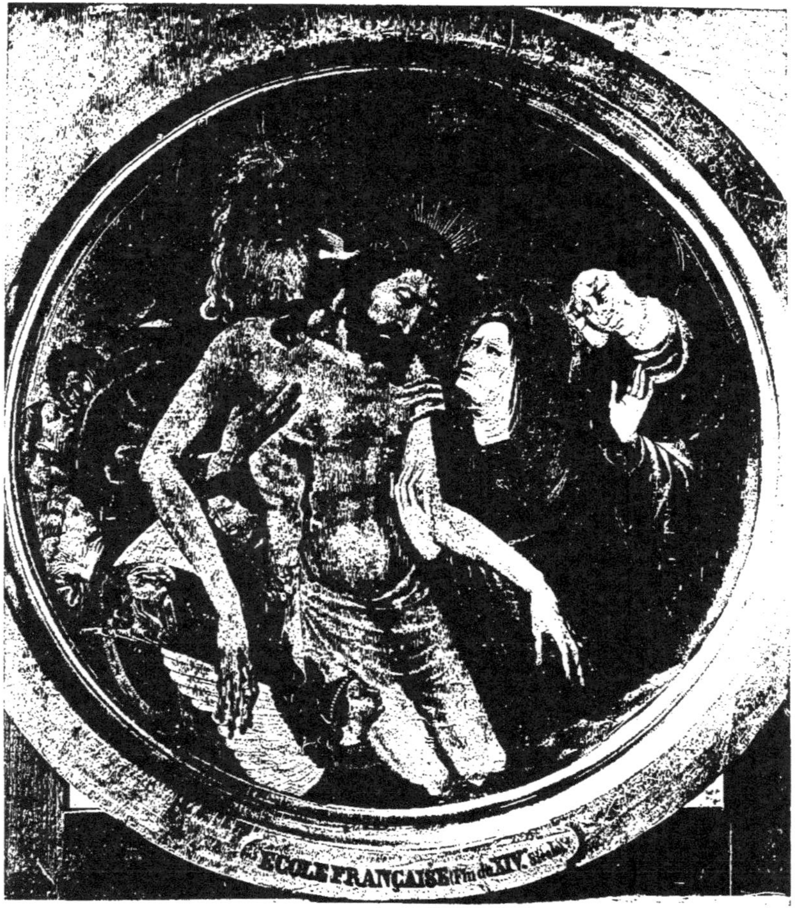

Fig. 73. Jean Malouel (?). Le Christ mort avec Dieu le Père, la Vierge,
St. Jean et Anges. Musée du Louvre.